Marc Calmbach
More than Music

Marc Calmbach (Dr. paed., Dipl.-Wirt.-Ing. [FH]) ist Mitglied der Musiksoziologischen Forschungsstelle der Pädagogischen Hochschule Ludwigsburg. Seine Arbeitsschwerpunkte sind Jugendkulturen, soziale Umgehensweisen Jugendlicher mit Musik und Medien, Kompetenzerwerb in Jugendszenen. Letzte Veröffentlichung: Udo Göttlich, Renate Müller, Stefanie Rhein, Marc Calmbach (Hg.) (2007): Arbeit, Politik und Religion in Jugendkulturen. Engagement und Vergnügen. Weinheim/München: Juventa.

MARC CALMBACH

MORE THAN MUSIC
Einblicke in die Jugendkultur Hardcore

[transcript] CULTURAL STUDIES

Bibliografische Information der Deutschen Bibliothek
Die Deutsche Bibliothek verzeichnet diese Publikation in der Deutschen Nationalbibliografie; detaillierte bibliografische Daten sind im Internet über http://dnb.ddb.de abrufbar.

© 2007 transcript Verlag, Bielefeld

Umschlaggestaltung: Helm Pfohl, Basel
Innenlayout: Kordula Röckenhaus, Bielefeld
Lektorat & Satz: Marc Calmbach
Druck: Majuskel Medienproduktion GmbH, Wetzlar
ISBN 978-3-89942-704-2

Gedruckt auf alterungsbeständigem Papier mit chlorfrei gebleichtem Zellstoff.

Besuchen Sie uns im Internet: *www.transcript-verlag.de*

Bitte fordern Sie unser Gesamtverzeichnis und andere Broschüren an unter: *info@transcript-verlag.de*

INHALT

TABELLEN

DIAGRAMME

ABBILDUNGEN

DANKSAGUNG

Bei der Arbeit an meiner Dissertation wurde ich von vielen Seiten unterstützt. An vorderster Stelle möchte ich mich bei Frau Prof. Dr. Renate Müller und Herrn Prof. Dr. Peter Imort für ihre außerordentlich engagierte Betreuung sowie bei Herrn Prof. Dr. Rainer Winter für das unkomplizierte Ermöglichen dieser Publikation bedanken.

Für die finanzielle Unterstützung und die Bereitstellung notwendiger Infrastruktur möchte ich mich bei der Landesgraduiertenförderung Baden-Württemberg, der Pädagogischen Hochschule Ludwigsburg (insbesondere bei Sonja Jirasek) und der Vereinigung der Freude der PH Ludwigsburg bedanken. Mein Dank gilt auch allen Befragungsteilnehmerinnen und -teilnehmern, ohne die diese Arbeit nicht möglich gewesen wäre. Bedanken möchte ich mich zudem bei allen Mitarbeiterinnen und Mitarbeitern der Musiksoziologischen Forschungsstelle der PH Ludwigsburg, v.a. bei Dr. Stefanie Rhein und Dr. Patrick Glogner, auf deren hilfreiche inhaltliche Anmerkungen und aufmunternden Worte ich stets zählen konnte. Ebenso geht mein Dank an Karl-Heinz Stille und Armin Hofmann für etliche Diskussionen in den letzten fast 15 Jahren über Musik im Allgemeinen und Punk/Hardcore im Besonderen. Für das Korrekturlesen des Manuskripts bin ich Anke Hellmich, Judith Anke und Miriam Stürner sehr dankbar. Ich möchte mich auch bei Dominik Thomann, Marten Thielges, Chris Specker, Katrin Edlich, Frank Wildermuth, Eric ‚Le Truc' Schäfer, Björn Hetmanczyk, Dr. Oliver Flörl und Helm Pfohl dafür bedanken, dass sie als Freunde für mich da sind. Letzterem sei ausdrücklich auch für das Coverartwork des Buches gedankt.

Meine Familie stand mir mit viel Verständnis und Motivation während meines Studiums beiseite. Ganz besonders herzlich möchte ich mich daher bei meiner Mutter Erika Calmbach, meiner Schwester Alexandra Posedi und ihrem Mann Michael sowie meinen Nichten Jana und Jule bedanken.

Last but not least gilt mein Dank Frau Prof. Dr. Petra Grimm, ohne die ich nie an eine Promotion gedacht hätte.

Stuttgart, im März 2007   *Marc Calmbach*

1 EINLEITUNG

> „Für viele ist Hardcore/Punk nichts weiter als eine Musik-
> richtung wie jede andere auch, aber Hardcore/Punk be-
> deutet mehr als nur Musik zu konsumieren und die neues-
> ten Shirts zu tragen" (*Broken Silence* Fanzine Nr. 4, ohne
> Jahres- und Seitenangabe).

> „HC for me is a means of expression, to me it is not so
> much a style of music, but a way of life and an attitude
> towards things that defies mainstream society" (*Final
> Words* Fanzine Nr. 1, ohne Jahres- und Seitenangabe).

Die jugendsoziologische Forschung fokussiert seit jeher insbesondere
diejenigen Jugendkulturen, die sich aufgrund ihres spektakulären Äußeren bzw. ihres devianten Verhaltens der Aufmerksamkeit und der Be-
sorgnis einer breiten Öffentlichkeit sicher sein können, seien es die Mods
und Rocker in den 1960er Jahren, die Punks in den 1970er Jahren, die
Waver und Gothics in den 1980er Jahren oder die Raver in den 1990er
Jahren. Die jugendkulturellen Stile und Verhaltensweisen wurden dabei
zumeist als Widerstand gegen den *common sense* der dominanten Kultur
beschrieben. Provokante stilistische Gesten und Tabubrüche haben sich
allerdings weitgehend erschöpft. „Provo-Maschine im Leerlauf" (Sundermeier 2006) und „Fuck! Shit! Gähn!" (Klopotek 2006) titelten zwei
Artikel der Zeitschrift *Jungle World* zum Thema „Pop und Provokation":
Was gestern in der Popkultur mittels eines Tabubruchs noch provozie-
rend wirkte, sei heute affirmativ und kaum mehr als eine Verkaufsma-
sche der Kulturindustrie. Wer die Begriffe „Jugendkultur" und „Widerspenstigkeit" heute noch in einem Atemzug nennt, wird nicht nur aus
popfeuilletonistischen Kreisen bisweilen mit einem ungläubigen Lächeln
bedacht, auch weite Teile der soziologischen und kulturwissenschaftlichen *scientific community* haben sich (mittlerweile) vom „Subversions-
modell ‚Pop'" (Jakob 1996, 235) verabschiedet. Der Philosoph und Sozi-

alwissenschaftler Roger Behrens geht sogar so weit, die gegenwärtige
Popkultur als eine „Diktatur der Angepassten" (Behrens 2006) zu bezeichnen.

Jugendkulturelle Widerspenstigkeit aber auf spektakuläre Stile und
Tabubrüche zu reduzieren, greift zu kurz. Die vorliegende Studie nimmt
mit Hardcore (HC) eine musikalische Jugendkultur in den Blick, deren
Widerspenstigkeit sich v. a. in einer betont unprofessionellen und unkommerziellen Art und Weise der Kulturproduktion äußert. Weiten Teilen der HC-Szene scheint klar zu sein, dass Underground und Mainstream auf Basis von Äußerlichkeiten und Musikgeschmack kaum mehr
unterscheidbar sind. Wie im Laufe dieser Studie erläutert werden soll,
versuchen die Hardcores daher die Grenze zwischen Underground und
Mainstream v. a. über strukturelle Merkmale der Kulturproduktion zu
ziehen.

Die Hardcores bemühen sich kaum um stilistische Auffälligkeit. Sie
betonen, dass es bei HC nicht um das Tragen eines bestimmten Outfits
oder das Hören einer bestimmten Musik geht – „More than Music" lautet
entsprechend die Maxime, mit dem die Szenegänger das HC-Selbstverständnis charakterisieren. HC wird vielmehr als ganzheitliche Lebensweise begriffen, für die u. a. eine eindeutige politische Haltung sowie ein
ausgeprägtes ökologisches Bewusstsein kennzeichnend ist. In dieser Untersuchung wird auf die verschiedenen Aspekte eingegangen, unter denen
HC für die Szenegänger „mehr als Musik" ist.

Bei der Jugendkultur HC handelt es sich ungeachtet der Kommerzialisierungstendenzen Anfang der 1990er Jahre (vgl. Kapitel C3.3) nach
wie vor um eine jugendkulturelle Minderheit. Im Hinblick auf die gegenwärtigen musikzentrierten Szenen stellt Hitzler fest, „dass die HC-
Szene [...] nicht nur eine der ‚verstecktesten‘ bzw. unbekanntesten, sondern auch der kleinsten Gemeinschaften sein dürfte, aus der sich die aktuelle Szenelandschaft zusammensetzt" (Hitzler 2005, 83; vgl. auch Adler et al. 2005, 219). Betrachtet man die hiesigen quantitativ-empirischen
Jugendstudien der vergangenen Jahrzehnte zur Selbstpositionierung Jugendlicher im soziokulturellen Raum (z. B. Müller-Bachmann 2002a,
2002b; Strzoda et al. 1996 sowie die Shell-Jugendstudien), so fällt auf,
dass die Jugendkultur HC zum ersten Mal überhaupt im Jahre 2000 systematisch berücksichtigt wurde (vgl. Müller-Bachmann 2002a). Der Studie Müller-Bachmanns zufolge zählen sich nur 3,9 % der deutschen Jugendlichen zu „Hardcore/Punk" (vgl. ebd., 131).[1] Dass HC und Punk in
dieser Untersuchung als eine gemeinsame Szene abgefragt wurden, lässt
sich damit begründen, dass Hardcore aus Punk hervorgegangen ist und

---

1   Nur die gewaltbereiten Szenen des politisch linken und rechten Spektrums („Au-
     tonome" bzw. „Faschos/Neonazis") erreichten mit 2,8 % bzw. 1,2 % eine noch
     niedrigere Zustimmungsrate. Die symbolisch-dissidenten Jugendkulturen der
     „Sprayer/Tagger" und der „Grufties" erreichten mit 3,9 % Zustimmung einen
     gleich niedrigen Wert wie „Hardcore/Punk" (vgl. Müller-Bachmann 2002a, 131).

sich eine trennscharfe Abgrenzung beider Phänomene als schwierig gestaltet (vgl. Kapitel C1). Im Wesentlichen versteht sich HC als positiver
und konstruktiver Gegenentwurf zu der in den Augen vieler Hardcores
„destruktive[n], anarchistische[n] No-Future-Kein-Bock-Attitüde" (Zylka 2004, 18) weiter Teile von Punk. „Nicht Chaos war das Ziel von HC,
sondern selbstverwaltete Strukturen sowie soziopolitische Aufklärung"
(Büsser 1997, 82).

In jugendlichen Peergroups, so die gängige Annahme, hängt soziale
Anerkennung im großen Maße vom „demonstrativen Konsum" (Hurrelmann 2004, 140) im Freizeitbereich ab, d. h. der soziale Status in der Be-
zugsgruppe bestimmt sich über Zeichen eines bestimmten Konsum- und
Lebensstils. Während insbesondere die mit zeitgemäßen Lifestyle-At-
tributen versehenen Angebote des kommerziellen Warenmarkts hoch in
der Gunst vieler Jugendlichen stehen (vgl. Engel/Hurrelmann 1989; Hurrelmann 2004; Hurrelmann 2002), wird mit HC hier eine Jugendkultur
theoretisch und empirisch in den Blick genommen, in der soziale Anerkennung über das „demonstrative Ablehnen" dieser kommerziellen Waren und der entsprechenden Wertvorstellungen erlangt wird. Dem *demonstrativen Konsum* der anderen wird jedoch nicht nur die eigene Verweigerungshaltung entgegengestellt, vielmehr wird innerhalb der HC-
Szene mit dem Prinzip des *do it yourself* (DIY) – der Kultur des Selbermachens – ein Gegenentwurf praktiziert, der hier als *demonstrative Produktion* bezeichnet werden soll. Bei DIY geht es darum, Kultur bzw. kulturelle Objekte möglichst unabhängig von kommerziellen Strukturen zu
schaffen und sich somit als widerspenstige Alternative zur Kulturindustrie zu positionieren und zu organisieren. Selbstermächtigung, Selbstor-
ganisation, Improvisation und Eigeninitiative sind die Schlüsselbegriffe,
mit denen sich das DIY-Selbstverständnis charakterisieren lässt. DIY ist
der Leitgedanke, den die Hardcores, wie auch andere punkbeeinflusste
Jugendkulturen (vgl. Kapitel C3.2), praktisch allen Szeneaktivitäten zugrunde legen. Die Szene-Philosophie, dass Hardcore „mehr als Musik"
sei, findet deutlichen Ausdruck im DIY-Gedanken. DIY wird in dieser
Studie entsprechend ausführlich behandelt.

Die Jugendkultur HC fand bislang nur geringe wissenschaftliche Beachtung, wohl auch aufgrund ihrer vergleichsweise stilistischen Unauffälligkeit. Dass die Jugendkultur HC selbst in Büchern, die sich u. a. der
Fragestellung „Wo regen sich auch heute noch Reste popmusikalischen
Widerstands?" (Kemper et al. 2002, 10) annehmen, keine Erwähnung
findet, ist bezeichnend für das theoretische wie empirische Forschungs-
defizit auf diesem Gebiet. Die vorliegende Studie möchte nicht nur einen
Beitrag zur Behebung dieser Forschungslücke leisten, indem sie v. a. anhand der DIY-Aktivitäten die Widerspenstigkeit der HC-Jugendkultur
verdeutlicht, sondern auch zeigen, dass Authentizitätskonstruktionen in
musikzentrierten Jugendkulturen nicht ausschließlich von musikalischem
Geschmack und Äußerlichkeiten abhängen. Es soll insbesondere das En-

gagement in der Szene bzw. für die Szene als ein wichtiges Kriterium bei der Zuschreibung von Authentizität hervorgehoben werden. Die Arbeit möchte des Weiteren einen Teil zur Analyse intrajugendkultureller Hierarchien beitragen, indem sie beleuchtet, inwiefern über Szene-Aktivismus interne Rangordnungen geschaffen werden. Demgegenüber wurde bisher v. a. der Zusammenhang zwischen (hoch-)kulturellen und sozialen Hierarchien untersucht (vgl. Bourdieu 1987).

Bislang beschäftigen sich relativ wenige Studien mit den Kompetenzen, die in Jugendszenen erworben werden können (v. a. Hitzler/Pfadenhauer 2005, Willis 1991). Auf die Art und Weise der Vermittlung dieser Kompetenzen wird dabei eher am Rande eingegangen. Vorliegende Studie zeigt zum einen, welche Kompetenzen in Bezug auf die DIY-Praxis in der HC-Szene vermittelt werden und untersucht zum anderen die Rolle bestimmter (szenespezifischer) Medien als Vermittlungsinstanzen dieser Kompetenzen. Es wird grundsätzlich davon ausgegangen, dass die Mitgliedschaft in Szenen den Erwerb von szenespezifischen Wissensbeständen voraussetzt (vgl. Müller 1995; Müller et al. 2007, 2004). Im Rahmen dieser Arbeit wird zum einen die Eigenleistung Jugendlicher bei der Einarbeitung in diese Wissensbestände betont, zum anderen wird aber auch untersucht, ob demografische Faktoren (z. B. Bildung) die Handlungsspielräume der Jugendlichen beeinflussen bzw. eingrenzen (vgl. Niesyto 2007). Es wird also der Frage nachgegangen, ob die Teilnahme an Szenen von soziodemografischen Merkmalen unabhängig erfolgt, wovon individualisierungstheoretische Positionen ausgehen, oder ob sich Szenen bis zu einem gewissen Grad klassenspezifisch konstituieren.

Die vorliegende Studie gliedert sich wie folgt: In Kapitel A wird zunächst die (akademische wie nicht-akademische) Quellenlage zu HC dokumentiert und der Stand der Jugendkulturforschung dargelegt, wobei insbesondere die für Jugendkulturen zentralen Aspekte der Authentizität und Widerspenstigkeit im Mittelpunkt stehen. Kapitel B stellt den Mehrmethodenansatz der Untersuchung vor. Neben der Datenerhebung mittels qualitativer und quantitativer Methoden fließt auch das Insiderwissen des Autors, der selbst lange Zeit in der HC-Szene aktiv war, in die Arbeit mit ein. Der Insiderstatus in der Forschungspraxis wird unter dem Begriff „going academic" reflektiert. In Kapitel C1 wird zunächst in groben Zügen der Ursprung von HC rekonstruiert. In Kapitel C2 wird dann auf die Bedeutung von Mode in der HC-Jugendkultur eingegangen. Schwerpunktmäßig widmet sich Kapitel C dann dem für HC typischen DIY-Aktivismus. DIY wird in Kapitel C3 in mehrfacher Hinsicht in den Blick genommen:

a)   Es wird der soziokulturelle Hintergrund beschrieben, vor dem DIY als Authentizitätskriterium in der HC-Szene von besonderer Bedeutung ist.

b) DIY wird am Beispiel der Produktion und des Vertriebs von Fanzi-
    nes und Tonträgern sowie der Organisation von Konzerten als Praxis
    jugendkultureller Selbstermächtigung bzw. Widerspenstigkeit be-
    schrieben.

c) Die Funktions- und Distinktionslogik von DIY wird anhand der the-
    oretischen Konzepte der kulturellen Ökonomie (vgl. Bourdieu 1987,
    Fiske 1997, Thornton 1996) sowie Bourdieus Überlegungen (vgl.
    1999, 1993, 1982) zum Feld künstlerischer Produktion erläutert.

d) Vor dem Hintergrund der Theorie der musikalischen und medialen
    Selbstsozialisation (vgl. Müller 1995; Müller et al. 2006, 2004) so-
    wie dem Konzept der „unsichtbaren Bildungsprogramme" (vgl.
    Hitzler/Pfadenhauer 2005) wird die Frage der Aneignung und der
    Vermittlung der entsprechenden Wissensbestände, Diskurse und
    Kompetenzen beleuchtet, die notwendig sind, um nach dem DIY-
    Prinzip handeln zu können.

e) Es wird der Umgang mit Wissen in der DIY-Praxis untersucht. Da-
    bei wird auf die theoretischen Ausführungen von Ganz-Blättler
    (2000) zu Wissen als Statussymbol und Shareware Bezug genom-
    men.

Den Ausführungen zur HC-Kultur in Kapitel C liegen zahlreiche Exper-
teninterviews mit Szenegängern sowie eine umfangreiche Sichtung von
Publikationen aus der Szene (v. a. Fanzines) zugrunde. Es handelt sich in
Kapitel C somit um eine *deskriptiv-empirische* Untersuchung.

Kapitel D analysiert das HC-Publikum auf Basis einer Fragebogenbefragung von 410 Besuchern von HC-Konzerten. Es handelt sich in
Kapitel D entsprechend um eine *quantitativ-empirische* Untersuchung. In
dem quantitativ-empirischen Teil der Arbeit werden die Zusammenhänge
zwischen HC-Szeneaktivismus und soziodemografischen Merkmalen
analysiert. Ebenso wird die soziale Dimension von Szeneaktivismus in
den Blick genommen, worüber bislang auch kaum geforscht wurde. Es
wird ferner die Frage untersucht, ob HC von Einfluss auf die Ausbil-
dungs- oder Berufswahl der Szenegänger ist. Die Fragebogenbefragung
soll des Weiteren die soziodemografische Struktur des HC-Publikums
und dessen soziokulturelle, politische und religiöse Orientierung sowie
deren Zusammenhänge ermitteln. Sie geht auf die soziale Bedeutung
bzw. Funktion von HC ein und erteilt Auskunft darüber, wie die Jugendlichen zur HC-Szene gekommen sind. Wie in den meisten Jugendkulturstudien wird auch in dieser Arbeit nach der Bedeutung von Mode gefragt. Darüber hinaus wird untersucht, ob sich der „More than Music"-
Gedanke auch darin zeigt, dass HC die Szenegänger auf politische und
soziale Randthemen aufmerksam macht bzw. sie zu sozialem und politischem Engagement bewegt. Es wird auch geklärt, ob HC die Ernährungsweise der Szenegänger beeinflusst. In Kapitel D4 erfolgt unter Bezugnahme auf den jeweiligen theoretischen Kontext eine ausführliche Er-

läuterung sämtlicher Untersuchungskomplexe. Kapitel E schließt die Arbeit mit einer Zusammenfassung ab.

2   STAND DER FORSCHUNG

Kapitel A2.1 arbeitet den Stand der Forschung zu HC auf. Kapitel A2.2 stellt die Subkulturforschungen des Birminghamer *Centre for Contemporary Cultural Studies* (CCCS) aus den 1970er Jahren vor. Die Studien des CCCS waren von großem Einfluss auf die Jugendsoziologie, da sie Subkulturen als klassenspezifische, widerspenstige Reaktion auf die dominante Kultur verstanden. Das CCCS-Verständnis von subkultureller Widerspenstigkeit lässt sich jedoch kaum auf die Gegenwart übertragen. Kapitel A2.3 setzt sich anhand aktuellerer Untersuchungen kritisch sowohl mit der Theorie als auch mit der Methodologie der CCCS-Studien auseinander.

2.1   Die Jugendkultur Hardcore als Forschungsgegenstand

„Hardcore ist die vom Popdiskurs gemiedenen Nische", konstatiert der Popkulturtheoretiker Behrens im Feuilleton der Wochenzeitschrift *Jungle World* (Behrens 2006, 22). Trotz der mittlerweile ca. 25-jährigen Geschichte der Jugendkultur HC sind wissenschaftliche Veröffentlichungen, die sich mit HC beschäftigen, bis dato vergleichsweise Mangelware. HC hat sich offensichtlich dem sozial- und kulturwissenschaftlichen Fokus weitestgehend entzogen. Im Folgenden wird die akademische wie nicht-akademische Literatur zu HC vorgestellt.[2] Von einer ausführlichen Diskussion dieser Publikationen wird an dieser Stelle jedoch abgesehen. Die für die *More than Music*-Studie relevanten Aspekte aus diesen Arbeiten werden an den entsprechenden Stellen der vorliegenden Untersuchung genauer thematisiert.

Bei den bisherigen Publikationen zu HC handelt es sich zumeist um journalistische Literatur aus der HC-Szene selbst. Blush (2001) beschreibt in *American Hardcore. A Tribal History* mit Interview-Zitaten die amerikanische HC-Szene von 1980 bis 1986. Die meisten Veröffentlichungen zu HC befassen sich jedoch exklusiv mit lokalen Szenen bzw. deren einflussreichsten Musikern und Bands. Mader (1999, 2003) stellt in Form von Interviews und steckbriefartigen Portraits die bekanntesten Bands der New Yorker und Bostoner HC-Szene der 1980er Jahre vor. Bei seinen Büchern *New York City Hardcore. The Way It Was* (1999)

---

2   Es werden hier nur diejenigen Arbeiten angesprochen, die sich Hardcore ausführlicher widmen. HC findet darüber hinaus auch im Zuge der Auseinandersetzung mit Punk gelegentliche Erwähnung (vgl. Lau 1992, O'Hara 2002, Müller-Bachmann 2002b, Baron 1989, Sterneck 1995, Moore 2004, Leblanc 2002).

und *This is Boston* (2003) handelt es sich schwerpunktmäßig um rückblickende Nachschlagewerke. Hurleys Buch *Making A Scene* (1989) befasst sich anhand von Fotos, Songtexten und Interviews ebenfalls mit der New Yorker HC-Szene der 1980er Jahre. Eine Retrospektive zur kalifornischen Szene findet sich in *Hardcore California* von Belsito/Davis (2003). Die Autoren zeichnen anekdotisch die frühen Punk- und HC-Szenen (1977 bis 1983) in San Francisco und Los Angeles nach. Mit einer der bedeutendsten HC-Szenen, der Szene in Washington D. C., setzen sich die Bücher von Connolly et al. (1992) und Andersen/Jenkins (2003) auseinander. Während erstere in *Banned In DC* die Geschichte der D. C.Szene zwischen 1979 bis 1985 v. a. über Fotos, Flyer und Anekdoten porträtieren, bieten letztere in *Dance Of Days* eine ausführlich recherchierte Dokumentation dieser Szene von Mitte der 1970er Jahre bis ca. zur Jahrtausendwende. Die Entwicklung der amerikanischen Straight-Edge-Szene zwischen Anfang der 1980er und Mitte der 1990er Jahre wird von Lahickey (1997) in *All Ages. Reflections on Straight Edge* über Interviews mit wichtigen Figuren dieser Bewegung beleuchtet. Järisch (1992, 2001) liefert in seinen *Flex*-Büchern mit tausenden Plattenrezensionen eine umfangreiche Diskografie des US-HC.

Die wissenschaftlichen Arbeiten zu HC aus dem angloamerikanischen Sprachraum beschränken sich zumeist auf die amerikanische Straight-Edge-Bewegung (Haenfler 2003, 2004; Helton/Staudenmeier Jr. 2002; Irwin 1999; Wood 1999; Pileggi 1998; Williams 2003, Atkinson 2003).[3] Bei den Arbeiten zu Straight Edge von Irwin (1999) und Haenfler (2004) handelt es sich ethnografische Szene-Untersuchungen, Wood (1999) untersucht Straight-Edge-Songtexte und Helton/Staudenmeier Jr. (2002) Straight-Edge-Internetseiten. Diese Forschungen haben gemein, dass sie die zentralen Werte der Straight-Edge-Ideologie herausarbeiten. Am Beispiel der Studie von Wood, die anhand von Songtexten amerikanischer Straight-Edge-Bands die Entwicklung der Straight-Edge-Bewegung von Entstehung Anfang der 1980er Jahre an bis ca. Mitte der 1990er Jahre rekonstruiert, lassen sich diese Werte (repräsentativ für die anderen Arbeiten zu Straight Edge) wie folgt darstellen: Die Straight-Edge-Ideologie zeichnet sich zunächst durch Ablehnung von jeglichen (harten und weichen) Drogen, die Betonung einer grundsätzlich positiven und gesunden Lebensführung sowie die Ablehnung von Promiskuität (Sex mit häufig wechselnden Partnern ohne gegenseitige Bindung auf längere Zeit) aus. Wood erläutert anhand von Songtexten nun, dass sich die Straight-Edge-Bewegung im Verlauf ihrer Geschichte stark verändert bzw. ausdifferenziert hat. Während beispielsweise Personen, die nicht

---

3   Bei den Arbeiten von Pileggi (1998), Haenfler (2003) und Williams (2003) handelt es sich um Dissertationen, die dem Autor nicht vorliegen. Diese Studien werden in der Arbeit von Schwarz (2005, 121f) kurz vorgestellt. Nur am Rande findet Straight Edge darüber hinaus Erwähnung in Zellner (vgl. 1995, 12) und Young/Craig (1997, 179).

den SE-Lebensstil verfolgen, zunächst nicht thematisiert bzw. verurteilt wurden, erfolgte ab ca. Mitte der 1980er Jahre in den Songtexten eine verstärkte Verurteilung des angeblichen gesellschaftlichen Werteverfalls einhergehend mit der Geringschätzung von Drogenkonsumenten und Personen, die sich nicht mit Straight Edge identifizieren (vgl. auch Atkinson 2003, 199). In den späten 1980er Jahren wurde die ursprüngliche Straight-Edge-„Philosophie" dann durch ökologische Inhalte (v. a. Tierrechte) ergänzt. In diesem Zuge wurde die vegetarische (und nicht selten auch die vegane) Ernährungsform zu einem weiteren Grundsatz der Straight-Edge-Lebensweise (vgl. auch Irwin 1999, Maybaum 2003). Für die 1990er Jahre konstatiert Wood schließlich die Fragmentierung der Szene in viele bisweilen extrem religiös motivierte (z. B. „Hare Krishna Straight Edger", „Straight Edge Holy Terrorists) und vereinzelt auch gewaltbereite („Hardline Straight Edger") Splitter-Gruppierungen.[4]

Von den Straight-Edge-Anhängern wird stets betont, dass es sich bei ihrem asketischen Lebensstil nicht nur um eine kurze Phase handelt, sondern um eine lebenslange Grundsatzentscheidung. Typische Slogans, die sich auf Straight-Edge-Platten, -Shirts, und -Fanzines wiederfinden, lauten z. B. „True til death", „One life drug-free", Straight Edge – A dedication for lifetime". Nicht wenige Straight-Edge-Anhänger lassen sich solche Slogans sogar tätowieren. Tätowierungen dienen ihnen als dauerhafte und für andere sichtbare „Verpflichtungserklärungen" zu diesem Lebensstil. Atkinson (2003) widmet sich in seiner Studie den Straight-Edge-Tätowierungen und erklärt, dass es sich bei der Betonung der eigenen gesunden bzw. enthaltsamen Lebensweise (in Form von tätowierten Straight-Edge-Slogans) um eine widerspenstige Praxis handelt, die dominante Mittelklasse-Werte nicht ablehnt, sondern sich im Gegenteil durch eine „Hyperkonformität" mit diesen Werten charakterisieren lässt. Aus Sicht der Straight-Edge-Anhänger proklamiert die Gesellschaft scheinheilig Werte wie Verzicht und Gesundheit, wird diesen selbst aber nicht gerecht. Straight Edge rebelliert sozusagen gegen die traditionellen Formen jugendkultureller Rebellion („Sex, Drugs and Rock and Roll") (vgl. Lahickey 1997, xvii).

Der Fokus von Haenflers Studie (2004) liegt ebefalls auf einer Rekonzeptualisierung der klassischen Theorie von subkultureller Widerspenstigkeit. Die Ziele subkultureller Widerspenstigkeit seien nicht ausschließlich auf einer Makro-Ebene zu finden (z. B. in der dominanten Erwachsenenkultur, in der eigenen sozialen Klassenlage oder im Staat), wie es die klassischen Widerspenstigkeitstheorien nahe legen, sondern v. a. auf einer Meso-Ebene (in der Abgrenzung gegenüber Gleichaltrigen und anderen Jugendkulturen) und einer Mikro-Ebene (in der intrafamiliären Abgrenzung). Er macht deutlich, dass die Straight-Edge-Anhänger in

---

4   Vgl. zu Hardline sowie zum Zusammenhang von Hare Krishna und Straight Edge auch Maybaum (2003, 307ff).

ihrem widerspenstigen Lebensstil individuelle und kollektive sowie persönliche und politische Bedeutungen verbinden.

Die deutschen bzw. europäischen HC-Szenen wurden im Gegensatz zu den US-Szenen sowohl von akademischer als auch von Fanseite eher spärlich aufgearbeitet. Auch in deutschen Zeitungen und Zeitschriften wird Hardcore kaum erwähnt. Am ehesten erfuhr noch die Straight-Edge-Szene gelegentliche journalistische Beachtung (vgl. Hennebach 1998, Mark 1999, Pohl 2001, o. V. 1999, Jaegike 2000, Boeker 1998, Büttner/Buchholz 2000, Knill 1998). Neben einem Fotoband, der HC- und Punkkonzerte in Deutschland in den 1980er Jahren dokumentiert (vgl. Ullrich/Hollis 2003), beschäftigte sich aus Szenekreisen lediglich Martin Büsser, ein ehemaliger Mitwirkender bei einem der ersten deutschen HC-Fanzines (*Zap),* in seinem Buch *If the Kids Are United* mit der Geschichte „von Punk zu Hardcore und zurück" (vgl. Büsser 2000). Er berücksichtigt die HC-Bewegung in Deutschland bis ca. Anfang der 1990er Jahre und beschreibt, wie HC aufgrund von Kommerzialisierungstendenzen zu dieser Zeit seine Randstellung und sein widerspenstiges Potenzial scheinbar verlor. Auch wenn Büsser viele Tendenzen der HC-Szene Anfang der 1990er Jahre treffend beobachtet, bleibt die Reaktion der HC-Szene auf die Kommerzialisierung von ihm weitgehend unberücksichtigt. Für viele HC-Anhänger, die nach wie vor an den Idealen einer unabhängigen und unkommerziellen Jugendkultur festhielten – hier kann auch von einer nächsten Generation von HC-Anhängern gesprochen werden – gewann der HC-Wahlspruch „More than Music" *eben aufgrund* der Vereinnahmungstendenzen an größerer Bedeutung als jemals zuvor. Wie im Verlauf der vorliegenden Arbeit deutlich werden soll, führte die zunehmende Verwischung von Underground und Mainstream Anfang der 1990er Jahre dazu, dass strukturelle Merkmale der Kulturproduktion bzw. die konkrete Szene-Arbeit hinsichtlich der Zuschreibung von Authentizität bedeutender denn je wurden.

Mit HC in Deutschland beschäftigt sich Budde nur am Rande in seiner Publikation *Take Three Chords. Punkrock und die Entwicklung zum American Hardcore* (1997). Budde rekonstruiert aus musikwissenschaftlicher Sicht in erster Linie die Entwicklung des britischen (1975-1978) und amerikanischen (1976-1978) Punkrock zum American HC, der ab 1978 Gestalt annahm. Er vergleicht (seines Erachtens) repräsentative Songs des jeweiligen Genres nach folgenden Kriterien: Instrumentierung, Songstruktur, Harmonien/Intervalle, Rhythmus, Tempo, Sound, Effekte, Abmischung/Qualität, Texte und Gesamtzeit. Anhand dieser Kriterien erstellt er musikalische Steckbriefe für die einzelnen Songs. Diese Steckbriefe sollen „deduktiv eine Beurteilung der musikalischen Kriterien im Vergleich ermöglichen" (Budde 1997, 51). Er geht Punk und American Hardcore neben den musikalischen Steckbriefen zudem durch Portraits der jeweiligen Bands sowie über Informationen, die er aus Fanzine-Artikeln, Texten und Plattencovern bezieht, auf den Grund.

Bei den wenigen soziologischen Studien zur hiesigen HC-Szene handelt es sich vorwiegend um qualitative Forschungen (Hitzler et al. 2001, Hitzler/Pfadenhauer 2005, Inhetveen 1997, Adler et al. 2005). Hitzler et al. (2001) vergleichen in ihrer Studie verschiedene Jugendszenen nach folgenden Aspekten: thematischer Fokus der Szene, Einstellungen/Motive, Lebensstil, Treffpunkte/Events, Kleidung/Musik, Medien, geschichtlicher Hintergrund, quantifizierende Strukturdaten, Szenedifferenzierungen, Geschlechterrollen und Szeneüberschneidungen. In diesen „steckbriefartigen" Beschreibungen berücksichtigen sie neben der Techno-Szene, der Skater-Szene, der Antifa-Szene auch die HC-Szene in Deutschland. Wenngleich die empirische Basis mit nur drei interviewten HC-Fans als eher gering zu betrachten ist, gelingt ihnen ein erster Einblick in die Szene.

Hitzler/Pfadenhauer (2005) untersuchen in ihrer Expertise zu den „unsichtbaren Bildungsprogrammen" die Entwicklung und Aneignung von Kompetenzen in Jugendszenen und berücksichtigen dabei auch die HC-Szene. Sie beleuchten, wie die in einer Szene erworbenen Kompetenzen neben ihrer intrajugendkulturellen Bedeutung auch alltagspraktisch und berufspraktisch relevant werden können. Zu den *basalen szeneintern relevanten Kompetenzen* zählen sie das Grundwissen, das für die Teilnahme am Szene-Geschehen Voraussetzung ist. Erworben werde es eher beiläufig, teils selbstständig, teils durch andere Szenegänger. Sie betonen die Notwendigkeit der Informationsbeschaffung zur Ausprägung von Orientierungswissen (z. B. Stilrichtungen unterscheiden lernen, Aneignung von Szenevokabular) und Umgangsformen (z. B. die „Spielregeln" beim Tanzen auf Konzerten erlernen). Hitzler und Pfadenhauer zeigen weiter, dass die Teilnahme in der HC-Szene *allgemein alltagspraktische Kompetenzen* fördern kann. Augrund der internationalen Vernetzung und Kommunikation der HC-Szenen könnten sich beispielsweise die Fremdsprachenkenntnisse der Szenegänger verbessern. Ferner könnten über Begegnungen mit Szenegängern aus anderen Kulturkreisen deren kulturelle Besonderheiten erfahren werden, was möglicherweise eine Hilfe bei Auslandsaufenthalten darstelle. Ebenso wird in diesem Zusammenhang darauf verwiesen, dass sozial positive Verhaltensweisen (z. B. Gastfreundlichkeit) geschult würden. Der hardcore-typische Diskurs beinhaltet neben Musik auch politische und ethische Themenbereiche (wie z. B. Antifaschismus, Menschen- und Tierrechte, Globalisierung), über die sich die Szenegänger in persönlichen Gesprächen und über szenespezifische Medien austauschen (Fanzines, Internetforen, Flyer). Die Auseinandersetzung mit diesen Themen können nach Hitzler und Pfadenhauer zu einem Zugewinn an fachlichem Wissen führen und ggf. auch Auswirkungen auf das individuelle Alltagshandeln haben, beispielsweise wenn man seine Ernährung aufgrund von Wissen über Massentierhaltung auf vegetarische oder gar vegane Kost umstellt. Hitzler und Pfadenhauer verstehen die HC-Szene aufgrund ihres kritischen bzw. ‚diskussionsfreudigen' Charakters als

„[…] Anregungs- bzw. Übungsfeld zur eigenständigen Meinungsbildung und zur Kritikfähigkeit […], was im Hinblick auf bürgerschaftliches Engagement als ein alltagspraktisch relevantes Kompetenzbündel angesehen werden kann" (Hitzler/Pfadenhauer 2005, 44).

Berufspraktisch relevante Kompetenzen, „deren ‚Qualität' durchaus auf formalem Wege erworbenen Berufsqualifikationen zu entsprechen vermag" (ebd., 52), eignen sich Szeneaktivisten v. a. in den Bereichen Eventorganisation und Labelarbeit an (vgl. auch Kapitel C3.4). Hierzu zählen z. B. Techniken der Informationsbeschaffung bzw. Recherche, Abwicklung von steuerlichen/gesetzlichen Fragen (GEMA-Abrechnungen), Grundkenntnisse in buchhalterischen Fragen, (Ton-)Technik, Bühnenauf- und abbau, Kostenkalkulation, Zeitmanagement, Verpflegung der Künstler und Organisation deren Unterkunft, lokale Veranstaltungsankündigung bzw. Pressearbeit und gestalterische Kompetenzen wie z. B. Flyer-Artwork oder Coverdesign. Bei den meisten dieser Tätigkeiten handelt es sich entweder um nicht-zertifizierbare oder um quasi-zertifizierbare berufspraktisch relevante Kompetenzen. Vor allem aufgrund der fehlenden rechtlichen Grundlagen zur Berechtigung des Ausstellens von Arbeitszeugnissen oder Praktikumsbescheinigungen können nur die wenigsten dieser Kompetenzen von den „HC-Mini-Firmen" formal zertifiziert werden (vgl. Hitzler/Pfadenhauer 2005, 52). Neben der Möglichkeit des Erwerbs von fachlichen, organisatorischen und technischen Qualifikationen gehen Hitzler und Pfadenhauer davon aus, dass sich im Umgang mit anderen Personen aus dem HC-Netzwerk v. a. auch soziale Kompetenzen ausbilden bzw. verstärken können.

Adler et al. heben in ihrem Aufsatz *‚Do-It-yourself': Aneignungspraktiken in der HC-Szene* (vgl. Adler et al. 2005) auf ähnliche (wenngleich weniger ausführliche) Weise wie die vorliegende Studie die Bedeutung des DIY-Prinzips für die HC-Szene hervor. Sie zeigen, dass der DIY-Gedanke ein zentrales Moment bei der Identitätsartikulation, der Szene-Organisation und der Szene-Ökonomie (als grafischer Gestaltungsstil, als Käuferethik und als Marktprinzip) darstellt. Wie Hitzler/Pfadenhauer (2005) verweisen auch Adler et al. darauf, dass die Aspekte der Selbstermächtigung, Eigeninitiative und Selbstbildung, wie sie durch DIY propagiert werden, nicht nur die Ausbildung szenespezifischer, sondern auch außerhalb der Szene anwendbarer Kompetenzen ermöglichen.

Inhetveen (1997) beleuchtet in ihrer ethnografischen Studie die für Außenstehende gewalttätig und „chaotisch" anmutenden HC-Konzerte. Ihre Empirie basiert auf der Methode der teilnehmenden Beobachtung, der Analyse von Sekundärmaterial (Fanzines, Plattencover), Gesprächen mit fünf Konzertbesuchern sowie problemzentrierten Interviews mit sieben HC-Musikern. Sie zeigt, dass es sich bei einigen für HC-Konzerte typischen Tanzformen um reglementierte, rituelle Inszenierungen von Gewalt handelt, die sozial produktiv sein können, da sie die subkulturelle Zusammengehörigkeit stärken.[5] HC bzw. Straight Edge werden auch im Kontext von Studien, die sich mit Veganismus in Jugendkulturen beschäftigen, thematisiert (vgl. Schwarz 2005, Larsson et al. 2003, Moser/Lunger 2003). Jugendliche schaffen in der HC- bzw. Straight-Edge-Szene über ihre Ernährungsform Abgrenzung sowohl gegenüber der „breiten Bevölkerung" als auch gegenüber anderen Jugendkulturen. Veganismus dient in bestimmten Jugendkulturen aber auch der intrajugendkulturellen Distinktion (vgl. Schwarz 2005, 117). Beispielsweise differenziert sich die Straight-Edge-Bewegung, die bereits eine Untergruppierung von HC darstellt, selbst auch noch in verschiedene Subströmungen aus (vgl. Wood 1999, Haenfler 2004, Maybaum 2003, Helton/Staudenmeier 2002). Die Straight-Edge-Ausprägungen unterscheiden sich hinsichtlich der Intensität bzw. Radikalität in der Auslebung der Straight-Edge-Ideologie:

„The degree of tolerance and intolerance for others within and outside of straight edge who do not share their believes and practices is one of the dividing lines within straight edge" (Helton/Staudenmeier 2002, 467).

So grenzen sich z. B. die *Vegan Straight Edger* von den „normalen" *Straight Edgern* darin ab, dass sie sich vegan und nicht „nur" vegetarisch ernähren. Mit den *Hardline Straight Edgern* (vgl. Maybaum 2003, 308ff) hat sich wiederum eine orthodoxe und bisweilen militante (vgl. Bailey 1998) Minderheit ausgebildet, „deren Mitglieder die Forderungen der ‚Straight-Edge'-Bewegung radikalisieren […]. ‚Hard-Liner' ernähren sich vegan, akzeptieren Sex nur als Mittel der Fortpflanzung und lehnen infolgedessen Empfängnisverhütung sowie Abtreibung kategorisch ab" (Hitzler et al. 1001, 61). Wood merkt zu den Hardlinern an:

„[H]ardline emerges as an orthodox consolidation of fundamental straight-edge points of concern (drugs and animal exploitation) with a strong emphasis in Western society's alleged social and moral degeneration" (Wood 1999, 141).

Als musikalische Vorreiter von Hardline-Straight-Edge werden gemeinhin die amerikanischen Band *Earth Crisis* und *Raid* genannt (vgl. Schwarz 2005, 130; Wood 1999, 141). Hardliner werden in Szenekreisen häufig auch als „faschistoid" kritisiert und daher i. d. R. stark abgelehnt (vgl. Kapitel D4.4).

---

5   HC wird auch in weiteren Publikationen, die entweder explizit (vgl. Tsitsos 2006, Simon 1997) oder eher am Rande (vgl. Lau 1992, 74f) auf die Tanzarten bei Konzerten eingehen, erwähnt.

Larsson et al. (2003) zeigen in ihrer qualitativen Untersuchung (N=6), dass vegane Jugendliche u. a. über die Teilnahme an HC-Konzerten bzw. den Kontakt zu den auf diesen Veranstaltungen angetroffenen Veganern/Vegetariern auf alternative Ernährungsweisen aufmerksam gemacht wurden. Die Entscheidung zur Ernährungsumstellung ginge dabei aber nicht zwingend mit einer vollständigen Identifikation mit den Straight-Edge-Idealen einher (vgl. Larsson et al. 2003, 63). Irwin betont, dass Jugendliche durch Straight-Edge-Bands bzw. deren Texte sowie durch Fanzines zu dieser Lebensweise ermutigt werden (vgl. Irwin 1999, 374). Auch Schwarz hebt in seiner umfassenden Aufarbeitung von Veganismus im Jugendkulturkontext die Rolle von Musik als zentrales Medium jugendkultureller Wertevermittlung und Identitätsstiftung hervor:

„Musik als ästhetische Ausdrucksform und Erfahrungswelt stellt auf der Folie eines vorkritischen Bewusstseins ein nahezu ideales Medium (neben dem Internet) dar, um etwa den Tierrechtsgedanken populärer zu machen, und vermag damit eine zweckhafte sozialisatorische Wirkung im Sinne jugendkultureller Moralentwicklung und Wertevorstellung innerhalb der *peer-group* zu erzielen" (Schwarz 2005, 123).

Diese Studien verdeutlichen, dass Veganismus und Tierrechte in der HC-bzw. Straight-Edge-Szene auf breites Interesse stoßen und dass eine soziokulturelle Nähe zu diesen Szenen den Einstieg in den Vegetarismus bzw. Veganismus entsprechend begünstigt.

Die Quellenlage zu HC offenbart, dass dieser Jugendkultur im anglo-amerikanischen Sprachraum sowohl von akademischer als auch von nicht-akademischer Seite deutlich mehr Interesse entgegengebracht wurde als im deutschen Sprachraum. Des Weiteren wird deutlich, dass die empirische Basis dieser Arbeiten zumeist dünn ist. Quantitativ-empirische Untersuchungen liegen keine vor.

2.2 Die Subkulturstudien des Centre for Contemporary Cultural Studies (CCCS)

Der Diskurs um populäre Kultur als widerständige Kultur basiert v. a. auf den Untersuchungen, die das Birminghamer *Centre for Contemporary Cultural Studies* (CCCS) in den 1970er Jahren durchgeführt hat. Gemeinsamer Ausgangspunkt dieser Forschungen sind „soziale Probleme und Fragestellungen, die im Schnittfeld von Alltag, Kultur und Macht entstehen und dann in ihren sozialen, politischen und historischen Dimensionen untersucht werden" (Winter 1997a, 59). Als Hauptwerke des CCCS gelten u. a. *Jugendkultur als Widerstand* von Clarke et al.

(1979a)[6], *Working-class Youth Culture* (Mungham/Pearson 1976), *Subcultural Conflict and Working Class Community* (Cohen 1997, Orig. 1972), *Profane Culture* (Willis 1981) und *Subculture. Die Bedeutung von Stil* (Hebdige 1983). In diesen Arbeiten werden verschiedene Subkulturen (z. B. Mods, Teds, Punks) anhand ihrer stilistischen Ausdrucksformen analysiert. Die Studien zeigen, dass subkultureller Stil nicht nur symbolisch das Selbstverständnis der stilbildenden Gruppe ausdrückt, sondern auch als eine kodierte Ausdrucksform von Klassenbewusstsein und als eine symbolische Kritik an der herrschenden Ordnung gelesen werden kann. Subkulturen werden als soziale Formationen verstanden, „in denen sich eine kollektive Reaktion auf die aktuellen Lebensbedingungen ihrer Klasse ausdrückt, die durch Widerstand und kreative Handlungsmächtigkeit gekennzeichnet ist" (Winter 1999, 178).

Bevor diese wesentlichen Aspekte der CCCS-Arbeiten genauer thematisiert werden, ist es notwendig, den Kulturbegriff, der diesen Arbeiten zugrunde liegt, kurz zu erläutern.

2.2.1 Das Kulturverständnis des CCCS

Die CCCS-Arbeiten basieren auf einem Kulturverständnis, das sich durch zwei zentrale Paradigmen auszeichnet: den Kulturalismus und den Strukturalismus (vgl. Hall 1999). Der kulturalistische Strang ist u. a. auf die Arbeit von Williams (1961) zurückzuführen. Williams löst den Kulturbegriff aus seiner hochkulturell-elitären und institutionalisierten Verankerung, indem er neben künstlerisch-ästhetischen Phänomenen insbesondere auch das alltägliche Leben einer Gesellschaft ausdrücklich als Kultur begreift. Gerade im Alltäglichen dokumentieren sich für Williams soziale Erfahrungen, Beziehungen und Praktiken.

Neben dem Kulturalismus etablierte sich mit dem Strukturalismus, dessen wichtigster Vertreter Louis Althusser war, ein weiteres zentrales Paradigma. Althusser ging davon aus, dass sich die Lebensbedingungen der Menschen durch „unbewusste Kategorien" in Form von Bildern, Ritualen, Gewohnheiten oder regelmäßigen Verhaltensweisen äußerten (vgl. Winter 1999, 174). Für Hall zeigen sich die wesentlichen Unterschiede beider Paradigmen im unterschiedlichen Bezug auf den Begriff der „Erfahrung":

„Während im ‚Kulturalismus' Erfahrung das Fundament – der Bereich des ‚Gelebten' war, auf dem sich das Bewusstsein und die Bedingungen überschneiden, betonte der Strukturalismus, dass ‚Erfahrung' per definitionem nicht das Fundament von irgend etwas sein könne, weil man seine Existenzbedingungen nur *in und durch* die Kategorien, Klassifikationen und Rahmen der Kultur ‚leben'

---

6   Es handelt sich hier um eine deutsche Teilübersetzung von Hall/Jefferson (1976).

und erfahren könne. Diese Kategorien jedoch entstehen nicht aus und basieren nicht auf der Erfahrung: eher ist die Erfahrung ihr ‚Effekt'" (Hall 1999, 30).

Im Gegensatz zum Kulturalismus nimmt der Strukturalismus also keine Beschreibung von Erfahrung vor, sondern versucht die Strukturen herauszuarbeiten, die der Erfahrung zugrunde liegen. Das CCCS synthetisierte bei seiner Kulturanalyse beide Paradigmen. Indem der Strukturalismus mit dem Kulturalismus in Verbindung gebracht wurde, erfolgte eine kritische Annäherung des CCCS an die Marxsche Basis-Überbau-Metapher in Form einer „relativen Autonomie" kultureller Praktiken. Während der kulturalistische Ansatz die kulturelle Praxis und die Erfahrungskategorie betont, lenkt der strukturalistische Ansatz das Augenmerk auf die Frage, inwiefern Erfahrung von sozialstrukturellen Merkmalen beeinflusst wird. Kultur wird somit „nicht nur unter den Aspekten des Ausdrucks und der Handlungsfähigkeit, sondern auch in den Dimensionen des Zwangs und der Regulation betrachtet" (Winter 1999, 173).

Die angesprochenen Verbindungen von Strukturalismus und Kulturalismus sind charakteristisch für die Subkulturstudien des CCCS, die Gegenstand des folgenden Kapitels sind.

2.2.2 Die Subkulturstudien des CCCS im Überblick

Ein wichtiger Ausgangspunkt für viele CCCS-Arbeiten stellt die frühe Studie *Subcultural Conflict and Working Class Community* von Phil Cohen (1997, Orig. 1972) dar. Cohen liefert hier „eine der überzeugendsten Interpretationen der Beziehung zwischen dem Entstehen von Subkulturen und dem Schicksal einer Klasse" (Clarke et al. 1979b, 74). Er führt die Genese von Subkulturen auf die Widersprüche innerhalb der britischen Arbeiterklasse zurück. Am Beispiel der Stadtteilsanierungen im Londoner *East End* in den 1960er Jahren und der damit verbundenen Auflösung typischer Arbeiterklassesiedlungen erklärt Cohen, wie Subkulturen als kollektive Antwort auf die daraus resultierenden Widersprüche innerhalb der Arbeiterschicht zu verstehen sind. Cohen beschreibt, wie Stadtteilsanierungen zu einem Zusammenbruch traditioneller Nachbarschaftsbeziehungen führen und wie kleinere Handwerksbetriebe von modernen und größeren Betrieben verdrängt wurden. Diese Entwicklungen hatten für Cohen zur Folge, dass die Arbeiterschaft in zwei Lager gespalten wurde: Die einen mussten unqualifizierte und schlecht bezahlte Jobs im Dienstleistungsgewerbe annehmen, die anderen fanden anspruchsvolle und gut bezahlte Jobs im Bereich neuer Technologien. Cohen stellte fest, dass diese Veränderungen zu zwei entgegengesetzten Formen von sozialer Mobilität führten, zum einen „hinauf in die Reihen der neuen Arbeiterelite der Vorstädte oder hinab ins ‚Lumpenproletariat'" (Clarke et al. 1979b, 71). Für Cohen mündeten diese sozialen Veränderungen somit nicht in einer klassenlosen Gesellschaft, vielmehr

„[wird] die Idee vom ‚Verschwinden der Klasse als ganzer' [...] durch ein weitaus differenzierteres Bild ersetzt, das zeigt, wie die verschiedenen Teile und Schichten einer Klasse durch die sie bestimmenden sozio-ökonomischen Umstände in verschiedene Richtungen und zu verschiedenen Alternativen gedrängt werden" (ebd., 72).

Diese sozialen Veränderungen spiegelten sich auch in den entstehenden Jugendkulturen bzw. deren Stilen wider (vgl. Abb. 1 aus Clarke et al. 1979b, 75).

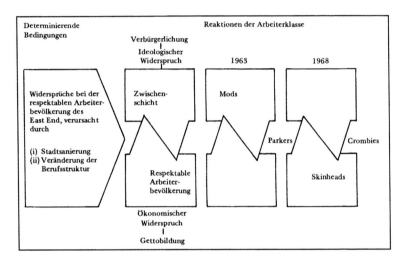

Abb. 1: Subkulturen und soziale Klasse: Cohens Modell

Cohens These lautet, dass die Genese von Subkulturen als Reaktion auf die genannten Antagonismen innerhalb der Arbeiterklasse zurückzuführen sei. Cohen erklärt:

„Die latente Funktion der Subkultur besteht darin, die Widersprüche, die in der Stammkultur verborgen oder ungelöst bleiben, zum Ausdruck zu bringen und zu lösen – wenn auch in ‚magischer' Weise. Der Aufstieg dieser Subkulturen, die aus dieser Stammkultur hervorgingen, lässt sich also als Reihe ebenso vieler Variationen auf ein zentrales Thema auffassen: den Widerspruch auf ideologischer Ebene zwischen dem traditionellen Puritanismus der Arbeiterklasse und der neuen Konsumideologie; und dem Widerspruch auf ökonomischer Ebene zwischen einem Teil der Arbeiterklasse, der zur sozial mobilen Elite gehört, und einem anderen, der zum neuen Lumpenproletariat gehört" (Phil Cohen 1972 zitiert nach Clarke et al. 1979b, 73).

Der Einfluss der Studie von Cohen zeigt sich deutlich in den Texten des bedeutsamen Sammelbands *Jugendkultur als Widerstand* von Clarke et al. (1979a). Auch hier werden subkulturelle Stile als symbolischer Ausdruck der Opposition gegenüber der dominanten Kultur verstanden. Einzigartig bei diesen Analysen ist dabei die Verknüpfung vielfältiger theoretischer Konzepte unterschiedlicher wissenschaftlicher Disziplinen. Die Autoren kombinieren Theorien von Marx, Gramsci, Althusser, Lévi-Strauss und Barthes zu einem ausgefeilten Theoriegerüst, mit dem jugendkulturelle Nachkriegsphänomene in ihrer sozialstrukturellen Einbettung untersucht werden.

In einem der Schlüsseltexte *Subkulturen, Kulturen und Klasse* von Clarke et al. (1979b) wird ebenfalls dargestellt, wie die Genese von Jugendkulturen in der Nachkriegszeit auf die Widersprüche innerhalb der Arbeiterklasse zurückzuführen ist. In diesen Ausführungen ist die Verbindung von Kulturalismus und Strukturalismus deutlich erkennbar:

„Mit dem Wort ‚Kultur' meinen wir jene Ebene, auf der gesellschaftliche Gruppen selbstständige Lebensformen entwickeln und ihren sozialen und materiellen Lebenserfahrungen *Ausdrucksform* verleihen. Kultur ist die Art, die Form, in der Gruppen das Rohmaterial ihrer sozialen und materiellen Existenz bearbeiten. […] Die ‚Kultur' einer Gruppe oder Klasse umfasst die besondere und distinktive Lebensweise einer Gruppe oder Klasse, die Bedeutungen, Werte und Ideen, wie sie in den Institutionen, in den gesellschaftlichen Beziehungen, in Glaubenssystemen, in Sitten und Bräuchen, im Gebrauch der Objekte und im materiellen Leben verkörpert sind" (Clarke et al. 1979b, 40f).

Klassenzugehörigkeit und Kultur sind somit eng verwoben. Die Ungleichheit zwischen den einzelnen Klassen reproduziert sich auch auf ähnliche Weise im kulturellen Bereich.

Aufgrund der sozialen Ungleichheiten innerhalb einer Gesellschaft weisen Clarke et al. darauf hin, dass der Begriff „Kultur" im Singular „durch das historisch konkretere Konzept ‚Kulturen'" (ebd., 44) zu ersetzen sei, um zu verdeutlichen, dass „Kulturen in Herrschafts- und Unterordnungsbeziehungen zueinander stehen, dass sie in gewissem Sinn immer im Kampf miteinander liegen" (ebd.). Für die Analyse dieses Subordinationsverhältnisses beziehen sich die Theoretiker des CCCS auf den Hegemoniebegriff von Antonio Gramsci, der davon ausgeht, dass die dominante Klasse ihre Autorität über die von ihr beherrschte Klasse nicht dadurch aufrechterhält, dass sie Zwang auf diese ausübt. Die Unterordnung werde vielmehr aufgrund der Ausübung einer totalen gesellschaftlichen Autorität von der untergeordneten Kultur als natürlich hingenommen. Es wird argumentiert, dass die dominante Kultur die Macht hat,

„[…] Alternativen zu definieren und Chancen zu bestimmen, Konsensus zu gewinnen und zu gestalten, damit die Absicherung der Legitimität der herrschenden Klassen nicht nur ‚spontan' erfolgt, sondern als natürlich und normal erscheint" (Clarke et al. 1979b, 81).

Das Feld der populären Kultur wird dabei als der Austragungsort angesehen, auf dem versucht wird, einen dominanten *common sense* durchzu-
setzen und somit die Hegemonie zu sichern.

Vor diesem Hintergrund wurden Subkulturen als Formationen betrachtet, die es in mehrfacher Hinsicht zu analysieren galt. Zunächst
widersprachen die Theoretiker des CCCS der in den 1960er und 1970er
Jahren diskutierten These, dass sich aufgrund der sozialen Veränderungen in der Nachkriegszeit die traditionellen Klassengrenzen aufgelöst
hätten (vgl. Zweig 1961). Diese These basierte auf dem steigenden ökonomischen Wohlstand zu dieser Zeit, der zu einem Konsumboom v. a.
bei den Jugendlichen der Arbeiterklasse führte und somit die Diagnose
einer Verbürgerlichung der Arbeiterschichten stützte. Man ging davon
aus, „dass Leben und Kultur der Arbeiterklasse keine eigenständige
Formation in der Gesellschaft mehr bildeten und dass jedermann sich
rasch an die Formen, Hoffnungen und Werte der Mittelklasse anpasse"
(Clarke 1979b, 75). Clarke et al. enttarnten die Annahme, dass diese neu-
en Verhältnisse zu einer klassenlosen Kultur führen würden als „sozialen
Mythos", der die tatsächliche Armut und den nach wie vor existenten
Abstand der Klassen „durch das dauernde ideologische Gerede von
‚Wohlstand und Überfluß'" (ebd.) nur verdecke.

Nachdem die Forscher klargestellt hatten, dass der Klassenbegriff für
die Analyse der Sozialstruktur nach wie vor Gültigkeit besaß, untersuchte man die sozialstrukturelle Position der Subkulturen in horizontaler und
vertikaler Richtung. Zum einen verstand man Subkulturen als „*generati-
onsspezifische* Subsysteme *klassenspezifischer* Stammkulturen" (Lindner
1979, 10). Stammkulturen sind dabei diejenigen Kulturen, von denen die
einzelnen Subkulturen abstammen bzw. in die man hineingeboren wird.
Zum anderen wurden sie hinsichtlich ihrer Stellung im „Beziehungsge-
flecht hierarchischer ‚Klassenkulturen'" (ebd.) analysiert. Subkulturen
wurden trotz ihrer Verwurzelung in der Stammkultur als Phänomene betrachtet, die sich in der Schnittstelle von dominanter und untergeordneter
Kultur entwickeln. Subkulturen bewahren aus CCCS-Sicht nicht nur Elemente aus ihrer Stammkultur, sondern erheben auch Autonomieansprü-
che gegenüber ihrer Stamm- sowie der dominanten Kultur.

Die CCCS-Studien betonen, dass Subkulturen die hegemoniale Ordnung lediglich auf symbolischer bzw. Zeichenebene über den jeweiligen
subkulturellen Stil herausfordern. Zu diesen stilistischen Ausdrucksformen zählen sie das Konsumverhalten der Jugendlichen, ihre Sprache,
Musik, territoriales Verhalten sowie den modischer Stil einer Subkultur.
Über Stil bemühen sich Subkulturen die Problemsituationen der Arbeiterklasse (Arbeitslosigkeit, Erosion des sozialen Zusammenhalts der Arbeiterklasse) auf expressive Art und Weise zu verarbeiten und symbolisch den Zusammenhalt ihrer Klasse wiederherzustellen. Die konkreten
materiellen Probleme ihrer sozialen Lage bleiben jedoch nach wie vor
ungelöst:

„Es gibt keine ‚subkulturelle Karriere' für den jugendlichen Arbeiter; im subkulturellen Milieu gibt es keine ‚Lösung' für Probleme, die durch die großen strukturierenden Erfahrungen der Klasse aufgeworfen werden. Es gibt keine ‚subkulturelle Lösung' für die Arbeitslosigkeit, ihre Benachteiligung in der Bildung, die Fehlerziehung, die man ihr zwangsweise zukommen läßt, ihre aussichtslosen Jobs, die Routinisierung und Spezialisierung ihrer Arbeit, die geringe Bezahlung und der Verfall ihrer Fähigkeiten. Subkulturelle Strategien können die strukturellen Dimensionen nicht modifizieren oder verändern, die in dieser Periode für die Klasse insgesamt entstanden sind" (Clarke et al. 1979b, 95).

In seinem bedeutenden Aufsatz über subkulturellen Stil erklärt Clarke (1979), wie Subkulturen genau auf kreative Weise die Klassenwidersprüche der Nachkriegszeit zu lösen versuchen. Vor allem die Konzepte der *Bricolage* und der *Homologie* stehen bei seiner Stilanalyse im Mittelpunkt. Der Begriff der „Bricolage" (Bastelei) geht auf den Anthropologen Claude Lévi-Strauss (1968) zurück und dient Clarke der Beschreibung der Stilschöpfung: Die Jugendlichen verwenden die ihnen kulturell zugänglichen Ressourcen und bringen sie in einen neuen Zusammenhang, d. h. durch Dekontextualisierung bzw. Modifikation entstehen andere Verwendungsmöglichkeiten, mit denen durch soziale Praxis neue Bedeutungen kommuniziert werden können, die der dominanten Kultur unverständlich sind. Das „Rohmaterial" (Clarke 1979, 137), auf das die Jugendlichen bei der Stilkreation zurückgreifen, entstammt ihren alltäglichen Lebenszusammenhängen. Die Objekte, die aus dieser „Matrix des Bestehenden" (ebd., 138) zu einem neuen Stil „zusammengebastelt" werden,

„[...] müssen nicht nur bereits existieren, sondern sie müssen auch Bedeutungen enthalten, die in einem so kohärenten System organisiert sind, daß die Art, in der sie umgestellt und transformiert werden, auch als *Transformation* begriffen werden kann. Denn es wäre zwecklos, wenn die neue Zusammensetzung genau wie die bereits existierende aussieht und exakt die gleiche Botschaft übermittelt" (ebd., 137).

In der Stilanalyse von Clarke müssen diese neuen Bedeutungen zwei widersprüchlichen Bedürfnissen subkultureller Abgrenzungsbestrebungen gerecht werden: Einerseits muss das Bedürfnis nach Autonomie und Differenz gegenüber den Eltern bzw. der Stammkultur zum Ausdruck kommen, andererseits muss deren primäre kulturelle Arbeiterklasse-Orientierung erkennbar bleiben (vgl. Cohen 1999, 96). Die durch die Bricolage erzeugten neuen Bedeutungen drücken aber auch die Gruppenidentität der entsprechenden Subkulturen aus.

„Der entscheidende Punkt ist hier, daß die Gruppe *sich selbst* in den mehr oder minder verdrängten potentiellen Bedeutungen bestimmter symbolischer Objekte *wiedererkennen* muß. [...] Die Selektion der Objekte, durch die der Stil geschaf-

fen wird, richtet sich also nach den *Homologien* zwischen dem Selbstbewußtsein der Gruppe und den möglichen Bedeutungen der vorhandenen Objekte"
(Clarke 1979, 139).

Auf die homologischen Beziehungen zwischen Subkulturen und kulturellen Objekten wies erstmals Willis 1972 in seiner unveröffentlichten Dissertation *Pop Music and Youth Groups* hin, die später in einer revidierten
Form in dem Buch *Profane Culture* (1981) publiziert wurde. Das Homo-
logie-Prinzip von Willis analysiert,

„[…] inwieweit besondere Gegenstände in ihrer Struktur und ihrem Gehalt der
Struktur, dem Stil, den typischen Anliegen, Einstellungen und Gefühlen der sozialen Gruppen entsprechen und diese reflektieren" (Willis 1981, 238).

Am Beispiel einer Motorradgang identifiziert Willis eine homologische
Beziehung zwischen den Bikern und ihren Motorrädern.[7] Er argumentiert, dass die physischen Merkmale eines Motorrads mit bestimmten
Charakteristika der Motorradgang korrespondieren. Willis geht davon
aus, dass das Motorrad für die Biker von kultureller Bedeutung ist, da es
kulturelle Werte widerspiegelt, die sich mit den Eigenschaften der Biker-
gang in Verbindung bringen lassen:

„Das Solide des Motorrads, sein Reagieren, die Zwangsläufigkeit, mit der es re-
agiert, das *Machtvolle* daran, das alles entsprach der konkreten, gesicherten
Welt der ‚Motorrad-Jungs'. Es unterstrich auf dramatische und eindeutige Weise
ihren Glauben an die Alltagswelt der fassbaren Dinge und an die Sicherheit ihrer
persönlichen Identität. Das Rauhe und Einschüchternde des Motorrads, das
Überraschende seiner heftigen Beschleunigung, das aggressive Röhren des
ungedämpften Auspuffs entspricht dem maskulinen Selbstvertrauen, der rauhen
Kameraderie, der Deftigkeit ihrer Sprache, ihres Stils im Umgang miteinander
und ist für dies alles ein Symbol" (Willis 1981, 78).

Willis konnte vor dem Hintergrund der Homologie-Theorie die inneren
Strukturen von Subkulturen als kohärent beschreiben. Das Homologie-
Konzept ist einer der wichtigsten Beiträge des CCCS in der Erforschung
von Subkulturen und wurde entsprechend in verschiedenen Arbeiten des
CCCS aufgegriffen und diskutiert (z. B. Clarke et al. 1979b, Clarke
1979, Hebdige 1983).

In *Jugendkultur als Widerstand* wurden „die Konzepte Homologie
und Bricolage miteinander [gekreuzt], um eine systematische Erklärung
für die Anziehungskraft eines bestimmten Subkultur-Stils auf eine bestimmte Gruppe von Leuten zu liefern" (Hebdige 1983, 105). Beispiel
hierfür sind die Ausführungen zu den Mods und Skinheads. Interessant

---

7   Willis stellte in *Profane Culture* auch homologische Beziehungen zwischen den
    Hippies und deren kulturellen Objekten fest.

sind diese Jugendkulturen zudem, da sie die entgegengesetzten Richtungen, die innerhalb der Arbeiterklasse von Subkulturen eingeschlagen wurden, verdeutlichen. Obwohl sich beide Jugendkulturen in ihrer Kleidung und Selbstdarstellung von ihren Eltern unterscheiden, lösen sie sich niemals vollständig von den Werten der Stammkultur. Im Stil der Mods erkannte man soziale Aufstiegambitionen, da deren exquisite Kleidung und hedonistisches Image das Bild eines wohlhabenden Konsumenten widerspiegelte. Die „doppelte Artikulation" (Lindner 1979, 11) einer Subkultur und die Funktion der Bricolage erklärt Hebdige am Beispiel der Mods:

„Der Stil, den sie sich schufen, bildete [...] eine Parodie auf die Konsumgesellschaft, in der sie lebten. Der Mod teilte seine Schläge aus, indem er die von seinen Arbeitgebern und Eltern so hochgeschätzten Wertbilder (Sauberkeit, kurze Haare) umkehrte und entstellte, um einen Stil zu schaffen, der, obzwar der korrekten Welt ganz nahe, dieser gleichwohl völlig unverständlich blieb" (Hebdige 1979, 167).

Das Erscheinungsbild der Skinheads konnte hingegen als die Option des „Wegs nach unten" betrachtet werden. Der Stil der Skinheads und deren chauvinistisches Verhalten betonte deren Herkunft aus der Arbeiterklasse und richtete sich gegen den Einzug von Mittelklasse-Werten in die Stammkultur:

„Wenn die Skinheads sich schwere Stiefel, kurze Jeans und rasierte Kopfhaut zulegen, so war dies bezüglich der Subkultur nur deswegen ‚sinnvoll', weil diese äußeren Manifestationen den Vorstellungen der Skinheads von Maskulinität, Härte, ‚Proletariertum' entsprachen und sie artikulierten" (Clarke et al. 1979b, 108).

Neben der Stil-Untersuchung von Clarke (1979) gilt v. a. Hebdiges Studie *Subculture. Die Bedeutung von Stil* (1983) als Meilenstein in der Erforschung subkultureller Stile. Ähnlich wie in den Arbeiten in *Jugendkultur als Widerstand* berücksichtigt auch Hebdige den Klassenbezug der Jugendlichen. Seine Stilanalyse bietet aber eine Genealogie, die zudem die Ethnie der Jugendlichen fokussiert, weshalb seine Untersuchung eine ausführlichere Beschreibung der komplexen sozialen Beziehungen innerhalb von Subkulturen liefert. Die Immigrationsthematik, deren Einfluss auf die Klassenstrukturen Cohen in seiner Studie über das Londoner East End untersucht, begreift Hebdige als zentral für die Entwicklung subkulturellen Stils. Er geht davon aus, dass es eine starke Korrelation zwischen den Beziehungen der verschiedenen Rassen und der klassenkulturellen Herkunft von Subkulturen gibt. Die britischen Subkulturen lösen nach Hebdige nicht nur Klassenwidersprüche, wie es die Autoren in *Jugendkultur als Widerstand* vorwiegend analysierten, sondern auch die Rassenspannungen auf symbolische Art und Weise, indem sie sich Elemente aus ethnisch fremden Kulturen aneignen und transformieren. Hebdige beschreibt subkulturellen Stil als häufig kulturell synkritisch, da Einflüsse von verschiedenen Kulturen neu verarbeitet werden (in der Punk-Musik erkannte er beispielsweise karibische Reggae-Einflüsse).

Neben den ethnischen Dimensionen subkulturellen Stils gilt Hebdiges Hauptaugenmerk aber der Beschreibung von Stil als Verweigerung und Widerstand. Dabei schließt er an die Arbeiten in *Jugendkultur als Widerstand* in einigen Punkten an, z. B. in der Nutzung des Bricolage-Konzepts, in anderen wiederum widerspricht er ihnen. Am Beispiel des Punk-Stils kritisiert er das Homologie-Konzept und führte den poststrukturalistischen Ansatzes der Polysemie[8], der Mehrdeutigkeit von Zeichen, in die Stilanalyse ein. Im Folgenden wird die Vorgehensweise seiner komplexen Stilanalyse geschildert.

Hebdige bedient sich verschiedener theoretischer Modelle aus verschiedenen wissenschaftlichen Bereichen, um den stilistischen Widerstand von Subkulturen zu erklären. Ausgangspunkt für die Stilanalyse von Hebdige sind die Überlegungen des französischen Linguisten Roland Barthes. Barthes geht davon aus, dass Kultur die Ganzheit des Alltagslebens umfasst, dieses jedoch von herrschenden sozialen Gruppen dominiert werde. In seinem Buch *Mythen des Alltags* (2003) geht es Barthes darum, „die willkürliche Beschaffenheit kultureller Phänomene zu enthüllen und die unterschwelligen Bedeutungen eines Alltagslebens aufzudecken, das anscheinend im Grunde so ‚vollkommen natürlich' war" (Hebdige 1983, 14). Barthes argumentiert, dass die Gesellschaft von einer „anonymen Ideologie" durchdrungen ist, die in etlichen Bereichen des Alltagslebens offensichtlich wird (z. B. in der Presse, Kino, Theater, Rechtssprechung, Kleidung). Er zeigt auf, wie die Formen und Riten der bürgerlichen Gesellschaft, systematisch verzerrt, enthistorisiert, für natürlich erklärt und in Mythen transformiert werden können (vgl. ebd.). Diese Mythen lassen sich nach Barthes als Zeichensysteme verstehen und mit linguistischen Methoden dekonstruieren. Hebdige setzt Barthes Vorstellung der „anonymen Ideologie" mit Althussers Ideologiebegriff in Verbindung, demzufolge Ideologie ein System von Vorstellungen ist, das von den Menschen *unbewusst* gelebt wird. Althusser geht eben davon aus, dass die Unterordnung von den Menschen als „natürlich" verstanden wird. Hebdige argumentiert nun, dass „der Bereich der Ideologie mit dem der Zeichen [zusammenfällt]. […] Wo Zeichen sind, ist auch Ideologie. *Alles Ideologische hat Zeichencharakter"* (Hebdige 1983, 18). Vor diesem Hintergrund geht er davon aus, dass Ideologie ihren unbewussten

---

8   Der Polysemie-Ansatz wurde v. a. vom französischen LiteraturMagazin *Tel Quel* verfolgt, das die Entwicklung des Strukturalismus und der Semiotik in den 1960er Jahren beeinflusste. Die *Tel Quel*-Gruppe ging davon aus, dass ein Objekt oder ein Text nicht nur eine Bedeutung trägt, sondern vielfältige Bedeutungen bei der Rezeption generieren kann (vgl. Bennett 2000, 20 und 33).

und natürlichen Status bei den Menschen über die Welt der Zeichen erreicht. Hebdiges Anliegen ist es, der ideologischen Dimension der Bedeutung von Zeichen auf den Grund zu gehen und die Codes zu „entwirren", mit denen Bedeutungen organisiert werden. Besonders wichtig in diesem Prozess der „Entwirrung" sind die Codes, die mehrere Bedeutungen tragen können. An diesem Punkt wird auch für Hebdige das Hegemonie-Konzept von Gramsci relevant, auf das bereits kurz eingegangen wurde. Er teilt dessen Sicht, dass die Codes durch die dominanten Diskurse der vorherrschenden Ideologie strukturiert werden. Die Subordination einer Gruppe erfolgt aus Gramscis Perspektive nicht zwanghaft, sondern indem „Übereinstimmung errungen und ein Konsens geformt wird, durch den die Macht der herrschenden Klassen sowohl legitim als auch natürlich erscheint" (Hall zit. nach Hebdige 1983, 20). Hebdige geht davon aus, dass Hegemonie sich so lange aufrechterhalten lässt, wie alle konkurrierenden Definitionen erfolgreich eingepasst werden können und sich die untergeordneten Gruppen als eingemeinschaftet sehen und ergo ihre Unterordnung als natürlich betrachten (ebd.). Anhand der Verbindung der Ansätze von Barthes und Gramsci erklärt Hebdige, dass Hegemonie keinen universalen Anspruch erheben kann. Hegemonie müsse „gewonnen, reproduziert und aufrechterhalten werden" (ebd.). Hebdige argumentiert zum einen, dass nicht alle kulturellen Formen ständig einverleibt und normalisiert werden können und zum anderen, dass dominante Bedeutungen „entwirrt" werden können und sie so ihre hegemonial kodierte Bedeutung verlieren. Indem Objekte bzw. Zeichen aus dem dominanten Diskurs entwendet und reorganisiert werden, könnten neue, oppositionelle Bedeutungen entstehen. Die Hegemonie ist für Hebdige also brüchig:

„Die Symbiose von Ideologie und Gesellschaftsordnung, Produktion und Reproduktion ist daher weder festgelegt noch sicher. Sie läßt sich aufbrechen. Man kann den Konsensus überschreiten, herausfordern und ablehnen; und Widerstand gegen die herrschenden Gruppen läßt sich nicht immer leicht abschlagen oder automatisch vereinnahmen" (ebd., 22).

Hebdiges zentrale Argumentation lautet nun, dass das Auftauchen der Subkulturen „auf spektakuläre Weise den Zusammenbruch des gesellschaftlichen Konsens in der Nachkriegszeit signalisiert" (ebd.). Die Herausforderung der dominanten Ordnung erfolge allerdings indirekt auf semiotischer Ebene in Form von Stil. Hebdige betrachtet Jugendsubkulturen sozusagen als Alltagssemiotiker, die die dominanten Codes in einem Prozess der Rekontextualisierung stören bzw. zerstören. Da das Ideologische für Hebdige immer Zeichencharakter hat, lässt sich dieser Vorgang auf semiotischer Ebene folglich als „Kampf um den Besitz des Zeichens" (ebd.) verstehen. Hebdige sprach in Anlehnung an Umberto Eco diesbezüglich auch von einem „semiotischen Guerillakrieg" (ebd.,

96). Dabei würden v. a. die profanen Lebensbereiche – die populäre Kultur – das „Schlachtfeld" für die Subkulturen darstellen:

„Diese bescheidenen Dinge [die ‚ganz normalen Alltagsobjekte', M. C.] können magisch angeeignet, von untergeordneten Gruppen gestohlen, mit geheimen Bedeutungen beladen werden, mit Bedeutungen, in denen verschlüsselter Widerstand gegen jene Ordnung zum Ausdruck kommt, die ihre anhaltende Unterwerfung garantiert. Stile und Subkulturen sind daher mit Bedeutung geradezu schwanger. Ihre Abwandlungen sind ‚wider die Natur', denn sie unterbrechen den Prozeß der Normalisierung. Als solche werden sie zu Gesten und Bewegungen einer Sache, die die schweigenden Mehrheit vor den Kopf stoßen, die das Prinzip von Einigkeit und Zusammenhalt herausfordern und dem Mythos des Konsens widersprechen" (ebd., 22f).

Subkultureller Stil besteht also aus geheimen Codes, die nur von Eingeweihten entschlüsselbar sind und dem gesellschaftlichen *common sense* fremd und bedrohlich erscheinen. Hebdige beschreibt diesen nonkonformistischen Prozess als „unnatürlichen Bruch" (1999, 379): Subkulturen brechen die Regeln der „natürlichen" sozialen Ordnung, indem sie „verbotene Inhalte (Klassenbewusstsein, bewusstes Anderssein) in verbotenen Formeln aus[drücken] (Durchbrechen von Kleidungs- und Verhaltensregeln, Gesetzesbruch)" (ebd., 380). In einer weiteren berühmten gewordenen Metapher erklärt Hebdige Subkulturen folgendermaßen:

„Subkulturen sind Lärm – nicht Klang, sondern Mißklang: Eingriffe in die ordnungsmäßige Reihenfolge, die von realen Ereignissen zu ihrer Darstellung in den Medien führt. Wir sollten daher die Aussagekraft auffälliger Subkulturen nicht unterschätzen. Denn diese sind ja nicht nur Metaphern für die potentielle Anarchie irgendwo draußen vor der Tür. Sie sind gleichzeitig Mechanismen semantischer Unordnung: eine Art zeitweilige Blockade in den gewohnten Darstellungssystemen" (ebd., 379).

Diese Unordnung bzw. das „Schwimmen gegen den Strom der Hauptkultur" (Hebdige 1983, 93) ist ein absichtlicher Prozess von Subkulturen, da sie zeigen, dass sie „*offensichtlich* künstlich hergestellt" (ebd.) sind. Ihr Gebrauch und Missbrauch von Codes sei daher auch als absichtliche Kommunikation zu verstehen; als Kommunikation eines „bedeutungsvollen *Unterschied*[s]" (ebd., 94). Diesen bedeutungsvollen Unterschieden geht Hebdige nach, indem er die Konsumrituale von Subkulturen untersucht. Er geht davon aus, dass Subkulturen durch die Art und Weise, wie sie Waren benutzen, verborgene Bedeutungen mitteilen (ebd., 94). Hierbei nutzt Hebdige wie kurze Zeit vorher bereits Clarke (1979) das Bicolage-Konzept von Lévi-Strauss (1968). Wie bereits erläutert, werden durch das Entwenden von Zeichen und deren Rekontextualisierung neue Bedeutungen geschaffen, die der ursprünglichen Bedeutung widersprüch-

lich gegenüberstehen können. Hebdige erklärt das Bricolage-Konzept
u. a. am Beispiel des Mod-Stils:

> „Die britische Flagge prangte auf der Rückseite schmuddeliger Parkas oder
> verwandelte sich in schick geschneiderte Jacketts. Subtileres passierte mit den
> konventionellen Insignien der Geschäftswelt: Anzug, Hemd, Krawatte und kurze
> Haare wurden ihrer ursprünglichen Konnotation beraubt (Effektivität, Ehrgeiz,
> Einhalten der Hierarchie) und in leere Fetische verwandelt, in Objekte, die in ih-
> rem eigenen Recht begehrt, gehätschelt und geschätzt werden konnten" (Heb-
> dige 1983, 96).

Hebdige fokussierte in *Subculture* (1983) v. a. den Punk-Stil. Mit ihrem
„cut up"-Stil reorganisierten Punks traditionelle Codes und generierten
so neue Bedeutungen. Beispielsweise verwendeten sie gewöhnliche Objekte wie Sicherheitsnadeln und Mülltüten und benutzen diese als modische Accessoires, indem sie sich die Sicherheitsnadeln durch die Ohren
stachen oder Mülltüten zu Kleidern umfunktionierten. Ebenso wurde
Make-up nicht dazu verwandt, möglichst natürlich zu erscheinen, sondern um nach allen Regeln der Kunst aufzufallen und zu schockieren.
Auch die Punk-Musik mit ihren simplen Songstrukturen, den wenigen
Akkorden und der Verweigerung von glatten Melodien war eine Reaktion auf die traditionellen Formen des Rock and Roll, besonders aber richtete sie sich gegen den „Bombast-Rock" der 1970er Jahre.

Für Hebdige signalisierte die Punk-Subkultur „Chaos auf jeder Ebene" (ebd., 105), wobei dieses Chaos in sich kohärent bzw. geordnet war
(vgl. ebd.). Auch im Punk-Stil konnten somit homologische Beziehungen
zwischen den symbolischen Objekten der Punks und ihren Einstellungen
gefunden werden:

> „Die Subkultur war alles andere als uneinheitlich. Homologe Beziehungen gab
> es sowohl zwischen den billigen Cut-up-Klamotten und den Stachel-Haaren wie
> zwischen Pogo und Speed-Tabletten, Rotzen, Kotzen, Aufmachung der Fanzi-
> nes, den Revoluzzerposen und der seelenlosen, fieberhaft peitschenden Musik"
> (ebd., 106).

Trotz des Nachweises, dass die vermeintlich chaotischen Elemente des
Punk-Stils homolog sind, warf dieser Stil gewisse Probleme bei der traditionellen semiotischen Analyse auf, die davon ausgeht, dass Zeichen
immer auch Botschaften mitteilen. Der Punk-Stil verführt laut Hebdige
gewissermaßen dazu, ihn voreilig zu lesen (z. B. als Parodie von Armut
oder die Punk-Musik als „Sound der Stadtautobahnen"), aber „[s]olche
Deutungen sind zu direkt und spekulativ zugleich. Sie berufen sich auf
die eigene erstaunliche Rhetorik der Subkultur, und Rhetorik erklärt sich
nicht von selbst: vielleicht sagt sie, was sie meint, aber sie bedeutet nicht,
was sie sagt" (ebd.). Am Beispiel des Symbols des Hakenkreuzes weist

Hebdige nun nach, dass der Punk-Stil mit einer traditionellen semiotischen Analyse nicht vollständig erklärt werden kann, da Punks selbstbewusst die von ihnen genutzten symbolischen Objekte ihrer Bedeutung
entleeren. Die Verwendung des Hakenkreuzes lässt sich zwar auf „das
Interesse der Punks an einem dekadenten Deutschland, das ‚no future‘“
hatte" (ebd., 107) und als Beispiel eines traditionellen britischen Feind-
bildes zurückführen, allerdings wurde es von den Punks nicht in einer
Art und Weise rekontextualisiert, die Bezug auf die ursprüngliche fa-
schistische Bedeutung nimmt. Es wurde einzig deshalb getragen, weil es
garantiert schockierte (ebd.):

> „Das stellte mehr als eine einfache Umkehrung oder Beugung der gewöhnlich
> mit einem Objekt verbundenen Bedeutungen dar. Der Bedeutungsträger, das
> Bedeutende (das Hakenkreuz), war vorsätzlich von dem normalerweise bedeu-
> tenden Konzept (Nazismus) gelöst worden, und obwohl er in einem anderen
> subkulturellen Kontext stand, leiteten sich sein hauptsächlicher Wert und seine
> stärkste Anziehungskraft genau aus seinem Mangel an Bedeutung ab: aus sei-
> nem Täuschungs-Potential. Der Bedeutungsträger wurde als leerer Effekt aus-
> gebeutet. Damit drängt sich als Schlußfolgerung auf, daß der zentrale im Ha-
> kenkreuz ‚enthaltene und widergespiegelte‘ Wert das signalisierte Fehlen ir-
> gendwelcher so identifizierbarer Werte war" (ebd., 108).

Da im Falle des Punk-Stils eine feste Zuordnung von Botschaften nicht
durchgängig möglich scheint, relativierte Hebdige die Erklärungskraft
des Homologie-Konzepts und brachte den Ansatz der Polysemie, der
Mehrdeutigkeit von Zeichen, in die Stilanalyse mit ein.[9] Dieser Ansatz
lehnt die Vorstellung ab, dass es eine feste Zahl von Bedeutungen eines
Zeichens gibt, vielmehr wird einem Text die Möglichkeit zugeschrieben,
eine „potentiell unbegrenzte Spannweite von Bedeutungen" (ebd.) her-
vorzubringen. Es stehen weniger Struktur und System im Vordergrund
als der „*Prozeß* der Bedeutungsschaffung" (ebd.). Hebdige schlug daher
vor, in Bezug auf den Punk-Stil von „Stil als bedeutende Praxis" (ebd.)
in Form einer selbstbewussten subversiven Bricolage zu sprechen. Der
Punk-Stil war „bar aller notwendigen Einzelheiten – ohne Namen, Hei-
mat und Geschichte – entzog sich allen Deutungen, ließ sich weder auf
[seine] Grundlagen zurückführen noch in [seiner] Geschichte nachlesen"
(ebd., 110). Hebdige betrachtet dieses Fehlen an Bedeutung als zentrales

---

9   Der Ansatz der Polysemie wurde innerhalb des CCCS kritisch kommentiert.
     Stanley Cohen meint, Polysemie „may work for art, but not equally well for life.
     The danger is of getting lost in the forest of symbols […]" (1997, 159). Cohen
     prüft Hebdiges polysemantische Lesart der Bedeutung des Hakenkreuzes und
     stellt fest: „Displaying a swastika shows how symbols are stripped from their na-
     tural context, exploited for empty effect, displayed through mockery, distancing
     irony, parody, inversion … But how are we to know this? We are never told
     much about the ‚thing‘: when, how, where, by whom or in what context it is worn.
     We do not know what, if any, difference exits between indigenous and sociologi-
     cal explanations" (ebd.).

Merkmal, das Punk aus der Tradition von Subkulturen ausklammerte, die symbolische oder imaginäre Beziehungen zu den Verhältnissen ihrer Stammkultur aufrechterhalten hatten. Mit dieser Feststellung relativierte Hebdige die Annahmen von Phil Cohen (1997, Orig. 1972), der die Ähnlichkeiten zwischen Subkulturen und Elternkultur stark betonte. Auch Cagle erklärt in Bezug auf Punk:

„Punk, with its ruptures and contradictions, did not form an allegiance with its class community but, instead, worked to define itself apart from the parent class while ‚dressing up' its more explicit class connotations with exaggerated yet meaningless significations" (Cagle 1995, 36).

2.2.3 Das Authentizitätsverständnis des CCCS

Wie im vorangegangenen Kapitel dargelegt, interessierten sich die Stilforscher des CCCS für den Ursprung der subkulturellen Stilschöpfung, da ihrer Meinung nach dort der erste authentische Moment des Widerstands gegen die dominante Kultur verortet werden könne. Aus CCCS-Sicht haben authentische Subkulturen ihren Ursprung in den kollektiven stilistischen Innovationsleistungen von Jugendlichen der Arbeiterklasse. Charakteristisch für das Authentizitätsverständnis der CCCS-Arbeiten ist die Annahme, dass subkultureller Stil nur so lange authentisch ist, wie er nicht vom Markt bzw. den Medien entdeckt und vereinnahmt wird (vgl. Hebdige 1999). Das Verhältnis von Medien bzw. Kommerz und Stil ist somit der entscheidende Gradmesser bei der Bestimmung der Authentizität einer Subkultur. Hebdige (1983) beschreibt subkulturellen Stil als grundsätzlich spektakulär, wobei die Massenkultur bemüht sei, diesen zu „zähmen" bzw. zu kontrollieren. Hebdige weist aber gleichzeitig darauf hin, dass Medien nicht nur einen wesentlichen Part bei der Vereinnahmung von Subkulturen spielen würden, sondern auch dazu beitragen könnten, einstmals diverse, diffuse und widersprüchliche kulturelle Fragmente zu einem kohärenten Ganzen zu formen (vgl. ebd., 78f). Für ihn können daher „die aufgeladenen Stile der Nachkriegszeit [...] mit aller Wahrscheinlichkeit ebenso eine Funktion des ‚ideologischen Effekts' der Medien wie eine Reaktion auf die erlebten Veränderungen in den institutionellen Bezugsrahmen des Lebens der Arbeiterklasse" (ebd., 78) sein. Medien kolonisieren nach Meinung von Hebdige die kulturelle und ideologische Sphäre, um aus gesellschaftlichen Bruchstücken ein für die dominante Kultur begreifbares Ganzes zu formen:

„So kann nur dann ein glaubwürdiges Bild gesellschaftlicher Geschlossenheit aufrechterhalten werden, wenn die Kulturen aufbegehrender Gruppen (zum Beispiel Arbeiterjugendkulturen) im Sinne dieses Bildes beschlagnahmt und umdefiniert werden. Auf diese Weise verschaffen die Medien den einzelnen Gruppen nicht nur überzeugende Vorstellungen von anderen Gruppen, sie

spiegeln den unteren Schichten auch ein Bild ihres eigenen Lebens wider, das
gerahmt oder gehalten wird von den ideologischen Diskursen, die es umgeben
um ihm seinen Platz zuweisen" (ebd., 79).

Hebdige geht vor diesem Hintergrund nun den Fragen nach, weshalb genau die dominante Kultur Interesse daran hat, Subkulturen zu beschlagnahmen und wie genau ihr eine Vereinnahmung gelingt. Hebdige unterscheidet zwischen zwei Formen der Vereinnahmung von Subkulturen:
der Warenform und der Ideologieform (vgl. 1999[10]). Subkulturen werden
ideologisch vereinnahmt, indem man ihnen ihre Unterschiedlichkeit aberkennt (z. B. durch Verniedlichung) oder indem man zu ihrer Exotisierung beiträgt und so ihre Bedeutung verharmlost. Das Verhältnis der dominanten Kultur zur untergeordneten Kultur wird aufrechterhalten, indem diese Ordnung in Form von Mythenbildung als „natürlich" legitimiert wird. Die Rolle der Medien begreift Hebdige dabei als zentral:

„[…] während man die Mitglieder einer Subkultur in Presse und Fernsehen präsentiert, werden sie gleichzeitig dorthin zurückgebracht, wo sie der gesunde
Menschenverstand hinhaben möchte – als ‚Tier' zwar, aber doch ‚in den Kreis
der Familie' und den ‚Feierabend'. So werden die Subkulturen fortwährend wiedereingegliedert und die zerbrochene Ordnung wieder hergestellt" (Hebdige
1999, 383).

Sobald subkultureller Stil als Angebot auf dem Jugendmarkt erscheint, so
Hebdige, verliert er seine kulturelle Botschaft und ist nicht mehr als ein
weiteres bedeutungsloses Massenkonsumgut (vgl. Hebdige 1999, 383).
Neben der ideologischen Vereinnahmung werden Subkulturen also auch
über die Warenform vereinnahmt. Genauer formuliert kommen in der
Warenform „semantische/ideologische und reale/kommerzielle" (ebd.,
385) Vereinnahmungsformen zusammen. Die einstmals widerspenstigen
Kreationen der Bricoleure werden durch den Markt zu einem bloßen
Konsumstil „entradikalisiert" und in Warenform allgemein zugänglich
gemacht – „sie erstarren" (ebd.). Der Klassenbezug wird dabei auf ideologische Weise ausgeblendet.

„Dieser Prozeß ist weniger eine Verschwörung der Produzenten und Verkäufer,
sondern vielmehr eine ‚natürliche' Funktion von Prozessen der bourgeoisen Waren- und Ideologieproduktion. Die Produktion für einen spezifisch jugendlichen
Markt war auf das Bild einer zur ‚Klassenlosigkeit' sich entwickelnden Gesellschaft abgestellt" (Clarke 1979, 152).

Die Funktion der Medien im Prozess der Vereinnahmung von Subkulturen führte somit zu der Sichtweise, dass Subkulturen, sobald sie mas-

---

10 Es handelt sich hier um eine deutsche Teilübersetzung von *Subculture. The
Meaning of Style* (Hebdige 1979).

senmedial repräsentiert werden, ihre Authentizität verlieren. Das Authentizitätsverständnis des CCCS lässt sich zusammenfassend durch eine rigide Dichotomie von authentischem subkulturellem Lebensstil auf der einen Seite und bloßem Konsumstil auf der anderen Seite charakterisieren. Jugendliche lösen aus CCCS-Sicht ab dem Moment der Vereinnahmung keine sozialen Widersprüche mehr, sondern wollen lediglich modisch sein. Dieses Authentizitätsverständnis wird von vielen neueren Jugendkulturstudien kritisiert. Im nächsten Kapitel werden einige der wesentlichen Kritikpunkte an den CCCS-Arbeiten diskutiert.

2.3 Aktuelle Jugendkulturforschung: Kritik an den CCCS-Studien

Die Studien des CCCS galten lange Zeit als das Maß aller Dinge in der Subkulturforschung. Mittlerweile distanziert sich jedoch die aktuelle Jugendkulturforschung (z. B. Bennett 2000, Bennett/Kahn-Harris 2004, Hodkinson 2004, Muggleton 2000, Muggleton/Weinzierl 2004, Otte 2007, Thornton 1996, Vollbrecht 1995) weitgehend von den klassischen Lehren des CCCS, da dessen Analysen der politischen, kulturellen, sozialen und ökonomischen Realität des 21. Jahrhunderts nicht (mehr) gerecht werden. In diesem Kapitel werden die zentralen Positionen der Forschungen des CCCS am Beispiel vorwiegend aktuellerer Jugendkulturstudien einer kritischen Überprüfung unterzogen. Es werden dabei sowohl theoretische als auch methodologische Probleme der CCCS-Arbeiten angesprochen. In Kapitel A2.3.1 wird zunächst der strikte Klassenbezug der CCCS-Studien sowie deren dichotome Gegenüberstellung von dominanter und untergeordneter Kultur diskutiert. Daran anschließend wird in Kapitel A2.3.2 der Sichtweise von Subkulturen als homogene soziokulturelle Formationen widersprochen. Das Authentizitätsverständnis des CCCS wird in Kapitel A2.2.3 beanstandet. Nachdem das Subkulturkonzept des CCCS ausführlich besprochen wurde, weist Kapitel A2.3.4 auf alternative Konzepte zur Analyse gegenwärtiger jugendlicher Vergemeinschaftungsformen hin.

2.3.1 Jugendkulturen als klassenspezifische Phänomene?

Das CCCS-Subkulturkonzept mit seinem expliziten Klassenbezug wird insbesondere aus individualisierungstheoretischer Perspektive in Frage gestellt (vgl. Vaskovics 1989, 1995, Buchmann 1989; Hradil 1992; Baacke/Ferchhoff 1994; 1995; Ferchhoff 1995; Bennett 1999, Sweetman 2004, Vogelgesang 1997, Baacke 1999). Während die deterministische Sichtweise der CCCS-Arbeiten die Kulturmuster und Lebensweisen unausweichlich auf die Klassenlage zurückführt, werden Kulturmuster und

subjektive Lebensweisen von Vertretern der Individualisierungsthese als
von den äußeren Lebensbedingungen weitestgehend entkoppelt verstanden. Diese Entwicklung geht auf die tief greifenden sozialstrukturellen
bzw. -kulturellen Wandlungsprozesse zurück, die seit den 1980er Jahren
vielfach diagnostiziert werden: Die Bildungsexpansion in den 1960er
und 1970er Jahren, das Aufkommen der Industriegesellschaft und die
damit verbundene Neustrukturierung der Arbeitswelt, die Zunahme des
relativen Wohlstands sowie die zunehmende Entstandardisierung von
Lebensläufen führten zur Abnahme der Bindungskraft sozialer Her-
kunftsmilieus und zur Ausdifferenzierung sozialer Lebenslagen sowie zu
stetiger Individualisierung, d. h. individuelle Handlungsspielräume und
Wahlmöglichkeiten vergrößerten sich (Hradil 1987, 1992; Berger/Hradil
1990; Hitzler 1994).

Im Zuge der Herauslösung aus traditionellen sozialen Bindungen
gewinnen insbesondere medial angebotene Identitäten und Sinnstiftun-
gen für Subjekte an Bedeutung (vgl. Winter/Eckert 1990). Aus individualisierungstheoretischer Sicht wird Zugehörigkeit zu kollektiven Lebens-
und Werthaltungen über das Aufgreifen kulturindustrieller Angebote mit
ihren „tendenziell klassenübergreifenden Deutungsschemata" (Baacke/
Ferchhoff 1995, 42) signalisiert: „Lebensstil und Konsumverhalten stellen eher klar, wo die Grenzen zu anderen Gruppierungen verlaufen" (Holert 2002, 27). Die strukturell eröffneten Gestaltungsmöglichkeiten würden es dem Individuum gestatten, einerseits in verhältnismäßig stärkerem
Maße selbst auszuwählen, womit es sich identifiziert und wovon es sich
abgrenzen möchte, andererseits würde mit zunehmender Freiheit und
struktureller Unabhängigkeit auch der Druck zur individuellen Lebensgestaltung wachsen (vgl. Hitzler 1994, Winter/Eckert 1990, Hradil 1996,
Vollbrecht 1995).

Der Individualisierungsthese nach partizipieren Jugendliche heutzutage an verschiedenen soziokulturellen Stilen gleichzeitig, wobei das
Aufgreifen eines Stils kaum mit einer dauerhaften Bindung bzw. einem
eindeutigen Bekenntnis zu einer Szene einhergehe (vgl. Baacke/Ferch-
hoff 1995; Muggleton 1997; Polhemus 1995, 1997; Vollbrecht 1995;
Ferchhoff 1995, Baacke 1999). Es wird davon ausgegangen, dass soziokulturelle Zugehörigkeiten von sozialstrukturellen Determinanten weitestgehend unabhängig individuell an- und auch wieder abgewählt würden (vgl. Bennett 1999, Kemper 2002). Im Gegensatz zu den Birming-
ham-Arbeiten (vgl. Kapitel A2.2.2) könnten kulturelle Praktiken und Zeichen somit eben nicht als symbolische Ausdrucksformen sozialstrukturell
präzise lokalisierbarer Gruppen verstanden werden (vgl. Buchmann
1989, Vollbrecht 1995, Sweetman 2004, Bennett 1999). Zudem wird darauf hingewiesen, dass Subkulturen, die in einem bestimmten Land in einer bestimmten historischen Situation entstanden sind und später von anderen Ländern „importiert" wurden, nie völlig authentisch sein könnten.
Es handele sich dabei um „sekundäre und inkorporierte Stile, um über

Markt und Medien teilweise schon kommerzialisierte und in bestimmter Hinsicht um ‚aufgelöste', unechte Mode-Stile, von deren Entstehungszusammenhang nur noch wenige Elemente und Accessoires" (Baacke/ Ferchhoff 1995, 42) übrig blieben. Auch Müller-Bachmann erklärt, dass durch

> „[...] Rückgriffe auf Stil- und andere Ausdrucksmittel historischer oder importierter Subkulturen [...] in der Nachkriegszeit jeweils neue Subkulturen entstanden [sind], so daß mittlerweile eine ganze Anzahl subkultureller Ausdrucksformen und Inhalte besteht, auf die zurückgegriffen werden kann und deren Stilelemente sich immer mehr verwischen" (Müller-Bachmann 2002b, 57).

Bennett fordert ebenfalls, weniger Gewicht auf die Determination von Stil durch die strukturellen Gegebenheiten einer Klasse zu legen. Die Verwendung bzw. die Wahl eines Stils sei vielmehr als eine *aktive Entscheidung* von Individuen zu verstehen (vgl. Bennett 1999, 602).

Die Annahme, dass die Wahl eines Lebensstils vom sozialen Ort des Aufwachsens *völlig* losgelöst sei, wird aber auch angezweifelt bzw. empirisch widerlegt. Es wird zum einen betont, dass sozio-ökonomische Faktoren nach wie vor die Wahl eines Lebensstils beeinflussen. Zum anderen wird hervorgehoben, dass die Variationsbreite soziokultureller Angebote enorm gestiegen sei, d. h. Jugendliche aus ähnlichen sozialen Milieus aus einer Bandbreite von soziokulturellen Angeboten wählen könnten (vgl. Reimer 1995, 139). Scherr (1995) relativiert in seiner Studie über politische und berufsbiografische Orientierungen von Auszubildenden und Studenten die Vorstellung einer radikal individualisierten Lebensführung und damit die Annahme der völligen Wahlfreiheit soziokultureller Angebote. Die standardisierten Muster der Lebensführung, die über die sozialen Erfahrungen der Familie vermittelt würden, ließen nur einen „begrenzte[n] Vorrat an sozial verfügbaren Identitätstypisierungen" (ebd., 35) zu, d. h. der Anschluss an eine Jugendkultur erfolgt aus dieser Sicht nicht frei und beliebig. Auch Zink (1998) zeigt in ihrer Arbeit über Jugendliche, die auf der Straße leben, dass diese zwar zwischen unterschiedliche Szenen wählen könnten, die biografischen und sozialen Erfahrungen jedoch die Wahl eines bestimmten Lebensstils beeinflussen würden. Auch Otte (2007) greift in seiner quantitativ-empirischen Untersuchung von Clubbesuchern die Frage nach der Klassenstrukturierheit von Jugendkulturen auf und stellt sie individualisierungstheoretischen Sichtweisen entgegen. Er verortet jugendliche Musikszenen aus dem Raum Leipzig empirisch „zwischen Klassenästhetik und freier Geschmackswahl", indem er die sozialstrukturelle Basis von Club- und Diskothekenpublika in Beziehung zu ihren symbolischen Aneignungs- und Inszenierungspraktiken der Musik- und Körperästhetik setzt. Er kommt zu dem Schluss, dass kulturelle Orientierungen lediglich zum Teil frei gewählt, zum Teil jedoch auch sozialstrukturell bedingt sind.

Die von ihm untersuchte Clublandschaft Leipzigs differenziert sich entlang sozialstruktureller Merkmale aus (z. B. Bildung, berufliche Ausbildung, soziale Herkunft, Wohnort). Er weist des Weiteren empirisch nach, dass neben der sozialen Klassenlage auch musik- und körperbezogenes Szenekapital sowie die politische Orientierung maßgeblich mit darüber entscheiden, welchen Szenen sich Jugendliche anschließen.

2.3.2 Kritik an der Sichtweise von Subkulturen als homogene soziokulturelle Formationen

Ein weiterer Kritikpunkt an den CCCS-Studien betrifft die Darstellung von Subkulturen als homogene und nach außen klar abgrenzbare soziokulturelle Formationen (vgl. v. a. Muggleton 2000). Dass Subkulturen als statisch und insgesamt zu kohärent analysiert wurden, führt Muggleton auf die Verankerung der CCCS-Arbeiten innerhalb eines marxistisch-strukturalistischen Theoriegebäudes zurück. Insbesondere das statische Homologie-Konzept wird kritisiert:

„[...] it seems beyond the bounds of possibility that some bikers may have become suedeheads, or that certain hippies could have transformed themselves into glam rockers or punks, so imprisoned are individuals by group homologies" (Muggleton 2000, 26).

Muggleton geht davon aus, dass unter stärkerer Beachtung der subjektiven Bedeutungen und Intentionen der Jugendlichen selbst die Argumentation einer kohärenten und homogenen Subkultur Brüche erfahren hätte. Auch Fornäs weist in diesem Zusammenhang darauf hin, dass Homologien immer als relational und partiell zu betrachten sind: Identitäten könnten nicht auf Homologien reduziert werden, da sie immer auch Heterologien beinhalteten, die sie intern differenzierten und vielfältig machten (vgl. Fornäs 1995, 114). Musikalische Präferenzen spielten dabei eine wichtige Rolle. Auch in Thorntons (1996) Konzept der *taste cultures* sind musikalische Präferenzen ein wichtiges Differenzierungsmerkmal nicht nur zwischen, sondern auch innerhalb von Jugendkulturen. Thornton argumentiert, dass musikalischer Geschmack von Jugendlichen ständig diskursiv verhandelt wird, um einen exklusiven Geschmack gegenüber den „mainstreamigen" Anderen behaupten zu können. Jugendliche akkumulierten so subkulturelles Kapital, für das charakteristisch sei, ständig zu wissen, was gerade in der Szene (musikalisch) angesagt ist. Musikgeschmack wird also in einem fortwährenden Prozess ständig aufs Neue als authentisch legitimiert, womit Thornton dem statischen Homologie-Konzept von Willis klar widerspricht. Auch Bennett (1999, 2000) geht nicht von einer homologischen Einheit zwischen klassenbasierten Praktiken und musikalischen und modischen Präferenzen aus. Er stützt Thorntons Annahmen und zeigt, dass Clubgänger für vielfältige und verschiedene musikalische Stile offen sind. Die Kritik am Homologie-Konzept bringt Redhead wie folgt auf den Punkt: „In fact, popular music and ‚deviant' youth styles never fitted together as harmoniously as some subcultural theory proclaimed" (Redhead 1990, 25).

2.3.3 Kritik am Authentizitätsverständnis der CCCS-Studien

> „‚Authentic' subcultures were produced by subcultural theory, not the other way around" (Redhead 1990, 25).

Wie in den vorangegangenen Kapiteln deutlich wurde, steht in den Subkulturstudien des CCCS insbesondere Stil im Zentrum der Theorien über subkulturelle Authentizität und Widerspenstigkeit. Es wurde gezeigt, dass Subkulturen aus CCCS-Sicht a) über Stil auf symbolische Art und Weise die sozialen Probleme der Arbeiterklasse verhandeln, b) dieser Stil der dominanten Kultur widerspenstig gegenüber steht und c) Stil dabei nur so lange als authentisch gilt, wie er nicht von den Medien entdeckt wird. Gegenstand dieses Kapitels ist eine ausführliche Kritik an dem Authentizitätsverständnis des CCCS. Zunächst wird der CCCS-Ansicht widersprochen, dass sich Jugendkulturen und Medien bzw. kommerzielle Geschäftspraktiken per se in einer absoluten ideologischen Opposition gegenüberstünden (Kapitel A2.3.3.1). Daran anschließend wird die Frage nach der Möglichkeit jugendkultureller Authentizität und stilistischer Widerspenstigkeit in postmodernen Gesellschaften beleuchtet (Kapitel A2.3.3.2). Anhand von Theorien über die Postmoderne wird argumentiert, dass soziale Differenz über Stil aufgrund der allgemeinen Verfügbarkeit der Zeichen kaum noch hergestellt werden kann. Es werden Positionen vorgestellt, die davon ausgehen, dass ein bestimmter Stil nicht mehr zwangsläufig auch auf die Zugehörigkeit zu einer bestimmten Szene verweist oder Rückschlüsse auf eine bestimmte soziokulturelle Ideologie erlaubt. Aus postmoderner Sicht wird das Konzept der Authentizität daher als obsolet betrachtet. Entgegen der postmodernen Forderung, den Begriff der Authentizität ad acta zu legen, wird in Kapitel A2.3.3.3 erläutert, dass die Behauptung von Authentizität nach wie vor im Zentrum von Jugendkulturen steht. Allerdings scheint die Glaubwürdigkeit jugendkultureller Selbstpräsentationen nicht ausschließlich an Stil gebunden zu sein. Es wird der These nachgegangen, dass *nichtstilistische* Aspekte wie z. B. konkretes Engagement in der Szene und für die Szene – insbesondere in einer Zeit der breiten Verfügbarkeit von subkulturell produzierten Zeichen – als Kriterien bei der Zuschreibung der Authentizität in den Mittelpunkt rücken.

2.3.3.1 Medien und kommerzielle Geschäftspraktiken

Ein zentraler Kritikpunkt an der Authentizitätsvorstellung der CCCS-Studien fokussiert deren Verständnis von Medien und Kommerz. Eine Reihe von Arbeiten zeigt, dass Medien nicht per se außerhalb von Subkulturen anzusiedeln sind, sondern authentische Funktionen innerhalb von Jugendkulturen übernehmen können (vgl. Thornton 1996, Hodkinson 2004, Atton 2002). Diese Erkenntnis setzt zunächst die Zurückweisung eines monolithischen Medienbegriffs (wie er den CCCS-Arbeiten zugrunde liegt) voraus, der Medien stets mit Massenmedien gleichsetzt (vgl. Thornton 1994, 1996; McRobbie 1994; McRobbie/Thornton 1995). Ein präziseres Analyseraster bietet die Arbeit von Thornton (1996). Thornton geht grundsätzlich davon aus, dass eine adäquate Beschreibung jugendkultureller Distinktionsbemühungen nur mithilfe einer systematischen Untersuchung des Medienumgangs und -konsums der Jugendlichen möglich sei. Thornton argumentiert, dass Jugendkulturen nicht in einem medienfreien Raum existierten. Medien würden vielmehr von Anfang an dazu beitragen, dass Jugendliche sich mit dem Bild einer Jugendkultur identifizieren können (vgl. ebd., 119). Medien erfänden die Jugendkulturen zwar nicht, sie formten sie aber und markierten ihre Grenzen. Medien seien daher als wesentlicher Bestandteil eines Prozesses zu analysieren, mittels dessen Gruppen durch ihre mediale Repräsentation erschaffen würden (vgl. ebd., 160). Thornton unterscheidet zwischen Mikromedien (z. B. Flyer), Nischenmedien (z. B. Fanzines) und Massenmedien und untersucht auf Basis dieser Differenzierung die unterschiedlichen Rollen und Funktionen, die Medien für Jugendkulturen spielen:

„Local micro-media like flyers and listings are means by which club organizers bring the crowd together. Niche media like the music press construct subcultures as much as they document them. National mass media, such as the tabloids develop youth movements as much as they distort them. Contrary to youth subcultural ideologies, ‚subcultures' do not germinate from a seed and grow by force of their own energy into mysterious ‚movements' only to be belatedly digested by the media. Rather, media and other culture industries are there and effective right from the start" (ebd., 116).

Thornton (1996) und auch Hodkinson (2002, 2004) verdeutlichen in ihren Studien über die britische Club- bzw. Goth-Subkultur des Weiteren nicht nur, dass Subkulturen am Marketing ihrer eigenen Identität beteiligt sind, sondern auch dass szenespezifische Geschäftspraktiken von großer Bedeutung für die interne Struktur und Organisation von Subkulturen sind. Im Gegensatz zur CCCS-Vorstellung von authentischen Subkulturen werden Medien und Kommerz damit nicht grundsätzlich mit der „Neutralisation" von authentischen Subkulturen in Verbindung gebracht. Szenen können vielmehr ihre eigenen, alternativen Ökonomien entwickeln, die sich jedoch von der institutionalisierten Kulturindustrie bisweilen stark unterscheiden (vgl. Negus/Pickering 2004, 53) und somit einen wichtigen Aspekt des subkulturellen Autonomiestrebens darstellen (vgl. Thompson 2004, Atton 2002, Fairchild 1995). Die hier angesprochenen alternativen Ökonomien werden ausführlich am Beispiel der HC-Jugendkultur in Kapitel C3 besprochen. Insbesondere die Ausführungen zu den Fanzines (vgl. Kapitel C3.4.1) werden verdeutlichen, dass Medien eine zentrale Rolle bei der Reproduktion von Szenen zukommt (vgl. auch Kapitel C3.6).

Ebenso kritisiert Bennett die CCCS-Sichtweise, dass kommerzialisierte Stile kulturell völlig bedeutungslos seien. Trügen diese tatsächlich keine kulturelle Bedeutung mehr, ließe sich, so Bennett, die Tatsache nicht erklären, dass es u. a. erst durch die weit verbreitete Erhältlichkeit kommerzieller Produkte und deren unterschiedlichen lokalen Rezeption zu regionalen Variationen und zu authentischen lokalen Bedeutungsebenen kommen kann. Auch aus dieser Perspektive scheint die CCCS-Vorstellung von „authentischer" subkultureller Praxis nicht haltbar.

2.3.3.2 Zur Problematik von Authentizität und stilistischem Widerstand in der Postmoderne

Die stetige Vereinnahmung jugendkulturell produzierter Zeichen führte in den letzten Jahrzehnten zu einer Erhöhung des gesamtgesellschaftlich verfügbaren Zeichenrepertoires und somit gleichzeitig zu einer Einschränkung der Kommunikationsmöglichkeiten von stilistischer Differenz: Da jegliche Symbolik für jeden jederzeit zur Verfügung steht und es praktisch keine stilistischen Schranken mehr gibt, kann auch nicht mehr von einem dominanten Dresscode bzw. *der* Mainstream-Mode schlechthin ausgegangen werden, wogegen man sich stilistisch noch richten könnte (vgl. Davis 1992, 187; Evans 1997, 174f; Wilson 1990, 233; Connor 1989, 194; Clark 2004a, 229). Anderssein fällt nicht mehr auf, „da sich durch die medial vermittelten Musik- und Bekleidungsstile ein Gewöhnungseffekt eingestellt hat" (Jenß 2005, 33). Oder kurz: „Der Erfolg der Provokation hat zu ihrer Abnutzung geführt" (Bianchi 1996, 61). Für die (postmoderne) Gegenwart wird vielfach postuliert, dass die Abweichung von der Norm selbst zur ästhetischen Normalität geworden sei (vgl. Clark 2004a, Mayer 1997, Holert 2002, Boëthius 1995, Sanders 2001). Hebdige relativierte bereits wenige Jahre nach Veröffentlichung von *Subculture* seine Ausführungen bezüglich der Möglichkeiten subkulturellen stilistischen Widerstands, indem er bemerkt, dass „Bilder von Punks, Mods und Skinheads [...] heute nicht einmal mehr Schulbuch-Redakteure schockieren [können]" (Hebdige 1985, 188). Auch Davis erklärt:

„Amid today's cacophony of acceptable fashions, it is difficult to register a reviting antifashion message. What is being opposed? What can opposition mean when from within the spectrum of mainstream fashions there already is to be found a reasonable facsimile of the antifashion gesture? The sepulchral aura of punk black soon looks hardly any different from that stepping out of the smartest boutiques; proletarianized jeans, faded by years of hard wear and vigorous washing with brown laundry soap, find their manufactured acid-dyed equivalent at the nearest Gap store" (Davis 1992, 187).

Ebenso zweifelt Connor (1989) die Möglichkeit stilistischen Widerstands in der Postmoderne an:

„[…] this visibility of diverse and stylistically distinct groups is part of the official or dominant mode of advertising and the media in the West. […] visibility and self-proclamation may have become a market requirement rather than a mode of liberation" (Connor 1989, 195).

Für Frederic Jameson stellt sich die postmoderne Gegenwart wie folgt dar:

„Wenn früher die dominante (oder hegemoniale) Ideologie der bürgerlichen Ge-sellschaft von den Vorstellungen der herrschenden Klasse geprägt wurde, so sind heute die avancierten kapitalistischen Länder zum Spielfeld einer stilisti-schen und diskursiven Heterogenität ohne Norm geworden" (Jameson 1989, 62).

Jameson beschreibt die Postmoderne als eine weitere Stufe der Entwick-lung des Kapitalismus; genauer als Logik der Kultur im Spätkapitalismus (vgl. Jameson 2003, 1989, 1985). Für die postmoderne Gegenwart seien v. a. eine „neue Oberflächlichkeit" und der Verlust der „Tiefendimensi-on" (Jameson 1989, 50) prägend. Ähnlich wie Jean Baudrillard (vgl. 1983, 1982) geht Jameson davon aus, dass Zeichen ihrer Bedeutung ent-leert und nur noch Gegenstand ästhetischer Anschauung seien. Zeichen seien instabile Konstrukte, die heute diese, morgen eine andere Bedeu-tung annehmen und keinen eindeutigen Verweischarakter mehr haben.

„This is thought to be evident in popular culture itself where surface and style, playfulness and jokes, and what things look like, are said to predominate at the expense of content, substance and meaning (Strinati 2004, 207).

Am Beispiel der Gemälde „Ein Paar Schuhe", einem Standardwerk der modernen Malerei von van Gogh, sowie den „Diamond Dust Shoes" von Warhol zeigt Jameson auf, dass ersteres Bezug auf die Realität der Ver-elendung der Landbevölkerung nimmt und „für eine letzte Wahrheit" (ebd., 53) bürgt, wohingegen das postmoderne Kunstwerk Warhols „überhaupt nicht mehr zu uns spricht. Da ist absolut nichts in diesem Bild, was dem Betrachter einen bestimmten Standpunkt zuweisen würde" (ebd.). Postmoderne Kunst fokussiere das Spektakel und bediene sich dabei wahllos verschiedener Stilrichtungen und Genres der Vergangenheit. Diese Ausschlachtung von verschiedenen Stilen führt für Jameson zu einem Verlust an künstlerischer Tiefe und zu einer Auslöschung des Geschichtsbewusstseins zugunsten einer oberflächlichen Pastiche; d. h. „eine[r] Kunst der Imitate, denen ihr Original entschwunden ist" (ebd., 61). Jameson beschreibt, wie der wahre Sinn für Vergangenheit verloren geht und Geschichte zu einer stereotypisierten und floskelhaften Nostalgievorstellung verkommt (vgl. ebd., 63ff). Während Jameson den Stil der Moderne für „einmalig und unverwechselbar" (ebd., 62) hält, schließt er stilistische Innovation für die Postmoderne aus. Kulturproduzenten könnten sich „nur noch der Vergangenheit zuwenden: der Imitation toter Stile, der Rede durch all die Masken und Stimmen, die im imaginären Museum einer neuen weltweiten Kultur lagern" (ebd.).

Dass Zeichen in der Postmoderne keinen eindeutigen Verweischarakter haben und keine Bedeutung mehr tragen, zeigt sich für Baudrillard besonders deutlich im Bereich der Mode:

„Alle Kulturen und Zeichensysteme werden in der Mode ausgetauscht, kombinieren sich, gleichen sich einander an und gehen flüchtige Verbindungen ein, die der Apparat ausscheidet und deren Sinn nirgendwo liegt. Die Mode ist das rein spekulative Stadium der Ordnung der Zeichen – es gibt keinen Zwang zu irgendeiner bestimmten Kohärenz oder Referenz" (Baudrillard 1982, 140f).

Polhemus beschreibt die postmoderne Modewelt entsprechend als „Supermarkt der Stile" (Polhemus 1997), in dem alles möglich ist und nichts so ist, wie es scheint: Die Stile von verschiedenen Subkulturen, die sich einst nicht ausstehen konnten, würden nun genussvoll auf eklektische Weise kombiniert, so dass eindeutige Gruppenzuordnungen nicht mehr länger möglich und von den Bricoleuren auch gar nicht beabsichtigt seien: „[…] the inhabitants of styleworld celebrate the truth of falsehood, the authenticity of simulation, the meaningfulness gibberish" (ebd., 150). Auch Muggleton ist der Meinung, dass es den Jugendkulturen in der Postmoderne nicht auf Authentizität ankommt:

„Post-Subculturalists no longer have any sense of a subcultural ‚authenticity', where inception is rooted in particular sociotemporal contexts and tied to underlying structural relations. […] They do not have to worry about contradictions between their selected mode of dress, since there are no longer any correct interpretations. This is something that all post-subculturalists are aware of, that there are no rules, that there is no authenticity, no reason for ideological commitment, merely a stylistic game to be played" (Muggleton 1997, 198).

Als Alternative zur symbolischen Funktion von Mode schlägt Tseëlon den Begriff der „Maskerade" zur Deskription postmodernen Stils vor: „actors do not have an essence ‚behind the performance' […] they are their performance" (Tseëlon 2001, 107). Modetheorien charakterisieren den Stil der Postmoderne entsprechend als heterogen, diffus, dynamisch, flüchtig und eklektisch (vgl. Kratz/Reimer 1998, Kaiser et al. 1991, Wilson 1990, Connor 1989, Faurschou 1988). Oder wie Jameson schreibt: „Aus den Stilcharakteristika der Moderne werden postmoderne Codes" (Jameson 1989, 61f). Diederichsen erklärt am Beispiel der Club-Kultur:

„Im Laufe der Zeit, im Laufe dann vor allem auch der achtziger und neunziger Jahre, ist die Anzahl der möglichen und verwendeten Bezüge so groß geworden, dass ein Love-Parade-Teilnehmer von heute übersät ist mit Zeichen und Verweisen – hier ein buntes Bärtchen, dort ein stehengelassenes Haar, dort was Offenes, so dass alles sein kann: Punk und Nicht-Punk, Anti-Punk und Techno und sonst was" (Diederichsen zitiert nach Holert 2002, 33).

Es können also kaum mehr eindeutige und verlässliche Zuordnungen von Zeichen wie z. B. Kleidung oder Musik zu ideologischen Inhalten bzw. soziokulturellen Positionen vorgenommen werden. Diederichsen (1992, 1993, 1994) erläutert an weiteren Beispielen, dass die Verbindung zwischen bestimmter Musik bzw. bestimmten Dresscodes zu den „„heiligen Inhalte[n]' der Auflehnung" (Diederichsen 1993, 254) nicht länger bestünde, nachdem man unter den rechtsradikalen Jugendlichen bei den Ausschreitungen gegen Asylanten Anfang der 1990er Jahre „einen repräsentativen Querschnitt der bekannten jugendkulturellen Typen erkennen [konnte]" (ebd.): Jugendliche mit *Malcolm-X*-Kappen, die einst das militante Emanzipationsstreben schwarzer Jugendlicher symbolisierten oder Jugendliche im Grunge-Outfit, das einst auf links-alternative Gitarrenmusik verwies.

Auch Kaiser et al. illustrieren, dass die Differenz auf der Oberfläche stilistischer Signifikation eben nicht (mehr) zwangsläufig auch auf inhaltliche Differenz verweist:

„Individuals obtaining ideas about what to wear may neither be aware of, nor necessarily care about the ideology to which styles have originally referred. Hence PLO headscarves become trendy on the streets of New York City, skulls and crossbones become insignia on children's clothing, and Rastafarian dreadlocks are preempted by runaway fashion models and rock (not necessarily reggae) musicians" (Kaiser et al. 1991, 176).

Auch in den Interviews, die im Rahmen vorliegender Untersuchung durchgeführt wurden, gaben die HC-Anhänger immer wieder an, dass Stilisierungselemente wie z. B. Nietengürtel sowie v. a. Tätowierungen und Piercings „früher so ein Hardcore-Ding waren, jetzt aber jeder Depp so rumläuft" (Laura). Insbesondere Tätowierungen und Körperschmuck werden mittlerweile als Teil der Mainstream-Kultur verstanden:

„Ich meine, da könnte ich ja meine Nichte danach fragen, ob sie Tattoos und Piercings hat und sie würde ‚ja' sagen. Und dann würde ich sie fragen ‚Bist du Hardcore' und dann würde ‚Nein, was ist das denn. Das habe ich noch nie gehört' antworten. Wenn diverse Leute glauben, dass sich Hardcore ästhetisch dadurch definieren lässt, dass die Konzertgänger Tattoos und Piercings und Nietengürtel und so was haben, dann sind die Herrschaften aber selten auf der Straße, um zu sehen, dass viele Jugendliche so rumrennen, aber 99 Prozent von denen sind noch nie auf einer Hardcore-Show gewesen" (Armin).

Selbst diese einstmals extremen Strategien der Körpermodifikation verweisen letztlich nur noch darauf, dass man modisch ist und mit der Zeit geht (vgl. Sanders 2001, 4). Diese Beispiele zeigen, dass sich der Mainstream eben selbst als Minderheit(en) (vgl. Holert/Terkessidis 1997) präsentiert. Oder wie McRobbie es formuliert: „Mainstream Fashion has a lot to thank youth subcultures for" (1994, 146).

2.3.3.3 Nichtstilistische Kriterien jugendkultureller Authentizität

Im vorangegangenen Kapitel wurde angesprochen, dass Theorien über die Postmoderne den karnevalesk-maskenhaften und grenzenlosen Umgang mit Stil betonen und argumentieren, dass das Konzept der „Authentizität" in einem postmodernen Inventar irrelevant geworden sei (z. B. Muggleton 1997). Eine Reihe von empirischen Untersuchungen widerspricht jedoch diesen Annahmen. Im Gegenteil – Authentizität ist in Jugendkulturen nach wie vor *das* Inklusionskriterium. Allerdings wird klargestellt, dass die Zuschreibung von Authentizität nicht ausschließlich von Äußerlichkeiten abhängig gemacht wird. Da sich Szenegänger wie auch Jugendliche, die keine jugendkulturelle Zugehörigkeit suchen, gleichermaßen an den Angeboten eines hochdifferenzierten Marktes bedienen, kann Mode nur noch sehr bedingt als Indikator für die Zugehörigkeit zu einer bestimmten Szene herangezogen werden. So haben beispielsweise Hip-Hop-Shops nicht nur einen Kundenstamm von expliziten Szenegängern, sondern werden auch von eher allgemein jugendkulturell Orientierten frequentiert. Auf rein stilistischer Ebene lassen sich die „dedicated" Hip-Hopper von den „Mitläufern" (v. a. für Außenstehende) aber kaum unterscheiden. In dem Maße, in dem subkultureller Stil immer mehr Einzug in den Mainstream gehalten hat, also „allen" zur Verfügung steht, gewinnen nichtstilistische Kriterien bei der Zuschreibung von jugendkultureller Authentizität verstärkt an Bedeutung.

In seiner Kritik an den CCCS-Studien merkte Clarke (1990) an, dass die Fokussierung des CCCS auf die Analyse von Stil der Williams'schen Forderung einer Analyse von Kultur als ganzheitlicher Lebensweise (vgl. Kapitel 2.2.1) nicht gerecht würde. Subkulturen würden von den CCCS-Forschern zwar korrekterweise im Freizeitbereich angesiedelt, aber:

„[...] we are given little sense of what subcultures actually *do*, and we do not know whether their commitment is fulltime or just, say, a weekend phenomenon. We are given no sense of the age range, income (or source of income), and occupations of the members of a subculture, no explanation as to why subcultural stylists are, ironically, reduced to the status of dumb, anonymous mannequins, incapable of producing their own meanings and awaiting the arrival of the code breaker" (Clarke 1990, 90).

Er sprach sich daher dafür aus, dass zukünftige Analysen über den exklusiven Fokus auf Stil hinausgehen müssten (vgl. ebd., 89).

Im Zentrum dieses Kapitels stehen nun Forschungen, die sich eben nicht ausschließlich auf den stilistischen Aspekt von Jugendkulturen beschränken, sondern auch Authentizitätskriterien in den Blick nehmen, die nicht auf Äußerlichkeiten beruhen. Wie erläutert, betrachten viele Jugendliche die Wahl eines jugendkulturellen Stils nicht als umfassendes Bekenntnis zu einer entsprechenden Lebenswelt, sondern nehmen daran „nur" stilistisch teil. Authentizität bestimmt sich in Jugendkulturen daher v. a. über das „commitment" (Andes 1998; Fox 1987; Hodkinson 2002, 2004; Sardiello 1998) der Anhänger: Um die „echten" Anhänger von den „Posern" oder „Stylern" zu unterscheiden, zählen insbesondere die subjektive Bindungsbereitschaft bzw. –intensität, das Einhalten der szenetypischen Werte und das Engagement in der bzw. für die Szene.

Fox untersucht in ihrer ethnografischen Studie *Real Punks and Pretenders* (1987) die soziale Organisation einer lokalen Punk-Szene und betont, dass verschiedene Grade an „commitment" (ebd., 344) die soziale Rangfolge der Mitglieder innerhalb der Szene bestimmen. Sie findet heraus, dass neben stilistischen Kriterien insbesondere Unterschiede in der Verbindlichkeit gegenüber der Szene bestehen:

„A hierarchy existed that ranged from the most involved, central members (hardcores and softcores) to the less involved, leisure members (preppies) to the peripheral nonmembers (spectators)" (ebd., 365).

Hodkinson thematisiert in seiner Studie über die britischen Goths die intrajugendkulturellen Hierarchisierungen. Er verdeutlicht zunächst, dass sich die Goths nicht an dem postmodernen Modespiel beteiligen und sich nach wie vor durch ein Zugehörigkeitsgefühl und eine kollektive Identität auszeichnen. Zur Unterscheidung der „echten" Goths von denjenigen, die Goth als kurzfristig anwählbare modische Angelegenheit betrachten, schlägt er deren Grad an „(sub)cultural substance" vor, der v. a. auf folgende vier Kriterien abzielt : „a consistent *distinctiveness* in group values and tastes, a strong sense of *shared identity*, practical *commitment* among participants, and a significant degree of *autonomy* in the facilitation and operation of the group" (Hodkinson 2004, 141f).

Auch Muggleton modifizierte seine erste Arbeit (vgl. Muggleton 1997) über postmoderne Jugendkulturen und weist in einer späteren, wesentlich ausführlicheren Arbeit darauf hin, dass v. a. Einstellungen und Werte zentrale Aspekte bei der Zuschreibung von Authentizität darstellen (vgl. Muggleton 2000, 59). Er erklärt zudem entgegen der CCCS-Vorstellung, dass die von ihm untersuchten „post-subcultures" keine „semiotische Guerillakriegsführung" (Eco) zur „magischen Lösung" ihrer sozialen Probleme im Sinn hätten. Er widerspricht aber auch der postmodernen Ansicht, dass Jugendliche in Subkulturen widerspruchsfrei von einem Stil zum nächsten springen würden:

„Informants did not rapidly discard a whole series of discrete styles. Nor did they regard themselves as an ironic parody, celebrating their own lack of authenticity and the superficiality of an image-saturated culture. On the contrary, attitudes were held to be more important than style [...]" (Muggleton 1997, 158).

Ebenso wird in den Interviews, die Widdicombe und Wooffitt (1995) mit subkulturellen Jugendlichen geführt haben, deutlich, dass Szenegänger das eigene „commitment" zu einer ganzheitlichen subkulturellen Lebensweise (die über Musik und Mode hinausgeht) gegen die Oberflächlichkeit derer ins Feld führen, die an der Subkultur aus ihrer Sicht lediglich als rein modische bzw. musikalische Erscheinung kurzfristig interessiert seien. Polhemus bemerkt hierzu pointiert:

„It's the difference between swimming and sticking your foot in the pool to check out the temperature – an exploratory dalliance versus immersion and commitment" (Polhemus 1997, 149).

Auch die Ausdrucksformen der Riot Grrrls beschränken sich nicht auf Musik und Stil allein. Riot Grrrls definieren sich in erster Linie über politische bzw. feministische Positionen (vgl. Leonard 1997, Kearney 1997). Ebenso erklärt O'Hara, dass es falsch wäre,

„[...] Punk als eine Bewegung zu sehen, die auf bloßem Aussehen gründet. Rücksichtslose und vorübergehende Rebellion kann Spaß machen, aber sie ist weder sehr effektiv, noch nützt sie etwas. Punks haben sich längst soweit entwickelt, dass sie die Substanz dem Stil vorziehen – eine Tatsache, die in den Medien-Darstellungen stets ignoriert oder verdreht wird" (O'Hara 2002, 37f).

Wie diese Beispiele zeigen richten Jugendliche den Fokus bei der Authentizitätsbestimmung weniger auf Mode als auf die Einstellung und Werte sowie das dauerhafte Szeneengagement. Teil einer Jugendbewegung zu sein, umfasst diesen Studien zufolge mehr als nur Musik, Frisuren und Kleidung. Um Authentizität zu verkörpern, verausgaben Jugendliche als Spezialisten „Lebenszeit" und grenzen sich gerade damit als die

„Reals" gegenüber den Nicht-Spezialisten, den „Posern", den „Pseudos" und „Fakes" ab, mit denen sie die Anerkennung als „real" nicht teilen wollen (vgl. Eckert et al. 2000, Wetzstein et al. 2000).

2.3.4 Gegenwärtige Konzepte zur Analyse jugendlicher Vergemeinschaftungsformen

Mit den in Kapitel A2.3.1 angesprochenen sozialstrukturellen und -kulturellen Veränderungen geht eine Diversifizierung der Kultursphäre und eine Dehierarchisierung kultureller Praxisformen einher (vgl. Buchmann 1989), weshalb vielfach „Abschied vom traditionellen Subkulturkonzept" (Baacke/Ferchhoff 1995) genommen wurde und neue Ansätze zur Beschreibung soziokultureller Gemeinschaften entworfen wurden. Im Subkulturbegriff ist eine hierarchische Unterscheidung zwischen einer dominanten (bürgerlichen) Kultur und einer (proletarischen) Subkultur impliziert, in der die dominante Kultur die Normalität darstellt und die Subkultur die Abweichung davon (vgl. Vaskovics 1989, 590; Baacke 1999, 133; Peterson/Bennett 2004, 3). Dieser konsensuelle Standpunkt von Kultur lässt sich jedoch kaum mehr aufrechterhalten:

„Denn der einheitliche Bezugspunkt einer ‚Hauptkultur' droht über den vielfältigen Mischungsverhältnissen von materiellen und postmateriellen Werten, ‚alten' Pflicht- und ‚neuen' Selbstverwirklichungswerten, über der Dezentralisierung im [sic] gruppenspezifische, lokale und regionale Kulturausprägungen […] abhanden zu kommen" (Hradil 1992, 26).

„Der einheitliche Bezugspunkt einer universalen Mainstream-Kultur oder gar Hochkultur, auf den sich der zumeist zu statisch angelegte Subkulturbegriff in seinem konfliktträchtigen und asymmetrischen Anderssein stets beziehen konnte, scheint im pluralen Schmelztiegel des ‚anything goes' abhanden gekommen zu sein" (Baacke/Ferchhoff 1995, 34).

Das Subkulturkonzept besitzt, so die gegenwärtig vielfach vertretene Meinung, eine zu geringe analytische Aussagekraft, um

„[…] empirisch feststellbare gesellschaftliche Pluralisierungs- und Individualisierungsprozesse und die prinzipielle Parallelität, Gleichberechtigung und Akzeptanz der unterschiedlichsten Kulturformen noch erschließen zu können" (Müller-Bachmann 2002b, 58).

Der Mainstream setze sich mittlerweile aus etlichen Minderheiten zusammen (vgl. Holert/Terkessidis 1997), wovon die wenigsten auf die Herausforderung der gesellschaftlichen Hegemonie abzielen würden. Zudem hat der in den CCCS-Arbeiten beschriebene generationelle Konflikt zwischen Eltern- und Subkultur „in den letzten Jahren zunehmend an Sprengkraft eingebüßt und sich als ‚Krieg der kleinen Unterschiede' in die jeweiligen jugendkulturellen Szenen selbst hineinverlagert" (Kemper et al. 2002, 10). Intrajugendkulturell sei der Differenzdruck extrem gestiegen (vgl. ebd., vgl. auch Holert 2002, 27).

Den meisten neueren Konzepten liegt die Sichtweise von Jugendkulturen als fragmentierte, sozialstrukturell nicht eindeutig lokalisierbare, heterogene und instabile kulturelle Formationen zugrunde. In Abgrenzung zum Begriff der „Subkultur" und den damit verbundenen Konnotationen werden gegenwärtige Formen jugendlicher bzw. kultureller Vergemeinschaftung mittlerweile als „Szenen" (vgl. Hitzler et al. 2001, Straw 1991, Harris 2000, Kemper 2002, Peterson/Bennett 2004), „lifestyles" (vgl. Chaney 1996, Reimer 1995) bzw. „Lebensstile" (vgl. Vollbrecht 1995, Ferchhoff 1995), „Post-Subcultures" (vgl. Muggleton 1997, 2000; Muggleton/Weinzierl 2004) oder in Anlehnung an Maffesoli (vgl. 1996) auch als „nco-tribes" (vgl. Bennett 1999, 2000; Baumann 1992; Sweetman 2004) beschrieben. Allerdings ähneln sich einige dieser Ansätze inhaltlich stark, weshalb Hodkinson eine größere theoretische Trennschärfe der Begriffe fordert:

„In spite of the potential value of some of their individual contributions, the sheer number of terms on offer to us here, and the extent to which they appear to overlap with one another, has a rather confusing overall effect. While the existing tendency for imprecise references to subculture certainly *is* problematic, it is not clear that this apparently ever-expanding array of alternatives brings any greater clarity" (Hodkinson 2004, 141).

In dieser Arbeit wird bei der Beschreibung von HC auf die im alltäglichen Sprachgebrauch Jugendlicher gängigen und „neutraleren" Begriffe der „Jugendkultur" (ohne empathisches ‚Sub'" (Baacke/Ferchhoff 1995)) und der „Szene" zurückgegriffen. Dies ist u. a. der Annahme geschuldet, dass einige der genannten Konzepte die Aspekte der Unbeständigkeit/Flüchtigkeit bzw. des ständigen An- und Abwählens jugendkultureller Stile überbetonen (vgl. Hodkinson 2004, 141). „Szenen" werden dabei in Übereinstimmung mit Hitzler et al. verstanden als „[t]hematisch fokussierte kulturelle Netzwerke von Personen, die bestimmte materiale und/oder mentale Formen der kollektiven Selbststilisierung teilen und Gemeinsamkeiten an typischen Orten und zu typischen Zeiten interaktiv stabilisieren und weiterentwickeln" (Hitzler et al. 2001, 20).

B FORSCHUNGSMETHODEN

Im Rahmen dieser Studie kamen verschiedene Methoden der Datenge-
winnung zum Einsatz. Sie werden in diesem Kapitel erläutert. Bei Kapitel C, das sich schwerpunktmäßig mit DIY-Aktivismus in der HC-Jugendkultur auseinandersetzt, handelt es sich um eine *deskriptiv-empirische* Untersuchung. Sie basiert

1. auf einer umfangreichen Sichtung von Publikationen aus der Szene
   selbst – hier wurden insbesondere Fanzines[1] (vgl. Kapitel C3.4.1)
   sowie Szene-Dokumentationen (vgl. Kapitel C3.4.1) herangezogen,
2. auf Erkenntnissen, die über leitfadenorientierte Experteninterviews
   (vgl. Kapitel B1) gewonnen werden konnten sowie
3. auf dem Insiderwissen des Autors. Es soll an dieser Stelle darauf hingewiesen werden, dass der Autor der HC-Jugendkultur soziokulturell
   nahe steht, da er selbst über viele Jahre als Musiker und gelegentlich
   auch als Konzertveranstalter in ihr aktiv war. Insbesondere in Kapitel
   C3, das die kulturellen Aktivitäten der Jugendkultur HC beschreibt,
   wurde auf das eigene Insiderwissen zurückgegriffen. Es gab während
   des Untersuchungszeitraums keine „klassische" ethnografische For-
   schungsphase, weshalb hier auch von einer Beschreibung ethnografischer Methoden abgesehen wird. Stattdessen erfolgt eine methodologische Diskussion über den Insiderstatus in der Forschungspraxis
   (vgl. Kapitel B3).

Gegenstand von Kapitel D ist eine *quantitativ-empirische* Analyse des
HC-Publikums, deren Grundlage eine umfangreich angelegte Publikumsbefragung darstellt, die mittels standardisierter Fragebögen (vgl.
Kapitel B2) bei zehn europäischen HC-Konzerten und -Festivals durchgeführt wurde. Es handelt sich dabei m. W. nicht nur um die erste Frage-

---

1   Die bibliografischen Angaben zu den genannten Fanzines sind jeweils an den
    entsprechenden Stellen im Text vermerkt und nicht im Literaturverzeichnis.

bogenbefragung des HC-Publikums, sondern generell um eine der wenigen Untersuchungen, die sich quantitativ-empirisch einer bestimmten Jugendkultur bzw. einem Konzert-Publikum nähert.

Auf eine Erörterung der Auseinandersetzung zwischen den jeweiligen Verfechtern qualitativer bzw. quantitativer Methoden der Sozialforschung wird hier nicht eingegangen (vgl. hierzu z. B. Lamnek 1993a/b). Es wird die Ansicht von Roberts geteilt, der in Bezug auf diese Methoden-Grundsatzdebatte anmerkt:

„The real issue is not which is best but how to adapt both methods to contemporary conditions. Many youth researchers have a special affection for, and desire to practice qualitatively. Doing otherwise would be a waste of opportunity by researchers who are close in age, and who are able to participate in their subjects' milieux, and draw on their own recent youth biographies. However, qualitative evidence from necessarily small-scale studies is most valuable when it can be set within the larger picture which can only be constructed from quantitative evidence from large, and more representative, samples" (Roberts 2003, 24).

In Bezug auf die Erforschung von Jugendkulturen mit quantitativ-empirischen Methoden ist zudem anzumerken, dass die Erstellung eines Fragebogens, der auf *szenetypische* Einstellungen, Meinungen und Präferenzen abzielt (wie in dieser Studie der Fall), m. E. immer auch einer qualitativ-empirischen „Vorarbeit" bedarf. Das Entwickeln von Fragebogen-Items, die möglichst genau auf eine bestimmte jugendkulturelle Lebenswelt bzw. deren Diskurse abzielen sollen, setzt entsprechend auch eine genaue Kenntnis über diese Lebenswelt voraus. Beispielsweise wird in soziologischen und kulturwissenschaftlichen Untersuchungen von Jugendszenen häufig diagnostiziert, dass sich Szenen in etliche Subgruppierungen und Teil-Szenen ausdifferenzieren (vgl. Haenfler 2004, Maybaum 2003, Helton/Staudenmeier Jr. 2002, Kemper 2002). Es ist jedoch kaum davon auszugehen, dass diese Ausdifferenzierungen ohne Insiderwissen bzw. intrajugendkultureller Recherche überblickt und daher auch nicht angemessen abgefragt werden können. Am Beispiel der HC-Jugendkultur, die sich „wieder in zahllose Subgenres unterteilt, die für den Außenstehenden (aber auch für manche Szenegänger) nur schwer zu überblicken sind" (Maybaum 2003, 299), lässt sich dies wie folgt verdeutlichen: Es ist gut möglich, dass ein szenefremder Forscher über die asketische Lebensweise der Straight-Edge-Hardcores Bescheid weiß (kein Alkohol, keine Drogen, kein Fleisch). Dass sich die Straight-Edge-Szene jedoch nochmals weiter ausdifferenziert in *Vegan Straight Edger* (die neben den genannte Aspekten auch keine Milchprodukte zu sich nehmen, also vegan sind) und *Hardline Straight Edger* (die diese Lebensweise dogmatisch und bisweilen militant vertreten) dürfte sich erst bei genauerer Auseinandersetzung mit der Jugendkultur erschließen.

Da vermieden werden sollte, dass die Fragebogen-Items ausschließlich auf dem eigenen Insiderwissen bzw. dem eigenen Erfahrungshorizont aufbauen, gingen der Erstellung des Fragebogens leitfadenorientierte Experteninterviews (vgl. Interview-Leitfaden im Anhang sowie Kapitel B1) und eine Recherche in Fanzines voraus, deren Erkenntnisse bei der Fragebogenkonstruktion berücksichtigt wurden. Auf diese Weise soll der häufig angebrachten Kritik, dass bei quantitativen bzw. standardisierten Verfahren die Forscherperspektive dominieren würde (vgl. Kromrey 1998, 353), entgegengewirkt werden.

Das leitfadenorientierte Interview war aber nicht nur hinsichtlich der Erstellung des Fragebogens von Relevanz, sondern stellt im Verbund mit dem Insiderwissen des Autors und den Informationen, die aus szeneinternen Quellen (v. a. Szenezeitschriften) bezogen wurden, das deskriptiv-empirische Fundament der Untersuchung der HC- bzw. DIY-Kultur in Kapitel C dar.

Bei den Ausführungen zur Fragebogenmethode handelt es sich zunächst um allgemeine einführende Hinweise. Die Operationalisierung der Forschungsfragen wird im Zuge der Darlegung der Untersuchungsergebnisse erläutert (vgl. Kapitel D4).

1 DAS LEITFADENORIENTIERTE EXPERTENINTERVIEW

Ziel der Expertenbefragung ist es,

„[...] im Vergleich mit den anderen ExpertInnentexten das Überindividuell-Gemeinsame herauszuarbeiten, Aussagen über Repräsentatives, über gemeinsam geteilte Wissensbestände, Relevanzstrukturen, Wirklichkeitskonstruktionen, Interpretationen und Deutungsmuster zu treffen" (Meuser/Nagel 2002, 80).

Die Befragungen wurden dabei aus folgenden Gründen leitfadenorientiert durchgeführt: Ein Interviewleitfaden hat zunächst den pragmatischen Vorteil, dass alle forschungsrelevanten Themen auch behandelt werden und kein Themenkomplex vergessen wird. Eine flexible und unbürokratische Handhabung des Leitfadens steht dabei im Vordergrund. Die Strukturierung des Leitfadens ist nicht als zwingendes Ablaufmodell des Diskurses zu verstehen, vielmehr soll eine möglichst natürliche Gesprächssituation zustande kommen, die es dem Experten erlaubt, Themenkomplexe von sich aus in der von ihm gewünschten Reihenfolge anzusprechen. Die leitfadenorientierte Gesprächsführung soll des Weiteren eine zumindest rudimentäre Vergleichbarkeit der Interviewergebnisse gewährleisten. Der Leitfaden beinhaltet daher Fragen, die grundsätzlich in jedem Interview gestellt werden, wenngleich je nach Gesprächsverlauf und Forschungsinteresse zusätzliche Fragen relevant werden können, die

dann auch im Sinne eines möglichst natürlichen Interaktionsflusses so-
fort gestellt werden sollten (vgl. Friedrichs 1990, 227). Das Leitfadenge-
spräch ist somit für den Forscher ein interaktiver Prozess ständiger Wei-
terverarbeitung von erhaltener Information in Form von Anknüpfungs-
fragen. Diese „permanente Vermittlung zwischen dem Interviewverlauf
und dem Leitfaden" (Flick 1999, 113) verlangt vom Interviewer eine
gleichermaßen hohe Sensibilität für den konkreten Interviewverlauf als
auch für den Interviewten und erfordert ein großes Maß an Überblick ü-
ber das bereits Gesagte und seiner Relevanz für die Fragestellung der
Untersuchung. Der Leitfaden ist somit nicht als statisches Konstrukt zu
verstehen, sondern muss für eine thematische Erweiterung offen sein.
Die Erstellung eines Leitfadens ist ein iterativer Prozess, mit dem der
Tatsache Rechnung getragen wird, dass auch trotz guter Vorbereitung
immer wieder Aspekte im Gespräch zutage treten können, die für die
Folgebefragungen von Interesse sind. Daraus ergeben sich entsprechende
„Lücken" in den vorangegangenen Interviews. Bei besonders relevanten
neuen Fragestellungen sollten die fehlenden Informationen nachträglich
eingeholt werden, sofern dies arbeitsökonomisch möglich ist.

1.1 Der Interviewleitfaden

Die leitfadenorientierten Experteninterviews wurden vor der Erstellung
des Fragebogens durchgeführt, um deren Erkenntnisse bei der Fragebogenentwicklung berücksichtigen zu können. Folgende Themenkomplexe
wurden durch den Leitfaden abgedeckt:[2]

- Szeneeinstieg
- Bedeutung von Szene-Aktivismus
- Mainstream- und Medienverständnis der Hardcores
- inter- und intrajugendkulturelle Distinktion
- szeneinterner Konsum
- Unterschied zwischen HC-Konzerten und „Mainstream"-Konzerten
- HC-Ästhetik, HC-Stil
- Persönliches Verständnis von HC und Stellenwert von HC im Leben
  der Befragten
- Unterschiede zwischen HC und Punk
- Einstellung zum wissenschaftlichen Interesse des Forschers an HC

Der Interview-Leitfaden wurde im Rahmen seiner Entwicklung drei Pretests unterzogen. Nach Fertigstellung einer ersten Version erfolgte eine
Diskussion des Entwurfs mit drei HC-Anhängern in deren Wohngemein-
schaft. Bei den Probanden handelte es sich um Freunde des Autors, um

---

2 Der Interviewleitfaden mit den konkreten Frageformulierungen ist im Anhang
   einsehbar.

so eine offene Aussprache und Kritik zu gewährleisten. Neben der Erörterung von inhaltlichen Aspekten sollten zu komplexe oder unverständliche Formulierungen aufgedeckt werden. Nach einer Kürzung und leichten Überarbeitung der Frageformulierungen wurden zwei weitere Pretests mit jeweils nur flüchtig bekannten Szenegängern vorgenommen. Da sich der Leitfaden als verständlich herausstellte und die Interviewdauer mit ca. einer Stunde in einem vertretbaren Rahmen lag, wurde von einem weiteren Pretest abgesehen.

An dieser Stelle ist anzumerken, dass der Leitfaden nach zwei durchgeführten Experteninterviews eine Ergänzung erfahren hat. Er wurde um einen kurzen Fragenkomplex erweitert, der sich dafür interessiert, was die Hardcores von einer wissenschaftlichen Erforschung ihrer Szene halten (vgl. den letzten Punkt in obiger Aufzählung).

1.2 Die Expertenauswahl

Es war zunächst zu klären, welche Personen sich als Experten qualifizieren und stellvertretend für das Untersuchungsfeld befragt werden können. Die Zuschreibung des Expertenstatus erfolgte dabei gleichermaßen hinsichtlich methodisch-relationaler sowie sozial-repräsentativer Gesichtspunkte (vg. Bogner/Menz 2002, 40f): Zum einen wurden Personen bestimmt, von denen man in Bezug auf die Untersuchung davon ausgehen konnte, dass sie über relevantes Wissen verfügen. Somit ist „bis zu einem gewissen Grad jeder Experte auch das „Konstrukt" eines Forscherinteresses" (vgl. ebd., 41). Zum anderen ist aus einem sozial-repräsentationalen Blickwinkel Experte, „wer gesellschaftlich zum Experten gemacht wird, d. h. in der sozialen Realität als Experte angesehen wird" (ebd.). Methodisch-relationale und sozial-repräsentative Aspekte stehen in einem unauflöslichen Verweisungszusammenhang zueinander, da sich in der Forschungspraxis die Zuschreibung des Expertenstatus sowohl aus dem jeweiligen Forschungsinteresse als auch der sozialen Repräsentativität des Experten ergibt.

Bei der Erforschung von Jugendkulturen kommen diejenigen Szenegänger als Experten in Frage, die innerhalb einer Jugendkultur zum „Szenekern" bzw. zur „Organisationselite" gehören, d. h.

„[…] die die Szene samt den je typischen Aktivitäten, Einstellungen, Motive und Lebensstile maßgeblich repräsentieren. Die Chance, kompetente Auskunft zur je szenetypischen Kultur zu erhalten, ist bei diesen Personen am größten" (Hitzler et al. 2001, 213).

Bei musikzentrierten Jugendkulturen zählen dazu im Wesentlichen Musiker, Labelmacher, Konzertorganisatoren und Herausgeber von Szenemagazinen. Diese Tätigkeiten werden von den Aktivisten in den wenigsten Fällen professionell ausgeübt, es sei daher darauf hingewiesen, dass der vorliegende Expertenbegriff nicht an die Erfüllung formaler bzw. institutioneller (Aus)Bildungsanforderungen gebunden ist. Im Rahmen der qualitativen Datenerhebung vorliegender Studie qualifiziert sich als Experte, wer folgende Voraussetzungen erfüllt:

- mindestens fünfjährige Szenezugehörigkeit zum Zeitpunkt der Befragung
- mindestens zweijährige aktive Erfahrung in mindestens einem der folgenden Bereiche:

  - Label-Management bzw. Vertrieb, Plattenladenbesitzer oder -mitarbeiter
  - Konzertveranstaltung und/oder Tourorganisation
  - „Szenejournalismus" (z. B. Fanzine- bzw. Internet-Publikation, Radioshow)
  - Mitgliedschaft in einer HC-Band, die regelmäßig Konzerte spielt
  - Aktivist in einer der HC-Szene nahestehenden Organisation/ Gruppierung (z. B. *Antifa*, *Food not Bombs*)

Bei der Vorab-Festlegung der Samplestruktur wurde darauf geachtet, Experten aus möglichst allen szenerelevanten Bereichen zu befragen. Die Struktur der Expertenstichprobe ist in Tab. 1 dargestellt.

Nr.	Alter	Geschl.	Dauer Szene- zug.	Kon- zerte	Szene- journa- list	Label	Band	Aktivist
1	27	M	9	X	-	X	-	-
2	31	W	6	X	-	-	X	-
3	44	M	25[3]	X	X	X	X	-
4	22	W	7	X	X	-	-	X
5	24	M	8	-	-	-	X	X
6	32	M	15	X	-	-	-	-
7	26	M	12	X	-	X	-	-
8	23	W	5	X	X	X	-	-

Tab. 1: Übersicht der Expertenstichprobe

Die acht Experteninterviews wurden im Zeitraum von April 2004 bis Mai 2004 durchgeführt.[4] Alle Interviews wurden durch den Autor geführt und transkribiert. Bei vier der acht befragten Personen handelt es sich für den Autor um *perfect strangers*, ein Gesprächspartner war lediglich

---

3   Bei dieser Angabe wurde auch die Zugehörigkeit zur Punk-Bewegung mit berücksichtigt. Der Experte ist seit der Entstehung von Hardcore Anfang der 1980er Jahre Teil der Szene.

4   Es sind hier nur diejenigen Interviews aufgeführt, die im Vorfeld der Fragebogenerstellung durchgeführt wurden. Zwischen Juni 2004 und März 2006 wurden 18 weitere Interviews geführt. Die genannten „Expertenkriterien" waren dabei nicht selektionsleitend.

flüchtig bekannt und drei Interviewte sind dem Verfasser seit längerer Zeit bekannt und vertraut. Die Befragten wurden bei der Interviewanfrage auf eine Interviewdauer von mindestens einer Stunde hingewiesen. Bei allen Interviews handelte es sich um Einzelinterviews, die mit Einverständnis der Interviewten auf Minidisc aufgezeichnet wurden. So war es möglich, sich im Sinne einer flexiblen Handhabung des Leitfadens ganz auf die Befragung zu konzentrieren. Die Auswahl des Interview-Orts wurde den Befragten überlassen, um ihnen eine möglichst unkomplizierte und vertraute Gesprächssituation zu ermöglichen. So kam es, dass die meisten Interviews in den Wohnungen der Befragten durchgeführt wurden. Ein Interview wurde auf Wunsch des Befragten nach einem Konzert im Backstageraum des Veranstaltungsortes durchgeführt und ein Interview musste aus Distanzgründen telefonisch geführt werden.[5]

Eine optimale Interviewsituation lässt sich v. a. durch die Offenheit der Gesprächsführung und die Neutralität des Interviewers charakterisieren. Dabei handelt es sich jedoch um eine idealtypische Vorstellung, die in der Forschungspraxis kaum realisierbar ist. Äußerungen im Interview sind genau wie im Alltag „nicht allein Äußerungen *von* irgendetwas im sozialen Vakuum [...], sondern immer auch Äußerungen *für* den konkreten Interaktionspartner" (Bogner/Menz 2002, 48). Die Propositionen der Befragten sind gebunden an die „Vorstellungen und Mutmaßungen bezüglich Kompetenz, fachlicher Herkunft, normativer Orientierungen und Einstellungen sowie der untersuchungsfeldrelevanten Einflusspotenziale des Interviewers" (ebd., 49). Kapitel B3 thematisiert die Konsequenzen für die Interaktionssituation zwischen Forscher und Beforschten, wenn beide Parteien sich soziokulturell nahe stehen bzw. der Interviewer bereits über szenespezifisches Insiderwissen verfügt.

1.3 Transkription der Interviews

Unter Transkription versteht man „die Wiedergabe eines gesprochenen Diskurses in einem situativen Kontext mit Hilfe alphabetischer Schriftsätze und anderer, auf kommunikatives Verhalten verweisender Symbole" (Dittmar 2002, 52). Bei der Verschriftlichung der auf Tonband protokollierten Interviews wird hier aus Verständlichkeitsgründen von einem aufwendigen Notationssystem abgesehen. Je nach Zielsetzung bzw. Beschreibungsfokus der Untersuchung steht jede Transkription in einem spezifischen wissenschaftlichen Erkenntnisinteresse (vgl. ebd., 54). Da es bei soziologischen Fragestellungen nicht um die Organisation von Sprache geht, wie z. B. in der Linguistik oder Konversationsanalyse, sondern

---

5 Bei der telefonisch befragten Person handelt es sich um einen Bekannten des Autors, von daher wird nicht von einem Nachteil gegenüber der *face-to-face*-Interviewsituation ausgegangen.

die inhaltlich-thematischen Aspekte interessieren, erscheint ein komple-
xitätsreduzierendes Notationsdesign sinnvoll und notwendig (vgl. Flick
1995, 161f; Mayring 2002, 91; Meuser/Nagel 2002, 83). Zugunsten einer
besseren Lesbarkeit werden daher die Interviews in normales Schrift-
deutsch übertragen, d. h. „der Dialekt wird bereinigt, Satzbaufehler werden aufgehoben, der Stil wird geglättet" (Mayring 2002, 91). Es werden
im Folgenden die beachteten Transkriptionsregeln angeführt. Diese Regeln orientieren sich weitestgehend an den Ausführungen Mergenthalers
(1992) sowie an dem Ziel einer möglichst guten Lesbarkeit.

- Paraverbale Äußerungen wurden nur berücksichtigt, wenn sie für die
  Interpretation von Bedeutung waren. Zu parasprachlichen Äußerun-
  gen zählen „alle Laute oder Lautfolgen, die nicht als Wörter bezeich-
  net werden können. Sie werden meist für sich allein, also in keinem
  Satzgefüge geäußert und dienen als Pausenfüller, als Ausdruck des
  Zweifelns, Bestätigens, der Unsicherheit oder des Nachdenkens"
  (Mergenthaler 1992, 2). Sie wurden wie Sätze behandelt und in lite-
  rarischer Umschrift festgehalten. Bsp.: Oh! Beim ersten Ton des
  Konzerts machte es peng in meinem Kopf!

- Gleiches gilt für nicht verbale Äußerungen. Darunter fallen „alle
  sonstigen geräuschvollen Sprechhandlungen" (Mergenthaler 1992,
  2), wie Lachen und Stöhnen. Sie wurden als Kommentar an der Stelle ihres Auftretens in Klammerangabe notiert. Bsp.: Unsere Band ist
  grottenschlecht (lacht).

- Freie Kommentare des Transkribierenden wurden ebenfalls in runde
  Klammern eingeschlossen. Bsp.: Die Hardcores wissen natürlich
  immer alles besser (ironisch).

- Emphasen wurden durch ein nachgestelltes Ausrufezeichen gekennzeichnet. Einer Wortdehnung wurde ein Doppelpunkt nachgestellt.
  Bsp.: Diese Band ist genial:. Die drücken genau das! aus, was ich!
  fühle.

- Wörtliche Reden und Zitate wurden zur Abgrenzung der vom Spre-
  cher sonst hervorgebrachten Redepassagen in einfache Anführungszeichen eingeschlossen. Bsp.: Der Typ sagte zu mir ‚deine Band
  braucht kein Mensch'.

- Interjektionen wurden entsprechend ihrer Bedeutung verschriftlicht.
  Dabei wurde ggf. ein anderes Wort zugunsten der besseren Verständ-
  lichkeit gewählt. Bsp.: Der Partikel „hm" kann Bestätigung, Ver-
  wunderung, Ratlosigkeit oder Verneinung bedeuten. „Hm" wurde
  z. B. durch die Wörter „ja", „wie?", „weiß nicht", „nein" als Interpre-
  tationshilfe ersetzt.

2 DER FRAGEBOGEN

Der Fragebogen stellt neben den leitfadenorientierten Interviews und der Recherche in Fanzines das zentrale Datenerhebungsinstrument vorliegender Untersuchung dar. Im Gegensatz zu den ethnografischen Methoden (Teilnahme und Beobachtung), die vorwiegend dynamische soziale Prozesse und Verhaltensabläufe zum Untersuchungsgegenstand haben, liegt die Stärke einer Fragebogenerhebung in der Ermittlung von Einstellungen, Präferenzen, Bewertungen, Urteilsverhalten, Interessen und Kognitionen – Untersuchungsfelder, die nicht oder nur sehr schwer ethnografisch beobachtbar sind. In den folgenden Kapiteln werden einige allgemeine Prinzipien, die bei der Konstruktion des Fragebogens beachtet wurden, erläutert. Die Erläuterung der konkreten Operationalisierung der Forschungsfragen, die der Fragebogenuntersuchung zugrunde liegen, erfolgt im Ergebniskapitel D4.

2.1 Fragetypen und Antwortkategorien

Grundsätzlich können Fragetypen nach „offenen Fragen", „geschlossenen Fragen" und „Hybridfragen" unterschieden werden (vgl. Schnell et al. 1999, 308ff; Diekmann 1997, 408f). Bei offenen Fragen übernimmt der Befragte die Formulierung der Antwort selbst. Bei geschlossenen Fragen wird vom Befragten hingegen verlangt, sich zwischen verschiedenen Antwortmöglichkeiten zu entscheiden. Der wesentliche Vorteil von offenen gegenüber geschlossenen Fragen ist darin zu sehen,

„[...] dass der Befragte innerhalb seines eigenen Referenzsystems antworten kann, ohne z. B. durch die Vorgabe möglicher Antworten bereits in eine bestimmte (durch die Vorgabe der Fragebogenentwicklung begründete) Richtung gelenkt zu werden (Schnell et al. 1999, 309).

Damit verbunden ist die Tatsache, dass der Befragte bei geschlossenen Fragen zwischen Antwortmöglichkeiten wählen muss, die evtl. nicht seinem „Alltagswissen" entsprechen (vgl. ebd., 309f). Dennoch werden standardisierte Fragebögen mit geschlossenen Fragen und vorgegebenen Antwortkategorien in der empirischen Sozialwissenschaft häufig bevorzugt. So auch in vorliegender Untersuchung. Dies hat mehrere Gründe (vgl. ebd., 309f; Diekmann 1997, 408f; Friedrichs 1990, 206):

- Mit offenen Fragen geht auch immer ein zusätzlicher Auswertungsaufwand einher, da die Antworten im Nachhinein analysiert und hinsichtlich ihrer verschiedenen Merkmalsausprägungen zusammengefasst werden müssen.

- Die Antworten auf geschlossene Fragen sind besser miteinander vergleichbar und mit geringerem Auswertungsaufwand verbunden.
- Geschlossene Fragen bieten eine höhere Durchführungs- und Auswertungsobjektivität.
- Geschlossene Fragen sind weniger zeitintensiv in der Beantwortung als offene Fragen.
- Es kann nicht davon ausgegangen werden, dass alle Befragten ihre Einstellungen und Meinungen ähnlich gut artikulieren können. Antwortunterschiede sind nicht unbedingt auf Einstellungsunterschiede zurückzuführen, sondern hängen von der unterschiedlichen Fähigkeit der Befragten ab, ihre Einstellung verbalisieren zu können. Es wird davon ausgegangen, dass geschlossene Fragen leichter in der Beantwortung für Personen mit Verbalisierungsproblemen sind.
- Bei geschlossenen Fragen werden aus Anonymitätsgründen unangenehme oder sozial missbilligte Gründe eher angegeben als bei offenen Fragen.

Friedrichs konstatiert für die Verwendung von geschlossenen Fragen:

„Je größer das Vorwissen [...] über die möglichen Meinungen, ihre Strukturierung und den Informationsstand bei den Befragten ist, desto eher kann man mit geschlossenen Fragen arbeiten" (Friedrichs 1990, 199).

Im Rahmen der Fragebogenentwicklung wurden deshalb Experteninterviews durchgeführt, um den Bezugsrahmen der Befragten, d. h. deren „Handlungsbereiche, Interessen und Bedeutungen" (vgl. ebd., 193), in den Antwortkategorien der geschlossenen Fragen möglichst adäquat und umfangreich abdecken zu können. Die „Kategorien des Beobachters" wurden auf diese Weise durch den Forscher bzw. Interviewer in „Kategorien des Akteurs" transformiert (vgl. ebd., 194).

Es wurden bei der Entwicklung des Interview-Leitfadens bereits einige Fragestellungen berücksichtigt, die für die spätere standardisierte Befragung von Bedeutung waren. Diejenigen Antwortkategorien des Fragebogens, die konkret die Szene-Welt der Jugendlichen betreffen, orientieren sich im Wesentlichen an den Aussagen der befragten Experten. Es kann daher davon ausgegangen werden, dass die vorgegebenen Antwortalternativen bzw. die Items auch weitgehend deren Bezugsrahmen widerspiegeln. Um sicher zu gehen, auch eventuell bedeutsame Aspekte jenseits des vorgegebenen Kategoriensystems berücksichtigen zu können, bieten sich Hybridfragen an; neben der geschlossenen Antwortkategorie ist zusätzlich eine offene Antwortmöglichkeit vorgesehen (vgl. Diekmann 1999, 409). Im Fragebogen dieser Untersuchung hat z. B. die Frage nach dem Szeneeinstieg (vgl. im Anhang Fragebogenfrage 1) hybriden Charakter. Es wurden zwar alle aus den Experteninterviews ersichtlichen bedeutsamen Aspekte des Szeneeinstiegs als Antwortmöglichkei-

ten mit aufgenommen, dennoch kann es sinnvoll sein, nach weiteren Aspekten zu fragen, die weder vom Forscher noch von den im Vorfeld befragten Experten bedacht wurden, in diesem Beispiel durch die Frage
„Haben wir etwas vergessen, das dabei wichtig für Dich war?".

Bei der Entwicklung der Beantwortungsstruktur wurde darauf geachtet, dass die Probanden die Fragen nach einem möglichst kohärenten
Prinzip beantworten können und sich nicht bei jeder Fragestellung mit
einem neuen Beantwortungsverfahren vertraut machen müssen. Da in
dieser Studie zumeist Einstellungen und Bewertungen erhoben wurden,
bot sich eine Strukturierung der Antwortkategorien nach dem Rating-
Verfahren an, d. h. zur Ermittlung von Prioritäten wurden die Befragten
gebeten, die Items auf Skalen mit Polen wie „unwichtig" bis „sehr wichtig", „trifft überhaupt nicht zu" bis „trifft voll zu" einzustufen. In dieser
Untersuchung wurde für die meisten Fragestellungen eine fünfstufige
Skala verwendet. Es wurde von einer geraden Kategorienanzahl abgesehen, da die Befragten nicht zu einer positiven oder negativen Stellung-
nahme gezwungen werden sollten. Die mittlere Kategorie hat eine mehr-
deutige Funktion: sie kann „unentschieden", „meinungslos", aber ebenfalls eine tatsächliche „mittlere Einstellung" signalisieren (vgl. Diekmann 1999, 405).

Bei Fragestellungen, bei denen damit zu rechnen war, dass der Befragte keine Beurteilung abgeben kann, weil er die angebotene(n) Mög-
lichkeit(en) nicht kennt (z. B. Musikstile, Szenen), wurde eine zusätzliche „Kenne ich nicht"-Kategorie angeboten, um so zu vermeiden, dass
die Wahl einer inhaltlichen Antwort eher zufällig erfolgt.

2.2 Frageformulierung

Bei der Wortwahl und sprachlichen Formulierung der Fragen wurden
folgende in der Methodenliteratur vielfach beschriebenen Grundregeln
beachtet (vgl. Schnell et al. 1999, 312ff; Diekmann 1999, 410ff):

- Die Fragen sollten kurz, verständlich und hinreichend präzise sein.
  Daraus folgt, dass von der Verwendung von Fremdwörtern, unübli-
  chen Fachbegriffen und Abkürzungen abgesehen wurde und dass ab-
  strakte Begriffe vermieden bzw. durch konkrete ersetzt wurden. Allerdings wurde von einer Übersetzung bzw. Umschreibung feststehen-
  der Szeneterminologie abgesehen (z. B. Mainstream, DIY).
- Die Fragen wurden umgangssprachlich gestellt. Doppelte Verneinun-
  gen wurden vermieden. Es wurden keine indirekten Fragen gestellt.
- Grundsätzlich wurde bei der Konstruktion der Antwortkategorien darauf geachtet, dass diese präzise, disjunkt und erschöpfend waren.
- Mehrdimensionale Fragen wurden vermieden. Die Fragen sollten
  sich immer auf nur einen Sachverhalt beziehen.

- Die Fragen wurden möglichst neutral gestellt, um zu vermeiden, Antworten in eine bestimmte Richtung zu lenken. Suggestive Wirkungen werden bei der Frageformulierung herbeigeführt, indem den Befragten die Antwort „in den Mund gelegt wird", Stereotype verwendet werden oder in der Frageformulierung bereits Argumente enthalten sind.
- Von hypothetischen Formulierungen wurde abgesehen.
- Die Antwortmöglichkeiten sollten zumindest formal ausgeglichen sein, d. h. die Befragten sollten zwischen gleichberechtigten und ausgewogenen (alle positiven und negativen Aspekte umfassenden) Antwortalternativen wählen können.

2.3   Itemkonstruktion

Entsprechend des Forschungsinteresses wurden bei der Fragebogenkonstruktion v. a. „Einstellungsfragen" bzw. „Meinungsfragen" aufgenommen. Diese Fragetypen „beziehen sich auf den Aspekt der Wünschbarkeit oder der negativen bzw. positiven Beurteilung, den Befragte mit bestimmten Statements verbinden" (Schnell et al. 1999, 303). Bei diesen Statements handelt es sich vorwiegend um selbstbezogene Aussagen, da diese für die Erfassung von subjektiven Einstellungen besonders aufschlussreich sind. Unter Einstellungen ist hierbei weniger ein konkreter Handlungsvollzug zu verstehen als vielmehr „die Art und Weise, wie sich ein Individuum [...] in seinen Gedanken, Gefühlen, Bewertungen und allenfalls seinen Verhaltensabsichten bzw. Intentionen auf ein soziales Objekt richtet" (Mummendey 1987, 30). Ziel der Fragebogen-Items ist es, v. a. die inneren Zustände, Erlebnisweisen und Kognitionen der Jugendlichen beschreibbar zu machen, die sich von außen nur schwer beobachten lassen (vgl. ebd., 17).

Die Regeln, die für die Formulierung von Fragen gelten, waren im Wesentlichen auch bei der Item-Formulierung zu berücksichtigen. Bei der Item-Formulierung war zudem von Worten wie „alle", „immer", „niemand", „niemals" abzusehen (vgl. Schnell et al. 1999, 174). Des Weiteren wurde darauf geachtet, in Fragebatterien die Items in unterschiedliche Richtungen zu polen, um so auch Informationen über Personen mit einem hohen Grad der Akquieszenz zu erhalten (vgl. Diekmann 1997, 413).

2.4 Aufbau und Dramaturgie des Fragebogens

Nachdem die Frage- und Antwortformulierung bzw. die Itemkonstruktion entsprechend obiger Regeln durchgeführt wurde, musste die Dramaturgie des Fragebogens festgelegt werden. Dabei wurde wie folgt vorgegangen (vgl. Friedrichs 1990, 210ff; Diekmann 1997, 414ff; Schnell et al. 1999, 320ff):

- Mit den ersten Fragen („Einleitungsfragen", „Eisbrecherfragen") sollte das Interesse der Befragten für den Fragebogen geweckt bzw. verstärkt werden. Sie sollten von allgemeiner Relevanz für die Probanden und neutral formuliert sein, d. h. keine Ablehnung oder Zustimmung eines kritischen Sachverhalts erfordern. Es wurde daher zuerst nach dem Szeneeinstieg und den musikalischen Präferenzen gefragt, da diese Fragen interessant in das Thema einführen und leicht zu beantworten sind. Durch die hybride Struktur der Fragestellung wurde zudem vermieden, dass gleich zu Beginn ein Eindruck von Irrelevanz der Befragung für den Befragten entstehen konnte, da die Versuchsperson auch im unwahrscheinlichen Fall des Nichtzutreffens aller angebotenen Szeneeinstiegs-Items die Möglichkeit zur freien schriftlichen Formulierung ihrer eigenen Erfahrungen bekam. Des Weiteren erwecken diese beiden leicht zu beantwortenden Fragestellungen nicht den Eindruck, es handele sich bei dem Fragebogen um eine Prüfungssituation.
- Der Fragebogen wurde weitestgehend nach thematischen Blöcken gegliedert. Auch innerhalb eines Fragekomplexes wurde auf die Anordnung der Items geachtet. Es wird hier nicht die Ansicht geteilt, dass Items, die inhaltlich zu einem Fragenkomplex gehören, aus Kontrollgründen an unterschiedlichen Stellen des Fragbogens abzufragen seien.
- Grundsätzlich wurde versucht, ein möglichst ausgewogenes Verhältnis der Anordnung von schwierigeren und leichter beantwortbaren Fragen zu finden, wobei die evtl. besonders schwierigen Fragen im zweiten Drittel platziert wurden. Der Anordnung der Fragen wurde in der Pretest-Phase große Beachtung geschenkt, da eine ungeschickte Platzierung von schwierigeren Fragen evtl. zu Motivationsverlust oder gar einem frühzeitigen Abbruch der Befragung führen kann.
- Es wurde angestrebt, sich auf möglichst wenige Formen von Antwortkategorien zu beschränken.
- Die soziodemografischen Angaben wurden am Ende des Fragebogens platziert, da das Mitteilen dieser Angaben für die Befragten am wenigsten interessant sein dürfte. Würden diese Angaben gleich zu Beginn des Fragebogens abgefragt, könnte dies zu einer Motivationsminderung führen.
- Es wurde auf komplizierte Filter und Gabelungen verzichtet.

2.5   Formen der schriftlichen Befragung

Die Fragebögen wurden ausschließlich bei HC-Konzerten bzw. HC-Festivals verteilt. Die Befragung erfolgte auf zwei Arten:

a) Zum einen wurden schriftliche Befragungen vor Ort durchgeführt und
b) zum anderen wurde den Befragten die Möglichkeit gegeben, den Fragebogen auf dem Postweg zu retournieren.

Vor allem bei Festivals wurden die Befragungen vor Ort durchgeführt, d. h. die Befragten wurden gebeten, den Fragebogen während der Festivaltage auszufüllen und zurückzugeben. Bei Clubkonzerten wurde den Besuchern aus Zeitgründen zudem angeboten, den Fragebogen mit nach Hause zu nehmen und ihn auf dem Postweg zurückzuschicken. Die Nachteile der postalischen Befragungsformen liegen im Wesentlichen in folgenden Aspekten:

• Die Erhebungssituation kann bei postalischen Befragungen nicht kontrolliert werden. Es ist daher praktisch nicht überprüfbar, ob die Fragen vom eigentlichen Adressaten beantwortet wurden bzw. ob dieser den Bogen auch selbstständig und allein ausgefüllt hat.
• Der Befragte kann bei Verständnisproblemen keine Rückfragen stellen.
• Die Rücklaufquote ist v. a. bei den postalischen Befragungsformen häufig gering. Friedrichs versteht in diesem Zusammenhang die schriftliche Befragung als Kommunikation, bei der der Kommunikationspartner zwar physisch nicht anwesend ist, aber durch bestimmte Aspekte repräsentiert wird, die Einfluss auf die Rücklaufquote nehmen (vgl. Friedrichs 1990, 241). Von besonderer Wichtigkeit für eine möglichst hohe Rücklaufquote ist die Einführung bzw. die Anrede. Den Adressaten wurde versichert, dass die Untersuchung ausschließlich wissenschaftlichen Zwecken dient und keinerlei kommerzielle Interessen verfolgt. Neben der Gewährleistung von Anonymität sind zudem Name und Adresse des Absenders wichtige Komponenten eines Anschreibens (vgl. ebd.). Zudem wird die Rücklaufquote v. a. durch die Bedeutung des Themas für den Befragten, die grafische Qualität des Fragebogens, die Kürze des Fragebogens und die Verwendung von Briefmarken, um den Eindruck einer Massendrucksache zu vermeiden, erhöht (vgl. ebd., 241).

Die Vorteile der postalischen Befragung lassen sich wie folgt zusammenfassen (vgl. Schnell et al. 1999, 335f; Friedrichs 1990, 236f; Diekmann 1997, 439):

- Der fehlende Interviewer wirkt sich positiv aus, da er die Befragungssituation nicht beeinflussen kann. Oftmals wird „ehrlicher" geantwortet, wenn kein Interviewer zugegen ist.
- Der Befragte fühlt sich nicht unter Zeitdruck bei der Beantwortung der Fragen, sondern kann die Fragestellungen stärker durchdenken.

Letztgenannter Zeitaspekt dürfte bei den Befragungen auf Festivals eine eher untergeordnete Rolle gespielt haben, da solche Veranstaltungen in der Regel genügend „Leerlauf" bieten, um sich dem Fragebogen widmen zu können. Da die Nachteile der postalischen Befragung überwiegen, wurde versucht, so viele Befragungen wie möglich vor Ort vorzunehmen.

2.6 Pretest

Trotz aller Sorgfalt bei seiner Konzipierung muss ein Erhebungsinstrument grundsätzlich einem Pretest unterzogen werden, bevor mit der eigentlichen Datenerhebung begonnen werden kann. Die Pretest-Phase dient „vor allem der Überprüfung

- der ausreichenden Variation der Antworten,
- des Verständnisses der Fragen durch den Befragten,
- der Schwierigkeit der Fragen für den Befragten,
- des Interesses und der Aufmerksamkeit des Befragten gegenüber den Fragen,
- der Kontinuität des Interviewablaufs („Fluss"),
- [...],
- der Güte der Filterführung,
- von Kontexteffekten,
- der Dauer der Befragung,
- des Interesses des Befragten gegenüber der gesamten Befragung,
- der Belastung des Befragten durch die Befragung" (Schnell et al. 1999, 324f).

Im Rahmen einer Einzel- und einer Gruppendiskussion (drei Personen) wurde ein erster Rohentwurf des Fragebogens diskutiert. Grundlage hierfür war ein Interviewleitfaden, der auf die oben genannten Aspekten einging. Die Probanden wurden v. a. gebeten, die Fragen und die entsprechenden Antwortkategorien kritisch zu kommentieren, auf Missverständnisse hinzuweisen und unangemessene oder unverständliche Formulierungen und Antwortvorgaben zu benennen. Nach geringfügigen Änderungen wurden weitere fünf Personen aus dem Umfeld des Autors um testweises Ausfüllen des Fragebogens gebeten. Es zeigte sich, dass der Fragebogen für alle verständlich war und in einem zeitmäßig vertretbaren

Rahmen beantwortet werden konnte, woraufhin von einer weiteren Pre-
testphase abgesehen wurde.

3   „GOING ACADEMIC" –
INSIDERWISSEN IN DER FORSCHUNGSPRAXIS

Die Kritik an der Methodologie der CCCS-Subkulturstudien zielt insbesondere auf die geringe Berücksichtigung der subjektiven Sichtweisen
der subkulturellen Jugendlichen selbst ab (vgl. Bennett 2002, 2003; Hodkinson 2002; Muggleton 2000; Widdicombe/Wooffitt 1995). Aktuellere
Jugendkulturstudien basieren daher verstärkt auf ethnografischen Methoden (v. a. teilnehmende Beobachtung). Verantwortlich für diese „ethnografische Wende" (Bennett 2002, 455) sind insbesondere Akademiker,
die selbst einen biografischen Hintergrund in ihrem Forschungsgebiet
haben und ihr jugendkulturelles Insiderwissen und ihre persönlichen Erfahrungen in ihre Forschungen mit einbringen (z. B. Muggleton 2000,
Hodkinson 2002, Brown 2004, Malbon 1999, Haenfler 2004, Leblanc
2002). Deren Arbeiten werden im besonderen Maße der Forderung gerecht, „sich alltagsnah und dicht an die jugendlichen Lebensmilieus her-
anzuwagen" (Ferchhoff 1995, 59).[6] Zweifelsohne setzt eine kompetente
Erforschung von Jugendkulturen Kenntnise über deren Sprache, Codes
und Symbole voraus (vgl. Griese 2000, 45), allerdings kann die soziokulturelle bzw. soziodemografische Nähe des Forschers zum Untersuchungsfeld auch Probleme bergen. Jüngere Forscher berichten beispielsweise, dass sie aufgrund ihres Szenewissens und ihrer Altersnähe erst
Zugang zu ihrem Forschungsfeld bekamen und dass ihr Auftreten und
Aussehen die Herstellung von Feldbeziehungen erleichterten (vgl.
Haenfler 2004, 413). Allerdings weisen sie auch darauf hin, dass ähnli-
ches Alter gleichermaßen „Segen und Belastung" (vgl. Moore 2003, 151)
ist und dass soziokulturelle Nähe zu den Subjekten „ebenso Behinderung
als auch Hilfe" (ebd.) darstellt und folglich nicht notwendigerweise eine
„Abkürzung" bei der Etablierung von Feldbeziehungen bedeutet. Warum
solche Ambivalenzen im Fall des jugendkulturell sozialisierten Forschers
auftreten, der seine Szene-Biografie bzw. sein Insiderwissen in den For-
schungsprozess mit einbindet, soll im Folgenden dargelegt werden.

Der Einsatz von Insiderwissen wurde bislang, mit Ausnahme einiger
anekdotischer Berichte ethnografischer Feldarbeit, in wissenschaftlichen
Arbeiten kaum reflektiert. Die Artikel von Bennett (2003, 2003) und
Hodkinson (2005) sind m. W. die einzigen Beiträge, die sich explizit mit
den epistemologischen bzw. methodologischen Konsequenzen des

---

6   Jacke ist der Ansicht: „Wer über Popkultur schreibt, zumal wissenschaftlich,
    künstlerisch oder philosophisch, der sollte Popkultur er- bzw. gelebt [...] haben"
    (Jacke 2004, 16).

Gebrauchs von Insiderwissen bei der Erforschung von Jugendszenen beschäftigen.

Während in den Sozialwissenschaften unter dem Begriff „going native" bislang v. a. die Gefahr des Distanzverlustes des Forschers aufgrund einer einseitigen Überidentifikation mit dem Feld thematisiert wurde, wird hier nun der Begriff „going academic" eingeführt. „Going academic" thematisiert die Probleme, mit denen jugendkulturell sozialisierte Akademiker rechnen müssen, wenn sie sich wissenschaftlich mit der eigenen Jugendkultur auseinandersetzen. Eckert et al. weisen aus eigener ethnografischer Felderfahrung darauf hin, dass „[es] einen entscheidenden Unterschied [macht], ob man nur die Perspektive eines Fremden einnimmt oder ob die anderen tatsächlich „fremd" sind und – was noch entscheidender ist – ob man als Forscher den anderen fremd ist" (Eckert et al. 2000, 26).

Auf den ersten Blick scheinen die Vorteile nahe zu liegen, die sich aus dem Insiderwissen und der Feldnähe für die Exploration jugendkultureller Felder ergeben; nämlich dass jugendkulturell sozialisierte Forscher

- über Felderfahrungen aus „erster Hand" berichten können,
- nicht die Perspektive des Fremden einnehmen müssen,
- ihnen die anderen nicht (sub-)kulturell fremd sind und
- sie selbst den anderen nicht (sub-)kulturell fremd erscheinen.

Inwiefern diese Annahmen haltbar sind, wird nachfolgend erörtert.

Der Insider-Status ist von Forschern nicht als grundsätzlich gegeben anzunehmen, vielmehr haben sich Forscher die Frage zu stellen, inwiefern sie überhaupt (noch) vom Untersuchungsfeld als Insider betrachtet werden (vgl. Bennett 2002, 463f; Bogner/Menz 2002). Hodkinson (2005) geht in seinem Beitrag über Insiderwissen u. a. der Frage nach, ob das Konzept des „Insiders" vor dem Hintergrund postmoderner Identitätstheorien nicht grundsätzlich in Frage zu stellen sei. Denen zufolge sind Jugendkulturen als ständig im Wandel und ohne feste Grenzen zu begreifen. Aus solch einer Warte mache es folglich auch kaum Sinn, von Insidern bzw. Outsidern zu sprechen:

„Contemporary young people's identities, claim many critics, are dominated by unstable individualised cultural trajectories that cross-cut a variety of different groups rather than attaching themselves substantively to any in particular (Muggleton 1997; Bennett 1999). At the very least, according to this ‚post-subcultural' perspective, youth cultural groupings must be regarded as diverse, ephemeral and loosely bounded, something that would make the proximity or distance of social researchers variable and hard to predict" (Hodkinson 2005, 133).

Einige Studien widersprechen jedoch den postmodernen Annahmen von Flüchtigkeit und Oberflächlichkeit und betonen das dauerhafte Szeneengagement als wesentliches Charakteristikum von Jugendkulturen (vgl. Kahn-Harris 2004, Hodkinson 2002, Muggleton 2000, vgl. auch Kapitel A2.3.3.3). Hier würden (nach wie vor) Demarkationslinien gezogen, weshalb Hodkinson auch den Status des In- bzw. Outsiders nicht als obsolet betrachtet (vgl. Hodkinson 2005, 135). Allerdings vermeidet er eine „Verabsolutierung" des Insider-Begriffs. Der Insider-Status kennzeichnet für ihn zunächst nur eine anfängliche subkulturelle Nähe zwischen Forscher und Beforschten, welche je nach Forschungssituation unterschiedlich stark ausgeprägt sein könne (vgl. ebd. 134). Dieses „non-absolute concept" (ebd.) setzt dennoch implizit voraus, dass der Forscher grundsätzlich als Insider identifiziert wird, eine Annahme, von der m. E. nicht ohne Weiteres ausgegangen werden kann. Die Erfahrungen, die im Rahmen der Interviews für die vorliegende Arbeit gemacht wurden, zeigen, dass Forscher sich zunächst darüber im Klaren sein müssen, dass der Insiderstatus nicht als gegeben angenommen werden kann. Die Authentifizierung als „eine(r) von ihnen" erfolgt nie durch eine selbstsichere Eigenzuschreibung, sondern hängt letztlich immer von der untersuchten Gruppe bzw. den einzelnen Subjekten im Feld ab. Dies gilt insbesondere dann, wenn der Forscher den Informanten nicht unmittelbar bekannt ist (beispielsweise wenn Forscher nicht die Szene „vor der eigenen Haustüre" untersuchen, sondern sich mit geografisch weiter entfernten Szenen beschäftigen). Zu den maßgeblichen Faktoren, die den Insiderstatus bestätigen können, zählen insbesondere ästhetische Präferenzen (Musik, Stil etc.), persönliche Kontakte (die „richtigen und wichtigen" Leute zu kennen), szeneinternes Hintergrundwissen (Entstehungsgeschichte, Szenegerüchte etc.), praktische Erfahrungen (Organisationsaktivitäten), aber auch politische Orientierung/Aktivitäten sind zentrale Aspekte, die bei der Legitimation des Insiderstatus durch das Feld von Relevanz sein können. Diese Aspekte werden i. d. R. diskursiv verhandelt (beispielsweise in Interviews). Ebenso können soziodemografische Faktoren (Geschlecht, Alter, Bildungsgrad, Klasse) von Bedeutung sein. Schwendter merkt zur Generationslücke zwischen Jugendsubkulturen und Subkulturforschenden an:

„Für die Jugendsubkulturen sind es [die Forscher, M. C.] alternde Leute, deren Interesse sich selten auf eine gemeinsame Sache bezieht, dem also mit Misstrauen (oder aber mit alles überschattender ‚Coolness': ‚Is' halt ihr Ding') zu begegnen ist" (Schwendter 1995, 12).

Gerade wenn der Forscher bei der Rollenaushandlung seines Insiderstatus (zu) selbstbewusst auf seine Szenenähe hinweist, um dadurch „eine gleiche Wellenlänge" zu signalisieren, muss er u. U. mit Ablehnung rechnen. Nichts ist in den Augen vieler Szenegänger „uncooler" und lächerlicher als jemand, der sich einzuschleichen und „einzuschleimen" versucht. Jugendkultur-Forscher berichten über ihre Feldarbeit, dass „trying too hard" (Hodkinson 2002, 40; Muggleton 2000, 90; Thornton 1996, 12) nicht dazu führt, das „Eis zu brechen", sondern im Gegenteil eher darin resultiert, dass Barrieren aufgebaut werden. Der Skepsis aus der Szene mit den falschen Mitteln entgegen zu treten, kann den Eindruck eines Außenstehenden erwecken und die Distanz zwischen Forscher und Beforschten erhöhen.

Selbst dann, wenn der Forscher als Insider anerkannt wird, gilt es vorsichtig mit dem Insiderwissen in der Interaktion mit den Jugendlichen umzugehen. Da Wissen bekanntlich immer auch Macht ist, sind Wissensunterschiede immer auch Machtunterschiede, die sorgsam zu berücksichtigen sind. Der Insider-Forscher ist mit Wissensunterschieden in zweifacher Hinsicht konfrontiert, da Wissen nicht nur im akademischen, sondern auch im Wertsystem von Fan-Gemeinschaften eine wesentliche Rolle spielt. Wissensunterschiede können zwischen Forscher und Beforschten dahingehend bestehen, dass der szenenahe Forscher aufgrund seiner wissenschaftlichen Ausbildung über akademisches Wissen, also über legitimes kulturelles Kapital (vgl. Bourdieu 1987) verfügt, gleichzeitig aufgrund seiner jugendkulturellen Aktivitäten aber auch Szenewissen akkumuliert hat – also subkulturelles (vgl. Thornton 1996) bzw. populärkulturelles Kapital (vgl. Fiske 1997, 2001) vorweisen kann. In ähnlicher Weise wie akademisches Wissen in Form von institutionalisierten Bildungsabschlüssen als symbolisches Kapital zu gesellschaftlicher Anerkennung führt (vgl. Bourdieu 1987), fungiert auch fanspezifisches Wissen als wichtiges Distinktionsmerkmal innerhalb einer Szene: Fans, die über das meiste Wissen verfügen, werden von der Szene als Experten und Meinungsführer betrachtet und nehmen innerhalb der Fangemeinde eine sozial stärkere Position ein (vgl. Fiske 1997).[7] Für die konkrete Forschungspraxis kann dies u. U. bedeuten, dass sich die Befragten dem Forscher nicht nur aufgrund dessen akademischen Hintergrunds unterlegen fühlen, sondern auch aufgrund dessen Szeneerfahrung. Es sind Situationen denkbar, in denen (jüngere) Befragte, die noch nicht besonders lange in Kontakt zur untersuchten Szene stehen, sich über die Bedeutung und Relevanz ihrer Aussagen unsicher sind und dies auch äußern, beispielsweise indem sie darauf verweisen, dass sie nicht studiert haben und auch noch nicht so lange zur Szene gehören und daher davon ausgehen, dass sie dem Forscher nichts berichten könnten, was er aufgrund seines akademischen wie auch szenespezifischen Wissens nicht ohnehin wissen würde („... aber das weißt du ja bestimmt ohnehin schon"). Auch wenn ein jugendkulturell sozialisierter Forscher die Anfänge bestimmter Ju-

---

7 Jugendkulturelles Insiderwissen kann aber auch dazu verwendet werden, innerhalb der *scientific community* Distinktion zu schaffen. Bennett weist darauf hin, dass Forscher mit Insiderwissen dazu neigen können, ihren Insiderstatus als Mittel zur Abgrenzung gegenüber denjenigen Wissenschaftlern zu benutzen, deren Forschungsinteresse „lediglich" durch die Anforderungen des Projekts an sich motiviert sei (vgl. Bennett 2002, 463).

gendkulturen aktiv miterlebt hat und bei der Aufnahme von Feldbeziehungen auf dieses Insiderwissen in Form von Ursprungserzählungen zu-
rückgreift, ist nicht zwangsläufig auch gewährleistet, dass die Anerkennung durch die Beforschten auf diese Weise auch gelingt. Während das
autobiografische Berichten in Form von „Ich war damals dabei" bei älteren Szenemitgliedern Respekt hervorrufen und somit akzeptanzfördernd
sein kann, können Szeneeinsteiger oder Mitglieder, die sich noch nicht so
lange zur Szene zählen, von dem vermeintlichen Wissensvorsprung des
Forschers „abgeschreckt" werden. Es kommt daher darauf an, dass vom
Forscher „der richtige Ton getroffen und Kompetenz unauffällig demonstriert" (Meuser/Nagel 2002, 79) wird.

Wissenschaftler mit jugendkulturellem Insiderwissen dürfen sich
nicht der Einbildung eines „having it all" (Burt 1998, 15) hingeben.
Vielmehr setzt eine kritische Perspektive hinsichtlich des eigenen (Insi-
der-)Wissens voraus, zu erkennen, dass Wissen historisch und kulturell
spezifisch ist. Der jugendkulturell sozialisierte Forscher ist in seiner Jugendkultur zwar kein kultureller Fremder, dennoch muss er sich vor Augen führen, dass sein (Szene-)Wissen im Hier und Jetzt des Szenealltags
veraltet sein kann bzw. sich die Schwerpunkte und Diskurse innerhalb
der Jugendkultur verlagert haben können. Dies gilt insbesondere, wenn
der Forscher als ehemaliges Mitglied nach einigen Jahren wieder als
Wissenschaftler an das Feld herantritt. Der Forscher würde einem Irr-
glauben erliegen, wenn er davon ausginge, dass sich aufgrund der eigenen Szene*vergangenheit* die Szene*gegenwart* leichter oder gar von selbst
erschließen würde. Schließlich liegt das Erkenntnisinteresse und -streben
zeitgenössischer Jugendkulturforschung im Hier und Jetzt von jugendkulturellen Lebenswelten und nicht in einem Anachronismus. Die Existenz und Legitimität von verschiedenen Perspektiven ist insofern nicht
nur anzuerkennen – diese vielfältigen Perspektiven sind v. a. auch zu suchen.

In den testenden Gesprächen zwischen Forscher und Szenegängern
wird nicht nur der Insiderstatus des Forschers überprüft, es wird nicht
selten auch die Legitimität des Forschungsvorhabens hinterfragt. Dies
kann dazu führen, dass der Insiderstatus zwar anerkannt wird, dennoch
aber die Etablierung eines Forschungsverhältnisses nicht zustande
kommt, weil der Szene das Forschungsmotiv oder die Forschungsmotiva-
tion suspekt erscheint. Auch Bennett weist darauf hin, dass neben den
personalen Aspekten des Forschers dessen konkretes wissenschaftliches
Anliegen eine wesentliche Rolle bei der Anerkennung des Forschers im
Feld spielt (vgl. Bennett 2003, 190). Da die Szenegänger in der Regel das
Erkenntnisinteresse des Forschers über sie nicht teilen, begegnen sie den
Forschungshintergründen häufig mit Skepsis und Argwohn, insbesondere
dann, wenn ihnen diese (subkulturell) fremd oder nicht integer erschei-
nen. So berichtet beispielsweise Thornton über ihre Feldarbeit in der
Dance-Szene Englands:

„Not only did I have intents and purposes that were alien to the rest of the crowd, but also for the most part I tried to maintain an analytical frame of mind that is truly anathema to the ‚lose yourself' and ‚let the rhythm take control' ethos of clubs and raves" (Thornton 1996, 2).

In den Interviews, die im Rahmen vorliegender Studie durchgeführt wurden, wehrten sich einige wenige Befragte gegen eine „Pseudo-Intellektualisierung" der Szene durch „Studenten, die sich nur in der Szene profilieren möchten". Für Hills gehen solche Spannungen zwischen Fans und Akademikern auf entgegengesetzte kulturelle Wertsysteme zurück:

„Academics draw on an us/them distinction which maps onto the ‚common sense' separation of rational/immersed, while fans defend their activities by drawing on a ‚common sense' distinction between immediacy/over-rationalisation" (Hills 2002, 20).

Beispielsweise verwiesen die befragten Szenegänger in den Interviews darauf, dass man die Energie und Leidenschaft von HC nicht wissenschaftlich zu Papier bringen könne. Auch in einer Rezension zu Büssers Buch über HC (vgl. Büsser 2000) werden diese Unterschiede zwischen der akademischen und der Fan-Welt deutlich. Joachim Hiller, Herausgeber des Fanzines *OX*, schreibt:

„Das Manko, sich der ‚Bauchsache' Punk/HC nur kopfmäßig anzunehmen, zieht sich durch das gesamte Buch. [...] Punk und Hardcore [sind] trotz der sich in dieser Szene tummelnden Abiturienten und Studenten eine absolut unakademische Angelegenheit, die nur dann funktioniert, wenn man nicht ständig nachdenkt und analysiert" (*OX* Fanzine Nr. 21, 1995).

Vor allem der szenefremde Forscher muss damit rechnen, als „Spion", „Spitzel" oder „Sozialarbeiter" abgestempelt zu werden und keine Informationen zu bekommen. Dies ist insbesondere bei devianten (v. a. bei kriminellen bzw. gewalttätigen) Gruppierungen der Fall. In ihrer qualitativen Untersuchung über „gesellige Gewalt" bei HC-Konzerten thematisiert Inhetveen dieses Problem:

„Zentral für die Materialerhebung, insbesondere für die Durchführung der Interviews, war [...] die Distanz zur alltagsmoralischen Verurteilung von Gewalt. Empörung und besorgtes Sozialarbeitertum als Reaktionen auf Jugendgewalt sind den Angehörigen der Subkultur wohlbekannt und führen zu einer gewissen Skepsis auch gegenüber Soziologen. Diese erschwert den Zugang zur ‚Szene'. Sehr wichtig für die Annäherung an das Geschehen waren außerdem Kenntnisse über Musik, über Live-Konzerte und über die HC- und Punkkulturen" (Inhetveen 1997, 238).

Aber „auch wenn die Gruppe keine im engen Sinn abweichende ist, so besitzt sie doch verborgene Strategien und Geheimnisse, über die man keinem Außenstehenden und schon gar nicht einem Soziologen gerne erzählt" (Girtler 1995, 385). Jedoch ist auch der szenenahe Forscher ungeachtet seines Insiderstatus' nicht davor gefeit, dass seinem wissenschaftlichen Interesse mit Misstrauen begegnet wird. Dieses Misstrauen gründet besonders auf der Definitionsgewalt, die der Forscher über die Beforschten hinsichtlich deren Repräsentation hat. Szenegänger verweigern (weitere) Informationen, wenn sie das Gefühl haben, dass sie sich später in der wissenschaftlichen Berichterstattung nicht angemessen wiederfinden.[8] Insofern bedeutet der Insiderstatus nicht gleichzeitig, dass dem Forscher auch uneingeschränkte Loyalität attestiert wird. Diese Skepsis betrifft v. a. forschungsethische Aspekte der Repräsentation der Jugendkultur. Forscher müssen sich grundsätzlich darüber im Klaren sein, dass die Aktivitäten von (v. a. devianten) Jugendlichen von großem Interesse für Medien und andere Kulturindustrien sind. Der Forscher sollte daher vorsichtig abwägen, wie er seine Arbeit und die Forschungsergebnisse präsentiert bzw. wie er die erforschten Subjekte darin repräsentiert (vgl. Hollands 2003, 168). Wissenschaftliche Erkenntnisse über Jugend können von den Medien aufgegriffen und auf eine Weise dargestellt werden, die zu „moral panics" (vgl. Cohen 2002) führen und somit große Auswirkungen auf die jugendliche Lebenswelt haben können. Beispielsweise weist McRobbie (1994) darauf hin, dass moralische Panikmache eine effektive Strategie der politischen Rechten sei, um sich öffentliche Unterstützung für ihre konservativen Werte und politischen Programme einzuholen. In den Interviews, die im Rahmen vorliegender Untersuchung durchgeführt wurden, wurde bisweilen auch der Vorwurf geäußert, dass mit wissenschaftlichen Berichten und dem ggf. daraus resultierenden massenmedialen Interesse die Basis für den „Ausverkauf" der Szene gelegt würde. Des Weiteren warfen einige Befragte soziologischen Arbeiten grundsätzlich vor, dass sie Stereotypierungen bzw. Stigmatisierungen Vorschub leisten würden.

Die Szenenähe des Forschers scheint aber auf der anderen Seite auch für viele Befragte von Bedeutung zu sein, wie folgender Interviewauszug exemplarisch illustriert:

M. C.:   Was hältst du davon, dass sich Leute mit Hardcore jetzt auch wissenschaftlich beschäftigen?

Gunther: Ja, das ist schon so ein bisschen seltsam. Wenn so andere von außen kommen und überhaupt keinen Bezug zu haben

---

8   Burt (vgl. 1998, 15) und Hills (vgl. 2002, 12) weisen darauf hin, dass Fan- und Akademiker-Identität aufgrund dieser Machtunterschiede nicht hybridisierbar seien.

und das einfach nur als Aufhänger benutzen, dass sie halt ihre Arbeit geschrieben haben, das finde ich halt ein bisschen
seltsam. Wenn aber jemand wie du, der halt selber sich darin
bewegt, das ist ja schon okay, weißt du?

M. C.:   Würdest du jedem ein Interview geben?

Gunther: Ich glaube nicht. So ist es ja okay, weiß du. Wir könnten das
              auch normal so machen, ohne dass das jetzt so Interviewcha-
              rakter hat. Aber bei Leuten, die jetzt einfach gar keinen Be-
              zug dazu haben, da ist das dann so seltsam.

Diese Passage verdeutlicht, dass der Befragte grundsätzlich eine Grenze
zwischen sich und dem Forscher zieht, diese aber aufgrund des Insiderstatus und der damit implizierten Legitimität des Forschungsvorhabens
auflöst. Sicherlich trifft es für die Erforschung von musikzentrierten Jugendkulturen zu, dass Jugendliche freier und mit mehr Spaß über ihre
Einstellungen, Erfahrungen und Präferenzen sprechen als in anderen,
sensibleren Bereichen der Sozialforschung (Drogen, Rechtsradikalismus,
Kindesmissbrauch etc.) und dass v. a. der Insider-Forscher in Gesprächen
mit den Informanten (von Experte zu Experte) mit besonders detaillierten
Informationen rechnen kann.

Abschließend bleibt in Bezug auf die Verwendung von Insiderwissen
festzuhalten, dass es grundsätzlich gilt, dieses Wissen im Forschungspro-
zess fortlaufend selbstreflexiv zu hinterfragen. Das eigene Insiderwissen
darf nicht in einen Populismus münden mit dem Forscher als subkulturellem Sprachrohr (vgl. Bennett 2003, 193). Ursprüngliche soziale Nähe
zum Feld *ist* hilfreich, aber nur dann, wenn es gelingt, die untersuchte
Gruppe nicht durch die Optik eigener sozialer Werturteile wahrzuneh-
men.

C DIE JUGENDKULTUR HARDCORE

Im nachfolgenden Kapitel C1 wird zunächst in groben Zügen auf den Ursprung von HC eingegangen. Dabei wird auch die Unterscheidungsproblematik zwischen HC und Punk thematisiert. Kapitel C2 nimmt daran anschließend die Bedeutung von Mode in der HC-Jugendkultur in den Blick. Schwerpunktmäßig beschäftigt sich Kapitel C mit dem für HC typischen Szeneaktivismus nach dem *do-it-yourself*-Prinzip, das als *demonstrative Produktion* in der HC-Kultur an Stelle von Stil Distinktionspotenzial enfaltet und der Authentizitätsgewinnung dient (Kapitel C3).

1 DER URSPRUNG VON HARDCORE

> „Wenn ihr denkt, Punk ist nur eine Art, sich am Samstag Abend zu amüsieren, habt ihr nichts verstanden... Es wird Zeit, dass ihr begreift: Punk heißt, es selber zu machen. Kreativ zu sein und nicht destruktiv [...] Hebt den Arsch hoch und tut was!" (Flugblatt der britischen Band *Crass*, ca. 1981).[1]

Es herrscht Einigkeit darüber, dass HC musikalisch wie inhaltlich im Punk der 1970er Jahre verwurzelt ist (vgl. Budde 1997, Büsser 2000, Lau 1992, Hitzler et al. 2001, Hitzler/Pfadenhauer 2005, Sterneck 1995, Goldthorpe 1992). Problematisch ist jedoch eine *exakte* zeitliche Bestimmung, wann der Begriff „Hardcore" erstmalig auftauchte (vgl. Mader 1999, 6). Während beispielsweise die Band *Sex Pistols* häufig paradigmatisch für die Geburtsstunde des Punk in England 1976 herangezogen wird oder die Entstehung von *Grunge* Anfang der 1990er Jahre maßgeblich mit der Band *Nirvana* in Verbindung gebracht wird, bildete sich HC erst nach und nach aus Punk heraus, ohne dass eine bestimmte Band oder Person exklusiv für die Entstehung von HC verantwortlich gezeich-

---

1   Zitiert nach Frederking 1983, 262.

net werden könnte (vgl. Budde 1997, 110ff; Sterneck 1995, 301f).[2] Der Beginn dieses Transformationsprozesses lässt sich ungefähr auf Anfang der 1980er Jahre datieren. Er führte von „Punk" zu „Hardcore-Punk" und letztlich zu „Hardcore". Hardcore-Punk unterscheidet sich sowohl von der frühen Punk- als auch von der späteren HC-Szene. Aber:

„Die mit diesen Bands entstehende Szene und Musik ist nicht ausschließlich als Übergangsstufe von Punk zu Hardcore zu verstehen. Sie beschreibt eine gesellschaftlich und musikalisch motivierte Entwicklung, die auf Punkrock aufbaut und zu Hardcore führt, ohne dabei ihre partielle Eigenständigkeit zu verlieren. Je nach Schwerpunkt und Perspektive kann die Musik der erfolgreichen Bands und ihrer weniger erfolgreichen Epigonen als Ausläufer des Punkrock oder als Vorläufer des Hardcore gesehen werden. Beansprucht werden sie später dementsprechend von beiden Szenen, sowie von einer eigenen Szene, die sich nur auf die Protagonisten dieser Zeit beruft und sich sowie von der Punk- als auch von der Hardcoreszene weitestgehend abgrenzt" (Budde 1997, 110).

Wenngleich sowohl in England als auch in den USA Bands unter dem Label „Hardcore" bzw. „Hardcore-Punk"[3] firmierten (vgl. Budde 1997, 110f; Büsser 2000, 13; Lau 1992, 36), wird der geografische Ursprung von Hardcore tendenziell in den USA verortet (vgl. Budde 1997, Arnold 1993, Blush 2001, Belsito/Davis 2003, O'Hara 2002, Moore 2004, Maybaum 2003).[4] Der Begriff „Hardcore" wurde v. a. in den USA in Abgrenzung zu Punk verwendet. HC stellte dort für viele eine „höhere und cleanere" Form von Punk dar. Man distanzierte sich explizit von den nihilistischen und „kaputten" Klischees von Punk. In diesem Zusammenhang ist insbesondere die Szene in Washington D. C. zu erwähnen. Die dort ansässige Band *Minor Threat* um den Sänger und Texter Ian MacKaye trägt mit ihrem Song „Straight Edge" maßgeblichen Anteil an der Entstehung der gleichnamigen HC-Untergruppierung (vgl. Wood 1999, Irwin 1999, O'Hara 2002, Pohl 2001, Sinker 2001a, Blush 2001, May-

---

2　Zumindest wurde der Punk-Bewegung, speziell den Punks in London, 1976 im Zuge der Formierung der *Sex Pistols* zum ersten Mal auch von den Massenmedien Aufmerksamkeit geschenkt, so dass Punk heute immer noch gerne als genuin britisches Phänomen gesehen wird. Tatsächlich aber wurde der Begriff „Punk" bereits 1975 in New York von Legs McNeil als Titel für sein Musikmagazin verwendet (vgl. McNeil/McGain 1996). Auch auf rein musikalischer Ebene lässt sich darüber streiten, ob Geburtstag und -ort der Punkbewegung nicht der New Yorker Szene der 1960er Jahre bzw. 1970er Jahre zuzuordnen ist (vgl. O'Hara 2002, 27).

3　Zu den bedeutendsten Bands werden u. v. meist *Black Flag*, *Necros*, *Fear*, *Bad Brains*, *Adrenalin O.D.*, *Minor Threat* gezählt.

4　Auf die konkreten sozialen und politischen Hintergründe der Entstehungszeit von HC in den USA wird hier nicht näher eingegangen. Siehe hierzu den Dokumentarfilm „American Hardcore. The History of American Punk Rock 1980-1986" (USA 2006), in dem HC als Reaktion auf das konservative politische Klima der Reagan-Ära dargestellt wird.

baum 2003, Helton/Staudenmeier Jr. 2002).[5] Die beiden folgenden Textauszüge aus zwei *Minor Threat*-Songs richten sich klar gegen das damals vorherrschende Klischee von „Sex, Drugs & Rock and Roll" und sollten v. a. auch der in weiten Teilen selbstzerstörerischen Punkszene den Spiegel vorhalten.

„I'm a person just like you
But I've got better things to do
Than sit around and fuck my head
Hang out with the living dead
I've got straight edge
Snort white shit up my nose
Pass out at shows
I don't even think about speed
That's something I just don't need"

Minor Threat, „Straight Edge", s/t-7",
Dischord Records Nr. 3, 1981

„I don't smoke,
don't drink,
don't fuck.
At least I can fucking think."

Minor Threat, „Out Of Step", „In My Eyes"-7", *Dischord Records* Nr. 5, 1981.

Straight Edge ist somit „an untraditional form of rebellion – rebelling against the traditional forms of rebellion" (Lahickey 1997, xviii). Die Straight-Edge-Anhänger machen sich seit den Ursprüngen der Bewegung durch das Symbol „X" erkennbar, das meist mit einem Filzstift auf den Handrücken aufgetragen wird. Es fungiert als Signifikat für die asketische Straight-Edge-Lebensweise. Dass gerade das Symbol „X" gewählt wurde, hat seinen Ursprung darin, dass es den Barbediensteten in den Konzertsälen der USA per Gesetz nicht gestattet war, den minderjährigen Konzertbesuchern Alkohol auszuschenken. Damit die Jugendlichen trotzdem die Konzerte besuchen konnten, einigten sie sich mit den Clubbesitzern darauf, sich durch das Markieren mit einem „X" auf dem Handrücken als minderjährig kenntlich zu machen (vgl. Lahickey 1997, 99; Pohl 2001, Mark 1999, Maybaum 2003, Helton/Staudenmeier Jr. 2002).

„Soon, the kids intentionally marked their own hands both to signal club worker of their intention not to drink and, more importantly, to make a statement of pride and defiance to other kids at the shows. The movement appropriated the X, a symbol meant to be negative, transforming its meaning into discipline and commitment to a drug-free lifestyle" (Haenfler 2004, 415).

---

5   MacKay betont in Interviews jedoch stets, dass er nicht als Gründer dieser Bewegung verstanden werden möchte, wofür er aus dem Straight-Edger-Lager nicht selten mit Kritik bedacht wird: „Ian MacKay … I honestly think that he is a fuckin' moron for turning his back on a movement that he started. Instead of taking responsibility for it. […] He should have stand up for something that he created and dictate its direction rather than not and have it become sour" (Jake Bannon von der Band *Converge* im Magazin *Reflections* Nr. 15, 2004, 34).

Straight Edge fand innerhalb der USA rasch viele Anhänger, „v. a. allem unter den Vorstadtjugendlichen wurde Straight Edge sehr schnell populär und half ihnen, sich dem Druck Gleichaltriger zu widersetzen, Alkohol und Drogen zu konsumieren" (O'Hara 2002, 139; vgl. auch Blush 2001, 26ff).[6] Parallel zur Szene in Washington D. C. entwickelte sich eine bedeutende Straight-Edge-Szene in Boston (vgl. Mader 2003), deren bekannteste Bands *SS Decontrol*, *DYS* und *Negative FX* waren. Die wohl neben *Minor Threat* populärste und bis heute einflussreichste Straight-Edge-Band war *Youth of Today* aus New York City, wo sich die Bewegung ab ca. 1986 etablieren konnte und bis heute die wohl bekannteste Szene darstellt (vgl. Mader 1999). Straight-Edge erlebte zwischen 1984 und 1988 seine Hochphase auch in Kalifornien, ab 1988 wurde die Straight-Edge-Idee auch von europäischen HC-Fans importiert (vgl. O'Hara 2002, 141).[7] Ende der 1980er Jahre wurde die Straight-Edge-Philosophie durch den Grundsatz der fleischlosen Ernährung ergänzt (vgl. Wood 1999, Irwin 1999, Maybaum 2003). Ian MacKaye erinnert sich:

„I think that vegetarianism was a logical step for straight edge. For me, it was logical. To me, it's a process. The idea in my life, of the process that is, is re-examining things given to me and seeing if they work and constantly working to try and make myself better – do a better job in the world" (MacKaye in Lahickey 1997, 103).

Auf wen genau die „Aufnahme" von Vegetarismus als weiterer Aspekt der Straight-Edge-Lebensweise zurückgeführt werden kann, ist jedoch unklar. Sicherlich kommt der Band *Youth of Today* eine wichtige Rolle zu, da sie als eine der ersten (bekannten) Bands Tierrechte bzw. Vegetarismus in ihren Texten explizit thematisierten:

„After the Youth of Today Song ‚No More' came out, practically the whole scene went vegetarian. When we wrote that song, we weren't sure if kids would be into the idea or completely turned off by it. But we didn't care. It was an urgent message, and we figured that if people were really serious about not poisoning their bodies and polluting their minds, they'd take to it. Pretty soon being a vegetarian became synonymous with being straight edge" (Porcell in Lahickey 1997, 131).

---

6 Die zentralen Werte der Straight-Edge-Lebensweise wurden bereits in Kapitel A2.1 angesprochen und werden daher hier nicht erneut dargelegt (vgl. auch Irwin 1999, Wood 1999, Haenfler 2004, Maybaum 2003).
7 Die Bewegungen in den amerikanischen Straight-Edge-Metropolen entwickelten sich aber überall in friedlicher Koexistenz. Vor allem die Bostoner Szene grenzte sich zur Szene in New York ab. Gelegentlich kam es sogar zu handfesten Auseinandersetzungen auf Konzerten (vgl. Budde 1997, 166f). Ihre Meinung zur kalifornischen Szene manifestierte die Szene aus Boston mit dem Sampler „This is Boston not L.A." (*Taang Records*, 1982).

Der Straight-Edge-Gedanke findet aber auch außerhalb der Straight-Edge-Szene in anderen HC-Subszenen Beachtung. Viele Anhänger leben zwar nach den „Richtlinien" des Straight-Edge-Gedankens, sehen sich aber nicht der Szene zugehörig (oft grenzen sie sich bewusst von dem von der Straight-Edge-Bewegung proklamierten „Unity"-Gedanken ab). Personen, die ihre Einstellung nicht offen nach außen tragen (z. B. über das X-Symbol), werden von den „echten Edgern" bisweilen verächtlich „Self-Edger" genannt.

Die Frage nach dem Unterschied zwischen HC und Punk wird seit den Anfängen von HC (v. a. innerhalb der Szenen) kontrovers diskutiert. Während eine „Trennung der Bereiche Hardcore und Punkrock [...] bei vielen Szenegängern auf Widerstand [stößt]" (Budde 1997, 13), grenzen wiederum andere beide Phänomene meist dahingehend voneinander ab, als sie HC als Weiterentwicklung bzw. konsequente Fortführung von Punk betrachten. Auch in den Veröffentlichungen zu HC wird diese Frage uneinheitlich beantwortet. Für Ziegenrücker und Wicke ist HC eine „Form des Punkrock" bzw. „das Festhalten an seiner Urgestalt" (Ziegenrücker/Wicke 1989 zitiert nach Budde 1997, 138.). Ebenso besteht für O'Hara kein Unterschied zwischen HC und Punk. HC ist für ihn „schlicht ein Synonym für die Sorte Punk, die Amerikaner in den frühen Achtzigern erfunden haben. HC-Musik ist normalerweise schneller als der Punkrock in den Siebzigern, aber die Ideen der beteiligten Leute sind im Grunde dieselben" (O'Hara 2002, 20). Budde erklärt hingegen aus musikwissenschaftlicher Perspektive, dass HC nicht als *direkte* Folgeerscheinung von Punk betrachtet werden könne. Die Entstehung von HC aus Punk sei zwar ebenso unumstritten wie die musikalischen Parallelen zwischen beiden Phänomenen, die Musik könne aber nicht unmittelbar und exklusiv aus Punkrock abgeleitet werden. Er erachtet eine Zwischenstufe „Hardcore-Punk" für sinnvoll, „in deren Verlauf sich die eigentlichen Merkmale der Musik und der Einstellungen ihrer Fans und Protagonisten noch nicht voll entfalten konnten" (Budde 1997, 184). HC ließe sich von Punk dahingehend abgrenzen, dass HC dem parodistischen Element von Punk eine konkrete bzw. direkte Botschaft gegenüberstellen würde.

„Die Ursache dieses prinzipiellen Unterschieds zu Punk resultiert aus dem späten musikalischen Selbstbewußtsein der Punkszene, der musikalischen Entwicklung zu komplexeren Ausdrucksformen und damit verbundenen Entwertung des unmittelbaren Symbolgehalts der Musik. Während die Musik der Punkszene zu Anfang allgemein ausschließlich als provokativ eingestuft wird (und die nach dieser Einschätzung agierenden Bands sich des provokativen – also progressiven – Gehalts ihrer Musik vergewissern), können Bands der Hardcoreszene den musikalischen Wert ihrer Songs auf Basis der bestehenden Tradition einschätzen und sind daher nicht darauf angewiesen, auf einen supermusikalischen Überbau zu verweisen. Musikalisch-textuelle Intentionen rücken gegenüber demonstrativen musikalischen Gesten bei Punkrock in den Vordergrund" (Budde 1997, 185).

Büsser versucht sich an einer Abgrenzung beider Jugendkulturen, macht aber deutlich, dass es sich dabei um ein schwieriges Unterfangen handelt:

„Will man Hardcore (als Musik/Denken/Jugendkultur) überhaupt von Punk trennen, ist es sinnvoll, einige ganz und gar voreilig-pauschale Thesen aufzustellen,
die in ihrer Brüchigkeit nicht nur zeigen, wie dünn das Eis ist, auf dem ich hier
meine Bahnen ziehe, sondern wie ungenau und unbestimmt alles zu einer Frage zweier Generationen verschwimmt oder sogar die Entwicklung einer einzigen
Generation dokumentiert, deren Viervierteltakt ins Schwanken geriet" (Büsser
2000, 17).

Büssers „verknappter Fahrplan" (ebd., 18) zur Unterscheidung von HC und Punk weist im Wesentlichen folgende Merkmale auf (vgl. ebd, 18f):

- Ausarbeitung und Formulierung von Politkonzepten, die über die Musik/Band hinausgehen; Einbindung der anarchischen Emotion von Punk in komplexe Gesellschaftstheorien,
- grundsätzliche Protesthaltung gegen Sexismus[8], Rassismus und Ka-
pitalismus,
- Herausbildung weiterer Selbstverständlichkeiten im Zuge der Ausdifferenzierung von Hardcore, beispielsweise die Ablehnung von Drogen und ein stark ausgeprägtes ökologisches Bewusstsein,
- Entpolitisierung vieler Bands und Fans, da sich Punk in den 1980er Jahren nur noch starrer Politfloskeln bediente; HC stellt den Versuch einer ‚positiven' Gegenbewegung dar, die sich textlich differenzierter geben will,
- stilistische Öffnung über das für Punk paradigmatische Drei-Akkord-Schema hinaus.

Auch in weiteren Publikationen wird die Genese von HC als soziokultu-relle Konsequenz auf die stagnierende Entwicklung bzw. die Vereinnah-mung von Punk durch die Kulturindustrie verstanden:

„Bands aus der Hardcore-Punkszene entziehen sich nicht mehr dem gesellschaftlichen Diskurs, sondern mischen sich ein. Seit 1978 ist also vor allem eine
Entwicklung zu verfolgen: Punk wird ernster" (Budde 1997, 112).

---

8   O'Hara weist in Bezug auf Sexismus darauf hin: „Es kann nicht geleugnet wer-
    den, dass es Sexismus auch innerhalb der Punkszene gibt, aber er findet dort
    wesentlich seltener und auf geringerer Stufe als im Mainstream statt, und, – was
    wichtiger ist – sein Aufkommen wird von vielen AktivistInnen sofort missbilligt
    und verurteilt. Damit verhält es sich also genau umgekehrt als in der Mainstre-
    am-Gesellschaft, wo Sexismus – abgesehen von Feministinnen und Feministen
    – selten verurteilt oder überhaupt diskutiert wird" (O'Hara 2002, 102).

„Man [die HC-Anhänger] versteht sich als ‚harter Kern' einer Bewegung, die
beim Punk ansetzte, aber dessen undifferenzierte Gesellschaftskritik sowie dessen No-Future-Einstellung in konkrete Aktivitäten überführt bzw. überführen will"
(Hitzler et al. 2001, 59).

„Lange Zeit von einer breiten Öffentlichkeit unbemerkt, vollzog sich Ende der
siebziger Jahre die Spaltung des Punk, wobei sich verstärkt ein Gegengewicht
zur Kommerzialisierung und zur Integration entwickelte. Punk wurde dabei nicht
nur als destruktive Verweigerung, sondern in einem konstruktiven Sinne als eine
Widerstandsform begriffen, die in einem engen Verhältnis zu radikalen linken
Bewegungen steht. Als Überbegriff für Bands, die sich der Vereinnahmung widersetzen, wurde die Bezeichnung Hardcore geprägt" (Sterneck 1995, 240f).

„Hardcore-Anhänger sind genau so wie Punks politisch eher ‚links' orientiert,
zeigen aber einen deutlich aktiveren und positiveren Veränderungswillen. Sie
setzen ihre Gesellschaftskritik nicht in absichtlichem Nichtstun und ‚No-Future'-
Sichtweisen um, sondern in konkrete auf Veränderung zielende Aktivitäten" (Adler et al. 2005, 224).

Auch in HC-Fanzines wird die Abgrenzung gegenüber Punk deutlich:

„Hardcore, hervorgegangen aus Punk, hatte sich gegen jene gerichtet, die sich
als Rebellen fühlten und von der Rebellion zum Tagesablauf übergegangen waren" (*Zap* Nr. 1, 1991, 41).

Ein weiteres wesentliches Merkmal, das von vielen HC-Anhängern seit
jeher zur Abgrenzung von HC gegenüber Punk angeführt wird, ist die
untergeordnete Rolle, die Mode bei HC im Gegensatz zu Punk spielt.
Das folgende Kapitel beschäftigt sich mit der Bedeutung von Mode in
der Jugendkultur HC.

2 DIE BEDEUTUNG VON MODE IN DER JUGENDKULTUR HARDCORE

„The thing is that there's little you can make right when it
comes to fashion in punk, hardcore or whatever you want
to call it. There are always people complaining" (Rob).

Seit den Anfängen von HC steht insbesondere der expressive Punk-Stil
im Fokus der Kritik der HC-Anhänger an Punk. Beispielsweise erklärt Al
Barile, Gitarrist der in Szenekreisen als legendär geltenden HC-Band *SS
Decontrol*:

„By 1980, whoever was into Punk was hanging onto something that wasn't there anymore. I wanted to be into something not built around fashion. For me, that was Hardcore" (Blush 2001, 45).

Auch für Ian MacKaye, HC-Musiker „der ersten Stunde", spielt der modische Aspekt kaum eine Rolle:

„[…] we called ourselves ‚Hardcore' to distinguish between us and the Sid Vicious [Bassist der *Sex Pistols*, M. C.] kind. We were ‚hard-core' Punks – we weren't into the fashion as much as we were into the approach and intensity and urgency" (ebd., 134).

Ebenso konstatiert Lahickey in Bezug auf die amerikanische Szene: „American Hardcore was a more down-to-earth part of the punk scene. It was less of a costume show" (Lahickey 1997, x). Lau beschreibt die Entwicklung Anfang der 1980er Jahre von *Punk* über *Hardcore-Punk* zu *Hardcore* wie folgt: „Neben dem Bindestrich fällt alsbald auch das Anhängsel Punk und somit auch die für Punk bestehende Kleiderordnung" (Lau 1992, 36). Armin Hofmann, der bereits Anfang der 1980er Jahre das Label *X-Mist Records* gründete und in den 1990er Jahren das im deutschsprachigen Raum bekannte Fanzine *Plot* mit herausbrachte, sah HC als „Reaktion auf das rigide gewordene enge stilistische Korsett des Punk" (Fanzine *Plot* Nov. 1995, ohne Seitenangabe). Budde führt den „krasse[n] Umschwung von einer betont prätentiösen Punkszene zu einer betont unprätentiösen Hardcoreszene" (Budde 1997, 119) u. a. auf „das Bedürfnis einer Übertragung der ursprünglich angelegten Einfachheit des Punkrock auf das Outfit der Fans und Musiker" (ebd.) zurück. Der „Schritt zu einer von modischen Aspekten scheinbar freien Szene" (ebd., 120) sei demnach vorgezeichnet gewesen. „Fuck Fashion" benennt Büsser (2000) entsprechend ein Kapitel seines Buches über die Geschichte „von Punk zu Hardcore und zurück". Er stellt aber auch gleich zu Beginn seiner Publikation die Frage in den Raum, ob HC, „der einmal als Abgrenzung gegenüber Modepunks entstand" (ebd., 26), selbst zur modischen Erscheinung geworden sei und sich somit „eine am Punk kritisierte Tendenz" (ebd.) ironischerweise wiederhole.

Zunächst ist festzuhalten, dass Mode in der HC-Jugendkultur durchaus eine Rolle spielt, allerdings erschließt sich der HC-Stil Außenstehenden nicht unmittelbar.

„Man kann fast schon von einer Tarnung sprechen, von subversivem Auftreten, das sich auf Erkennungsmerkmale beschränkt, die so wenig von alltäglicher Kleidung abweichen, dass ihr Spezifisches nur noch Eingeweihten erkennbar wird" (Büsser 2000, 22).

Auch von den befragten Szenegängern wird diese Unauffälligkeit betont:

„Das ist gar nicht so leicht auszumachen, wer denn nun dazugehört. Wenn man denn mal nur nach Äußerlichkeiten gehen will und nicht nach dem, was für die Szene so gemacht wird, dann würde ich sagen, dass so Kleinigkeiten wie Band-buttons oder Band-Aufnäher typisch sind für Hardcore-Kids. Aber das setzt halt voraus, dass man die Bands auch kennt" (Steffen).

Einigen Publikationen über HC zufolge (vgl. Lau 1992, 36; Büsser 2000, 22) gelten eher diskrete Kleidungsstücke wie Kapuzenpullis, Baseball-mützen, Kopftücher und Skater-Turnschuhe als typisch für den HC-Stil. Die befragten Szenegänger führen insbesondere Band-T-Shirts als „das Stilmittel schlechthin" (Armin) an:

„Dadurch kann man alles retten oder alles versauen. Du kannst auf ein Konzert gehen und von irgendeiner total unbekannten, aber super coolen neuen Band ein Shirt tragen [...] oder jemand anderes hat ein *Rage Against the Machine*-Shirt an und alle andere 20 Konzertgänger denken, was ist das denn für ein Idi-ot" (Armin).

In dem Artikel „The Fashion and Passion File" aus dem HC-Fanzine *All Roads lead to Rome* gibt der Autor Einblick in das Tragen des „perfekten Shirts" auf einem HC-Konzert:

„If you take care on shows how many persons wear the ‚perfect shirt' on the ‚right evening' then you will make the experience that in most cases the shirt is chosen by 3 rules: 1st rule: don't wear the shirt of the band that is playing. 2nd rule: wear a shirt of a band that is from the same area or friends with the band that is performing on stage. 3rd rule: cool shirts are very new or very old" (*All Roads lead to Rome* Fanzine, Nr. 1, 2004, 33).

Das Wissen um das „richtige" Shirt ist ein hervorragendes Beispiel für das „subkulturelle Kapital" des Trägers: „Subcultural capital confers status on its own in the eyes of the relevant beholder" (Thornton 1996, 11). Thornton weist aber auch darauf hin: „Nothing depletes capital more than the sight of someone trying too hard" (ebd., 12). So macht man sich beispielsweise zum

„[...] Klatschobjekt, wenn man ein Tour-Shirt von ner Band anhat, die man nie gesehen hat zu der Zeit. Solche Leute sind halt voll peinlich. Ich habe zum Bei-spiel die *Gorilla Biscuits* [in Szenekreisen als Kult-Band geltende Band aus New York, die Anfang der 1990er letztmalig in Deutschland tourte, M. C.] auch nie gesehen, tue aber wenigstens auch nicht so, in dem ich halt das Shirt trage" (Steffen).

Bei der Zuschreibung von Authentizität über ein Bandshirt spielt somit nicht nur eine Rolle, um was für eine Band es sich handelt, sondern auch *auf welchem Weg* das Shirt erworben wurde. In einem Fanzine-Artikel wird beispielsweise klargestellt: „It's not very hardcore to bid more than $ 50,- for one shirt on ebay that costs $ 12,- at the show" (Seb, *All Roads lead to Rome Fanzine*, Nr. 1, Januar 2004, 33). Mit Diskreditierung ist auch zu rechnen, wenn inoffizielle Bandshirts getragen werden, also Shirts, die nicht von der Band oder deren Label in Auftrag gegeben wurden, sondern ohne Autorisierung „gebootlegt" wurden.

„Man weiß mit der Zeit, welche Companies Shirts ohne Erlaubnis der Bands drucken und denen auch keinen Heller dafür abdrücken. Die Verlockung, sich ein Shirt von einer Band zu holen, die man nie gesehen hat oder die überhaupt keine Shirts verkaufen, wie *Fugazi* [eine in Szenekreisen sehr geschätzte Band, vgl. Kapitel C3.4.2], oder die es vielleicht schon lange nicht mehr gibt, ist schon groß. Vor allem bei denen, die noch nicht so lange dabei sind und denen es wichtig ist, dadurch was zu symbolisieren. Aber der Schuss geht oft nach hinten los. Zu viele legen in der Szene Wert darauf, dass man Shirts auf korrektem Weg checkt" (Pascal).

„Es gibt ja auch diese *Fugazi*-Shirts mit der Aufschrift ‚This is not a Fugazi Shirt'. Wer damit rumläuft, zeigt 1A, dass er gar nichts kapiert hat! Das ist vielleicht das peinlichste aller Shirts, mit dem man auf ein HC-Konzert gehen kann, weil Fugazi stets betonen, dass sie keine Shirts machen. Für Fugazi geht es nur um ihre Musik und nicht um Mode" (Chris).

Wie auch folgende Zitate aus HC-Fanzines verdeutlichen, zeichnet sich der HC-Diskurs (nach wie vor) durch eine kritische Auseinandersetzung mit Mode bzw. den „Stylern" aus den eigenen Reihen aus.

„Lots of shows are turned into catwalks and the funniest thing about it is that everybody knows that hardcore is supposed to be about passion and not fashion […] Fuck the mass fashion companies, which make us all look the same! Fashion will not create your identity, because that is something you can't buy. Fact is that we all care too much about superficial stuff like clothes instead of focussing on the *passionate and deeper parts of our culture*, which really would diverse us from mainstream society" (*All Roads lead to Rome* Fanzine, Nr. 1, 2004, 33, Hervorhebung M. C.).

In einem anderen Fanzine geht eine Autorin ebenfalls harsch mit der Szene ins Gericht und bemängelt, dass man den eigenen hochgesteckten gegenkulturellen Ansprüchen nicht gerecht würde:

„Ok, so hardcore is supposed to be an independent, anti-commercial subculture, isn't it? We all hate the establishment and do it ourselves. Right. No financial gains, just ideals. […] What puzzles me though, is the role of materialism in our little counter-society. Read a zine, listen to a record and chances are you find somebody stating and screaming that hardcore is more than just a trend. From what I read and hear I get the impression we're a bunch of people walking around in donated rags, the brand labels carefully removed. However, I never

see any of those idealists at a show. Maybe they all stay at home out of embar-
rassment, knitting new pants and sweaters, but I don't think so. We're all just
fucking hypocrites" (*It's raining truths* Fanzine Nr. 3, 1998, ohne Seitenangabe).

Auf humorvollere Weise geht eine Konzertveranstaltungsgruppe aus Luxemburg mit den „Stylern" aus den eigenen Reihen um. Wie der Aus-
schnitt aus einem Veranstaltungsposter zeigt (vgl. Abb. 2), werden diejenigen Szenegänger karikiert, die die stilistischen Klischees der Szene im
Detail bedienen (Nietengürtel, Piercing, Tätowierung).

Die Fanzine-Zitate und Interview-Auszüge verdeutlichen, dass Authentizität in der HC-Kultur über den kritischen und selbstreflexiven
Umgang mit Mode hergestellt wird. In weiten Teilen der Szene ist weniger die Angemessenheit des Stils maßgeblich als vielmehr *eine kritische
Einstellung bezüglich des Umgangs mit Mode/Style.* Ian MacKaye führt
an:

„Ich bin mir darüber bewusst, daß ich mit meinem Äußeren nicht viel, zumindest
keine Inhalte vermitteln kann. Und weil es mir um Inhalte geht, verschwende ich
kaum Zeit für meine Kleidung und mein Aussehen" (MacKaye in Büsser 2000,
25).

Auch die befragten Szenegänger geben an, nur wenige Gedanken an
Mode zu vergeuden:

„[…] weil das eben nur ein so ein äußerliches Ding ist und weil das keine Inhalte
vermittelt. Weil es eben auch genau das ist, was in den anderen Jugendkulturen
und in den Massenmedien stattfindet. Dass eben diese Oberflächlichkeit betont
wird" (Achim).

„Sicherlich trage ich gerne ein Bandshirt, um Bands zu supporten und um zu
zeigen, was mir gefällt. Aber davon abgesehen mache ich mir kaum Gedanken
über ein spezifisches Hardcore-Outfit, das es so ja auch gar nicht gibt wie z. B.
in anderen Jugendkulturen, Hip Hop, Punk und so. Das ist auch das, was mir
immer an Hardcore gefallen hat; dass es eben auf Wichtigeres ankommt als auf
Kleidung" (Laura).

„Mir geht es bei HC auch nicht um eine bestimmte Mode. Das ist mir ziemlich
egal. […] Ich glaube nicht, dass man sich über Mode in der Szene gescheit abgrenzen kann. Dazu spielt das einfach eine zu geringe Rolle. Man grenzt sich
eher über das ab, was man so macht" (Steffen).

THE ULTIMATE PUNK/EMO/HC FASHION GIG LIST FROM LUXEMBOURG

When coming to our shows, don't forget to look like this, "TENUE CORRECTE" please!!!

Abb. 2: „Fashion-Guide" für Hardcore-Konzerte

Das Distinktionspotenzial von Stil wird eben nicht nur aus wissenschaftlicher Sicht (vgl. Kapitel A2.3.3.2), sondern auch in den entsprechenden Jugendkulturen selbst in Frage gestellt. Viele Hardcores definieren sich kaum über antibürgerliche Stilmittel (wie z. B. Punk) und verhalten sich ästhetisch eher unauffällig.

„Gegenüber Punk (der dem Spiegel bereits 1978 eine Titelstory wert war) hatte Hardcore dadurch lange Zeit eine absolut geringe Medienattraktion. Jugendliche, die eine extrem aggressive Musik hören und eine politische Einstellung haben, welche aus Sicht der bürgerlichen Medien ebenfalls als extrem eingestuft wird, sind durch ihre optische Neutralität als printwürdige Subkultur disqualifiziert" (Büsser 2000, 22).

Während für Hebdige Jugendkulturen „aus der Last der argwöhnischen Blicke" (Hebdige 1985, 201) heraus das Vergnügen entwickelten, Aufmerksamkeit zu provozieren und im medialen Blickfang „Versteck im Rampenlicht" (ebd.) zu spielen, beteiligt sich HC an diesem Spiel nicht. Weite Teile der HC-Szene verstecken sich eher „neben dem Rampenlicht" und versuchen einen Imagetransfer in den Mainstream zu vermeiden. Viele Hardcores scheinen die Sichtweise zu vertreten, dass eine Subkultur „ihre Qualität als *Sub*kultur [verliert], wo sie sich aggressiv als Sub*kultur* inszeniert" (Behrens 1998, 137). Es liegt die Vermutung nahe, dass weite Teile der Szene eine mediengerechte Inszenierung in Form spektakulärer Rituale und Stile bewusst umgehen, um der Industrie keine „Steilvorlagen" für eine Vereinnahmung zu liefern.

„Culture industry promotions and marketing people now understand how, for certain products like records, magazines, movies and computer games, nothing could be better for sales than a bit of controversy – the threat of censorship, the suggestion of sexual scandal or subversive activity" (McRobbie/Thornton 1995, 572).

Kommerzialisierungsmechanismen gehen nicht spurlos und unbemerkt an Jugendkulturen vorbei, sondern führen dazu, dass neben der Ausdifferenzierung der Signifikantenebene auch nichtstilistische Kriterien in jugendkulturellen Authentifizierungsprozessen bedeutsam werden (vgl. Kapitel A2.3.3.3). In der HC-Jugendkultur spielen hier insbesondere Aktivitäten, die der Szene zugute kommen, eine maßgebliche Rolle. Diesen Aktivitäten widmet sich das nächste Kapitel ausführlich.

3   DEMONSTRATIVE PRODUKTION:
DAS *DO-IT-YOURSELF*-PRINZIP (DIY)

> „Hardcore and punk [...] enjoy one feature that sets them
> apart from the real business world of corporate rock: the
> Do-It-Yourself ethic. This may be a business, but it's a
> business confined, or at least should be confined, within
> the boundaries of our ‚community'" (*HeartattaCk* Fanzine
> Nr. 20, 1998, ohne Seitenangabe).

In diesem Kapitel wird die alternative Kulturproduktion nach dem Prinzip des *do it yourself* (DIY) vorgestellt.

> „DIY Culture is about people formulating their own lifestyles, creating their own
> systems, setting their own agendas, raising their own issues, using their own vo-
> cabulary and finding their own ways to deal with their problems rather than wait-
> ing for someone else to do it" (Brass/Poklewski Koziell 1997, 125).

Im Kontext von punkbeeinflussten Jugendkulturen geht es bei DIY v. a.
darum, Kultur bzw. kulturelle Objekte möglichst abseits von kommerziellen Strukturen zu schaffen und sich somit als Gegenpol zur Kulturindustrie zu positionieren. DIY ist gewissermaßen die „Geschäftspraxis"
der Szenemitglieder und steht als treibende Kraft hinter fast allen soziokulturellen und ökonomischen Aktivitäten im Zusammenhang mit der
Jugendkultur HC: Produktion, Verlag, Distribution und Endverkauf von
Tonträgern und Fanzines, Konzert- und Festivalorganisation, Musikma-
chen in Bands.

> „These movements are facilitated by the active plethora of enthusiasts whose
> actions contribute to the formation of creative networks which may facilitate
> small-scale business practices and forms of promotion and publicity, but whose
> cultural industry is far from being institutionalised in the manner of the major cor-
> portations" (Negus/ Pickering 2004, 53).

Das DIY-Prinzip wird von den Szenegängern als „bewusste Absage gegen die Industrie und deren Verwertung des Undergrounds als Trend, als
modische Avantgarde" (Büsser 2000, 76) gesehen. Es ist das normative
Fundament, auf dem die Jugendkulturen HC bzw. Punk gründen (vgl.
Sinker 2001b, 11; MacKay 1998, 25; Sterneck 1995, 304; Adler et al.
2005, 224f; Maybaum 2003, 299). Die befragten Szenegänger heben entsprechend hervor:

> „Für die HC-Szene ist DIY natürlich von enormer Bedeutung, weil man halt Din-
> ge unabhängig und ohne Einflüsse von Außen und ohne kommerziellen Druck
> machen kann. Das sind halt die Dinge, die in dieser Szene eine maßgebliche

Rolle spielen. Von daher ist DIY überhaupt der Grundgedanke von Hardcore"
(Steffen).

„Der DIY-Gedanke ist grundlegend für Hardcore. Dass man halt versucht, sich
abzugrenzen vom Mainstream, den Medien und Mainstream-Strukturen usw.
Solche Sachen definieren Hardcore viel, viel mehr als Musikrichtungen oder
Mode" (Achim).

„Was Punk/ HC zu mehr als einer subkulturellen Jugendmode macht und diese
Szene deutlich von anderen abhebt [...] ist die Tatsache, das Punk/ HC v. a. auf
dem D.IY.-Prinzip basiert".[9]

In den folgenden Kapiteln wird gezeigt, dass die HC-Anhänger in ihrem
Bemühen um eine möglichst unkommerzielle Kultur abseits des
Mainstream insbesondere den Warencharakter bzw. die Produktionsweise von kulturellen Objekten sowie ihre eigene Stellung innerhalb kapita-
listischer Produktionsverhältnisse reflektieren. Ein zentraler Aspekt des
DIY-Gedankens ist es, „aus Konsumenten Produzenten zu machen"
(*Jailbreak* Fanzine Nr. 0, 2003, ohne Seitenangabe). Das DIY-Selbstverständnis weist deutliche Parallelen zu der Auffassung von widerspenstiger Kultur auf, wie sie bereits von Bertolt Brecht (1992), Sergej
Tretjakow (1985) und insbesondere Walter Benjamin (1966) vertreten
wurde. Letzterer wird gar als „patron saint of Do-it-Yourself culture"
(Duncombe 2002, 68) bezeichnet. Es werden einführend Bezüge zu deren Arbeiten hergestellt (Kapitel C3.1) und der Ursprung von DIY erläutert (Kapitel C3.2). In Kapitel C3.3 wird dann der soziokulturelle Hintergrund erläutert, vor dem DIY-Strategien hinsichtlich der Konstruktion
von Authentizität an besonderer Bedeutung gewinnen. Daran anschließend wird in Kapitel C3.4 die konkrete DIY-Praxis am Beispiel von Fanzines, Plattenlabels und der Organisation von Konzerten geschildert. Auf
der Basis der Ausführungen in Kapitel C3.4 wird dann argumentiert, dass
die Kulturproduktion nach dem DIY-Prinzip mit der ihr innewohnenden
Funktions- und Distinktionslogik Ähnlichkeiten zu der Kulturproduktion
des hochkulturellen Kunstbetriebs nach Bourdieu (1999, 1993, 1982)
aufweist – und sich doch auch grundlegend von diesem unterscheidet. Es
wird der theoretische Hintergrund dieser Überlegung aufzeigt und DIY
am Beispiel der HC-Szene als „Feld eingeschränkter *pop*kultureller Produktion" beschrieben (Kapitel C3.5).

Der strukturelle Widerstand, der für die DIY-Praxis kennzeichnend
ist, setzt Wissen über die Kulturindustrie voraus, das von den Jugendlichen erworben werden muss: „Wer die Kulturindustrie kritisiert, muß
deshalb an ihr zugleich teilhaben und nicht teilhaben. Der Selbstbewe-
gung des Objekts vermag nur zu folgen, wer es kennt, ihm aber nicht

---

9 www.ainfos.de/texte/hard-times.php (06.07.06)

vollkommen angehört" (Jakob 1996, 138). Ein wichtiger und in Subkul-
turtheorien häufig kaum beachteter Aspekt betrifft die Vermittlung der
Kompetenzen, die widerspenstige kulturelle Praxis überhaupt ermöglichen. Die Absicht, andere zu widerspenstigem kulturellem Handeln zu
motivieren, ist dabei als eine wichtige Komponente von Widerspenstigkeit zu begreifen:

> „[...] accounts of resistance must detail not only resistant acts, but the subjective
> intent motivating these as well. [...] such resistance includes not only behav-
> iours, but discursive and symbolic acts" (Leblanc 2002, 18).

Kapitel C3.6 nimmt die szenespezifischen DIY-Kompetenzen und deren
Vermittlungsinstanzen vor dem Hintergrund der Theorie musikalischer
und medialer Selbstsozialisation (vgl. Müller 1995, Müller et al. 2006,
2004) und des Konzepts der „unsichtbaren Bildungsprogramme" (vgl.
Hitzler/Pfadenhauer 2005) in den Blick. Dabei wird auch der Umgang
mit Wissen in der DIY-Praxis thematisiert.

3.1   Das Kulturverständnis von Benjamin, Brecht und Tretjakow

Walter Benjamin (1966) thematisierte 1934 in seiner Ansprache „Der
Autor als Produzent" am Institut zum Studium des Faschismus in Paris
die Frage, was rebellische Kultur ausmacht. Er vertrat die Auffassung,
dass das rebellische Potenzial von Kultur nicht auf einer inhaltliche Ebene zu finden sei, da letztlich jeder auch noch so vermeintlich subversive
kulturelle Inhalt durch das herrschende System vereinnahmt und neutra-
lisiert werden könne (vgl. auch Hebdige 1999 bzw. Kapitel A2.2.3). Er
ging vielmehr davon aus, dass die Möglichkeit kultureller Widerspenstigkeit in der Art und Weise, *wie* Kultur produziert wird, zu finden sei:
„Also ehe ich frage: wie steht eine Dichtung *zu* den Produktionsverhält-
nissen einer Epoche? möchte ich fragen: wie steht sie *in* ihnen?" (Benjamin 1966, 98). Er sah die Möglichkeit des Widerstands eben nicht in einer inhaltlichen Bezugnahme des Kunstwerks auf die kapitalistischen
Produktionsbedingungen, sondern in der Positionierung und Arbeitsweise des Künstlers *innerhalb* dieser Produktionsverhältnisse. Ziel muss es
nach Ansicht Benjamins sein, „den Funktionszusammenhang zwischen
Bühne und Publikum, Text und Aufführung, Regisseur und Schauspieler
zu verändern" (ebd., 110). Ihm geht es um das Ausheben des dominanten Produktionsapparates, bei dem wenige Künstler vielen Konsumenten
gegenüberstehen.

> „Also ist maßgebend der Modellcharakter der Produktion, der andere Produzen-
> ten erstens zur Produktion anzuleiten, zweitens einen verbesserten Apparat ih-
> nen zur Verfügung zu stellen vermag. Und zwar ist dieser Apparat umso besser,

je mehr er Konsumenten der Produktion zuführt, kurz aus Lesern oder aus Zu-
schauern Mitwirkende zu machen imstande ist" (ebd., 110).

Mit dieser Idee der Umfunktionierung des Produktionsapparates stand
Benjamin zu seiner Zeit nicht allein da. Nicht zufällig nahm er Bezug auf
Sergej Tretjakow und Bertolt Brecht, die sich beide bereits einige Jahre
vor ihm mit der Frage nach der Position des Autors in künstlerischen
Produktionsprozessen beschäftigten. Auch sie waren der Meinung, dass
der Gegensatz bzw. die Grenze zwischen Künstler und Publikum aufzulösen sei. So stellte beispielsweise Tretjakow 1923 die Vorstellung von
revolutionären Kunstwerken in Frage:

„Das Revolutionäre lief gewöhnlich auf die Verwendung eines revolutionären
Sujets oder einer revolutionären Figur im Werk hinaus. [...] Es ändert sich nur
das Thema, alles Übrige bleibt beim alten, die Isoliertheit der Kunst vom Leben
und ihr Hinterherhinken" (Tretjakow 1985, 92f).

Ähnlich wie später bei Brecht und Benjamin basiert sein Verständnis von
revolutionärer Kunst vor allem auf deren Impuls zur Veränderung der
Produktionsbeziehungen:

„Kunst für Alle [...] darf nicht darauf ausgehen, alle Menschen in Zuschauer zu
verwandeln, sondern muß im Gegenteil dafür sorgen, daß sich alle die Fähigkeiten und Fertigkeiten aneignen, Material zu handhaben und zu organisieren, was
bislang den Kunstspezialisten vorbehalten war" (ebd. 96).

Auch Brechts kulturrevolutionäre Radiotheorie zielte in den 1930er Jahren auf eine Aktivierung der Rezipienten und somit auf eine Demokratisierung der Produktionsverhältnisse ab. Brecht (1992) wünschte sich,
dass das Radiopublikum nicht nur belehrt wird, sondern selbst auch be-
lehrend tätig wird. Er sah im Radio das Potenzial eines Mediums, das
gleichermaßen als Sender wie Empfänger funktionieren kann. Sein viel
zitierter „Vorschlag zur Umfunktionierung des Rundfunks" (ebd., 553)
lautete entsprechend:

„Der Rundfunk ist aus einem Distributionsapparat in einen Kommunikationsapparat zu verwandeln. Der Rundfunk wäre der denkbar großartigste Kommunikationsapparat des öffentlichen Lebens, ein ungeheures Kanalsystem; das heißt,
er wäre es, wenn er es verstünde, nicht nur auszusenden, sondern auch zu
empfangen, also den Zuhörer nicht nur hören, sondern auch sprechen zu machen und ihn nicht zu isolieren, sondern ihn in Beziehung zu setzen. Der Rundfunk müsste demnach aus dem Lieferantentum herausgehen und den Hörer als
Lieferanten organisieren" (ebd.).

Dieses Kulturverständnis spiegelt sich im Selbstverständnis und in den
Aktivitäten verschiedener alternativer bzw. „rebellischer" Jugendkultu-

ren wider, in denen gilt: Selbermachen statt „nur" konsumieren. Besonders deutlich offenbarte es sich im Bereich der Populärkultur erstmalig in den Selbstermächtigungsstrategien der Punk-Bewegung Ende der 1970er Jahre (vgl. MacKay 1998, 25).[10]

3.2   Der Ursprung von DIY

Punk reagierte mit seinem musikalischen Dilettantismus auf den bombastischen „Stadionrock" der 1970er Jahre und unterlief selbstbewusst die Vorstellung, dass die Produktion und Aufführung von Popmusik einer Elite von qualifizierten Spezialisten vorbehalten sei (vgl. Lau 1992, 60; Felder 1993, 3). Aber auch Punk brachte schon bald seine eigenen Stars hervor. Viele der Protagonisten der britischen Punkbewegung schlossen Verträge mit Major-Labels (z. B. die *Sex Pistols* mit EMI, *The Clash* mit CBS) und mussten sich entsprechend den Vorwurf des Ausverkaufs gefallen lassen. Diese Vorwürfe wurden bzw. werden häufig in Fanzines und Songtexten artikuliert. Beispielsweise lautet eine Textzeile des Songs „Punk is dead" (1978) der britischen Gruppe *Crass* wie folgt: *„CBS promote the Clash, but it ain't for revolution, it's just for cash. Punk became a fashion just like Hippy used to be, and it ain't got a thing to do with you or me!"*

Als Antwort auf die Kommerzialisierung des Punk-Phänomens begannen v. a. die Punkbands nach 1977 mit der Gründung eigener, unabhängiger Plattenlabels (vgl. Fairchild 1995, 21; O'Hara 2002, 152; Gosling 2004, 168) und brachten ihre eigenen Medien heraus, da man „sich nicht länger damit abfinden [wollte], dass Boulevardblätter, Musikpresse und andere mediale Organe sich ohne Widerspruch ein Bild von Punk zurechtmach[t]en, dass die aufkommende Subkultur auf ihre spektakulären Momente reduziert[e]" (Hinz 1998, 146). Charakteristisch für Punk ist seither das Streben nach der Etablierung eines alternativen, von der Kulturindustrie möglichst unabhängigen Produktionsapparates, in dem die Grenzziehung zwischen Konsument und Produzent aufgelöst ist. Entsprechend wichtig ist dabei stets gewesen, andere davon zu überzeugen, dass jede(r) über die Konsumentenrolle hinaus aktiv an der Kulturproduktion teilnehmen kann, ohne dass – aus Sicht der Szene – dafür professionelle Qualifikationen nötig wären. Punk entmystifizierte das Konzept des Experten und feierte stattdessen die eigene Laienarbeit. Mark Perry, Verfasser des ersten englischen Punk-Fanzines *Sniffin' Glue*, brachte dies in der fünften Ausgabe seines Heftes folgendermaßen zum Ausdruck: „Ihr Kids da draußen, die ihr SG [*Sniffin' Glue*, M. C.] lest, seid nicht zu-

---

10   Es gab einige Bewegungen vor Punk, die (auch wenn sie den Begriff „DIY" nicht explizit verwendeten) mit DIY in Verbindung gebracht werden können: „DIY culture draws on a long tradition of grassroots movements that has existed over the centuries in many different forms" (Brass/Poklewski Koziell 1997, 125). MacKay (1998) gibt einen Überblick über diese Bewegungen.

frieden mit dem, was *wir* schreiben. Geht und macht euer eigenes Fanzine" (Perry zit. nach Savage 2001, 263). Ein weiteres frühes Beispiel für diese do-it-yourself-Haltung bietet die britische Band *Desperate Bicycles*, die 1977 ihr eigenes Plattenlabel gründete, um ihre erste Single „Smokescreen" herauszubringen. Die Produktionskosten dieser Single wurden dann als Teil der Covergestaltung auf deren zweiten Single „The medium is the tedium" veröffentlicht, um so andere dazu zu inspirieren, Tonträger in Eigenproduktion herzustellen.[11] Zudem sangen sie auf dieser Single die berühmten Zeilen „*It was easy, it was cheap, go and do it*".

Das DIY-Prinzip und die dafür charakteristische „zugängliche Ästhetik" (vgl. Savage 2001, 184) definieren seit den Ursprüngen von Punk maßgeblich und nachhaltig alternative und zumeist im Punk wurzelnde Jugendkulturen wie z. B. die *Riot-Grrrls-Szene* (vgl. Hanna 1998, Kearney 1997, Leonard 1997, Piano 2004, Comstock 2001, Sutton 1999), die *Indie-Szene* (vgl. Kruse 2003, Felder 1993, Azerrad 2001), die *Anarchopunk-Szene* (vgl. Clark 2004a, Thompson 2004, Gosling 2004) sowie insbesondere auch die *HC-Szene* (vgl. Moore 2004, Büsser 2000, Budde 1997, Sterneck 1995, Adler et al. 2005) – wobei sich die genannten Szenen teilweise überschneiden. Beispielsweise argumentiert Kathleen Hanna, Sängerin der feministischen Band *Bikini Kill* und vermeintliche Gründerin der Riot-Grrrl-Bewegung:

„Um die Muster des Kapitalismus anzufechten, brauchen wir nicht nur PerformerInnen, die sich nicht als Ware vermarkten lassen, sondern auch ein Publikum, das zur aktiven Teilnahme bereit ist und nicht nur blind konsumieren will" (Hanna 1998, 139).

Auch Kruse weist in ihrer Untersuchung der amerikanischen Indie-Szene darauf hin, dass das DIY-Konzept – da es über die musikalische Praxis bzw. Ästhetik hinausgeht – von grundlegender Bedeutung bei der Definition des Independent-Begriffs sei (vgl. 2003, 11, vgl. auch Azerrad 2001, 6). Des Weiteren erklärt Thompson (2004) in Bezug auf die Anarchopunk-Szene, dass der oppositionelle Charakter dort nicht ausschließlich in der Musik selbst zu finden sei, sondern im Wesentlichen in den Selbstermächtigungsstrategien der „punk productions" realisiert würde. Sterneck konstatiert in Bezug auf HC:

„Die ursprünglichen Grundgedanken des Punk, wie die Verweigerungshaltung gegenüber den Anforderungen des Systems oder das ‚Do it yourself'-Prinzip, lebten im Hardcore als Musikstil und im weiteren Sinne als Lebenseinstellung weiter" (Sterneck 1995, 301).

---

11 Die britische Post-Punk-Band *Scritti Politti* übernahmen diese Strategie und druckten die Produktionskosten für ihre erste Single „Skank Bloc Bologna" (1978) ebenfalls auf dem Cover ab.

Die Philosophie von HC bzw. Punk (vgl. O'Hara 2002), in deren Zentrum der DIY-Gedanke steht, umfasst somit weit mehr als „nur" die Musik selbst. Sie ist die „Vision einer *umfassenden* Antithese" (Ullmaier 1997, 101) und besteht darin,

„[...] daß unabhängige Produktions- und Vertriebsform, authentische Szenenanbindung, ästhetische Vorreiterschaft und subversive Weltanschauung [...] als einander notwendig bedingend zusammengedacht werden [...] und derart ein globales Wertsystem mit der Maxime ‚je weiter weg vom Mainstream, desto besser [etablieren]'" (ebd., 100).

Die Distanzierung vom Mainstream erfolgt in der HC-Jugendkultur insbesondere über das DIY-Prinzip. In ähnlicher Weise wie die DIY-Ethik als Antwort auf den „vermarktete[n] Aufruhr" (Lindner 1977) von Punk gegen Ende der 1970er Jahre gesehen werden kann (vgl. Fairchild 1995, O'Hara 2002, Gosling 2004), gewann DIY in der HC-Jugendkultur infolge der Kommerzialisierung des sog. „Alternative-Music"-Marktes in den 1990er Jahren an enormer Bedeutung. Das nächste Kapitel schildert diesen soziokulturellen Hintergrund.

3.3   Soziokulturelle Bedeutung des DIY-Prinzips für Hardcore

Anfang der 1990er Jahre stellte die amerikanische Band *Nirvana* mit ihrem weltweiten Nummer-1-Hit „Smells like teen spirit" die Weichen für den kommerziellen Erfolg alternativer Gitarrenmusik: „Spätestens seit Nirvanas *Smells like Teen Spirit* aus dem Jahre 1992 riecht der Mainstream nicht länger abgestanden" diagnostizieren Holert und Terkessidis (1997, 6) und auch für Walter „hatte sich das Gesicht des Mainstream-Rock [binnen weniger Monate] völlig verändert" (2002, 340). Andersen und Jenkins bringen diese Zeit wie folgt auf den Punkt: „With the unexpected ascent of ‚Smells like Teen Spirit', punk had been transformed from a contentious outsider into another mainstream pop-music trend" (Andersen/Jenkins 2003, 340). Es zeigte sich deutlich, dass das Andere, Differente und Marginale zu einem wichtigen Faktor der Wirtschafts- und Marketingkonzepte der Kulturindustrie avancierte (vgl. Jacke 1997, Mayer 1997). Während HC in den 1980er Jahren von den Massenmedien weitestgehend unbeachtet blieb, änderte sich dies im Zuge des Booms alternativer Gitarrenmusik Anfang der 1990er Jahre schlagartig. Schütze erklärt 1996, dass sich

„[i]m Verlauf der letzten drei bis vier Jahre [...] einiges geändert [hat] in der Punk- und HC-Szene. Hardcore hat seinen Weg in die etablierten Medien gefunden, und so kann man heutzutage Promo-Videos von CRO-MAGS, SICK OF IT ALL und BIOHAZARD in MTV oder VIVA betrachten. In Deutschland haben sich neue Magazine wie SUBLIME oder VISIONS gegründet, um das Thema Hardcore aufzusaugen, ohne darin jedoch dessen kritisches Bewußtsein zu reflektieren. Hardcore ist plötzlich nur noch eine weitere Schublade im omnipräsenten und strikt kapitalistisch organisierten Musik-Business" (Schütze 1996, 150).

Ebenso hält Müller-Bachmann fest:

„Auch die HC-Szene sah sich seit den frühen 90er Jahren erweiterten Kommerzialisierungstendenzen ausgesetzt: Musikgruppen aus dem Underground erhielten Verträge über millionenstarke Summen von der Industrie, wurden von kommerziellen Fernseh- und Radiostationen gespielt und die kodierten Textilien, die die Szenezugehörigkeit ausdrückten – hauptsächlich amerikanische Sport- und Freizeitbekleidung – waren bald in allen größeren Kaufhäusern erhältlich" (Müller-Bachmann 2002b, 85).

Die Autoren, die sich der Dokumentation der Geschichte von Punk und HC widmen, berücksichtigen zumeist im Wesentlichen die Zeit bis vor dem paukenschlagartigen Erfolg von *Nirvana* Anfang der 1990er Jahre (z. B. Büsser 2000, Hurchalla 2006, Azerrad 2001). Insbesondere die 1980er Jahre, in denen sich HC und Punk vom Mainstream weitestgehend unbeobachtet entwickelten, werden dabei bisweilen auf nostalgische Art und Weise glorifiziert („früher war alles besser"). Für die 1990er Jahre diagnostiziert man hingegen: „[…] there effectively was no underground" (Azerrad 2001, 498). Viele Szenegänger, insbesondere diejenigen, die die HC-Szene bereits seit den 1980er Jahren verfolgten, wendeten sich daraufhin von HC ab. Büsser, der selbst jahrelang für das HC-Fanzine *Zap* schrieb, merkt an:

„Die Hardcore-Explosion blieb bei denen, die einst für Hardcore in den Ring stiegen, unaufgearbeitet, hinterließ eine ziemliche Leere im Kopf, einen dumpfen KO-Schlag. Einige besannen sich darauf hin noch einmal auf gute alte Punkzeiten, andere verloren ganz das Interesse, wendeten sich Hip-Hop, später Techno zu oder warfen völlig das Handtuch. ‚Unsere' Szene, darüber waren wir uns einig, war das nicht mehr" (Büsser 2000, 123f).

Die Kommerzialisierungstendenzen führten jedoch nicht dazu, dass sich der HC-Underground völlig auflöste. Järisch wies Anfang der 1990er Jahre bereits darauf hin, dass sich ein „neuer" Underground entwickeln könnte:

„[D]as ‚Nirvana-Syndrom' wird in Zukunft noch einigen Tribut fordern. Vielleicht gibt es aber wieder einen harten Kern, der nach dem abflauenden Interesse der großen Öffentlichkeit wieder einen neuen Underground aufbaut – dann vielleicht endlich unter einem anderen Namen als dem schon seit langem verschlissenen Begriff ‚Hardcore' (Järisch 1992, ohne Seitenangabe).

Die teilweise Vermarktung der HC-Szene hatte eben nicht nur zur Folge, dass sich Szenegänger von HC völlig abwendeten, sondern auch den Effekt, dass sich weite Teile der Szene kritisch von der vereinnahmten *Oberfläche* von HC distanzierten. Während in Jugendkulturstudien die Reaktion der Szeneanhänger auf Kommerzialisierung oft unbeachtet bleibt, wird hier nun anhand von Fanzine-Artikeln und Interviewausschnitten gezeigt, wie kulturindustrielle Vereinnahmungstendenzen von den HC-Szenegängern kommentiert werden und welche Bedeutung dem DIY-Prinzip hinsichtlich der Abgrenzung vom Mainstream beigemessen wird.

Weite Teile der HC-Szene zeigen sich im Klaren darüber, dass subkulturelle Attribute insbesondere seit dem kommerziellen Erfolg von *Nirvana* als Identitätsangebote über die Ladentische gehen und einer breiten Öffentlichkeit zur Verfügung stehen. Wie folgende Zitate aus Fanzines illustrieren, wird erkannt, dass stilistische Distinktion gegenüber einem Mainstream, der sich selbst als Underground verkaufen kann, kaum mehr möglich ist (vgl. Kapitel A2.3.3.2).

„Eine Abgrenzung durch die Stilmittel von ‚Hardcore/Punk/Whatthefuck' funktioniert nicht mehr, weil sich Gesellschaft und Kulturbetrieb der Neunziger-Jahre einer extremen Ästhetik bedienen, die die Ideome und Symbolismen von ‚Hardcore/Punk/Whatthefuck' in sich aufgesaugt hat" (*Plot* Fanzine Nr. 0, 1994, 28).

„Ein Trend dieser Zeit bei den MAJORS ist, alles so ‚indie-mäßig' wie möglich aussehen zu lassen … Rebellische und revolutionäre Attitüden lassen sich gerade an Jugendliche gut verkaufen" (*Plot* Fanzine Nr. 1, 1995, ohne Seitenangabe).

In Folge der Kommerzialisierung wurde der Begriff „Hardcore" selbst zum Diskursgegenstand der HC-Szene.

„Schon längst ist der Begriff ‚Hardcore' zu einem institutionalisierten Begriff geworden – und damit zu einem Werkzeug der großen Industrie. ‚Hardcore/Punk/ Independent' sind auf eine musikalische Formel reduziert" (*Plot* Fanzine Nr. 0, 1994, 4).

„Hardcore scheint nicht mehr viel mehr zu sein als ein Sortierbegriff, nach dem Musik in Plattenläden abgelegt wird" (*Major Threat* Fanzine Nr. 1, 2001, ohne Seitenangabe).

Auch Pushead[12] sieht den Begriff „Hardcore" als „some kind of marketing tool … and I would have never guessed hardcore would be used that way in the mainstream world that at one time laughed at what we were

---

12 Pushead war in den 1980er Jahren Sänger der HC-Band *Septic Death*, die in Szenekreisen mittlerweile als legendär gilt.

doing" (*HeartattaCk* Fanzine Nr. 35, 2000, ohne Seitenangabe). Büsser spricht diesbezüglich von einer „komplexen geschichtlichen Beraubung" (Büsser 2000, 23) des Begriffs „Hardcore". Hardcore würde nun „von MTV inflationär für fast jede Form der härteren Musik" (ebd.) gebraucht.

Dass es den Szenegängern bei HC offensichtlich um viel mehr als „nur" die Musik geht, verdeutlichen auch die Interviews, die im Rahmen vorliegender Studie durchgeführt wurden. HC wird von den Szenegängern insbesondere in Abgrenzung zu den „MTV-Hardcores" (*XspookeyX* Fanzine Nr. 1, ohne Jahres- und Seitenangabe) als „Mehr als Musik" definiert:

„When almost overnight the Grunge and Alternative success happened, almost everybody seemed to be an indie or punk kid. But these people just adapted what was being offered by the mainstream media and didn't see that it was more than just the music. But for us it was exactly that, not only music" (Rob).

„Bei Hardcore geht es nicht darum, nur bestimmte Musik zu hören. Musik mag dabei nur so was wie ein gemeinsamer Nenner unter vielen sein. Letztendlich sagt die Musik selbst doch kaum mehr was über einen aus, die ist einfach zu groß geworden in den letzten Jahren. Bei Hardcore geht es für mich um viel mehr" (Roland).

„Eigentlich kam es [der kommerzielle Erfolg der Independent-Musik, M. C.] der HC-Szene doch ganz recht. Es gab ein klares Feindbild, nämlich die ganzen Poser, die gestern noch in der Disko waren und dann plötzlich in die Army-Läden gerannt sind und sich neue BW-[Bundeswehr, M. C.]Hosen gecheckt haben und sich Band-Shirts bei *Frontline* [in HC-Kreisen als ‚kommerziell' verschriener Mailorder] bestellt haben. Wie heißt es immer in den Zines ‚It's more than music'. […] Musik ist nur ein kleiner Teil eines wesentlich größeren Ganzen von Hardcore. Aber eben von DIY und Politik hatten die aber keine Ahnung" (Pascal).

„Es geht nicht darum, Hardcore zu hören, sondern darum, Hardcore zu leben" (Achim).

„Ich fange mit dem Begriff Hardcore nicht mehr viel an, weil er mittlerweile von vielen Leuten mitbenutzt wird, mit denen ich nichts gemeinsam habe. Wenn Hardcore sich nur darauf bezieht, dass man harte Musik hört, entspricht das nicht meinem Verständnis von der Sache" (Armin).

Der DIY-Gedanke stellt einen wesentlichen Aspekt dieser „More than Music"-Philosophie dar. DIY war ohnehin stets ein wichtiger Aspekt von HC, in Folge der Kommerzialisierung rückten die Szene-Aktivisten die Ethik des Selbermachens jedoch stärker denn je in den Mittelpunkt ihrer kulturellen Ökonomie. Strukturelle Merkmale der Kulturproduktion bzw. die konkrete Szene-Arbeit gewannen vor dem Hintergrund der Grenz-

verwischung von Underground und Mainstream hinsichtlich der Bestimmung von Authentizität an enormer Bedeutung. Über DIY versuchen
die Szene-Aktivisten, sich dieser Grenzverwischung zu widersetzen und
weitgehende Autonomie der kulturellen Produktion und somit Authentizität herzustellen. DIY dient der HC-Szene als zentrales Kriterium bei
der Bestimmung des Unkommerziellen/„Authentischen" bzw. des Kom-
merziellen/„Unauthentischen":

> „Dropping your DIY beliefs and adapting mainstream economics make you a
> sell-out, so just don't do it and stop supporting those who have. [...] DIY is what
> HC is all about. DIY is keeping HC alive. Mainstream distribution is killing DIY
> and thus, it is killing HC. HC was, is, and will always be DIY, otherwise it won't
> be HC anymore" (*HeartattaCk* Fanzine Nr. 20, 1998, ohne Seitenangabe).

> „Wenn ich hier von Hardcore sprechen [sic], dann meine ich damit die DIY-Sze-
> ne und nicht Bands, die in riesen Hallen spielen, unverschämt hohe Eintrittsprei-
> se verlangen und ihre Shirts dazu noch für 20 Euro verkaufen. [...] DIY ist die
> Basis von Hardcore und wer nicht mit beiden Füssen draufsteht, hat in meinen
> Augen nichts mit Hardcore und Punk zu tun" (*XspookeyX* Fanzine Nr. 1, ohne
> Jahres- und Seitenangabe).

Zwar ziehen alle Jugendkulturen Demarkationslinien zwischen den
„Wahren und Echten" und den „Nachmachern" (z. B. Eckert et al. 2000),
allerdings:

> „[...] within hardcore circles this became the predominant focus in itself, the pur-
> pose of cultural practice and the center of its symbolic universe. Maintaining an
> imagined state of purity became the primary mission of hardcore rather than a
> means to an end [...]" (Moore 2004, 321).

DIY fungiert insbesondere in den Momenten, in denen der „Tod" einer
Jugendkultur aufgrund deren (vermeintlichen) Vereinnahmung proklamiert wird als „survival technique" (Turner 1995, 185) für diejenigen
Aktivisten, die an den Idealen einer alternativen Kultur (dann erst recht)
festhalten. Das konsequente Verfolgen des DIY-Prinzips ist aus Sicht der
Szene der Versuch, den „Underground am Leben zu erhalten" (*Broken
Silence* Fanzine, ohne Seiten- und Jahresangabe). Tobi Vail, Mitar-
beiterin des Labels *Kill Rock Stars*, stellt klar: „Now, more than ever it's
time to forge the underground idea, 'cuz in the face of corporate co-
option, us true punks gotta stick together" (Andersen/Jenkins 2003, 342).
Kulturelle Differenz und Authentizität macht sich für die „echten" Punks
und Hardcores v. a. an der konkreten materiellen kulturellen Praxis bzw.
der Produktionsweise fest. Authentisch ist – insbesondere aus Sicht des
„harten Kerns" – wer nach DIY handelt und nicht, wer „nur" nach HC
klingt oder aussieht. O'Hara geht sogar so weit, dass er Szenegänger, die

„nur" auf Konzerte gehen und sich sonst nicht engagieren, als passive Konsumenten betrachtet (vgl. O'Hara 2002, 116f).

Das Markieren eines „bedeutungsvollen *Unterschied[s]*" (Hebdige 1983) erfolgt also durch Arbeit in der Szene und für die Szene, z. B. in Form von organisatorischen und publizistischen Aktivitäten, durch die größere Anerkennung und Beachtung erfahren wird als durch das Einhalten bestimmter Szenedresscodes.

„Long after the ‚death' of classical punk, post-punk and/or punk-subcultures coalesce around praxis. For contemporary punks subcultural membership, authenticity and prestige are transacted through action internal to the subculture" (Clark 2004a, 233).

Abschließend lässt sich die Bedeutung des DIY-Prinzips für die Authentizitätskonstruktion in der HC-Szene anhand eines Fanzines-Zitats verdeutlichen: „It has become a requirement to score as much points on the international DIY scale as possible" (*It's Raining Truths* Fanzine Nr. 3, 1998, ohne Seitenangabe).

Das nächste Kapitel fokussiert nun die konkrete DIY-Praxis.

3.4 Die DIY-Praxis

In den folgenden drei Kapiteln wird nun die DIY-Praxis am Beispiel von Fanzines (Kapitel C3.4.1), Plattenlabels (C3.4.2) und der Organisation von Konzerten (Kapitel C3.4.3) erläutert.

3.4.1 DIY-Fanzines

„[Zines] adopt the DIY principle that you should create your own cultural experience. It is this message that they pass on to their readers – that you can create your own space. Unlike the message of the mass media, which is to encourage people to consume, the zine encourages people to take part and produce something for themselves" (Spencer 2005, 16).

Der Begriff „Fanzine" ist eine Synthese der englischen Begriffe „fan" und „magazine". Mittlerweile gibt es eine ganze Bandbreite von (wissenschaftlichen) Veröffentlichungen, die sich dem Phänomen der Fanzines annehmen (Duncombe 1997; Spencer 2005; Neumann 1997, 1999; Hinz 1998; Büsser 1996). Der Begriff des „Fanzines" wird dabei stets ähnlich definiert: Es handelt sich um von Fans für Fans hergestellte unprofessionelle, meist unregelmäßig und häufig in ungewöhnlichen Formaten erscheinende Publikationen, die zumeist in sehr kleinen Auflagen ohne finanzielles Interesse von den Autoren (häufig handelt es sich um nur ei-

nen Autor) selbst vertrieben werden. Der Ursprung von Fanzines wird
häufig mit dem Aufkommen von Punk in den 1970er Jahren in Verbindung gebracht, tatsächlich aber wurden die ersten Fanzines bereits in den
1930er Jahren von Science-Fiction-Fans veröffentlicht (vgl. Spencer
2005, Schmidt/Scholl 2004). Die thematische Bandbreite von Fanzines
hat sich seither enorm vergrößert und umfasst unzählige Bereiche wie
z. B. Sport, Literatur, Kunst. Seit den 1980er Jahren erscheinen jedoch
auch Hefte, die keinen direkten Bezug mehr zu einer bestimmten Szene
oder Fankultur haben, aber dennoch die typischen Charakteristika von
Fanzines aufweisen (z. B. Unprofessionalität, private Vertriebsstruktur).
Die Autoren dieser Hefte verzichten daher auf die Vorsilbe „Fan", es e-
tablierte sich der Begriff der „Zines":

„Mit den Zines öffnete sich die Fanzine-Kultur damit gegenüber Personen, die
bislang davon ausgeschlossen waren. Nicht nur Fans brachten nun eigene Magazine heraus, sondern auch Gruppen und Einzelpersonen, die sich in der herkömmlichen Medienlandschaft nicht oder falsch repräsentiert fühlten. Indem diese ihren Alltag, ihre Probleme und Erlebnisse in Zines thematisierten, konnten
sie ihre gesellschaftliche Isolation überwinden und mit Gleichgesinnten bzw.
ähnlich Marginalisierten in einen Erfahrungsaustausch treten" (Schmidt/Scholl
2004, ohne Seitenangabe).[13]

Im Folgenden bleiben jedoch v. a. die Fanzines aufgrund ihres Szenebe-
zugs von Interesse. Das folgende Zitat aus dem Fanzine *Thoughts* verdeutlicht, dass Fanzine-Macher auf die Abgrenzung ihrer Publikationen
von „herkömmlichen" Magazinen großen Wert legen:

„[…] aber in letzter Zeit störte es mich immer tierisch, wenn unser Heft zunehmend als „Hardcore Magazin" bezeichnet wird. Sorry, für viele mag dieser Begriff vielleicht normal klingen, aber bei uns kann sich eigentlich niemand damit an-
freunden. Was ist denn schon ein Magazin? Für mich liegen Magazine im Supermarkt in Reih und Glied aneinander – fast soweit das Auge reicht. Wenn ich
diese Hefte genauer betrachte geben sich doch alle den Untertitel ‚Magazin'.
Jede Computerzeitschrift, die Modeblätter, Hochglanzpornohefte sowie die
Heimwerkerzeitungen und auch die Musik(promo)hefte schmücken sich mit diesem Untertitel. Seht Euch doch den Fetzen in Eurer Hand an, das hat doch wirk-
lich keine Ähnlichkeit mit den gerade genannten!?" (*Thoughts* Fanzine Nr. 6,
2001, ohne Seitenangabe).

Wenn hier von „Fetzen" die Rede ist, so ist dies „eine bewußt zur Schau
gestellte Handarbeit/Fehlerhaftigkeit[, die] einer industriellen Massenan-

---

13 Diese Zines werden zumeist „Ego Zines" oder „Perzines" (*personal zines*) ge-
     nannt. In Duncombe (vgl. 1997, 12ff) findet sich eine Taxonomie des Zine-
     Begriffs, die die thematische Vielfältigkeit dieser alternativen Veröffentlichungen
     verdeutlicht. Neben Fanzines und Perzines unterscheidet er *political zines, net-
     work zines, sex zines, travel zines, art zines* u. v. m.

fertigung den Krieg erklärt" (Büsser 2000, 77). Im Gegensatz zu den
durch standardisierte Massenfertigung charakterisierbaren Produkten der
Kulturindustrie ist für DIY-Produkte eben die Betonung des Unkommerziellen, Unprofessionellen, Kreativen und Spontanen bezeichnend. Vielfach wird beim Schreiben der Fanzines auf den Computer verzichtet und
sich der eigenen Handschrift bedient. Fanzines werden in den wenigsten
Fällen professionell gedruckt, sondern in Kleinstauflagen kopiert. Das
Abweichen von gängigen Formaten wie A4 oder A5 ist ebenso keine Seltenheit. Fanzines werden in mühsamer Handarbeit getackert, geklebt
oder mit Nadel und Faden genäht. Einige Fanzines verzichten auf eine
Bindung und geben einzelne Seiten, Schnipsel und Fotos in einen mit Li-
noleum- oder Stempeldruck bedruckten Umschlag. Wiederum andere
bringen Siebdrucke auf alten Stoffen an, nähen diese zu Hüllen und ver-
packen darin das Fanzine. Gängig ist auch das Nummerieren von Fanzines, um so den individuellen Charakter jedes einzelnen Heftes zu verdeutlichen. Besonders engagierte Fanzine-Macher gestalten darüber hinaus jedes Cover unterschiedlich, beispielsweise durch eigene Zeichnun-
gen, Gedichte, Fotos. Wie diese Beispiele zeigen, sind bei der Fanzine-
Gestaltung „Kreativität und Wahnwitz keine Grenzen gesetzt" (Büsser
1996, 181).

Neben der materiellen Ästhetik unterscheiden sich Fanzines auch
hinsichtlich inhaltlicher, sozialer und ökonomischer Aspekte deutlich
von professionellen Musikmagazinen. Diese Unterschiede werden im
Folgenden thematisiert.[14]

Für Außenstehende sind Fanzines

„[...] meist irrelevant und zum großen Teil schlichtweg unverständlich, da sie
sich auf spezifische interne Diskurse beziehen und Spezial-Ausdrücke verwenden, die nur eingefleischte Fans bzw. Mitglieder der Community verstehen können" (Schmidt/ Scholl 2004, ohne Seitenangabe; vgl. auch Hinz 1998, 154).

Fanzines sind auch physisch schwer zugänglich. Spencer versteht Fanzines daher als ein „elitäres Medium" (vgl. 2005, 18): „You can only
have access to the information if you know exactly where to look, by
talking to the right people or happening across a flyer or a zine being
sold at a gig" (ebd.). Dieses Expertenwissen ist als maßgebliche Voraussetzung für die Teilnahme an (alternativen) Fan-Kulturen zu betrachten
(vgl. Straw 1991, 377; Winter 1997b, 45).

Fanzines sehen sich in keiner Weise einem journalistischem Objekti-
vitätsanspruch verpflichtet, sondern sind stets Zeugnis der subjektiven
Einstellungen und Sichtweisen der Schreiber. Vor allem im Vorwort

---

14 Auf sprachliche Besonderheiten und Unterschiede zwischen kommerziellen
Musikzeitschriften und Fanzines wird im Folgenden nicht näher eingegangen.
Vgl. hierzu Hinz (1998) und Büsser (1996).

(insbesondere bei der ersten Ausgabe) explizieren die Schreiber ihre persönliche Motivation für das Herausbringen eines Fanzines. Es wird immer wieder betont, dass es sich bei HC/Punk um viel mehr als nur eine Musikrichtung handelt und man sich über den bloßen Konsum von Musik hinaus in der Szene engagiert, um so einen eigenen Beitrag zum Erhalt der Szene zu leisten. Wie ein Auszug aus dem Editorial des Fanzines *Broken Silence* verdeutlicht, wird dieses Selbstbekenntnis meist mit einer missionarischen Handlungsaufforderung verknüpft:

> „Ich möchte mit meiner Arbeit an diesem Heft der Hardcore/Punkszene etwas von dem zurückgeben, was ich von ihr bekommen habe. Um die Szene am Leben zu erhalten ist es wichtig nicht nur zu nehmen sondern auch zu geben. Support your local Hardcore scene! Geht auf Konzerte von regionalen Bands und kauft deren Demos bzw. Singles und natürlich Fanzines. Wir sind alle auf eure Unterstützung angewiesen. Organisiert Konzerte, macht selbst Fanzines oder gründet ein kleines Label. Wenn ihr es nicht macht, dann macht es keiner" (*Broken Silence* Fanzine Nr. 1 1996, ohne Seitenangabe).

Die Beweggründe, die die Verfasser für das Gründen eines Fanzines angeben, unterscheiden sich meist nur geringfügig voneinander und können mit einem weiteren Zitat aus dem Vorwort der ersten Ausgabe des Mitte der 1990er Jahre sehr bekannten deutschen HC-Fanzines *Plot* illustriert werden. Die Herausgeber erklären dort, dass sie aufzeigen wollen, dass „unabhängige Kultur mehr ist als nur ein kleinkapitalistisches Abbild und ‚Zulieferbetrieb' für die Mainstream-Industrie" (*Plot* Fanzine Nr. 0, 1994, 4). Fanzine-Macher betonen immer wieder die Subjektivität bei der Auswahl der Inhalte und die damit einhergehende bewusst anti-kommerzielle Stoßrichtung ihres Heftes. Während die Mainstream-Musikmagazine ihre Themen im Wesentlichen nach den aktuellen Veröffentlichungen der Musikindustrie richten (müssen) und somit als wichtiges Marketingtool für diese fungieren, unterliegt die Themenauswahl der Fanzine-Macher keinerlei ökonomischem Interesse. Das bedeutet zwar nicht, dass Fanzine-Macher keinen Wert darauf legen würden, aktuelle (DIY-)Platten zu besprechen oder neue („kleine") Bands zu interviewen, allerdings ist das primäre Ziel kein ökonomisches, sondern den Künstlern eine Plattform zu bieten, um deren Bekanntheitsgrad innerhalb der Szene zu steigern.

> „Uns geht es nicht darum, Bands zu featuren, die ihr alle kennt, sondern euch neue Bands ans Herz legen, die, wie wir finden, Aufmerksamkeit verdienen und von denen wir hoffen, dass sie euch gefallen. Vielleicht könnten wir ein paar Zines mehr loswerden, wenn wir bekanntere Bands im Heft unterbringen würden, aber darauf kommt es uns nicht an" (*Carramba* Fanzine Nr. 1, 2006, 1, Übersetzung aus dem Spanischen durch den Autor).

Fanzine-Macher präsentieren nicht nur Bands, sondern repräsentieren sich auch selbst mit ihrem Heft. Fanzines dienen den Herausgebern zur Selbststilisierung bzw. Authentifizierung innerhalb der Szene. In kritischen Kommentaren und Artikeln zur Lage der Szene verdeutlicht der Schreiber dem Leser seine persönliche Definition von HC/Punk. Auch in Interviews mit Bands werden diese nach deren Verständnis von HC/Punk befragt. In diesen Artikeln geht es in den wenigsten Fällen um musikalische Aspekte, sondern primär um ideologische Positionen (z. B. politische Orientierung, Ernährungsfragen, Grundsatzdebatten um Kunst und Kommerz). Abweichende Sichtweisen (zu denen der befragten Bands, aber auch des Interviewers) veranlassen Leser bisweilen zu ausführlichen Leserbriefen, welche in aller Regel auch in voller Länge abgedruckt und meist ebenso gründlich beantwortet werden. Nicht selten resultieren daraus Grundsatzdebatten, an denen sich weitere Leser beteiligen, woraufhin sich ein Diskurs ergeben kann, der sich über mehrere Ausgaben eines Heftes zieht. Hitzler und Pfadenhauer merken an, dass die „Diskussion darüber, was HC ‚ausmacht‘, […] einen elementaren Diskursgegenstand zur Stabilisierung der HC-Kultur [bildet]" (Hitzler/Pfadenhauer 2005, 39). Fanzine-Diskurse nehmen als Mittel der Integration bzw. Ausgrenzung eine zentrale Funktion bei der subkulturellen Selbstverständigung bzw. Authentizitätszuschreibung ein. Fanzines sind aus Fanwelten nicht wegzudenken, da sie von grundlegender Bedeutung für die Organisation und Verständigung einer Szene sind. Sie spielen eine „wesentliche Rolle für die Herausbildung gemeinsamer Perspektiven [und] stellen ein Forum für die Gegenöffentlichkeit der Fans dar" (Winter 1997b, 48).

Auch in Kolumnen kommunizieren die Szene-Mitglieder ihre persönlichen Sichtweisen von HC, wobei die Abgrenzung zum Mainstream und den „Trittbrettfahrern" innerhalb der eigenen Szene die zentralen Themen sind. Diese Diskurse greifen den unsicheren Verlauf der Demarkationslinien von Underground und Mainstream auf und zeugen von dem Bestreben einer möglichst eindeutigen Grenzziehung. Dabei geraten insbesondere diejenigen Bands ins Kreuzfeuer der Kritik der „wahren Hardcores", die als „Alternative-Rock-Stars" im (massen)medialen Rampenlicht stehen und dort die kritischen Werte einer unabhängigen Kultur propagieren, diesen letztlich aber durch ihre Verstrickung mit der Kulturindustrie aus Szenesicht nicht gerecht werden (können).[15]

---

15 Beispielsweise wurde Mitte der 1990er Jahre die Crossover-Band *Rage Against The Machine* in Hardcore-Fanzines vielfach dafür angegriffen, dass sie sich in ihren Texten und mit ihrem Bandnamen gegen kapitalistische multinationale Konzerne richtete, gleichzeitig aber bei *Sony* unter Vertrag stand und somit aus Szenesicht selbst „Teil der Maschine" war. Ebenso wurde zur gleichen Zeit die Major-Band *Biohazard* für ihre Textzeilen „Music is for you and me, not the fucking industry" von den Fanzine-Schreibern ins Lächerliche gezogen.

„Daß das in den Zines regelmäßig angeprangert wird, ist selbstverständlich, wenn man bedenkt, daß der breitenwirksame Massen-Crossover der letzten Jahre diese Musikrichtung nicht nur ausverkauft, sondern die Szene zum Teil auch gespalten hat. ‚Raus aus dem Ghetto!' sagen die einen, die meinen, daß HC durchaus diskurswürdig ist und einer etwas größeren, potentiell korrekten Öffentlichkeit nicht vorenthalten werden sollte. ‚Nicht mitmachen und nicht vereinnahmen lassen!' sagen die anderen, die die Gefahr sehen, durch eine unvorsichtige Öffnung ihren überschaubaren Untergrund zu verlieren, von dem aus sie frei operieren können" (Moabit 1994, 127).

Viele Fanzine-Artikel beschäftigen sich mit den Auswirkungen des „feindlichen Eindringens" von Majorunternehmen in diesen „überschaubaren Untergrund" der HC/Punk-Kultur. Vor allem die Labels stehen dabei unter besonderer Beobachtung hinsichtlich ihrer Verwicklungen mit Majorunternehmen. Einige der im Zuge von Punk in den 1980er Jahren entstandenen unabhängigen Labels gingen Anfang der 1990er Jahre Kollaborationen mit Majorunternehmen ein, was zu einem „Verfall der ursprünglichen Organisationsformen, oder – je nach Standpunkt – zu einer steigenden, gegenseitigen Vermischung und Durchdringung von Interessen von Majors und Indies" (Thompson 1989, 45) führte. Die Majors integrierten die Indies durch Vertriebsverträge oder schlicht durch Aufkauf in ihre Unternehmensstrukturen und bauten so ihre Marktanteile aus (vgl. Kruse 2003, 41; Burnett 1996, 110; Garofalo 1994, 17). Die herkömmliche Unterscheidung zwischen Major- und Indielabel wird daher vielfach für obsolet erklärt (vgl. Ullmaier 1997, Hesmondhalgh 1999, Negus 1992). Nachdem eine Differenzierung in „gute Indies" und „böse Majors" aufgrund der undurchsichtigen Verwicklungen beider immer diffiziler wurde, besann sich eine neue Generation von jugendkulturellen Aktivisten wieder verstärkt auf den DIY-Gedanken und gründete eine unüberschaubare Anzahl neuer Labels als Versuch, einen besseren weil unabhängigeren Produktionsapparat als den der „Major-Indies" (Thompson 1989, 45) bzw. „‚pseudo-independent' companies" (Hesmondhalgh 1999, 55) zu etablieren (vgl. zu den Praktiken der DIY-Labels Kapitel C3.4.2).[16] In Fanzines wurden die Strukturen von Majorlabels und die Querverbindungen zur eigenen Szene detailliert unter die Lupe, um so eine „Kultur der Authentizität" (vgl. Moore 2004) zu wahren.[17]

---

16 Jello Biafra, Gründer des in Punk- und HC-Kreisen berühmten kalifornischen Punk-Labels *Alternative Tenctacles*, differenziert weiter: „Es gibt gute Independent-Labels und es gibt solche, die nur als kleiner Talentschuppen agieren, um ihren College-Freunden eine Single aufzunehmen, mit deren Hilfe sich die Band bei einem Major bewerben kann. Ich nenne das: College-Industry. Das ist der ganz falsche Ansatz, ein Label zu gründen, aber leider der gängige" (Biafra 1998, 125).

17 Titel solcher Artikel lauten beispielsweise „Everything you've wanted to know about Major-Labels" (*Maximum Rock and Roll* Nr. 133) oder „In Bed with the Majors" (*Plot* Nr. 1, 1995). Vgl. auch Kapitel C3.6.2.

Ein nicht unwesentlicher Teil der Fanzines bietet auch Aktivisten aus anderen, nicht musikbezogenen Bereichen, wie z. B. Tierrechtlern, Globalisierungsgegnern, Frauenrechtlerinnen, Hausbesetzern, ein Forum für deren Anliegen, da sich diese Themen mit dem linken Selbstverständnis der Hardcores decken. Solche Artikel sind Teil eines szenespezifischen Bildungsprogramms, auf das im Kapitel C3.6 näher eingegangen wird.

Des Weiteren beinhalten Fanzines häufig auch persönliche Erfahrungs- und Erlebnisberichte der Autoren. Auch in diesen persönlichen Artikeln wird der Unterschied zu Mainstream-Magazinen deutlich:

> „Das Spontane und Vergängliche, der Erlebnisbericht mitsamt seinen Durchstreichungen (im Extremfall auch handschriftliches Gekritzel) bekämpft die Idee des Teilbaren und Mitteilbaren, bleibt brutal individuelles Zeugnis, immer mehr Tagebuch als für die Öffentlichkeit bestimmtes Produkt" (Büsser 2000, 77).

Obwohl Fanzines zumeist in Kleinstauflagen, oftmals kaum mehr als 50-100 Stück, kopiert werden (nur die wenigsten Fanzine-Macher geben ihr Heft in eine Druckerei), sind sie von großer Bedeutung für die darin repräsentierten Bands. Viele Tonträger sind häufig nur über kleine lokale Vertriebe bzw. Labels erhältlich, in vielen Fällen können sie sogar nur bei der Band direkt geordert werden. Eine zentrale Funktion der Fanzines besteht darin, auf diese Kontaktmöglichkeiten aufmerksam machen.

Aus wirtschaftlicher Sicht ist ein Fanzine ein unvernünftiges Projekt, da es viel Zeit in Anspruch nehmen kann und in den seltensten Fällen einen nennenswerten Gewinn erwirtschaftet. Die Preise der Fanzines sind meist so knapp kalkuliert, dass die Fanzine-Macher (wenn überhaupt) gerade ihre Materialkosten durch den Verkauf decken können.[18] Finanzieller Gewinn ist nie Teil der Motivation, ein Fanzine zu machen. Ähnlich wie bei kommerziellen Musikmagazinen können bei vielen Fanzines auch Werbeanzeigen geschalten werden. Ein wesentlicher Unterschied zu kommerziellen Musikmagazinen besteht jedoch darin, dass

> „[...] viele Fanzines [...] eine sehr selektive Anzeigenpolitik [verfolgen], was bedeutet, dass beworbene Musiken und Veranstaltungen etc. den mehr oder weniger scharf definierten Standards politischer Korrektheit genügen müssen, vor allem sich nicht der Beförderung faschistischer, rassistischer und sexistischer Bestrebungen schuldig machen dürfen" (Hinz 1998, 150f).

Die Anzeigenpreise gehen (je nach Größe des Heftes) kaum über einen zweistelligen Bereich hinaus. Sie werden von der Szene häufig kommentiert und somit kontrolliert, beispielsweise in Leserbriefen:

---

18 Die Fanzinepreise betragen i. d. R. ca. 1-3 Euro.

„Naja, ich finde es ziemlich unverschämt 80,-DM/Seite für ein kopiertes Heft in 300er Auflage zu nehmen. Ist dir damit bewußt, daß du die kleinen Vertriebe schwächst und Konzerne wie Green Hell stärkst? Das wirst du jetzt wahrscheinlich abstreiten, aber welches D.I.Y. Label hat denn Geld, um solche Anzeigen zu schalten?" (*Mindreader* Fanzine Nr. 4, 1998, 2)

Die wenigen Fanzines, die Anzeigen von Major-Labels akzeptieren, unterscheiden bei ihrer Anzeigenpolitik meist zwischen Major- und DIY-Labels und geben entsprechend zwei Anzeigenpreislisten heraus. Major-Labels müssen deutlich mehr für ihre Anzeigen zahlen als Indies. Abb. 3 illustriert diese Haltung gegenüber Major-Labels anhand eines Ausschnitts aus dem Gründungsprotokoll des Fanzines *Plot*.[19]

```
- Anzeigen:        maximal ein Drittel (also 16 Seiten)
                   zweigleisige Preisliste (DIY/Profis)
                   evtl. Kleinanzeigen (?)
Preise DIY:        1 Seite = 300 DM; 1/2 S. = 150,-; 1/3 S. = 100,-;
                   1/4 S. = 75,-; 1/6 S. = 50,-; 1/8 S. = 40,-; 1/12
                   S. = 25,- DM. (bei 16 Seiten = 4800,-DM)
Preise Profis:     100 % Aufschlag (bei 16 S. = 9600,-DM)

- Inhaltlich:      Reviews ohne stilistische Einschränkungen, dafür
                   nur Produkte ohne Strich-Codes.
```

Abb. 3: Anzeigenpolitik eines Fanzines

Vor allem bei den unregelmäßig erscheinenden Fanzines, werden Anzeigenplätze auch kostenlos vergeben oder gegen Tonträger oder Anzeigenplätze getauscht.

Zwischen den Fanzines besteht grundsätzlich kein ökonomisches Konkurrenzdenken (viele Hefte unterstützen sich gegenseitig, indem Anzeigenplätze getauscht und andere Fanzines im eigenen Heft rezensiert werden). Vielmehr geht es den Fanzine-Machern darum, das Heft (und somit sich selbst) innerhalb der Fanzine- bzw. Szenelandschaft durch das Betonen der eigenen Unkommerzialität zu authentifizieren.

„Wo kommerziell arbeitende Zeitschriften sich zum Gebot gemacht haben, den Konkurrenzkampf niemals nach außen zu tragen, bekämpfen sich Fanzines schamlos in ihren Heften bis aufs Messer, lassen die Leser an jeder noch so uninteressanten privaten Fehde teilhaben. Der beste Weg ist dabei stets der gewesen, dem Gegner den ‚Ausverkauf' (sprich: Szeneverrat) vorzuwerfen, also eine Anbiederung an die böse Außenwelt (‚draußen ist feindlich'), wenn nicht sogar Kollaboration" (Büsser 1996, 181).

Den Vorwurf der Kollaboration richtet sich etwa an Fanzine-Macher, die Anzeigen von kommerziellen Plattenlabels in ihrem Heft akzeptieren. Als das Fanzine *Zap* 1994 beispielsweise eine Anzeige von *Sony Music*

---

19 Ich danke Karl-Heinz Stille für die freundliche Bereitstellung des Dokuments.

abdruckte, wurde es von der HC-Szene entsprechend als „Magazin der Verräter" (Büsser 1996, 181) abgestempelt (da halfen auch die Rechtfertigungsversuche nichts, dass man das Geld der Majors subversiv nutzen müsse, um die eigene linksautonome Sache zu fördern).

In ähnlicher Weise wie mit der Anzeigenpolitik wird auch mit den Rezensionen von Tonträger und Fanzines verfahren. Konsequenterweise verweigern Fanzine-Macher nicht nur Anzeigen von kommerziellen Labels, sondern sehen auch häufig von Besprechungen deren Tonträger ab. Die für die 1990er Jahre vielfach diagnostizierte Unübersichtlichkeit und Grenzverwischung von Mainstream und Underground (z. B. Holert/Terkessidis 1997) fand deutlichen strukturellen Ausdruck in der komplizierten Verstricktheit zwischen Major- und Indielabels (vgl. Kruse 2003, 41ff), weshalb die Bestimmung der Kriterien von Kommerzialität immer komplexer und schwieriger wurde. Ein Aspekt, der für die Bestimmung der Integrität einer Platte bzw. einer Band in einigen Fällen herangezogen wird, ist der Barcode, da dieser von vielen HC- und Punk-Aktivisten als zentraler struktureller und symbolischer Bestandteil der „Institutionalisierung von Kultur" (*Plot* Nr. 0, 1994, 4) verstanden wird. So erklärt Kent McLard, Herausgeber des Fanzines *HeartattaCk*:

„When *HeartattaCk* was established the idea was to promote the true hardcore while trying to stay impartial. I didn't want to define what was and what wasn't hardcore based on sound or image or on some gut feeling I had. I wanted to establish hard rules that made sense. I decided that the bar code would be my deciding line" (*HeartattaCk* Fanzine Nr. 20, 1998, ohne Seitenangabe).

Der Barcode steht in weiten Teilen der HC-Szene allegorisch für kommerzielle Interessen bzw. die Absicht, ein Mainstream-Publikum außerhalb der Szene erreichen zu wollen. Besonders deutlich geht dies aus der 20. Ausgabe des amerikanischen Fanzines *HeartattaCk* hervor, die sich explizit mit der DIY-Thematik auseinandersetzt. Szeneaktivisten thematisieren in dieser Ausgabe in verschiedenen Kolumnen vielfach die Strichcode-Problematik:

„Barcodes are symbolic of a desire to reach beyond the members of the punk community with the hope of catching the attention of more buyers elsewhere" (*HeartattaCk* Fanzine Nr. 20, 1998, ohne Seitenangabe).

„Fuck the bar code. Any record with a bar code is not aimed at the underground but the mass market" (*HeartattaCk* Fanzine Nr. 20, 1998, ohne Seitenangabe).

„[…] a UPC barcode marks your endeavours as PRODUCT and not PASSION and betrays your intentions to SELL SELL SELL, to shrink, wrap and gloss over anything subversive, to commodify it and stress packaging over content" (*HeartattaCk* Fanzine Nr. 20, 1998, ohne Seitenangabe).

Entsprechend finden sich Barcodes auf den DIY-Produkten der HC- und Punkszene kaum wieder. Tonträger, die mit einem UPC-Barcode versehen sind, werden in HC-Fanzines i. d. R. auch nicht rezensiert:

„If you put a bar code on your records then HaC won't review your records or run your ads" (*HeartattaCk* Fanzine Nr. 20, 1998, ohne Seitenangabe).

„Wenn es eine Band/ein Label für notwendig hält, einen Bar-Code zu haben – dann ist es ihnen auch mit Sicherheit wichtiger, in VISIONS oder VIVA und MTV gefeatured zu werden, als im PLOT! Das ist ihr GUTES RECHT!!! Aber das Plot soll nunmal eine andere Aufgabe erfüllen, als z. B. VISIONS […]" (*Plot* Fanzine Nr. 0, 1994, 4).

Die wenigen Fanzines, die Platten mit Strichcodes zur Besprechung annehmen, rezensieren diese jedoch meist (wortwörtlich) am Rande in einer separaten Rubrik, die auch explizit darauf hinweist, dass es sich hier um eine „Dangerzone" (*Plot* Nr. 10, 1996, ohne Seitenangabe) mit Major-Veröffentlichungen handelt. Die Macher des Böblinger Fanzines *Maelstrom* erklären pointiert:

„Tonträger mit fehlenden Barcodes werden grundsätzlich reviewt; Tonträger mit Barcodes durchlaufen ein strenges Überprüfungsverfahren, bevor ihre ‚Vertretbarkeit' endgültig festgestellt werden kann. Was soviel zu heißen hat wie: Wir behalten uns durchaus vor, bestimmte Sachen keines Wortes zu würdigen (*Maelstrom* Fanzine Nr. 2, 1998, ohne Seitenangabe).

Auch ein niederländisches Fanzine stellt in Bezug auf die Anzeigen- und Reviewpolitik klar:

„We only support stuff that we think deserves our support, which doesn't mean we let our taste decide, but means that we care for honest products and creations. D.I.Y. fucking rules" (*It's Raining Truths* Fanzine Nr. 3, 1998, ohne Seitenangabe).

Diese Rezensionspolitik stellte v. a. Mitte bis Ende der 1990er Jahre einen zentralen (Fanzine-)Diskurs innerhalb der HC-Szene(n) dar. Es fanden sich bisweilen seitenweise redundante Abhandlungen hierzu in den Fanzines wieder, weshalb Büsser folgerichtig anmerkte: „Es ist eine Sache, CDs von Major-Firmen aus Prinzip nicht zu besprechen […], eine andere, solche Dinge endlos zu thematisieren" (Büsser 1996, 182).
    Fanzines unterscheiden sich von kommerziellen Musikmagazinen v. a. auch in der Distribution.

„Um die Teile dann an die Leute zu bringen gilt das gleiche wie auch bei anderen Sachen (Vinyl, CD´s, Tapes, Shirts, Badges,...) - stell dich einfach beim näxten Konzert irgendwohin und zeig was du hast! Ansonsten frag einfach bei Mailordern und kleinen Plattenläden nach ob sie dir 'n paar Exemplare abnehmen (Kommision), verschick deine Sachen an andere Fanzines, damit dein Anliegen überall bekannt wird".[20]

Neben dem Verkauf/Tausch bei Konzerten oder im unmittelbaren Freundeskreis greifen Fanzine-Macher für die Distribution ihrer Hefte auf ein Netzwerk von gleichgesinnten DIY-Aktivisten zurück.[21] Neben Tonträger-Mailordern sind viele dieser Hefte, auch bei DIY-Vertrieben erhältlich, die sich auf Fanzines spezialisiert haben. Zwischen Label- und Fanzine-Machern werden die jeweiligen Veröffentlichungen auch häufig getauscht. Des Weiteren suchen Fanzine-Macher Personen, die sich bereit erklären gegen einen geringeren „Großhandelspreis" eine „größere" Stückzahl (häufig ist hier von nicht mehr als zehn Exemplaren die Rede) abzunehmen und in ihrem Umfeld weiterzuverkaufen.

Das nachstehende Zitat aus dem Fanzine *HeartattaCk* veranschaulicht abschließend kompakt einige der angesprochenen zentralen Aspekte von Fanzines sowie die Distinktionslogik und Authentifizierungsstrategie der DIY-Aktivisten:

„People always complain that they can't get a copy or that they missed this issue or that issue. Well, in case you didn't know, DIY stand for ‚do it yourself'. If you can't get HaC [HeartattaCk, M. C.] then get off your lazy ass and lend a hand. Either send in some green for a subscription or order a box to give away or sell at shows. HeartattaCk isn't barcoded and distributed through major book stores because that seems about as removed from the whole DIY process as can possibly be imagined. I see HaC as a community resource. [...] Community takes effort, and DIY is all about effort. [...] It was never my intention to make HaC available in every mall in the country. And quite frankly I am proud that it has remained underground. Hardcore for the hardcore. [...] If you don't like it then go back reading your mainstream magazines and watch your music videos on MTV. You surface dwellers are just taking up space. Go top side and quit polluting the underground with your fucked up ideas about mass consumption and conformity" (*HeartattaCk* Fanzine Nr. 18, 1998, ohne Seitenangabe).

---

20 http://www.bttb.de/dasp/faq.html (16.01.2007).
21 Eine ausgezeichnete Möglichkeit für Fanzine-Macher und -Fans sich über diese Medien auf dem Laufenden zu halten, bietet der amerikanische Zine-Führer *Factsheet Five* (www.factsheet5.org). Diese zweimonatlich erscheinende Publikation beinhaltet neben Hunderten von Rezensionen von (Fan)Zines und weiteren alternativen Veröffentlichungen (Tonträger, DVDs, Bücher etc.) auch Interviews mit Protagonisten der Szene sowie Kolumnen. Spencer würdigt in ihrem Buch über die DIY-Kultur die soziokulturelle Bedeutung von *Factsheet Five*: „By being able to see all these zines listed every month you not only had the ability to contact others outside your local network but you also had a much larger sense of being part of a real subculture – a zine world" (Spencer 2005, 32). Ebenso bietet das jährlich erscheinende *The Zine Yearbook: An Annual Collection of Excerpts from the Best Zines Publishing Today* (Angel/Kuscma 2004) Einblicke in die Welt der Zines.

Ähnliche produktionsästhetische bzw. -technische und soziale Kriterien wie bei den Fanzines lassen sich auch bei einem weiteren zentralen Bereich der DIY-Kultur ausmachen – den DIY-Labels.

3.4.2 DIY-Labels

In diesem Kapitel werden die für DIY- bzw. Independent-Labels[22] zentralen Merkmale erläutert. Die Beschreibung einiger dieser typischen Merkmale erfolgt dabei am Beispiel des amerikanischen Labels *Dischord Records* aus Washington D. C. Gegründet wurde *Dischord* von Jeff Nelson und Ian MacKaye Anfang der 1980er Jahre, um eine Single ihrer gemeinsamen Band *Teen Idles* herauszubringen. Die bekannteste und kommerziell erfolgreichste Band des Labels ist *Fugazi*, eine Gruppe, die sich 1988 formierte und der MacKaye seither angehört.[23] *Fugazi* genießt innerhalb der globalen Indie-/Punk-/HC-Kultur enormes Ansehen, u. a. deswegen, weil sie im Zuge des Booms alternativer Gitarrenmusik Anfang der 1990er Jahre mehrere Höchstangebote der größten Major-Labels ausgeschlagen hat (vgl. Temple 1999; Thompson 2004, 147; O'Hara 2002, 156) und somit einen Status kompromissloser Widerspenstigkeit und Szene-Integrität erlangte. *Dischord* und *Fugazi* können im Folgenden als Referenz für die Praktiken der DIY-Labels und -Bands dienen, da diese Namen seit vielen Jahren eng mit der DIY-Kultur verbunden sind und sie nachhaltig geprägt haben:[24]

„Dischord and Fugazi remain the most celebrated examples, for punks, of a record label and band that have attempted to free themselves from the commercial economy by wrestling control of the means of production from the music industry in its multinational guises" (Thompson 2004, 145).

Dischord veröffentlicht ausschließlich Musik von befreundeten Bands aus der Gegend um Washington D. C. Hier zeigt sich ein erstes Merkmal vieler DIY-Labels: DIY-Labels haben meist einen starken lokalen Bezug und stehen häufig synonym für den Sound bzw. die Szene einer be-

---

22 Nachfolgend auch Indie-Labels bzw. Indies genannt.
23 *Fugazi* haben zwischen 1988 und 1999 nahezu zwei Mio. Tonträger (über unabhängige Vertriebskanäle) verkauft (vgl. Temple 1999).
24 Es gibt mittlerweile einige Veröffentlichungen, die sich mit der D.C.-Szene bzw. *Dischord* beschäftigen (vgl. Andersen/Jenkins 2003, Goshert 2000, Fairchild 1995, Connolly et al. 1992), aber auch in anderen Veröffentlichungen über die musikalische DIY-Kultur oder die amerikanische Independent-/Punk-/HC-Szene wird MayKayes Wirken gewürdigt und häufig ausführlich erwähnt (vgl. Azerrad 2001, Thompson 2004, Lahickey 1997, O'Hara 2002, Kruse 2003, Greenwald 2003, Gosling 2004, Moore 2004, Sterneck 1995). Auch in HC-Fanzines wird die Vorbildfunktion von *Dischord* und *Fugazi* von den Herausgebern und den interviewten Bands immer wieder betont.

stimmten Stadt oder einer bestimmten Region.[25] Im Gegensatz zu den
Major-Labels lenken solche Labels „die Aufmerksamkeit vom Markt zurück auf die Musiker, zu der Art und Weise wie die Musik bei der Symbolisierung von und Konzentration auf Gemeinschaften funktioniert"
(Frith 1981, 156f zitiert nach Garofalo 1994, 27).

„Die ursprüngliche Idee der Hardcorebewegung ging von einem Netz lokaler
Labels aus, die durch einen common sense verbunden, den jeweiligen Sound
ihrer Stadt oder Region repräsentierten. Und das tolle am frühen Punk-Rock
war, dass diese lokalen Szenen tatsächlich existierten und du überall, wo du
hinkamst, einen anderen Sound, Look, Tanz und Anspruch fandest" (MacKaye
1990, 22).

Typisch für *Dischord* wie für die meisten DIY-Labels ist des Weiteren,
dass sie keine Verträge mit Bands schließen. Die „Geschäfte" werden auf
Vertrauensbasis abgewickelt. Für Hesmondhalgh findet das für unabhängige Labels charakteristische Bestreben der Demokratisierung der Musikindustrie (vgl. hierzu auch Kruse 2003, Graffeé/Schubert 2003, Fairchild 1995, Smith/Maughan 1998) in der vertraglichen Beziehung zwischen Künstler und Label seinen zentralen Ausdruck (vgl. Hesmondhalgh 1998, 260). Während die von ihm exemplarisch angeführten Indie-
Labels (*Rough Trade, Mute, Factory*) den Bands zwar bessere vertragliche Konditionen einräumen als die Majors (50/50-Deals, Überschreibung
der Urheberrechte nach einem gewissen Zeitraum, keine exklusive Ver-
pflichtung über mehrere Platten) (vgl. ebd.), verzichten *Dischord* völlig
auf eine vertragliche Bindung der Bands an das Label (vgl. Fairchild
1995, 30; Thompson 2004, 146). *Dischord* möchten damit signalisieren,
dass sie die Bands nicht als reines „investment" (MacKaye in Sinker
2001a, 20) betrachten. Wie die kleinsten DIY-Labels machen *Dischord*
trotz ihres wesentlich größeren Produktionsumfangs reine Handschlaggeschäfte. Verträge gelten in der DIY-Szene gemeinhin als Corpus Delicti
der kommerziellen Plattenindustrie.[26] Chris, Gründer des DIY-Labels
Bad Compilation Tapes, erklärt seine „Vertrags"-Politik entsprechend
deutlich: „We've always had a ‚fuck contracts' attitude and that's how

---

25 So wird *Dischord* beispielsweise für den typischen „D.C.-Sound" verantwortlich
    gezeichnet. Ähnlich wird *Sub Pop* mit Seattle, *Kill Rock Stars* mit Olympia, *SST*
    mit Boston, *Touch and Go* mit Chicago oder *Lookout* mit der kalifornischen
    Punk-Szene in Verbindung gebracht.
26 Steve Albini, einer der weltweit bekanntesten Produzenten und Musiker der In-
    dependent-Szene, enthüllt in seinem viel beachteten und mehrfach veröffentlich-
    ten Artikel *The Problem with Music* (1995) die Einzelheiten, die einen Major-
    Vertrag für (Independent-)Musiker finanziell attraktiv und verführerisch erschei-
    nen lassen. Albini zeigt exemplarisch auf, wie ein vertraglich geregelter Vor-
    schuss von 250.000 Dollar auf Studiokosten, Produzenten, Manager, Promotion
    usw. umgelegt wird und sich bei 250.000 verkauften Einheiten v. a. die Taschen
    des Labels und angegliederter Produktionsfirmen füllen und nicht die der Musi-
    ker.

it's remained. Punk is not giving a fuck to being signed to anything generally" (Chris in Sprouse 1990, 43). Guy Picciotto, Gitarrist und Sänger von *Fugazi* betont den Verlust der künstlerischen Freiheit, der seines Erachtens mit der vertraglichen Bindung an ein Major-Label zwangsweise einhergeht:[27]

> „A major label contract, by definition, makes you an employee of the record company. No matter how good a contract you negotiate, you do not have complete creative control. This is a fact of the record business. This is a fact about Dischord: It does not sign contracts with bands whose recordings it releases, and it allows them total artistic control" (Picciotto in Brace 1993, 24, zitiert nach Thompson 2004, 146).

Ein weiterer grundlegender Unterschied zu den Majorlabels besteht darin, dass die meisten DIY-Labels im Allgemeinen und *Dischord* und *Fugazi* im Speziellen kein Marketing ihrer Veröffentlichungen über Mainstream-Kanäle betreiben. Dies bedeutet, dass keine Videoclips gedreht und Anzeigen nur in Fanzines geschaltet werden.[28] Des Weiteren werden Interviewanfragen von größeren Musikmagazinen wie z. B. *Spin* oder *Rolling Stone,* sofern sie *Fugazi* betreffen, per se abgelehnt.[29] MacKaye begründet diese Entscheidung mit folgendem Vergleich:

> „Spin is to music what Cosmopolitan is to women's issues – it's really just a catalogue with an occasional feature [...]. The Bands themselves then become products, too. We are not interested in participating in that particular part of rock and roll" (MacKaye zitiert nach Temple 1999).

Bands aus der DIY-Szene betonen immer wieder, dass sie lieber Interviews für Fanzines geben, da in diesen Medien das persönliche Fan-

---

27 Dass die auf gegenseitigem Vertrauen basierenden Handschlaggeschäfte in der DIY-Szene jedoch eine oft sehr naive Praxis darstellen, merkt Stille an: „Eine schöne Sache, wenn es unter Freunden mit einem Handschlag getan ist und man sich gegenseitig vertraut. Aber wie gesagt, bei Geld hört die Freundschaft auf, und Du kannst zu jedem Label, das länger als drei Jahre im Geschäft ist und mehr als nur eine Platte pro Jahr herausgebracht hat, mindestens eine Leiche im Keller finden, bei der es besser gewesen wäre, wenn ein Vertrag zwischen Band und Label bestanden hätte. [...] Aber man war befreundet, man hat sich vertraut und wurde von seinen Ex-Kumpels über den Tisch gezogen. Umgekehrt gibt es auch genügend Labels, die sich mit Bands herumstreiten, weil irgendein Mitglied dieser Band vom Größenwahn gepackt wurde und durch eine Erleuchtung weiß, daß sie in der letzten Nacht 100.000 Platten verkauft haben. Es gibt nichts Schriftliches, und man streitet sich eben mit genau den Leuten, die vor ein paar Wochen noch das Tor zur eigenen Platte darstellten und furchtbar lieb und wichtig waren" (Plot Fanzine Nr. 18, 1999, ohne Seitenangabe.).

28 Einige Bands drehen zwar Video-Clips, sie geben diese allerdings nicht an Fernsehstationen weiter, sondern veröffentlichen sie als Bonusmaterial oder auf Compilation-DVDs.

29 Anderen Bands des Labels bleibt freigestellt, ob sie Interviews mit „corporate media"-Unternehmen führen möchten.

Interesse und der Enthusiasmus für die Musik die primäre Motivation sei und nicht die angestrebte Verkaufszahl des Magazins. *Dischord* wie auch *Fugazi* verzichten des Weiteren auch auf die typischen Merchandise-Artikel (T-Shirts, Aufkleber etc.). Die Textzeilen des *Fugazi*-Songs „Merchandise" verdeutlichen die Einstellung der Band, solche Marketingstrategien zurückzuweisen:

„Merchandise keeps us in line
Common sense says it's by design
What could a businessman ever want more
Than to have us sucking in his store
We owe you nothing
You have no control"

(*Fugazi*, „Merchandise", „Blueprint"-LP, *Dischord Records*, 1990).

Die Verweigerung gegenüber Merchandise-Artikeln ist jedoch nicht bei allen Bands der DIY-Szene in diesem Maße ausgeprägt. Bei HC-Konzerten werden auch Merchandise-Artikel verkauft, aber zu deutlich günstigeren Preisen als dies bei Mainstream-Konzerten der Fall ist.[30] Häufig liegen die Preise kaum über den Herstellungskosten. Zudem werden viele der Merchandise-Artikel gemäß des DIY-Gedankens von den Bands selbst in Handarbeit gefertigt. Beispielsweise bedrucken Bands die verschiedensten Textilien und Gegenstände mit Siebdruck selbst. Einige Bands fertigen anstelle von Shirts lieber Küchenschürzen, Unterhosen und Kulturbeutel mit ihrem Bandnamen oder –logo, um sich auf diese Weise von den „typischen" Rock-Artikeln der Musikindustrie zu distanzieren.

Deutlich wird die Verweigerung von *Dischord* im Besonderen und DIY-Labels im Allgemeinen gegenüber den Praktiken der Majors auch in der Preispolitik ihrer Produkte: *Dischord* verkauft seine CDs zu einem Preis, der deutlich unter dem Industriestandard liegt (vgl. Temple 1999). Bemerkenswert ist dabei zudem, dass *Dischord* die Preise für die Tonträger auf der Rückseite des Covers mit angibt und so signalisiert, dass sie sich an der „offiziellen" Preispolitik der Majors nicht beteiligt. Auch Armin von *X-Mist Records* kritisiert diese Industriestandards in seiner Kolumne „The State of DIY" im Fanzine *HeartattaCk*:

„If you really want to offer an alternative, then don't play their [die Musikindustrie, M. C.] fucking games! Just a small example: the typical marketing rule is that CDs are more expensive than LPs – even though the manufacturing costs are vice versa! If you price your stuff like this, you obey to the rules of the market" (*HeartattaCk* Fanzine Nr. 20, 1998, ohne Seitenangabe).

---

30 Beispielsweise kosteten offizielle T-Shirts der britischen Majorband *Oasis* bei deren Konzert im Juni 2005 in Berlin bis zu 45 Euro, wohingegen Shirts bei HC-Konzerten kaum über 12-15 Euro hinausgehen.

Bezeichnend für *Dischord* und *X-Mist* wie auch für viele weitere DIY-Labels ist des Weiteren die Veröffentlichung von Vinyl-Schallplatten. Viele Punk- und HC-Anhänger bevorzugen Vinyl gegenüber CDs, da Vinyl als das authentischere Medium betrachtet wird:

„[...] faced with a choice between LPs and CDs, punks choose the format that enjoys greater proximity to authenticity, the LP, because of its history and because of the fact that it is not mass-produced to the same degree that the CD format is" (Thompson 2004, 130).

Etliche HC- und Punk-Labels verzichten gar von vornherein auf die Veröffentlichung von CDs und bieten nur Vinyl an. Neben LPs sind v. a. die 7"-Singles in diesen Szenen sehr beliebt. Die erste (und häufig einzige) Veröffentlichung vieler DIY-Labels ist eine Single, einige Labels sehen in ihnen das „einzig wahre Musikformat" und veröffentlichen daher kein anderes Format. Während Majorlabels einzelne Stücke von Alben als Singles (bzw. genauer als Maxi-CDs) auskoppeln, um so das Album zu promoten, beinhalten HC-Singles in der Regel keine Stücke, die auch auf Alben enthalten sind. DIY-Labels bzw. -Bands sehen eine Single als eigenständiges künstlerisches Werk an und machen in ihrem Bemühen, diese zu vertreiben keinen Unterschied zwischen Singles und Langspielalben, auch wenn die Gewinnspanne bei Singles (noch) geringer ist als bei Alben. Oft wird dabei die volle technisch realisierbare Spieldauer einer Single ausgenutzt, um so viele Stücke wie möglich auf eine Single „packen" zu können.

In ähnlicher Weise wie sich Fanzines von professionellen Musikmagazinen hinsichtlich der äußerlichen Aufmachung unterscheiden (vgl. Kapitel C3.4.1), bestehen diesbezüglich auch deutliche Unterschiede zwischen den Tonträgerveröffentlichungen von DIY-Labels und Major-Labels. Bei der Gestaltung von DIY-Produkten wird bewusst zur Schau gestellt, dass es sich um ein individuelles, nicht (ausschließlich) in Massenfertigung produziertes Gut handelt. Die Macher von DIY-Labels betonen, dass es ihnen darum geht, „eine Platte zu mehr zu machen, als zu einem bloßen Konsumprodukt. Es soll darüber hinausgehen; beyond a consumer product, beyond music" (Inlay der *Dawnbreed*-Single „Amoklaufgefühl", *Beyond Records* Nr.1, 1994). Nicht selten fertigen DIY-Labels daher die Covers für ihre Tonträger in Handarbeit. Beispielsweise werden die Außenhüllen nicht von einer Druckerei gefertigt, sondern im Siebdruckverfahren selbst gedruckt (z. B. in Jugendhäusern). In vielen DIY-Tonträgern finden sich zudem aufwendig gestaltete Inlays oder Booklets. Einige Bands bzw. Labels legen bei der Covergestaltung sogar Wert darauf, dass es verschiedene Covers zur gleichen Veröffentlichung gibt. Beispielsweise unterscheiden sich alle Covers der Single „Gefühlsprodukt" (*Fucking Kill Records* Nr. 1, ohne Jahresangabe) der HC-Band

Corrosive voneinander (vgl. Abb. 4).[31] Die Frontcovers der *Corrosive*-Single bestehen aus jeweils unterschiedlichen Bildern, die aus Zeitschriften oder Zeitungen ausgerissen und auf die Covers geklebt wurden. Anstatt den Titel der Veröffentlichung auf das Cover zu drucken, wurde dieser mit Schreibmaschine für jede Single einzeln getippt. Typisch für DIY-Produkte ist des Weiteren, dass auf die geringe Auflage in Form von (handschriftlichen) Nummerierungen hingewiesen wird (z. B. „15/200").

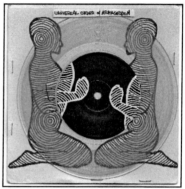

Abb. 4: Beispiel 1 einer   *Abb. 5: Beispiel 2 einer*
   DIY-Vinylsingle   *DIY-Vinylsingle*

Abb. 5 zeigt ein weiteres Beispiel für das Artwork einer aufwendig nach dem DIY-Prinzip gestalteten Vinylsingle.[32] Wie Abb. 4 und Abb. 5 exemplarisch illustrieren, geht es den Bands bzw. den Labelmachern in der DIY-Szene darum, „kleine Kunstwerke" aus ihren Veröffentlichungen zu machen. In den Interviews betonen die DIY-Aktivisten, „[…] dass DIY-Platten einfach mehr mit Kunst zu tun haben als Major-Veröffentlichungen" (Ruth) und „[…] dass man bei DIY-Platten eben die Liebe zum Detail erkennt, während die in Anführungszeichen typischen Media-Markt-CDs äußerlich doch fast alle gleich daherkommen" (Steffen). Dieser für DIY charakteristische Gestaltungsstil wird „zur Markierung des bewussten Überwindens gängiger Vorstellungen von Coverdesign gewählt" (Adler et al. 2005, 229f).

Auch musikalisch bzw. produktionstechnisch kommt es bei DIY-Veröffentlichungen für viele Szenegänger nicht auf Professionalität an:

---

31 Als weiteres Beispiel kann eine Single der Band *Mohinder* angeführt werden. Das Cover von „The Mission" (*Gravity Records* Nr. 13, ohne Jahresangabe) besteht aus jeweils verschiedenen Werbeanzeigen, die aus Zeitschriften ausgeschnitten und jeweils mit dem Bandnamen, den Songtiteln sowie der Labeladresse im Siebdruckverfahren bedruckt wurden.

32 Abgelichtet ist die Single der Band *Universal Order Of Armageddon* (*Vermin Scum Records*, ohne Katalognummer und Jahresangabe).

„[...] Punk/Hardcore-Singles arbeiten mit Fehlern und Durchstreichungen, die das Spontane gegenüber dem auf Käuflichkeit abgerundeten Produkt behaupten; hier darf – oder muss sogar – der Sound schlecht sein, das Schlagzeug holprig, die Gitarre verstimmt. Selbstbestimmung ist in diesem Fall nicht einfach nur eine Frage der Produktion und des Vertriebes, sondern eine Frage des Stils. Sie bedeutet, sich selbst in aller Fehlerhaftigkeit anzuerkennen und gegen die gängige Vorstellung zu opponieren, Kunst müsse die Idee des Vollkommenen in sich tragen" (Büsser 2000, 77).

Aus dem folgendem Fanzine-Zitat geht ebenso deutlich hervor, dass professionelle produktionsästhetische Maßstäbe in DIY-Kreisen häufig nicht von Bedeutung sind:

„Es sind doch eigentlich die langweiligsten aller Platten, bei denen man sich fragen muss ‚Hört sich das gut an?'. Als käme das darauf an! Ist doch scheißegal wie etwas produziert wurde... wenn eine Platte gut ist, so richtig gut, dann stellt sich diese Frage doch überhaupt nicht!!! Ich will einfach nur Spaß haben an der Musik selbst, ist mir doch kackegal auf wie viel Spuren, welcher Produzent und all so eine Scheiße" (*Plot* Fanzine Nr. 3, 1995, 5).

Am Beispiel von *Dischord* lässt sich ein weiterer Unterschied zwischen Major- und vielen DIY-Labels darlegen. Bezeichnend für die Arbeitsweise von *Dischord* ist die Verweigerung gegenüber der Auslagerung bestimmter Aufgabenbereiche, da dies mit dem Verlust von Kontrolle über die Produktionsabläufe einhergehen würde. Im Gegensatz zu den Major-Labeln verzichten *Dischord* auf Promotion-Agenturen und Artist- und Repertoire-Manager[33] (vgl. Goshert 2000, 89). Thompson erklärt unter Bezugnahme auf Frith einen weiteren Hintergrund für diese Haltung:

„One strategy that Dischord began to employ in 1980 and continues to employ today, in direct contrast with the majors, centers on eschewing the division of labor – what Frith terms the ‚professionalization' – that overtook the music industry in the '70s. Frith explains that as the Majors entered the world market, they discovered a newly global demand for U.S. rock products (Sound Effects, 150), and to meet it they required a web of interlocking professionals in ‚order to produce records, mount shows, manage careers, and orchestrate sales appeal' (137). He blames the ‚routinization' of rock's sounds on this division of labor. In contrast to the majors, Dischord [...] distributes and sells its recordings via mail order or direct sales to record stores whenever possible, although Southern Records, an independently owned distribution company handles the majority of Dischord's distributing needs that mail order and direct sales cannot meet" (Thompson 2004, 145).

---

33 Artist- und Repertoire-Manager (kurz „A&Rs") suchen nach neuen musikalischen Trends, die die Plattenfirmen kommerziell verwerten können.

Die Frage nach der Arbeitsteilung stellt sich für viele der kleineren DIY-Labels kaum, da sie oft nur von einer Person betrieben werden und meist auch nur für sehr kurze Zeit bestehen (häufig nur für eine Veröffentlichung).

Eine weitere Besonderheit von DIY-Labels und -Vertrieben liegt darin, dass sie ihre Tonträger häufig untereinander tauschen. Adler et al. weisen darauf hin, dass bei der Tauschpraxis der HC-Labels die szenekulturellen Wertigkeiten der Tauschobjekte berücksichtigt werden:

„So wird ein Labelbetreiber sich eher sträuben, seine breiter rezipierte ‚Screamoplatte' gegen eine nur von wenigen Fans gesuchte ‚Oldschoolplatte' zu tauschen. Differenzen in den Produktionskosten und unterschiedliche musikalische Stilprioritäten gilt es in einem ‚fairen Tauschhandel' immer wieder auszubalancieren. Persönliche Interaktion und kommunikativer Austausch, wie sie auch im ‚geschäftlichen Tauschgespräch' gepflegt werden, tragen somit ganz erheblich zur innerszenischen Stabilität bei" (Adler et al. 2005, 232).

Diese Tauschgeschäfte kommen ebenso wie Einzelbestellungen oft über Anzeigen in Fanzines zustande, mit denen Labels auf ihre Veröffentlichungen aufmerksam machen. Die Abnehmer von DIY-Produkten legen zumeist großen Wert darauf, dass sie ihre Tonträger über entsprechende alternative Kanäle beziehen:

„Das ist schon so ein politisches Ding, wo man seine Platten kauft, dass man eben darauf achtet, dass man bei kleinen Sachen kauft, wo der DIY-Charakter da ist" (Chrissi).

„Auch wenn die Platten, die mir gefallen im WOM oder im Media Markt erhältlich wären, würde ich einen Teufel tun, die dort zu kaufen. Da die die Sachen aber eh nicht haben und ja auch nur scheiß CDs verkaufen, muss ich mir darüber ja eigentlich auch keine Gedanken machen (lacht). Im Ernst, es ist, glaube ich, den Hardcore-Kids schon sehr wichtig, dass man seine Platten bei Szene-Mailordern bestellt" (Benni).

Von sehr großer Bedeutung für DIY-Labels ist auch der direkte Verkauf bei Konzerten. Label- bzw. Vertriebspersonen errichten im Veranstaltungsort kleinere Verkaufsstände und bieten so den Konzertbesuchern ihre Produkte zum Kauf an. Dabei besteht in den seltensten Fällen ein Konkurrenzdenken zwischen ihnen und den auftretenden Bands. Im Gegenteil, auch hier finden viele Tauschgeschäfte statt. Insbesondere tauschen die Bands untereinander häufig ihre Platten und verkaufen oder tauschen diese dann bei nachfolgenden Konzerten zusammen mit ihrem eigenen Merchandise weiter. Labels, die (noch) keinen Vertrieb haben, bitten häufig auch Bands, die sich auf einer Tournee befinden, ihre Veröffentlichungen als Kommissionsware in das eigene Angebot mit aufzunehmen. Ebenso besteht das Merchandise-Angebot der Bands nicht nur aus eigenen bzw. getauschten Artikeln, sondern oft auch aus weiteren Veröffentlichungen des (eigenen) Labels. Durch diesen „kollektive[n] Charakter des Vertriebs" (Thompson 1989, 44), der auf dem Engagement der Musiker und der Fans beruht, zirkulieren Waren nicht nur innerhalb der lokalen, sondern auch zwischen geografisch weit verstreuten Szenen, ohne dass dafür ein „offizieller" Vertrieb notwendig ist:

„Mir ist keine andere Szene bekannt, die sich weltweit dermaßen global vernetzt hat wie die HC- bzw. Punkszene. Jeder kennt irgendwie jeden oder kann zumindest problemlos in Kontakt mit anderen treten. [...] Es ist doch absolut keine Seltenheit, wenn jemand aus dem kleinsten Dorf im Saarland eine Platte rausbringt, dass die dann auch auf irgendwelchen malaysischen Kellershows zu bekommen ist. Da bedarf es nicht vieler Mittler dazwischen. Man tauscht halt die Platte mit dem Typen von *Envy* [japanische HC-Band, M. C.], wenn die auf Tour sind und der spielt dann halt dort und vertickt die weiter" (Chris).

Ein weiterer Unterschied zwischen den Major- und DIY-Veröffentlichungen betrifft die Möglichkeit, direkt mit der Band bzw. dem Musiker in Kontakt zu treten. Während Majorbands bei ihren Veröffentlichungen meist auf die offiziellen Fanclubs verweisen, geben die Musiker der DIY-Szene auf ihren Platten ihre privaten Adressen (oft mit Telefonnummer) bekannt, so dass die Hörer die Band direkt kontaktieren können. Auch die innerhalb der Szene sehr bekannten Bands sind hier keine Ausnahme. Diese einfache Kontaktierbarkeit widerspricht der Vorstellung des „unerreichbaren Rockstars" und ist Ausdruck der Ablehnung einer hierarchischen Unterscheidung zwischen Musiker und Publikum.

Ein weiterer zentraler Unterschied zu Major-Veröffentlichungen besteht darin, dass Bands der DIY-Szene oft ihre Aufnahmen gemeinsam auf einem Tonträger veröffentlichen. Man spricht hier von sog. „Split-Releases". Split-Releases sind meist Projekte zwischen befreundeten Bands. Besonders beliebt und gängig sind „Split-Singles"; Vinyl-Singles, bei denen sich die Bands eine Single „teilen" (Band X erhält die eine Seite, Band Y die andere). Dabei wird auf eine Benennung nach A- und B-Seite bzw. Seite eins und Seite zwei aus Gleichberechtigungsgründen meist keinen Wert gelegt. Neben dem Aspekt der Kostenteilung sind Split-Projekte von einem weiteren großen Vorteil für die Split-Partner: Indem jeweils die Popularität sowie die lokalen Vertriebsstrukturen des Split-Partners genutzt werden können, besteht die Möglichkeit, ein Publikum jenseits der eigenen lokalen Szene zu erreichen. Split-Veröffentlichungen werden daher oft zwischen Bands aus verschiedenen (internationalen bzw. interkontinentalen) Szenen realisiert.

„Als wir die Split-Platte mit einer amerikanischen Band draußen hatten, bekamen wir plötzlich total viel Resonanz aus den Staaten. Das ging sogar soweit, dass wir ein Angebot für eine Tour dort bekamen. Das ist halt der Sinn und

Zweck solcher Zusammenarbeiten, dass man sich halt gegenseitig unterstützt und so was" (Pascal).

Ebenso wird von „Split-Releases" gesprochen, wenn zwei oder mehr Labels gemeinsam einen Tonträger veröffentlichen. Auch hier profitieren die Labels von den jeweiligen (lokalen, nationalen) Kontakten der Split-Partner und den finanziellen Ersparnissen.

Deutliche Unterschiede zwischen Major- und DIY-Labels lassen sich auch am Beispiel von sog. „Samplern" aufzeigen. Ein „Sampler" ist ein Tonträger, auf dem Aufnahmen verschiedener Künstler enthalten sind. Typisch für die Major-Labels sind sog. „Hit-Sampler", die bereits kommerziell erfolgreich veröffentlichte Stücke zusammenfassen und gemeinsam erneut vermarkten, um so Profitkapazitäten auszureizen (vgl. Schmidt/Neumann-Braun 2003, 255). Schmidt/Neumann-Braun verstehen den Hit-Sampler als „[p]roduktionsseitiges Äquivalent" (ebd., 254) zu den „Allgemein Jugendkulturell Orientierten" (ebd., 249), deren Partizipation am jugendkulturellen Geschehen nicht durch Spezifizität, Exklusion und Abgrenzung motiviert ist, sondern durch Variation und Inklusion:

„Aus distinktionsanalytischer Perspektive [...] bedeuten Sampler die Möglichkeit, populäre Musik zu hören, ohne sich im Vorfeld tiefgreifender damit beschäftigen und auseinander setzen zu müssen, und darüber hinaus die Chance, an den Chiffren von Jugendlichkeit und Jugendkultur teilzuhaben, ohne sich alltagspraktisch weitgehender involvieren oder informieren zu müssen" (ebd., 255).

Abgesehen davon, dass in HC-Kreisen unveröffentlichte Songs (von kommerziellen „Hits" kann ohnehin nicht die Rede sein) von den Zusammenstellern von Samplern eindeutig präferiert werden (oft ist das exklusive Bereitstellen von Songs durch die Bands Voraussetzung), sind DIY-Sampler im Gegensatz zum Hit-Sampler Ausdruck von Spezifizität und Abgrenzung. Sie repräsentieren häufig den Sound eines bestimmten Labels oder einer bestimmten lokalen Szene. DIY-Sampler können auch in Form von „Mixtapes" unter die Szenegänger gebracht werden.

„Du hast 'n Tapedeck? Du hast 'nen CD-Brenner? [...] Das ist doch schon die halbe Miete! Nimm Musik auf die dir gefällt, mach 'n nettes Booklet dazu und versuch den Kram z. B. auf Konzerten unter die Leute zu bringen! Aber Achtung! DIY heißt nicht das du die Leute abzocken sollst! Jeder weiß was 'n Rohling oder 'ne Leercassette kosten! Also behersch dich mit den Verkaufspreisen! Übrigens: Es gehört einfach dazu, die Bands vorher zu fragen (wenn möglich) oder ihnen zumindest ein paar Freiexemplare zukommen zu lassen".[34]

---

34 http://www.bttb.de/dasp/faq.html (16.01.2007).

Dem Erwerb eines DIY-Samplers geht in aller Regel jugendkulturelles
Engagement voraus, da nur die Personen, die sich in der Szene bewegen
über das notwendige Wissen verfügen, wo diese Produkte erhältlich sind.
DIY- bzw. HC-/Punk-Sampler unterstützen häufig als Benefiz-Veröffent-
lichungen politische, ökologische bzw. soziale Belange und sind somit
auch Ausdruck des jeweiligen ideologischen Selbstverständnisses. Unterstützt werden u. a. legale (z. B. *People for the Ethical Treatment of Animals*) wie illegale Tierrechtsorganisationen (z. B. *Animal Liberation
Front*), links-alternative politische Organisationen (z. B. *Reclaim the
Streets, Food not Bombs, Anarchist Black Cross, Antifa*) sowie lokale alternative (selbstverwaltete) Zentren und besetzte Häuser.[35] Diese letztge-
nannten subkulturellen Plätze sind für die lokalen HC-Szenen von größ-
ter Bedeutung, da sie als weitestgehend autonome Orte die Möglichkeit
für die Organisation von Events nach dem DIY-Prinzip strukturell wesentlich besser ermöglichen als kommerzielle Veranstaltungsorte. Dies
gilt besonders für die Organisation von Shows, auf die im nächsten Kapitel eingegangen wird.

3.4.3 DIY-Shows

In HC- und Punk-Kreisen werden Konzerten in aller Regel *Shows* genannt. Auf diese terminologische Unterscheidung wird innerhalb der
Szene, v. a. vom ‚harten Kern‘, bisweilen Wert gelegt. Eine Show „unterscheidet sich von einem normalen Konzert dadurch, dass die Trennung
zwischen Künstler und Publikum überwunden werden soll" (O'Hara
2002, 19; vgl. auch Haenfler 2004, 432).[36] Bei der Auswahl der Konzer-
torte ist der DIY-Gedanke selektionsleitend. Die Veranstalter bevorzugen
Locations, wo sie das DIY-Konzept am besten verwirklichen können,
d. h. sich möglichst ohne Fremdbestimmung um die Organisation und
den Ablauf ihrer Veranstaltung kümmern können. Dabei ist es wichtig,
dass der Veranstaltungsort nicht in Widerspruch zu dem anti-kom-
merziellen und linken Selbstverständnis der Szenegänger steht. Beliebt
sind daher v. a. besetzte Häuser (auch „Squats" genannt), alternative
Clubs, Proberäume, Jugendhäuser oder autonome Zentren. Diese Veranstaltungsorte werden häufig mittels einer szenetypischen Ausgestaltung
sowohl materiell als auch symbolisch aufgewertet (vgl. Adler et al. 2005,

---

35 Als Beispiele für solche Benefit-Projekte lassen sich u. v. anführen: „Our Voice
   Pro Choice"-Compilation-7" (*Hands On Records* Nr. 1, ohne Jahresangabe),
   „Turner raus. Animal Peace Benefit"-Compilation-7" (*A-Wat Records* Nr. 011,
   ohne Jahresangabe,), „In the Spirit of Total Resistance. A Benefit for the Mo-
   hawk Nation of Kanestake"-Compilation-7" (*Profane Existance Records* Nr. 14,
   ohne Jahresangabe), X-Large/Wornout-Split-7" „Animal Liberation Front Benefit
   Record" (*Mugglewump Records*, ohne Nr. und Jahresangabe).
36 Im Rahmen dieser Arbeit werden die Begriffe „Show" und „Konzerte" jedoch
   weitestgehend synonym verwendet.

227), beispielsweise über Konzertposter, Informationsstände, vegane Essensstände und „angemessenes" Interieur (z. B. Flohmarkt-Möbel).

Der „Deal" zwischen den Konzertveranstaltern und den Betreibern dieser Lokalitäten besteht meist darin, dass erstere das Eintrittsgeld bekommen und letztere die Einnahmen aus dem Getränkeverkauf erhalten. Die Eintrittspreise werden meist sehr niedrig kalkuliert, worauf die Szenegänger großen Wert legen. Je nach Anzahl der Bands liegt der Preis für eine DIY-Show bei ca. 3-10 Euro. Nicht unüblich sind auch Diskussionen an der Kasse darüber, ob die Höhe des Eintrittspreises gerechtfertigt ist oder nicht. Dies kann soweit führen, dass der Veranstalter die Kalkulation der Veranstaltung offenlegt, um den Preis zu rechtfertigen. Die Veranstalter orientieren ihre Preispolitik primär nach der erwarteten Besucherzahl und geben daher oft nur Bands finanzielle Garantien, bei denen davon ausgegangen werden kann, dass ausreichend viele zahlende Gäste kommen, um alle Kosten zu decken. Da die meisten Shows (je nach Bekanntheitsgrad der Band) nur von max. 200 Personen besucht werden (Festivals ausgenommen), sind sich sowohl Band als auch Veranstalter bewusst, dass womöglich gerade (wenn überhaupt) die Kosten für Essen und evtl. die Anfahrtskosten erstattet werden können. Auch finanzielle Verluste werden in Kauf genommen:

„Der entscheidende Faktor, so wie ein HC-Konzert verstehe, ist, dass es nicht aus einem finanziellen Aspekt heraus veranstaltet wird, sondern eben aus einer Interessenhaltung. Aus welchen Gründen auch immer man den Künstler interessant findet. Wenn halt nur fünf Leute kommen, ist das auch eine Enttäuschung und ein finanzieller Verlust, aber das ist nicht der Ursprungsgedanke, um es zu machen" (Armin).

Aber auch wenn Gagen im Vorfeld ausgehandelt wurden, beharren die Bands häufig nicht auf den zugesagten Konditionen:

„Dadurch dass ich weiß, dass der Veranstalter kein professioneller Konzertveranstalter ist, sondern dass der unter Umständen das Geld aus seinem Geldbeutel hinblättert, fühle ich mich auch irgendwie verantwortlich. Selbst wenn der uns Festgage zugesichert hätte und ich wüsste, okay wir kommen gut raus dabei, es waren aber nur zehn Leute da, dann würden wir auch sagen ‚Gib uns 200 [Euro, M. C.] und es ist okay'" (Stefanie).

Üblicherweise erhalten die Bands den um die Veranstaltungskosten (z. B. Essen, Ausgaben für Musikanlage) bereinigten Betrag der Einnahmen und teilen diesen paritätisch untereinander auf. Nur wenige Shows werden von mehr als 200 Personen frequentiert, Ausnahme sind die Festivals mit bis zu 2000 Besuchern. Wird bei diesen Events Gewinn erwirtschaftet, behalten einige Veranstalter einen Teil ein, um damit zukünftige Shows mit unbekannteren Bands finanzieren zu können bzw.

um die finanziellen Löcher zu stopfen, die bei vergangenen (kleineren) Veranstaltungen gerissen wurden.

Es finden aber auch HC-Shows in privaten Wohnungen und Kellern sowie in Proberäumen statt. Diese Shows werden wegen des Verzichts auf eine „richtige" Bühne im Szenechargon auch „Basement-Shows" oder „Floor-Shows" genannt. Solche Shows werden v. a. dann veranstaltet, wenn nur mit sehr wenigen Leuten gerechnet wird oder wenn spontan ein neuer Veranstaltungsort gefunden werden muss (z. B. wenn besetzte Häuser von der Polizei geräumt wurden). Auch wenn sich erst am Tag des Konzerts abzeichnet, dass das Konzert nicht an geplanter Stelle stattfinden kann, sind die Veranstalter bemüht, eine alternative Auftrittsmöglichkeit für die Band(s) zu besorgen, notfalls eben auch in der eigenen Wohnung oder im Proberaum. Es ist unter solchen Umständen nicht unbedingt davon auszugehen, dass deutlich weniger Besucher kommen, da die Veranstalter viele ihrer Besucher persönlich kennen und diese bitten, Telefonketten zu starten, um den neuen Ort an deren interessierte Freunde und Bekannte durchzugeben.

Auch wenn viele alternative Veranstaltungsorte über eine stationäre Bühne verfügen, lehnen es die Veranstalter (häufig auf Wunsch der Bands) ab, diese zu benutzen und bauen das Equipment lieber im Publikumsbereich auf. Das Publikum formiert sich dann im Halbkreis um die Band und sorgt somit für eine intime Atmosphäre. Der Verzicht auf eine Bühne ist weniger praktischen Gründen geschuldet, sondern ein wichtiger hardcore-typischer Vergemeinschaftungsaspekt. Roli von der Band *Turbostaat* bringt die Sichtweise vieler HC-Bands diesbezüglich auf eine einfache Formel: „Je höher die Bühne, desto beschissener ist eigentlich das Konzert" (*Thoughts* Fanzine Nr. 6, 2001, ohne Seitenangabe). Die Bühne gilt in den Augen der Szenegänger als Symbol für die hierarchische Trennung zwischen Band und Publikum. Sie steht aus HC-Sicht sinnbildlich für das Rockstartum des Mainstream. Auch wenn auf die Bühne nicht verzichtet wird, gibt es bei HC-Shows im Gegensatz zu Mainstream-Konzerten so gut wie nie eine Sicherheitsabsperrung zwischen Bühne bzw. Band und Publikum.

„An dieser Stelle wird der gemeinschaftliche Charakter von Hardcorekonzerten auch als Unterschied zum Mainstream deutlich: Berühmte Pop- und Rockbands, die vor großem Publikum spielen, haben fast immer Security-Personal, das bei Zwischenfällen einschreitet, und die Band ist ausserdem durch Absperrungen vom Publikum getrennt. Ein solches Vorgehen wird von Hardcoremusikern abgelehnt" (Inhetveen 1997, 244).

Insbesondere für Anhänger von Bands aus dem Oldschool-HC-Lager ist dieser freie Zugang zur Bühne eine wesentliche Voraussetzung für einige typische Praxen, die auf deren Shows beobachtet werden können (vgl. Inheetven 1997). Dazu zählt v. a. das *Stagediving*. Beim Stagediving wird die Bühne oder eine Box als Sprungbrett genutzt, um zurück ins Publikum zu springen, das den *Diver* dann auffängt und über die Menge trägt (*Crowdsurfing*). Weitere typische Konzertpraxen, insbesondere bei den Shows der New-York-HC- und Straight-Edge-Spielarten, sind das *Moshing* und *Slamdancing* (vgl. Tsitsos 2006). Neben diesen artistischen Einlagen ist das Mitsingen („Sing-along") ein weiteres bedeutsames soziales Ritual auf Shows. Kennt man die Texte der Band und teilt man deren Ansichten, bemühen sich viele Hardcores, den Sänger oder die Sängerin mit den Textpassagen lautstark zu unterstützen.[37] Dabei geben die Musiker oft das Mikrofon von der Bühne ins Publikum, um die Fans direkt mit in die Performance einzubeziehen. Viele Bands fordern ihr Publikum zum Mitsingen und Stagediving explizit auf.

„Durch die Art dieses Gemeinschaftserlebnisses bzw. die erzeugte räumliche Verdichtung wird symbolisch jene Gleichheit zum Ausdruck gebracht, die sich auch in der Ablehnung von ‚Wortführerschaften' und ‚Starkulten' (als ein wesentliches Charakteristikum der HC-Szene) [...] zeigt" (Hitzler/Pfadenhauer 2005, 38).

Das Gemeinschaftserlebnis von HC-Shows beschränkt sich aber nicht ausschließlich auf die Zeit des Auftritts der Bands, sondern zeigt sich auch in der Organisation dieser Events.

„Klar ist das Konzert selbst das musikalische Highlight des Abends, aber das ganze Drumherum, das gemeinsame Kochen und Essen, das Abhängen nach der Show, das gemeinsame Plakatieren und lauter solche Sachen sind genau so cool, weil man halt gemeinschaftlich eine cool Sache auf die Beine stellt" (Chrissi).

„Ich glaube, die wenigsten Leute machen ne Show nur wegen der Musik. Da geht es schon auch vor allem um das Gemeinschaftsding" (Pascal).

Die Aufgabengebiete, die bei der Abwicklung einer Show anfallen, werden meist von einer Gruppe von Personen gemeinschaftlich bewältigt.[38] Wer welche Aufgabe übernimmt, ist dabei nicht zwingend festgelegt, sondern kann von Show zu Show wechseln. Zu diesen Aufgaben zählen bei DIY-Shows typischerweise die Gestaltung und das Verteilen von

---

37 Vor allem bei Straight-Edge-Konzerten wirken die Songtexte vielfach als Hymnen der Selbstbestärkung: Mit Verweisen auf die je eigene innere Stärke und den Rückhalt durch die Szene wird an den Einzelnen appelliert, die gewählte Lebensweise auch entgegen aller Widerstände aus dem außerszenischen Umfeld durchzuhalten.

38 Konzertgruppen verstehen sich daher oft als Kollektiv und benennen sich auch so. Beispielsweise nennt sich eine Veranstaltungsgruppe aus Luxemburg „Schalltot Collective".

Flyern/Postern, Plakatieren[39], Kontaktieren von Fanzines und E-Zines
zur Publikmachung der Show, Aufbau der Soundanlage („P. A."), Zube-
reitung des Essens/Caterings, Besetzung der Abendkasse, Abbau und
Putzen des Saales. Nur die wenigstens Bands bestehen auf eine Über-
nachtung im Hotel. Sie werden meist bei den Veranstaltern oder deren
Freunden untergebracht. Für viele Veranstalter ist dies eine willkommene
Gelegenheit, die Band näher kennen zu lernen und sich besonders mit
ausländischen Bands über das Szenegeschehen in anderen Ländern zu
unterhalten. Da viele Veranstalter auch in Bands spielen, für ein Fanzine
schreiben und/oder ein Label machen, ergeben sich so sowohl für Band
als auch für Veranstalter vielfältige Kontakte für zukünftige Zusammenarbeiten. Beispielsweise bieten Bands ihre Hilfe an, wenn es um das Organisieren von Shows in ihrer Stadt oder ihrem Land geht. Auf diese
Weise erhalten auch unbekannte Bands die Möglichkeit, Kontakte für
Shows außerhalb der eigenen lokalen Szene zu knüpfen. Der Netzwerk-
Aspekt von DIY wird von den Aktivisten besonders betont:

„Was halt super an DIY ist, ist einfach, dass wir zumindest europaweit, wahrscheinlich sogar weltweit, wenn wir es darauf anlegen würden, touren könnten.
Und es wäre kein Problem, Leute zu finden, die ein Konzert organisieren und
uns bei sich übernachten lassen. Und das ist was, was es in anderen Szenen
nicht so gibt, dass es halt so einen Zusammenhalt gibt und dass es so funktioniert über ein Netzwerk, das weltweit funktioniert. Wir konnten z. B. mit nur einer
Single in Frankreich und Spanien touren, weil wir ein paar Leute dort kannten,
die wiederum andere Leuten kannten und so" (Steffi von der Band *Elektroloch-
mann*).

„DIY ist ein einziges Netzwerk, durch das Bands aus den abgelegensten Win-
keln der globalen HC-Szene die Möglichkeit haben, zu touren. Ich glaube, dass
jeder, der schon mal auf Tour war, auch jemand bei sich zuhause hat pennen
lassen. Das ist quasi eine Selbstverständlichkeit" (Steffen).

Häufig stellen bekannte lokale Bands auch ihre Popularität unbekannten Bands aus dem In- oder Ausland zur Verfügung, damit man „den Laden voll kriegt" und die Bands finanziell „kein Minus fahren". Üblich ist
in der DIY-Praxis von Konzerten, dass der Gewinn zwischen den Bands
gleichmäßig aufgeteilt wird. Bisweilen verzichten bekanntere Bands
auch zugunsten der unbekannteren Bands auf ihre Gage.

„Es ist eine Selbstverständlichkeit für uns, dass wir bei Konzerten, die wir selbst
organisieren, auch als erstes spielen und der anderen Band mehr Geld geben.
Wenn es finanziell richtig schlecht läuft, verzichten wir auch völlig auf die Gage.
Uns blieb selbst schon auf diese Weise das eine oder andere Debakel auf Tour
erspart" (Kai).

---

39 Es werden dabei gerne die Plakate von Mainstream-Bands überklebt.

„Sure we could have made more money sometimes if we had insisted on split-
ting the money according to the popularity of each band. Especially when we
played at home. But that's not what DIY is all about. [...] We have also often
been treated the same way so it's only fair to treat someone in the same good
way that you have been treated. Otherwise I wouldn't see any future for DIY
anyways" (Jeroem).

Shows haben die Funktion eines „Marktplatzes", auf dem Platten und
Fanzines gekauft und getauscht werden können. Darüber hinaus bieten
sie auch die Möglichkeit, sich über politische, ökologische und soziale
Themen zu informieren, die nicht im Zentrum des öffentlichen Interesses
stehen. Häufig werden von den Szeneaktivisten Informationsbroschüren
ausgelegt, die sie entweder von bestimmten Organisationen (z. B. der *Antifa* oder von *People for the Ethical Treatment of Animals*) beziehen oder
selbst verfasst haben. Vor allem bei HC-Festivals übernehmen Tier-
rechtsgruppen nicht selten auch die Bewirtschaftung des Publikums. Neben veganem Essen bieten sie dabei auch Infomaterialien zu Tierrechtsfragen und veganer Ernährung an. Entsprechend wird in den Interviews
der informative Charakter von HC-Konzerten betont:

„Das Geile an Shows ist ja nicht nur, dass man gute Bands zu sehen bekommt,
sondern auch, dass man halt Leute trifft, die ähnlich ticken und mit denen man
sich austauschen kann. Ich bin beispielsweise über die Leute, die diese Shirts
mit den ‚Go Vegetarian'-Aufdrucken tragen, auf Vegetarismus aufmerksam gemacht worden und wurde später dann ja auch zum Veganer. Und da spielen
Shows und Fanzines schon ne wichtige Rolle" (Oliver).

„Ich würde nicht behaupten wollen, dass ich ohne Hardcore vielleicht nicht auch
zur Veganerin geworden wäre, aber man kommt in der HC-Szene ja gar nicht
an dem Thema vorbei. Auf Konzerten fliegen einem ja etliche Flyer mit ‚Go vegan', ‚Meat is Murder' usw. entgegen, so dass man sich automatisch an irgend-
einem Punkt damit auseinander setzt" (Carolin).

Auch Larsson et al. (2003) zeigen in einer qualitativen Studie über vegane Ernährung und Jugendkultur, dass Jugendliche u. a. über HC-Konzerte auf Veganismus aufmerksam gemacht werden.

3.5 DIY als Feld eingeschränkter popkultureller Produktion

Wie die obigen Ausführungen zu DIY-Fanzines, -Labels und -Shows
verdeutlichen, ist finanzieller Gewinn nie die primäre Motivation für die
DIY-Aktivisten, entsprechende Zielsetzungen würden sogar dem Selbstverständnis der Szene zuwiderlaufen (vgl. auch Fiske 1997, 62). Gerade
die Verweigerung gegenüber dem ökonomischen Kapital bzw. gegenüber
entsprechenden Strategien ist charakteristisch für die DIY-Praxis und die
HC-Szene an sich. Ihre „Gewinne" sind – wie im Folgenden gezeigt

werden soll – eher kultureller und sozialer Art. Folgerichtig authentifizieren sich die DIY-Aktivisten auch über die Betonung ihrer eigenen Unkommerzialität, über die in der Szene Anerkennung und Respekt erlangt wird. Das Aufbauen und Stärken einer Gemeinschaft von Gleichgesinnten sowie die durch die eigenen Beiträge angestrebte Selbstpositionierung in dieser Gemeinschaft bedeutet für viele DIY-Produzenten den wichtigsten Teil ihrer Arbeit. So stellen beispielsweise die Gründerinnen des amerikanischen Labels *Simple Machines* die sozialen Aspekte ihrer (Szene-)Arbeit in den Vordergrund:

„An independent business that is run with ingenuity, love and a sense of community can even be more important than the products and services it sells because an innovative business will, if successful, stretch established definitions and set a new standard. These businesses can serve the practical function of employing other like-minded people at cool jobs which offer flexibility (parttime commitment), sense of community and, sometimes, a paycheck. In a larger sense, independent businesses can offer alternative notions of success, fame and rewards – all traits that are sorely needed in a society as consumer-focused and capitalistic as ours" (Toomey/ Thomson 2000, ohne Seitenangabe).

Im Folgenden soll DIY theoretisch genauer gefasst werden.

3.5.1 Theoretischer Hintergrund

Bourdieu hat mit seinen Überlegungen zum Feld kultureller Produktion (vgl. 1999, 1993, 1982) und dem Konzept der kulturellen Ökonomie (vgl. 1987) einen theoretischen Rahmen geschaffen, mit dem das DIY-Feld und seine Funktionsprinzipen, Regeln und Codes fassbar gemacht werden können. Ein Feld – z. B. das Feld (hoch-)kultureller Produktion – ist gemäß Bourdieu vorstellbar als ein historisch konstituierter Spielraum mit spezifischen Institutionen und je eigenen Funktionsgesetzen (vgl. Bourdieu 1992, 111), in dem eine bestimmte Kapitalsorte die Gewinne und damit auch die Hierarchien der Akteure im Feld bestimmt (vgl. Fröhlich 1994, 41). Bourdieu unterscheidet dabei drei Kapitalsorten, die als Kriterien sozialer Ungleichheit eine Rolle spielen: ökonomisches Kapital, kulturelles Kapital und soziales/symbolisches Kapital. Unter kulturellem Kapital werden v. a. Wissensbestände verstanden in Bezug auf die legitime, d. h. gesellschaftlich anerkannte, Kultur – traditionell ist dies die so genannte „Hochkultur". Das kulturelle Kapital kann in inkorporierter Form (z. B. Wissen, Einstellungen) vorliegen, in institutionalisierter Form (z. B. Schulabschluss) und/oder in objektivierter Form (z. B. Kunstsammlungen, Bücher). Das soziale bzw. symbolische Kapital steht für das Prestige und die soziale Anerkennung, die z. B. über das kulturelle oder ökonomische Kapital gewonnen werden können.

Nach Bourdieu ist das Feld kultureller Produktion unterteilt in zwei Subfelder, die nach je eigenen Logiken funktionieren und in denen jeweils unterschiedliche Kapitalsorten im Zentrum stehen: Das *eingeschränkte kulturelle Produktionsfeld* des hochkulturellen Kunstbetriebs stellt mit seinen Akteuren und Institutionen (z. B. Künstler, Museen, Galerien, Kunstkritiker, Feuilletons) seinen eigenen Markt dar. Das Subfeld der *Großproduktion* (z. B. die kommerziellen Musikindustrie) richtet sich nach der externen Nachfrage und gehorcht „wesentlich den Imperativen der Konkurrenz um die Eroberung des Marktes" (Bourdieu 1982, 40). Das Subfeld der Großproduktion resp. der Kulturindustrie und das der eingeschränkten Produktion – hier zunächst analog zu Bourdieu bezogen auf den Hochkultur- bzw. Kunstbetrieb – sind dabei „umfassend nur in ihren Wechselbeziehungen und durch sie zu bestimmen" (Bourdieu 1982, 43). Sie folgen an ihren extremsten Polen einander entgegengesetzten Logiken.

Während die Massenproduktion dem allgemeinen gesellschaftlichen Hierarchieprinzip des ökonomischen Kapitals folgt und den Publikums- bzw. den kommerziellen Erfolg ins Zentrum des Schaffens rückt, steht im eingeschränkten kulturellen Produktionsfeld des Kunstbetriebs das symbolische Kapital des Prestiges im Vordergrund: Von Seiten der Kulturschaffenden wird Ablehnung von bzw. Desinteresse gegenüber kommerziellen Strategien und kommerziellem Erfolg demonstriert – je besser und überzeugender dies gelingt, desto höher ist die soziale Anerkennung im Feld (vgl. Johnson 1993, 15). Dem möglichst breiten „öffentlichen Erfolg", der in der Großproduktion das Maß aller Dinge ist, wird damit eine „Wer verliert, gewinnt"-Strategie gegenübergestellt. Mit dieser unvereinbar ist jegliches Profitstreben – „dass der Aufwand sich in irgendeiner Weise bezahlt macht, wird nicht garantiert; das Streben nach weltlichen Ehren und Anerkennungen ist verpönt" (Bourdieu 1999, 355). Stattdessen geht es in erster Linie um Anerkennung und Respekt innerhalb der „Künstler-Community", d. h. im und durch das Feld selbst. Bourdieu spricht bei den Künstlern daher von „Produzenten-für-Produzenten" (Bourdieu 1982, 52). Angestrebt wird der exklusive Erfolg bei einer Gruppe Eingeweihter, die über das entsprechende (legitime) kulturelle Kapital verfügen, um die Werke selbst sowie v. a. die Unkommerzialität des Künstlers und seines Schaffens entsprechend zu würdigen. Die feldinternen Machtverhältnisse werden durch „offizielle" Bildungsinstitutionen (z. B. staatliche Kultusbehörden, Museen, Kunstgaleristen) reproduziert, die zum einen als Legitimationsinstanz die entsprechenden Kriterien zur Legitimierung festlegen und verbreiten und zum anderen dafür sorgen, dass es immer weiter einen exklusiven Personenkreis gibt, der den entsprechenden Code zur Würdigung der Kunstwerke und der Künstler beherrscht (vgl. Bourdieu 1999, 237; Bourdieu 1987, 47ff; vgl. auch Willis 1991, 12ff).

Der Kulturproduktion liegt im Hinblick auf die beiden bei Bourdieu skizzierten Subfelder ein Differenzierungsprinzip zugrunde,

„das sich als objektive und subjektive Distanz der Unternehmungen der Kulturproduktion zum Markt und zu der ausdrücklichen oder verschwiegenen Nachfrage formulieren lässt, wobei die Strategien der Produzenten sich zwischen zwei Grenzen bewegen, die faktisch nie erreicht werden: der totalen und zynischen Unterordnung unter die Nachfrage und der absoluten Unabhängigkeit vom Markt und seinen Ansprüchen" (Bourdieu 1999, 227f).

Bourdieu schenkt den Binnendifferenzierungen im Bereich der Populärkultur im Gegensatz zu denen der legitimen Kultur keine Aufmerksamkeit. Die Populärkultur scheint bei Bourdieu – zumindest implizit – eindeutig dem Bereich der Großproduktion zugeordnet zu werden.

„Während Bourdieu [...] für das Umgehen mit legitimer Kultur den Erwerb bestimmter Kompetenzen und Wissensbestände sowie entsprechender Umgehensweisen – kurz: die Beherrschung des legitimen Codes – als notwendige Bedingung beschreibt, scheint für ihn der populäre Geschmack allein aus der Nichtbeherrschung dieses Codes zu resultieren. Infolgedessen bleibt er auf dem populärkulturellen Auge blind (Müller et al. 2002, 18).

Bourdieu unterschätzt damit das kreative Potenzial der Populärkultur und ihre differenzierende Funktion. Fiske (1997) wie auch Thornton (1996) machen auf dieses Defizit aufmerksam und erweitern Bourdieus Modell des (legitimen) kulturellen Kapitals um das Konzept des populärkulturellen Kapitals (vgl. Fiske 1997) bzw. des subkulturellen Kapitals (vgl. Thornton 1996). Beide Konzeptualisierungen beschreiben in ähnlicher Weise, wie kulturelles Kapital (z. B. Wissen, Kompetenzen, kulturelle Objekte) die Grundlage für soziale Anerkennung und Distinktion auch innerhalb von Jugendkulturen bzw. Fan-Welten darstellt. Sie machen deutlich, dass in diesen Kulturen andere Wissensbestände, Kompetenzen und der Besitz anderer Objekte Distinktionsgewinne erbringen als im legitimen hochkulturellen Kontext. Kulturelles Wissen bzw. Fanwissen spielt dabei in beiden Theorien die zentrale Rolle. Innerhalb der Gemeinschaft dient es der Differenzierung: Fans, die über mehr (populär- bzw. sub-)kulturelles Wissen verfügen als andere, haben auch innerhalb der Fan-Gemeinde eine sozial stärkere Position. Zu diesen populären Formen kulturellen Kapitals zählen insbesondere auch konkrete produktive und organisatorische Leistungen, wie sie auch bei DIY im Mittelpunkt stehen.

Diese Erweiterungen sind hilfreich, um die Hierarchisierungen innerhalb der Kultur im Allgemeinen und der Jugendkulturen im Besonderen fassbar zu machen. DIY kann als Ausdruck dieser Hierarchisierungen verstanden werden. Das DIY-Feld wird nun am Beispiel der HC-Szene als ein kulturelles Produktionsfeld beschrieben, das einerseits Ähnlichkeiten mit dem von Bourdieu analysierten Kunstbetrieb und seinen Funktionslogiken hat – d. h. ein „eingeschränktes Feld kultureller Produktion" ist –, andererseits jedoch eindeutig der Populärkultur zugeordnet ist und gleichsam auch populärkulturellen Prinzipien folgt. DIY wird in Anlehnung an Bourdieu hier daher als „Feld eingeschränkter *pop*kultureller Produktion" bezeichnet.

3.5.2 Das DIY-Feld am Beispiel der HC-Jugendkultur

„*Be part of the scene, not just the scenery!*" lautet die paradigmatische Aufforderung auf den Flyern einer Stuttgarter HC-Konzertgruppe, die versucht, den Kreis der Szene-Aktivisten zu erweitern. Dass solche für HC-Medien typischen Handlungsaufforderungen Früchte tragen, zeigt die im Rahmen dieser Studie durchgeführte Fragebogen-Befragung von über 400 Szenegängern, der zufolge über Dreiviertel der Befragten als Musiker, Konzertorganisatoren, Label-/Vertriebs-Macher, Fanzine-Schreiber oder in einem anderen für HC typischen Handlungsfeld aktiv sind (vgl. D4.10.1). Die Rezeption der geschaffenen kulturellen Produkte geschieht v. a. in der HC-Szene selbst, wie nachfolgendes Fanzine-Zitat illustriert:

„Je mehr man in die Fanzine-Clique eintaucht, desto mehr merkt man auch, wie eng sie begrenzt ist. Fast alle Leute, die etwas bei mit bestellen oder mit mir tauschen sind selber Fanzine-Macher" (Gunter, *ZineZine* Fanzine Nr. 3, ohne Jahres- und Seitenangabe).

Hier wird also deutlich: Produziert wird von und für einen Kreis von Eingeweihten. Die DIY-HC-Szene stellt somit weitestgehend ihren eigenen Markt dar, worin Bourdieu ein wesentliches Merkmal des in Abgrenzung zur Großproduktion definierten Feldes der „eingeschränkten kulturellen Produktion" sieht. Ebenso wie das „eingeschränkte kulturelle Produktionsfeld" nach Bourdieu folgt auch das DIY-Feld einer umgekehrten ökonomischen Logik: Distinktion wird über demonstratives Desinteresse an kommerziellen Zielsetzungen, Strategien und Mechanismen geschaffen. So erklärt beispielsweise Armin, der seit Anfang der 1980er Jahre das Label und den Plattenvertrieb *X-Mist Records* betreibt:

„We don't care about popularity. It's not about units sold. The music bizniz sucks anyway! What's the meaning of success? The risk of taking a chance and releasing a record we're completely happy about (but not too many people will probably end up buying it), means more to us than opting for sales-figures with a record that we personally think it's just ‚so-so-la-la, an o.k. thing'."[40]

Auch in Fanzines wird diese Einstellung deutlich zum Ausdruck gebracht (vgl. auch Kapitel C3.4.1):

„Wenn Geld dein Handeln bestimmt, dann ist dein Handeln nicht mehr ehrlich! Deine Motivation hat sich geändert, dein Antrieb bist nicht mehr du selbst – du hast dich verkauft. Geld ist immer nur Mittel zum Zweck – du aber bist zum Prostituierten geworden. Erzähl mir nichts mehr von Glaubwürdigkeit. […] Kunst kann niemals aus der Prämisse entstehen, Geld damit verdienen zu müssen, denn dann ist es keine Kunst mehr, sondern nur ein Arbeitsvorgang, eine RE-PRODUKTION – und deshalb sind Bands, die Musik machen, um Geld damit zu verdienen, definitiv SCHEISSE!" (*Plot* Fanzine Nr. 2, 1995, 5).

„For me, the creation is much more important than the profit. Call me an insane bastard in this world of sane salespeople, but the act of creation is much more satisfying than the act of making profit. I think that most people doing creative things would agree and that's why the DIY ethic means everything to us in this hardcore/punkrock world" (*HeartattaCk* Fanzine Nr. 29, 1998, ohne Seitenangabe).

Das DIY-Feld kann gewissermaßen als „eingeschränktes *pop*kulturelles Produktionsfeld" betrachtet werden. Charakteristisch für das DIY-Feld ist der Versuch, den grundlegenden Widerspruch von Kunst als Ausdruck von Autonomie und Kunst als Ware (vgl. Steinert 2002, 101) bzw. von Punk/HC und Kapitalismus (vgl. Thompson 2004, 120) zu relativieren, völlig aufheben lässt er sich nicht.

Das Streben nach finanziellem Gewinn ist im DIY-Feld ebenso verpönt wie bei Bourdieus hochkulturellen „Produzenten-für-Produzenten". Das demonstrative und plakative Desinteresse am Profit und am großen Publikumserfolg, das durch DIY symbolisiert wird, zahlt sich – ähnlich wie für den Bereich der Hochkultur beschrieben – in Form von Anerkennung und sozialem Prestige, d. h. als symbolisches Kapital aus.

„Die Dividenden [dieser populärkulturellen Produktivität] werden in Form von Spaß und Anerkennung innerhalb einer Gemeinschaft mit dem gleichen Vorlieben ausbezahlt" (Fiske 1997, 57).

Über dieses symbolische Kapital wird soziale und kulturelle Differenzierung einerseits vom Mainstream, andererseits v. a. innerhalb der Szene praktiziert. Über Ablehnung der Konventionen und Mechanismen des populärkulturellen Mainstreams definieren sich die DIY-Aktivisten maßgeblich. Man verweigert sich den Strategien, aber auch den Produkten

---

40 Vgl. den Menüunterpunkt „About X-Mist" unter www.x-mist.de (16.01.2006).

eines Massenmarktes, und schafft sich stattdessen sein eigenes populär-
bzw. subkulturelles Kapital z. B. in Form von kulturellen Texten wie
Fanzines oder Tonträgern (vgl. Fiske 1997, Thornton 1996). Während
Fiske für die „normalen" Fans populärkultureller Objekte deutlich macht,
dass diese gerade aus dem kommerziellen Warenangebot (Texte, Stars,
Auftritte) der Kulturindustrie ihre eigene Kultur schaffen (vgl. Fiske
1997, 67), ist für die DIY-Szenen charakteristisch, dass diese sich ihre
Kultur möglichst gerade nicht aus den kulturindustriellen Angeboten herstellen. Die Hardcores sehen sich selbst entsprechend auch nicht als
„Fans", da sie den Fan-Begriff untrennbar mit entsprechenden Produzen-
ten-Konsumenten-Hierarchien verbunden sehen, die durch DIY ja gerade
aufgehoben werden sollen. „Es besteht eine Beziehung zwischen Fankultur und den kommerziellen Interessen der Kulturindustrie. Fans sind für
die Industrie ein weiterer Absatzmarkt" (Fiske 1997, 68). Während die
Industrie also versucht, die Fans zu „inkorporieren", und die Fans versuchen, der Industrie bestimmte Produkte zu „exkorporieren" (vgl. Fiske
1997, 68), versuchen die DIY-Aktivisten sich dem Fan-Industrie-Ver-
hältnis ganz zu entziehen. Mehr noch als die „normalen" Fans, die bei
Fiske im Zentrum stehen, sind also DIY-Aktivisten als „Schwarzarbeiter
im Kulturbereich" (Fiske 1997, 57) zu verstehen.

Letztlich arbeiten die DIY-Aktivisten aber selten völlig entkoppelt
von der Kulturindustrie. DIY-Produktionen greifen, wenn auch in einem
möglichst geringen Maße, häufig auch auf standardisierte Reprodukti-
onsverfahren zurück (z. B. Tonträgerpressungen). DIY kann daher als
der popkulturelle Versuch gedeutet werden, dem zumindest teilweise unter Bedingungen der Massenfertigung hergestellten Produkt etwas Ein-
zigartiges zu verleihen – und zwar mit anderen Mitteln als denen der
Hochkulturproduktion. Beispielsweise wird den kulturellen Produkten
durch nachträgliches „Selbst-Hand-anlegen" (Nummerierungen, selbst
genähte oder beklebte Verpackungen, unterschiedliche Plattencover der-
selben Veröffentlichung) eine exklusive Aura verliehen, die die kulturindustriellen Produkte aus der Sicht der DIY-Aktivisten nicht haben. Die
Absicht ist es, dem (pop-)kulturellen Objekt den Charakter des stromli-
nienförmigen Massenprodukts zu nehmen, der den Mainstream bzw. die
Produkte der Musikindustrie zumindest aus der Sicht der DIY-Aktivisten
kennzeichnet. Gleichzeitig weicht DIY vom Perfektionsstreben und der
Aura des „Unerreichbaren" einer hochkulturellen Produktion ab. DIY ist
somit simultane Kritik sowohl an den Produktionsstrukturen der Kulturindustrie sowie an der Mystifizierung des professionellen Künstlers im
eingeschränkten hochkulturellen Produktionsfelds. Indem das DIY-Feld
und das Feld eingeschränkter (hoch)kultureller Produktion die Abgrenzung gegenüber dem Mainstream bzw. der Kulturindustrie und deren
Ausrichtung nach ökonomischem Erfolg ins Zentrum stellen, ähnelt sich
die Distinktionslogik beider Felder. Gleichzeitig steht das DIY-Prinzip
jedoch auch den Exklusivitätsstrategien und dem Perfektionsanspruch

des hochkulturellen Feldes entgegen, indem das „Jeder kann und soll selbst etwas produzieren" zur Maxime erhoben ist.

Die Anerkennung von künstlerischen Produkten als kulturelles Kapital setzt nach Bourdieu voraus, dass in den entsprechenden sozialen Kontexten eine Übereinkunft darüber besteht und immer wieder bestätigt wird, dass diese Produkte „wertvoll" sind und über „das gewisse Etwas" verfügen (vgl. Bourdieu 1982). Hierfür sind so genannte Konsekrationsinstanzen notwendig, d. h. Orte und Institutionen, die für die Aushandlung der Kriterien und die Auswahl der wertgeschätzten Produkte zuständig sind. Analog zu den Legitimationsinstanzen der Hochkultur können szeneinterne Fanzines, Homepages und Diskussionsforen als „inoffizielle" Legitimations- bzw. Konsekrationsinstanzen der DIY-Kultur begriffen werden. Hier werden die Szeneregeln, -codes, -werte und -einstellungen veröffentlicht, aber auch diskursiv verhandelt. Thornton (1996) weist auf die entsprechende Doppelfunktion der Fanzines als Szenemedien hin: Sie sind von entscheidender Bedeutung nicht nur für die Distribution, sondern v. a. auch für die Definition von (sub)kulturellem Kapital (vgl. Thornton 1996, 14 und 161).

DIY schafft innerhalb der Populärkultur Distinktionsgewinne, die denen der Hochkultur, wie Bourdieu sie beschreibt, ähnlich sind und ähnlichen Prinzipien folgen. DIY erweckt durch den Mitmach-Charakter zunächst den Anschein, eine besonders leicht zugängliche Form widerspenstiger Kultur zu sein. Erst auf den zweiten Blick wird deutlich, dass offensichtlich ebenfalls Mechanismen der Exklusion und Distinktion wirksam sind, die den Zugang zu dieser Kultur und die Handlungsmöglichkeiten innerhalb der Szene regeln: Zum Teil scheint die DIY-Kultur mit den eher traditionellen Formen sozialer Ungleichheit in Zusammenhang zu stehen; so sind es v. a. die höher gebildeten, männlichen und älteren Szenegänger, die den Diskurs führen und zu den DIY-Aktivisten gerechnet werden können (vgl. Kapitel D4.10.3; vgl. auch Fiske 1997, 60). Wie in den meisten Jugendszenen und -kulturen ist außerdem die Einarbeitung in die Szene-Codes die zentrale Voraussetzung dafür, dem szeneinternen Diskurs folgen zu können und innerhalb der Szene handlungsfähig zu sein (vgl. Müller 1995; Müller et al. 2004, 2006; Hitzler/Pfadenhauer 2005). Wer DIY betreibt zeigt, dass er die entsprechenden Informationsquellen (z. B. Fanzines) kennt und über das entsprechende sub- bzw. popkulturelle Kapital verfügt, das DIY erst möglich macht. Mit den szenespezifischen Kompetenzen und den Instanzen, die diese vermitteln, beschäftigt sich das nächste Kapitel.[41]

---

41 Es handelt sich bei dem folgenden Kapitel um eine überarbeitete und ergänzte Fassung von Calmbach/Rhein (2007).

3.6 Erwerb und Vermittlung von DIY-Kompetenzen

Es wird nun vor dem Hintergrund der Theorie der medialen und musikalischen Selbstsozialisation (Müller 1995, Müller et al. 2004) sowie des Konzepts der „unsichtbaren Bildungsprogramme" (Hitzler/Pfadenhauer 2005) die Frage der Aneignung und der Vermittlung der entsprechenden Wissensbestände, Diskurse und Kompetenzen beleuchtet, die notwendig sind, um nach dem DIY-Prinzip handeln zu können. Kapitel C3.6.1 schildert den theoretischen Hintergrund der nachfolgenden Überlegungen.

Über die Art und Weise der Vermittlung von szenerelevanten Kompetenzen ist bislang kaum etwas bekannt. Sicherlich spielen „learning-by-doing" sowie Mund-zu-Mund-Erfahrungsaustausch innerhalb der Szene eine wichtige Rolle (vgl. Hitzler/Pfadenhauer 2005), allerdings tragen auch szenespezifische Medien ihren Teil dazu bei. Hier sind insbesondere Fanzines zu nennen, die bezeichnenderweise selbst DIY-Produkte sind. Interessanterweise wurde in den mittlerweile zahlreichen Veröffentlichungen zu Fanzines bislang kaum explizit auf diesen Bildungsaspekt aufmerksam gemacht (z. B. Neumann 1997, 1999; Duncombe 1997; Spencer 2005). Auf der Basis einer umfangreichen Sichtung von Fanzine-Artikeln, die die Vermittlung von DIY-Kompetenzen zum Gegenstand haben, wird in Kapitel C3.6.2 das DIY-spezifische Bildungsprogramm nachgezeichnet. Diese Artikel illustrieren dabei zugleich das unkommerzielle, kritische und kreative Selbstverständnis der Szene. Als ebenso zentraler Aspekt dieses Selbstverständnisses ist auch der Umgang mit Wissen in der HC-Szene zu zählen, der Gegenstand von Kapitel C3.6.3 ist.

3.6.1 Theoretischer Hintergrund

Entgegen der innerhalb der Jugendkultur HC selbst vertretenen Ansicht, dass DIY von jedem ohne besondere Qualifikationen und Vorkenntnisse betrieben werden kann, wird hier davon ausgegangen, dass die *demonstrative Produktion* entlang betont unprofessioneller und unkommerzieller Kriterien sehr wohl die Aneignung von szenespezifischen Fähigkeiten, Fertigkeiten und Wissensformen voraussetzt. Diese Kompetenzen sind die Basis für eine glaubwürdige Umsetzung von DIY und somit Grundlage für soziale Anerkennung. Kurz: DIY muss bei aller vermeintlichen Einfachheit, die von der Szene stets propagiert wird, auch gelernt und verstanden werden.

Dass die Mitgliedschaft in Jugendkulturen und in Peerkontexten grundsätzlich eine Aneignungsleistung im Hinblick auf Kompetenzen und Wissensbestände voraussetzt, wird im Konzept der medialen und musikalischen Selbstsozialisation (vgl. Müller 2002, 1999, 1995; Müller

et al. 2002, 2004, 2006) betont. Angesichts der zunehmenden Individualisierung und kulturellen Pluralisierung der Gesellschaft ist das Individuum im Prozess seiner Sozialisation und Identitätsentwicklung stärker
denn je selbst gefordert: Man muss auswählen, mit wem und womit man
sich identifiziert und von wem und wovon man sich abgrenzen möchte.
Damit die soziale Integration in den selbstgewählten Peerkontext wie
z. B. in die Jugendkultur HC gelingt, damit die eigene soziale und kulturelle Identität, die über die Identifikation mit bestimmten Kulturen und
die Ablehnung anderer konstruiert wird, verlässlich und eindeutig signalisiert werden kann, muss sich das Individuum in die Symbolwelt der jeweiligen Kultur einarbeiten (vgl. Müller et al. 2004, 238). Es müssen die
entsprechenden rezeptiven und produktiven Kompetenzen erworben
werden, die für die Teilnahme und Teilhabe am Szeneleben relevant
sind. Je spezialisierter Jugendkulturen sind, desto spezifischer auch die
Kompetenzen und Kenntnisse, die angeeignet werden müssen, um darin
Mitglied zu werden und um diese Mitgliedschaft auch abzusichern. Es
gilt „Gelungene Abgrenzung ist *informierte* Abgrenzung" (Holert 2002,
30).

Die mit der Selbstsozialisation verbundene Aneignung der szenerelevanten Wissensbestände, Kompetenzen, Wertvorstellungen und kulturellen Praktiken findet innerhalb und durch die Szene selbst statt. Der An-
eignungsprozess ist dabei insbesondere durch autodidaktisches und ko-
operatives Lernen geprägt, allerdings sind auch andere, z. B. stärker formalisierte Formen des Lernens innerhalb der Szenen denkbar, wie später
gezeigt werden soll. Offizielle Bildungsinstitutionen wie Schule oder U-
niversität kommen hingegen für die Vermittlung und Aneignung szenerelevanter Kompetenzen und Wissensbestände i. d. R. von vorneherein
nicht in Frage – zum einen aufgrund des hohen Spezialisierungsgrads
vieler Szenen, zum anderen weil im Selbstverständnis vieler Szenen (wie
z. B. der HC-Szene) offizielle Bildungsinstitutionen und deren Wertvorstellungen nicht selten ex- oder implizit abgelehnt oder zumindest in
Frage gestellt werden. Szenen haben also ihre eigenen Bildungsprogramme, die Hitzler und Pfadenhauer (2005) als „unsichtbar" beschreiben – zum einen, weil sie sich den Außenstehenden in der Regel kaum
erschließen: So wurden Szenen als Bildungskontexte bislang auch aus
bildungspolitischer und -theoretischer Perspektive kaum ernsthaft in Be-
tracht gezogen. Zum anderen werden die Bildungsprogramme der Szenen
auch von den Szenemitgliedern selbst kaum bewusst als solche wahrgenommen: Für sie steht der Spaß an der (kompetenten) Teilnahme und an
der sozialen Anerkennung, die diese mit sich bringt, im Mittelpunkt ihres
Szeneengagements – und nicht etwa der Gedanke der (Weiter-)Bildung
oder Qualifikation.

Szenen haben entsprechend auch eigene Vermittlungsinstanzen für
ihre Bildungsprogramme. In gegenkulturellen Kontexten kommt dabei
insbesondere sog. „alternativen Medien" wie den Fanzines eine wichtige

Rolle zu.[42] Ihr Einsatz als szeneinterne Bildungsinstanz steht im Einklang mit einem Umgehen mit Wissen und mit formaler Bildung, der dem Selbstbild der Szene entspricht. Mithilfe alternativer Medien organisieren die Autodidakten ihre Bildung selbst:

> „A key feature of these media is the erosion of the expert who is dependent on formal education and professionalization, to be replaced by the autodidact, informally skilled often through collective experimentation. [...] Alternative Media appear quite indifferent to formal education. They are as interested in education gained through action as in that gained through the written word" (Atton 2002, 153f).

Im folgenden Kapitel C3.6.2 steht die Vermittlung von Szenewissen und -kompetenzen über HC-Fanzines im Mittelpunkt. Am Beispiel von Fanzine-Artikeln wird erläutert, *wie* und *für welche Bereiche* DIY-Kompetenzen in der HC-Szene vermittelt werden. Daran anschließend wird der szenetypische Umgang mit Wissen thematisiert (Kapitel C3.6.3)

3.6.2   Fanzines als Vermittler von DIY-Kompetenzen

> „HaC: Having been involved with music scenes on many different levels is there something different you find in the hardcore scenes that keeps you close to it?
>
> Pushead: If anything, it has been a great learning experience. There is so much knowledge available within the hardcore scene" (Pushead-Interview in *HeartattaCk* Fanzine [HaC] Nr. 35, 2002, ohne Seitenangabe).

In Fanzines werden konkrete Handlungsanleitungen veröffentlicht, anhand derer DIY „gelernt" wird bzw. mittels derer einer erste „Starthilfe" geleistet werden soll. Die Fanzine-Artikel, die sich mit konkreten DIY-Handlungsanleitungen beschäftigen, sind häufig als „*How to...*"-Ratgeber formuliert und haben Kurscharakter, d. h. in meist sehr wenigen Schritten werden die wichtigsten Aspekte, die es beispielsweise bei der Organisation von Konzerten oder der Produktion von Fanzines zu beachten gilt, erläutert. Diese Artikel dienen zum einen der „Hilfe zur Selbsthilfe", zum anderen verfolgen sie dabei stets klar den Anspruch, sich bzw. das eigene Schaffen von (kultur-)industriellen Praktiken abzugrenzen. Abb. 6 zeigt eine typische DIY-Handlungsanleitung (vgl. Wrekk 2005, 26ff).

---

42 Im Folgenden stehen v. a. Fanzines als Vermittlungsinstanzen von DIY-Kompetenzen im Mittelpunkt. Es gibt aber auch zahlreiche Internetseiten, die sich die Vermittlung von DIY-Kompetenzen zum Ziel gesetzt haben, z. B. www.byofl.org und www.indiecentre.com.

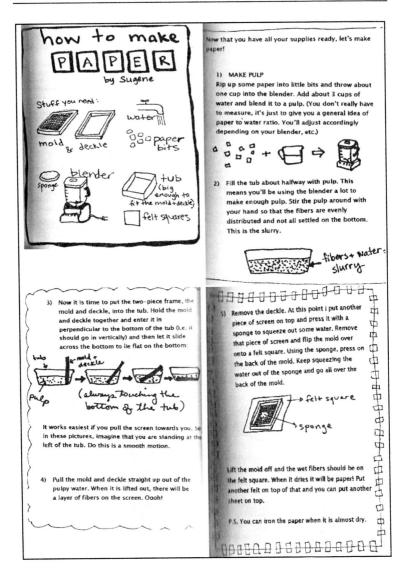

Abb. 6: DIY-Ratgeber „How to make paper"

Die DIY-Praxis kann soweit gehen, die notwendigen Materialien zu recyceln bzw. selbst herzustellen, wie der Herausgeber eines DIY-Ratgebers klarstellt:

„It is about being conscious of the world around you. I really enjoy being able to reuse things creatively that other would perceive as junk. Recycling goes beyond just Earth day environmentalism and conscious consuming. It becomes a craft, an art form in itself. The fact that the components are not viewed as commodities makes them even more accessible. There is no need to purchase things that you can easily make yourself and have little fun while doing it" (Wrekk 2005, 2).

Die DIY-Ratgeber schulen ihre Leser im Hinblick auf die Praktiken, die im Einklang mit dem Verständnis einer alternativen Kultur stehen – sie zeigen aber (explizit oder implizit) ebenso sehr auf, wie man es *nicht* machen sollte. DIY muss also auf die „richtige" Art und Weise betrieben werden, wie auch die folgenden Zitate aus Experteninterviews mit Szeneaktivisten und -aktivistinnen unterstreichen:

„Ist ja logisch, dass man nicht zur Deutschen Bank geht und da fragt, ob sie einem das Festival sponsern wollen. Auf sowas würde niemand kommen. Man hilft sich eher gegenseitig ohne Hilfe von Außen. Obwohl es mittlerweile auch sogenannte Hardcore-Festivals gibt, die sich groß von ‚Vans' [Skateboard-Schuhmarke, M. C.] oder ‚Eastpak' [Rucksack-Marke, M. C.] sponsern lassen. Aber mit DIY, oder das wofür DIY ursprünglich mal stand, hat das nix mehr zu tun" (Pascal).

„DIY gleicht schon irgendwie einem Regelwerk, das ziemlich strikt abgesteckt ist und das man auch erst mal blicken muss. Sonst kann man sich's bei der Szenepolizei ganz schnell verscheißen" (Steffen).

Auch DIY setzt somit spezifisches (sub)kulturelles Kapital voraus.[43]

Fanzines fungieren als „inoffizielle" Bildungsinstitutionen, die zum einen die Notwendigkeit alternativer Kulturproduktion und Lebensweisen betonen und zum anderen zeigen, wie diese in der Praxis dann genau umgesetzt werden können bzw. umzusetzen sind. Aus Sicht der Hardcores zählt gerade nicht das „bloße" Wissen bzw. die Kritik an bestimmten Sachverhalten allein, sondern v. a. die praktische Antwort, die als Alternative darauf gegeben wird. Das Credo, das häufig auf Flyern und in Fanzines zu lesen ist, lautet entsprechend „Action speaks louder than words" oder wie es die Band *D.O.A.* als Plattentitel formulierte „Talk-Action=0". Es geht also darum, „‚Nein' zu sagen und ‚Ja' zu handeln". So widmete beispielsweise das Heft *Punk Planet* eine komplette Ausgabe dem Thema „Become the media. Reference guide to a revolution" (*Punk Planet* Nr. 43, 2001) und bot darin: „a collection of articles, interviews, and DIYs that will introduce the reader to the many different levels, elements, and structures of the independent media revolution that is underway" (*Punk Planet* Nr. 43, 2001, 69). In dieser Ausgabe geht es neben der Vermittlung von Hintergrundwissen zur Notwendigkeit alternativer

---

43 In Kapitel D4.10.3.4 wird empirisch der Frage nachgegangen, inwiefern ein Zusammenhang besteht zwischen der Dauer der Szenezugehörigkeit und der Anzahl der übernommenen Szenetätigkeiten. Es wird der Vermutung nachgegangen, dass diejenigen Personen, die länger „dabei sind" über mehr kulturelles Kapital verfügen und daher auch mehr Tätigkeiten übernehmen.

Medienberichterstattung v. a. darum, in Form von konkreten und verständlichen Handlungsanleitungen den Lesern sogleich die Kompetenzen an die Hand zu geben, die sie selbst zu (Medien-)Aktivismus befähigen.

„It's one thing to talk about Indymedia[44], or media activism in general [...] But it's another thing to talk about those projects in conjunction with giving people a basic leg up on how to actual CREATE media content, through DIYs on subjects like video edition, audio, low-power radio, HTML and flash. The real power of this media issue [...] is to both have these things done in tandem: teach someone how to use something, while demonstrating HOW it's being used or the theory behind WHY it's being used" (*Punk Planet* Nr. 43, 2001, 69).

Tab. 2 dokumentiert einige weitere typische Beispiele für das mannigfaltige Bildungsprogramm der HC- und Punk-Fanzines.[45] Besonders stark vertreten sind Artikel, die sich mit dem „DIY-Business", also den alternativen Geschäftspraktiken der Produktion und des Vertriebs von Tonträgern und Fanzines sowie der Organisation von Konzerten und Tourneen, beschäftigen. Weitere Artikel können den Rubriken „Technologie", „Ökologie/Ernährung/Gesundheit/Politik" sowie „Basteln/Verschiedenes" zugeordnet werden. Ein sehr prominentes Beispiel für das DIY-Business ist die Informationsbroschüre *An introductionary mechanics guide to putting out records, cassettes and cds*, die das Label *Simple Machines* aus Washington D. C. zwischen 1991 und 1998 in vier aktualisierten Auflagen ca. 8000 mal weltweit verschickte.[46] Dieses Pamphlet bietet detaillierte Einblicke in alle Stufen des Produktionsprozesses von Tonträgern sowie Hinweise zu Covergestaltung, Distribution und Copyright-Bestimmungen.

---

44 Das *Independent Media Center* (kurz *Indymedia* oder *IMC*) ist ein Netzwerk von Medienorganisationen und Journalisten, die sich im November 1999 zusammengeschlossen haben und seither maßgeblich an der weltweiten Organisation der Anti-Globalisierungs-Kampagnen beteiligt sind.

45 In Tab. 2 sind nicht nur konkrete DIY-Handlungsanleitungen im engeren Sinne aufgeführt, sondern auch Artikel, die das hardcore-spezifische Bildungsprogramm im Allgemeinen illustrieren (z. B. Informationen zu Massentierhaltung, politische Randthemen).

46 Mittlerweile existiert das Label nicht mehr. Die Broschüre wurde jedoch im Jahr 2000 erneut aktualisiert und wird unter www.indiecentre.com zum Gratis-Download angeboten.

DIY-Business	Tonträger	An introductionary mechanics guide to putting out records, cassettes and cds (*Simple Machines* Info Brochure) DIY recordings (*Break Even*) How to put out records (*Punks at Work* Nr. 1) Opening a DIY record store (*Inside Front* Nr. 9, 1996)
	Fanzines	How to do a fanzine. Just start writing (*Punk is dad* Nr. 3, 2005) Stolen Sharpie Revolution. A DIY Zine Resource (*Wreck* 2005) How to start your own zine (*Out of Step* Nr. 6, 1994) Fanzines am PC layouten (*ZineZine* Nr. 3, 2005) Zine Distribution (*Punk Planet* Nr. 16. 1997)
	Konzerte/ Tourneen	Wir brutzeln uns ein lecker Punkkonzert (*Punk is dad*, Nr. 4, 2005) Do it yourself touring (*Inside Front* Nr. 9, 1996) How to organize a concert (*Zap* Nr. 7, 1988) Managing tours (*Reflections* Nr. 15, 2004)
	Musik-Industrie	Im Bett mit den Major-Labels (*Plot* Nr. 2, 1995) Major Labels: Die Wurzel allen Übels? (*Plot* Nr. 1, 1995) Independent Internet Music Sites (*Skyscraper* Nr 6, 1999) Major Labels (*Maximum Rock and Roll* Nr. 133, 1995)
Technologie		The DIY guide to shortwave radio (*Punk Planet* Nr. 20, 1997) Wie bastel' ich mir eine Homepage? (*Punk is dad*, Nr. 4, 2005) Become the media. Reference guide to a revolution (*Punk Planet* Nr. 43, 2001), How to tape a live show (*Punk Planet* Nr. 41, 2001)
Ökologie/Ernährung/ Gesundheit/Politik		Ten steps to delicious soymilk (*Punks at Work* Nr. 1) Do-it-„fucking"-yourself-ice-t (*Flatline* Nr.3, 1997) A brief introduction to organic gardening (*You and Me* Nr. 4, 2003) McDonald's – Daten und Fakten (*Clean Blood* Nr. 1) Rauchen gefährdet die Gesundheit (*XConsolidationX* Nr. 1, 1996) Tips for eating vegetarian worldwide (*Punk Planet* Nr. 43, 2001) Massentierhaltung oder Wieso vegan? (*Choice to live*, ohne weitere Angaben)
Basteln/Verschiedenes		Anleitung zum Kirchenaustritt (*Mugwump* Nr. 2) Kapuzenjacke zum Selbermachen (*Wedgie* Nr. 2) Schicke Aufnäher zum Selberbasteln (*Punk is Dad* Nr. 3, 2005) Der Weg zum eigenen heimeligen Punk-Bett (*Flatline* Nr. 3, 1997) Schlagzeug Selba-baun (*AZNT* Nr. 2, 1985)

Tab. 2: Beispiele zum DIY-Bildungsprogramm in HC-Fanzines

In dem niederländischen Fanzine *Reflections* werden Antworten auf die Fragen geboten „Ever wanted to know how bands go by on tour? Or how to treat them when doing a show? Tourmaster Mike explains it all!" (*Reflections* Nr. 15, 2004, 39). Der Artikel „Booking and promoting your own tour" im Fanzine *Punk Planet* (*Punk Planet* Nr. 61, 2004) soll insbesondere unbekannten Bands die Möglichkeiten aufzeigen, wie sie selbst ihre Touren buchen können:

„Bands often assume that the sort of knowledge required to get shows and get people to the shows is far more than they possess. It's not uncommon for bands to assume that they absolutely *must* have a booking agent and a publicist before even thinking about planning a successful tour. But that just isn't the truth. While booking agents and publicists can be wonderful wells of resources for getting the job done, it's entirely possible (though not always easy) to *do it yourself*. This quick-flip guide to booking and promoting a tour – while not totally inclusive or at all definitive – will get you well on your way to the road. You just need a little gusto and a whole lot of patience" (*Punk Planet* Nr. 61, 2004, 106).

Auch Fanzine-Herausgeber stellen ihr Wissen und ihre Erfahrungen bezüglich Produktion und Vertrieb anderen Lesern zur Verfügung. Abb. 7 zeigt das Inhaltsverzeichnis des Handbuchs *Stolen Sharpie Revolution: A DIY Zine Resource* (Wrekk 2005), das zahlreiche „How to…"-Ratgeber beinhaltet, die sich mit relevanten Aspekten der Produktion und Distribution von Fanzines befassen.

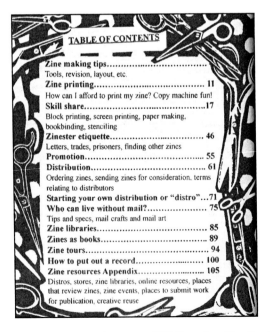

Abb. 7: Inhaltsverzeichnis eines DIY-Ratgeber-Handbuchs

Eine Einführung zu den Layout-Möglichkeiten von Fanzines mit dem Computer bietet auch das Fanzine *ZineZine*. Der Autor möchte denjenigen „einen kleinen Einstieg geben [...], die gerne wissen möchten, wie dies funktioniert, was man dafür außer einem PC noch braucht und was man beachten muss" (Johannes, *ZineZine* Fanzine Nr. 3, ohne Jahres- und Seitenangabe).

Komplementär zu diesen Ratgeber-Artikeln werden auch die Strukturen der Musikindustrie und deren Querverbindungen zur eigenen Szene unter die Lupe genommen. In der Art eines investigativen Journalismus stellen die Schreiber beispielsweise die Szene-Integrität vermeintlich unabhängiger Labels/Vertriebe in Frage, in dem sie die vielfachen Allianzen vermeintlicher Indie-Labels mit Majorunternehmen aufzeigen Die weltweit wohl bekannteste, regelmäßig erscheinende Punk-Publikation *Maximum Rock and Roll* aus den USA widmete 1994 (*Maximum Rock and Roll* Nr. 133) eine viel beachtete und ein Jahr später aufgrund der großen Nachfrage wieder veröffentlichte Ausgabe ausschließlich der Thematik „Everything you always wanted to know about majorlabels".[47] Auch das deutsche Fanzine *Plot* beschäftigte sich über mehrere Ausgaben hinweg mit dieser Problematik:

„Ein Trend dieser Zeit bei den MAJORS ist, alles so „indie-mäßig" wie möglich aussehen zu lassen... Rebellische und revolutionäre Attitüden lassen sich gerade an Jugendliche gut verkaufen! [...] In den USA, und auch hierzulande gibt es etliche dieser Pseudo-Indies: CAROLINE gehört zu VIRGIN, welches wiederum ein Teil des THORN-EMI-Konzerns ist! GUN, das neue Label der SPERM-BIRDS, ist ein Teil von BMG-ARIOLA – ein Bestandteil des Medienmultis Bertelsmann ... der u. a. auch die meisten Anteile an VIVA hält – kein Wunder also, dass nun auch die SPERMBIRDS auf VIVA sieht... Da mutet es ja lustig an, zu sehen wie krampfhaft die SPERMBIRDS in jedem ihrer Interviews immer wieder ihre beibehaltene Integrität hervorheben. Genau das entspricht dem Konzept der Majors" (*Plot* Fanzine Nr. 1, 1995, 28).

Solche Beiträge versuchen, die zunehmend unschärfer werdende Grenze zwischen Underground und Mainstream/Kommerz bzw. Indie- und Mainstreamlabels nachzuziehen, indem aufgezeigt wird, welche Labels und Vertriebe ausschließlich auf DIY-Basis arbeiten und in keiner strukturellen Abhängigkeit zu den „großen Majors" stehen und somit aus Sicht der HC- bzw. Punkszene als „indie" gelten. Die Zuschreibung von Authentizität findet somit nicht über musikalische Kriterien statt, sondern über die strukturelle Verortung der Bands. Das hierfür notwenige Wissen um diese kommerziellen Strukturen und den möglichen Alternativen dazu, wird maßgeblich über Fanzines vermittelt.

---

47 Der Titel dieser Ausgabe lautete „Major Labels. Some of your friend are already that fucked".

Die Maxime der HC-Szene „More than Music" spiegelt sich in den vielen Fanzine-Artikeln wieder, die dazu auffordern, den DIY-Gedanken auch über die musikorientierten Bereiche hinaus auszudehnen. Das Fanzine *Punks at Work* kommt dem „More than Music"-Gedanken besonders deutlich nach und verzichtet völlig auf Bandinterviews und Plattenbesprechungen. Stattdessen stellt Artikel zusammen, die sich ausschließlich mit DIY-Handlungsanleitungen beschäftigen.

„I would like to see this zine as a hardcore/punk compilation, the only difference is that you have to add the music yourself" (*Punks at Work* Nr. 1, ohne Jahres- und Seitenangabe).

Auch das *Flatline* Fanzine plädoyiert dafür, DIY nicht nur auf das Herausbringen von Musik zu beschränken:

„Hört das Leben etwas nach dem Kauf von ‚selbstgemachten' Platten auf? Oder ist das Gemüse im Supermarkt von ein paar Landpunx angebaut worden? Die neue Hose von der d.i.y.-Nähbrigade hergestellt? Der neue Schrank für die Platten bei der letzten Bestellung vom d.i.y.-Label gleich mitgeliefert? Oder, oder blabla… Es gibt unzählige Dinge, die man sich (wenigstens zum Teil) selbst herstellen kann, wofür man also sein Geld nicht an menschen-/naturfeindliche Konzerne verschwenden muss. […] in den heute existierenden (?) ‚Frei'räumen die d.i.y.-Ethik auf möglichst alle Konsumbereiche auszudehnen, wäre wohl gar nicht so flasch [sic]" (*Flatline* Fanzine Nr. 3, 1997, ohne Seitenangabe).

Zudem zeigen die vielen Artikel, die in Tab. 2 in den Rubriken „Ökologie/Ernährung/Gesundheit/Politik" sowie „Basteln/Verschiedenes" aufgeführt sind, dass DIY keineswegs ausschließlich auf Produktion und Vertrieb von Fanzines sowie die Organisation von Konzerten und Tourneen beschränkt ist. Neben Hintergrundwissen zur Musikindustrie wird über Fanzines aber auch auf politische, ökologische und soziale Themen aufmerksam gemacht, die häufig nicht im Zentrum des öffentlichen Interesses stehen: „DIY culture […] has its own media to carry news and information that the mainstream media ignore, to keep in contact and address important issues" (Brass/Poklewski Koziell 1997, 125). Am Beispiel der Straight-Edge-HC-Szene zeigt Haenfler beispielsweise auf:

„Some sXe [Straight Edge, M. C] youth involved themselves in social justice causes such as homlessness, human rights, and women's rights. […] some sXe youth printed ‚zines on prisoners' rights, fighting neo-nazism, challenging police brutality, and various human rights and environmental issues" (Haenfler 2004, 427).

Diese Artikel machen deutlich, dass HC nicht „nur" als Musikrichtung verstanden wird, sondern v. a. als ganzheitliche alternative Lebenseinstellung bzw. -weise auch über das Szenegeschehen hinaus im Alltag gelebt wird bzw. gelebt werden sollte. Besonders prominent vertreten sind in Fanzines Beiträge zu den Vorzügen bzw. der Notwendigkeit vegetarischer und veganer Ernährung.[48] In nicht selten „missionarischen" Berichten wird die Aufforderung zur Umstellung auf vegetarische/vegane Ernährung mit Hintergrundberichten zu Massentierhaltung, Globalisierung und Gesundheitsfragen untermauert. In Fanzines finden sich entsprechend auch Anleitungen zur „erfolgreichen" Ernährungsumstellung. Beispielsweise teilt der Verfasser des „Vegan-Report" (*Pfiehnz* Nr. 2, 1996) seine eigenen Erfahrungen diesbezüglich mit:

„Es ist quasi eine Dokumentation, meiner eigenen probeweisen Umstellung, die ich kürzlich mit meiner Freundin vollzogen hatte. Es soll ein kleiner Anreiz sein, die Sache zumindest selbst mal auszuprobieren" (*Pfiehnz* Fanzine Nr. 2, 1996, ohne Seitenangabe).

Eine Anleitung zum Anbau von Bio-Gemüse bietet der Artikel „Growing your own" (*Punks at Work* Nr. 1). Die Aufforderung zum Selbermachen wird hier ebenfalls näher begründet:

„Conventional methods of mass food production depend very heavily upon specialised machinery, artificial fertilisers and monocultures, all of which contribute to a worldwide massive soil erosion. Herbicides, pesticides and fungicides poison fieldworkers, wildlife and the soil, whilst precious fossil fuels are squandered in the production of these chemicals, and in transporting crops often thousands of miles from where they were grown" (*Punks at Work* Fanzine Nr. 1, ohne Jahres- und Seitenangabe).

Bei den Appellen zum Selbermachen wird nicht selten auch zum Boykott von (meist multinationalen) Konzernen aufgerufen.

„Boycott BASF and other such firms, as they do animal testing" (*Punks at Work* Fanzine Nr. 1, ohne Jahres- und Seitenangabe).

„Was hinter der grinsenden Fratze von Ronald McDonald steckt, bedeutet für viele Betteln, Hunger und Elend. Aber auch. Aber auch wir werden die Folgen der Klimakatastrophe und der Umweltzerstörung, an denen McDonald's eine große Teilschuld trägt, zu spüren bekommen. Das ‚billige' Fastfood haben sicher nicht nur die zu zahlen, die es essen. Boykottiert und bekämpft den Wahnsinn!!" (*Choice to live* Fanzine, ohne weitere Angaben)

Ebenso spiegelt sich in den Fanzine-Berichten die unreligiöse Einstellung (vgl. Kapitel D4.2 bzw. die kritische Haltung des Großteils der HC-

---

48 In Kapitel D4.12 wird der Frage nachgegangen, ob die Wahl einer alternativen Ernährungsweise mit der soziokulturellen Nähe zur HC-Szene zusammenhängt bzw. ob HC von Einfluss auf die Ernährungsumstellung ist.

Anhänger gegenüber der Kirche wider. Um es auch hier nicht bei einer verbalen Kritik alleine zu belassen, gibt das Fanzine *Mugwump* eine „Anleitung zum Kirchenaustritt":

„Damit ihr wißt, wie's gemacht wird, will ich hier mal kurz meinen Weg aus der ‚Umklammerung der größten Hirnscheiße seit der Existenz unseres Planeten' skizzieren" (*Mugwump* Fanzine Nr.2, ohne Jahres- und Seitenangabe).

Die weit verbreitete und sehr regelmäßige Veröffentlichung von Handlungsanleitungen in Fanzines spricht dafür, dass durchaus ein Bewusstsein darüber besteht, dass bestimmte Kompetenzen vermittelt werden müssen, d. h. der Aneignung bedürfen, so dass es sich bei dem Gedanken, dass für DIY keine besonderen Qualifikationen notwendig sind, möglicherweise auch um einen kultivierten Szene-Mythos handelt.

Wie diese Artikel zeigen, unterscheidet sich das DIY-spezifische Bildungsprogramm der HC-Szene maßgeblich von den Inhalten institutionalisierter Bildungseinrichtungen. Hitzler und Pfadenhauer verstehen solche szenespezifischen Bildungsprogramme als „unsichtbar", da sie sich über „bildungspolitisch vor-aufgeladene und bildungstheoretisch antiquierte Werte-Raster" (Hitzler/Pfadenhauer 2005, 15) nicht erschließen lassen.

Das nächste Kapitel nimmt den Umgang mit Wissen in der DIY-Praxis in den Blick.

3.6.3 Der Umgang mit Wissen in der DIY-Praxis

Eine zentrale Annahme der Jugendkulturforschung ist, dass in Jugendkulturen über Experten- und Spezialistentum hierarchische Differenzierungen geschaffen werden (z. B. Fiske 1997, Winter 1997b, Winter/Eckert 1990, Thornton 1996). Dies betrifft zum einen die Exklusion derer, die nicht über das notwendige Szenewissen und die zur Szeneteilnahme notwendigen kulturellen Codes verfügen, zum anderen bezieht es sich auf die kulturelle Selbstpositionierung der Einzelnen in der Szene, die Teil ihrer Identitätskonstruktion ist, bzw. auf den Status, der den Einzelnen in der Szene zugeschrieben wird. Eine gängige Strategie beim Umgang mit der Verteilung von Wissen in Jugendkulturen ist daher die restriktive Verwendung dieses Know-hows, mit der die eigene Position in der Szenehierarchie abgesichert werden kann („Wissen ist Macht") (vgl. Fiske 1997, Winter/Eckert 1990, Winter 1997b). Entsprechende Distinktionsgewinne können über das Umgehen mit Wissen aber nur dann erzielt werden, wenn das Wissen nicht für jeden zugänglich ist. Das kulturelle Selbstverständnis der HC-Szene scheint dem jedoch diametral entgegenzustehen: Damit – in Übereinstimmung mit dieser Szenephilosophie – jeder DIY betreiben und damit einen Beitrag für die Szene leisten kann, ist es notwendig, dass nicht nur einige wenige über das entsprechende DIY-Wissen verfügen, sondern dass möglichst viele Zugang zu diesem haben: Konkurrenzdenken widerspricht der DIY-Ideologie – ein Aspekt den die Aktivisten stets betonen. Chris, der Gründer des in den 1980er Jahren in Szenekreisen weltweit hoch geschätzten Kassettenlabels *Bad Compilation Tapes* bringt dies auf den Nenner „Fuck competition – share information" (Sprouse 1990, 44):

„There are articles by people explaining about how to go about setting up tours, how to do albums, how to do fanzines, and how to put on shows. Almost always people will give you contacts, general information, etc. Before we had done a record, we didn't know shit about it, but people helped us establish contacts with pressing plants, engineers, and jack printers. It's also fun to share the ‚how to do it yourself' information with others. We have people asking us how to make compilations all of the time, so we give them a copy of an article we wrote that contains all of the necessary information" (ebd.).

Hitzler und Pfadenhauer merken an, dass aus „der werthaltigen Attitüde des prinzipiellen ‚Selbermachens' resultiert, dass die Vermittlung von als ‚wichtig' angesehenen Kompetenzen [in der HC-Szene] weniger hierarchisch als in anderen Szenen" (Hitzler/Pfadenhauer 2005, 83) erfolgt. Kann der Umgang mit Wissen in der HC-Szene daher womöglich keine distinktiven Funktionen erfüllen? Die Vermittlung von Wissen und Know-how über Fanzines soll im Folgenden im Spannungsfeld von Distinktionsbestrebungen und einer Szenephilosophie, die Konkurrenz- und Hierarchiedenken eigentlich weitgehend ablehnt, näher betrachtet werden.

Zunächst einmal kann festgestellt werden, dass es generell in Jugend- und Fankulturen beide Strategien des Umgehens mit Wissen zu geben scheint: die restriktive Verwendung von Wissen und die Strategie, Wissen als Shareware zu behandeln, indem es in einen gemeinsamen Pool eingebracht wird, aus dem sich jeder Beitragende nach Bedarf bedient (vgl. Ganz-Blättler 2000, 200ff). Während die erste Strategie – eine Exklusionsstrategie – darauf abzielt, Distinktion zu erreichen und Autorität zu etablieren, wird die zweite – eine Inklusionsstrategie – eingesetzt, um Identifikation anzubieten und Gemeinschaft zu schaffen. Je nach soziokulturellem Kontext und spezifischer Situation innerhalb einer Szene können unterschiedliche Strategien angewendet werden. Gleichwohl ist zu vermuten, dass es in bestimmten Szenen eine generelle Präferenz für eine der beiden Strategien gibt, da diese eher in Einklang mit dem Szeneselbstverständnis steht als die andere. So legen es die o. g. Fanzine-Zitate und die wiedergegebenen Äußerungen von Szenegängern nahe, dass in der HC-Kultur die Shareware-Strategie dominiert: Informationen über die Szenephilosophie ebenso wie das konkrete DIY-Know-how werden über Fanzines zugänglich gemacht. In der HC-Szene scheinen damit gerade diejenigen, die über viel Wissen und viele szenerelevante Ressour-

cen verfügen und wie die Fanzine-Schreiber zu den DIY-Aktivisten gehören, bestrebt, ihr Wissen den anderen Szenegängern zur Verfügung zu
stellen.

Betrachtet man die Art des Wissenstransfers über Fanzines genauer,
so wird allerdings deutlich, dass hier – trotz des einerseits verfolgten
Shareware-Gedankens – dennoch andererseits auch Distinktionsmöglich-
keiten bestehen und genutzt werden. Die Wissensweitergabe verläuft beispielsweise – nicht zuletzt bedingt durch das gewählte Vermittlungsme-
dium Fanzine – nur in eine Richtung und ist sogar als ein tendenzielles
„von oben nach unten" definiert: Die Art der gesteuerten Weitergabe von
Wissen über Handlungsanleitungen bzw. kursartig aufbereitete Unterla-
gen erinnert bis zu einem gewissen Grad sogar an eher traditionelle und
formalisierte Formen der Wissensvermittlung (z. B. schulischer Unterricht, außerschulische Weiterbildungsmaßnahmen), bei denen Personen
mit anerkanntem Bildungsvorsprung ihr Wissen auf der Basis eines Cur-
riculums an andere weitergeben und gezielt für deren Kompetenzent-
wicklung sorgen. Wer sein DIY-Wissen und sein Know-how den anderen zur Verfügung stellt, signalisiert und dokumentiert in diesem Moment automatisch seinen Wissens- und Kompetenzvorsprung ebenso wie
seinen Status als Szenemitglied: Er macht deutlich, dass er zu den DIY-
Aktivisten und damit zu den „echten" Hardcores gehört. Gleichwohl beharren die Autoren der „How to"-Ratgeber offensichtlich gerade nicht
auf diesem Aneignungsvorsprung und auf ihrer daraus resultierenden
„höherrangigen" Position, sondern demonstrieren gleichzeitig ihr Anliegen, dass andere es ihnen gleichtun sollen, und tragen so dem Shareware-
Gedanken und der Szene-Philosophie explizit Rechnung.

Aufmerksamkeit verdient im Zusammenhang mit der hier verfolgten
Fragestellung auch die Tatsache, dass Fanzines als Vermittlungsmedien
selbst restriktiv sind: Sie kursieren nur innerhalb eines sehr begrenzten
Kreises von Szenegängern, die wissen, wo diese erhältlich sind (vgl.
Spencer 2005, 18). Damit sind sie symbolisch wichtige Güter innerhalb
der Szene: Wer Zugang zu ihnen hat, zeigt dadurch, dass er dem Kern
der Szene nahesteht. Entsprechend zirkulieren aber auch die in ihnen be-
handelten Diskurse und das darüber vermittelte Wissen nur innerhalb einer kleinen Informationselite. Das Medium Fanzine regelt folglich den
Zugang zu den Informationen, wodurch die Grenze zwischen dem Szenekern und der Szeneperipherie abgesteckt wird. Fanzines dienen jedoch
nicht nur der geregelten Verbreitung von Wissen und Know-how, sie
sind selbst auch wichtige Verhandlungsforen und damit auch wichtige
Definitionsinstanzen für das, was in der Szene als wissenswert, wertvoll
und erstrebenswert gilt (vgl. Thornton 1996, 13f). Insofern sind diejenigen, die diesen Vermittlungsprozess als Fanzine-Macher oder -Autor aktiv mitgestalten, einflussreich und i. d. R. auch entsprechend angesehen.

Eine zentrale Funktion der „How to"-Ratgeber ist, die anderen Szenegänger auf DIY „einzuschwören" und sie zum DIY-Aktivismus zu mo-

tivieren und zu befähigen. Deutlich wird das Anliegen, dass – zumindest im Innern der Szene – die DIY-Kompetenzen und -Qualifikationen möglichst allen zur Verfügung stehen bzw. gestellt werden. Umgekehrt bedeutet die Wahl des Vermittlungsmediums aber auch, dass das Szene-Know-how als Shareware in erster Linie denjenigen verfügbar gemacht wird, die Zugang zu Fanzines haben. Im *Szenekern* scheint daher die Shareware-Strategie zu dominieren: Innerhalb des durch die Szenephilosophie gesteckten Rahmens wäre die Gewinnung von sozialer Anerkennung, Autorität und Respekt über einen ausschließlich restriktiven Umgang mit Wissen auch kaum möglich – schließlich würde dadurch gerade *innerhalb des inneren Zirkels* die Glaubwürdigkeit der DIY-Aktivisten in Bezug auf die zentralen HC-Werte in Frage gestellt. Entsprechend fungiert hier offensichtlich nicht ausschließlich das Verfügen über Wissen – wie in anderen Jugendkulturen – als angemessenes Mittel zur kulturellen und sozialen Selbstpositionierung, vielmehr wird auch auf die *demonstrative Weitergabe* dieses Wissens, wie sie am Beispiel der „How to"-Ratgeber illustriert wurde, Wert gelegt: Vor allem diejenigen, die über Wissen und Know-how verfügen *und* dieses auch weitergeben, können sich der sozialen Anerkennung der anderen Hardcores sicher sein. Die Effektivität dieses mit dem Szeneselbstverständnis in Einklang stehenden Distinktionsmittels wird allerdings gerade dadurch entscheidend gesteigert, dass die Shareware in einem eindeutig restriktiven Medium veröffentlicht wird. Vor allem *zu den Szenerändern hin* wird daher über das geschilderte Umgehen mit Wissen gleichzeitig auch soziale Distinktion und Exklusion praktiziert.

D QUANTITATIV-EMPIRISCHE UNTERSUCHUNG DES HARDCORE-PUBLIKUMS

In diesem Kapitel wird das HC-Publikum mittels einer Fragebogenbefragung auf einer breiten empirischen Basis (N=410) beleuchtet. Es werden dabei zum einen Hypothesen aus den bislang dargelegten Ausführungen abgeleitet, zum anderen hat die Studie einen explorativen Charakter. Dieser zeigt sich darin, dass hier Fragestellungen behandelt werden, die in vorangegangenen Untersuchungen von Jugendkulturen im Allgemeinen und HC im Besonderen unberücksichtigt blieben oder deren Beantwortung auf einem eher schwachen empirischen Fundament stand.

Es werden zunächst der Befragungszeitraum und die Auswahl der Erhebungsorte (Kapitel D1) sowie die Erhebungssituation und die Rücklaufquoten der Fragebögen (Kapitel D2) dokumentiert. Kapitel D3 stellt daran anschließend die Untersuchungsfragen der Fragebogenbefragung in einem Kurzüberblick dar. Kapitel D4 präsentiert schließlich die quantitativ-empirischen Befunde der Paper-and-Pencil-Befragung.

1 BEFRAGUNGSZEITRAUM UND AUSWAHL DER ERHEBUNGSORTE

Die Fragebogen-Datenerhebung erfolgte zwischen Juli 2004 und Oktober 2004 auf HC-Konzerten in Clubs sowie auf Festivals. Insgesamt konnten 410 Personen befragt werden, davon 278 auf Festivals und 132 auf Clubkonzerten (vgl. Tab. 6 in Kapitel D2). Bei den Festivals handelt es sich um 2-3-tägige Veranstaltungen, die einmal jährlich stattfinden. Bei den ausgewählten Clubs handelt es sich um Veranstaltungsorte, in denen regelmäßig (meist mehrmals monatlich) HC-Konzerte stattfinden und die dementsprechend in der Szene auch (überregional) bekannt sind. Bei der Wahl der Erhebungsorte wurde darauf geachtet, sich nicht auf eine lokale Szene zu beschränken, sondern innerhalb Europas geografisch weit verstreute Veranstaltungen aufzusuchen.

Befragungs-ort	Datum	Bands	Musikstil
Karlsruhe	26.06.2004	Hal Shulud	Melodic HC
		Opposition Of One	Moshcore
		Madstateworld	Punkrock
Esslingen	02.07.2004	Kurt	Noise-Core, Emo
		Datashock	Noise, Electro-Punk
Blieskastel	03.07.2004	Van Norden	Emo
Stuttgart	05.07.2004	Blood For Blood	Old School HC
Pilzen/ Tschechei (Festival)	23.07. – 25.07.2004	Sons Of Saturn	Emo-Core
		Highscore	Old School HC
		Bridge to Solace	Straight Edge HC
		Embrace	Straight Edge HC
		Endstand	Old School HC
		Yage	Emo-Core, Post-HC
Sant Feliu/ Spanien (Festival)	12.08. – 14.08.2004	Girls Against Boys	Noise-Core, Indie
		Randy	Punk Rock
		Nuevo Vulcano	Noise-Rock, Emo
		Last Days Of April	Emo
		Stompin Ground	Old School HC
		It's Not Not	Post-HC
		Pelican	Post-HC
Torrelavega/ Spanien	20.08.2004	Monochrome	Post-HC
		Jettison	Indie
Ieper/ Belgien (Festival)	26.08. – 29.08.2004	Last Hope	Old School HC Mosh
		Children of Gaia	Vegan straight-edge
		Between The Lines	80's style HC
		No Turning Back	Old New York HC
		With Love	Screamo
		Integrity	Cleveland Old School
		Ratos De Porao	Trash HC
		Some Girls	Screamo
		Purification	New York HC
		Caliban	Metalcore
Schweinfurt (Festival)	03.09 – 04.09.2004	Destroyer	80's Style Metal HC
		Perth Express	Metalcore
		Some Girls	77style Punk, Grindcore
		Even Worse	Old School HC
		Das Oath	Screamo
Luxemburg	20.10.04	Heaven Shall Burn	Moshcore
		Ex Inferis	Death Metal HC

Tab. 3: musikstilistische Ausrichtung der befragten Veranstaltungen

Vor allem bei der Auswahl der Festivals war der geografische Aspekt selektionsleitend: Es wurde jeweils ein großes Festival in Mitteleuropa (Belgien), Südeuropa (Costa Brava/Spanien) und Osteuropa (Tschechische Republik) sowie ein kleineres Festival in Deutschland (Schweinfurt) besucht. Die drei erstgenannten Festivals zählen zu den besucherzahlenmäßig größten HC-Veranstaltungen in Europa.

Die musikstilistische Ausrichtung der besuchten Festivals und Konzerte dokumentiert Tab. 3. Die Musikgenres in Tab. 3 basieren zumeist auf den Beschreibungen der Veranstalter und wurden Konzert-Flyern oder Ankündigungen im Internet entnommen (Festival- und Club-Homepages, elektronische Veranstaltungskalender auf Szeneseiten etc.). In den wenigen Fällen, in denen lediglich der Bandname auf den Flyern stand, wurde in Tonträger-Reviews, Mailorderbeschreibungen und Band-Homepages der Musikstil recherchiert, um von eigenen Klassifizierungen absehen zu können. Wie die musikalischen Beschreibungen verdeutlichen, beschränkt sich die Auswahl an besuchten HC-Veranstaltungen nicht auf eine musikalische Stilrichtung von HC-Musik, sondern repräsentiert diese in ihrer Vielfältigkeit und Ausdifferenziertheit.

Tab. 4 gibt einen Überblick über die in der der Stichprobe vorhandenen Nationalitäten. Knapp die Hälfte der Befragten stammt aus Deutschland, 17% stammen aus den Benelux-Ländern, 12,8 % sind Spanier und 7,6 % stammen aus Frankreich. In der Kategorie Osteuropa wurden Befragte aus Polen (N=11), der Tschechischen Republik (N=8), Ungarn (N=4) und der Slowakischen Republik (N=3) zusammengefasst. Weitere Nationalitäten wurden der Kategorie *andere* zugeordnet.

Nationalität	N=406	%
deutsch	201	49,5
Benelux	69	17,0
spanisch	52	12,8
französisch	31	7,6
Osteuropa	26	6,4
andere	27	6,7

Tab. 4: Nationalitäten der Stichprobe

Sprache Fragenbogen	N=410	%
deutsch	229	55,9
englisch	92	22,4
spanisch	51	12,4
französisch	38	9,3

Tab. 5: Verteilung der Fragebögen nach Sprache

Die Fragebögen wurden in deutscher, englischer, spanischer und französischer Sprache verteilt. Tab. 5 gibt Auskunft über die Verteilung der Fragebögen nach Sprache des Fragebogens.

2   ERHEBUNGSSITUATION UND RÜCKLAUFQUOTEN

Die Fragebögen (und Kugelschreiber) wurden i. d. R. in der Nähe des Haupteingangs bzw. an der Kasse des Veranstaltungsorts verteilt. Die Zahl der verteilten Fragebögen passte sich dem jeweiligen Besucherstrom an, d. h. bei starkem Andrang (bei Festivals) konnten mehr Bögen verteilt werden als bei geringem (bei Konzerten mit ca. 50-100 Besuchern). In aller Regel konnte bereits im Vorfeld des Konzerts aufgrund des Bekanntheitsgrads der Bands in der Szene bzw. (infra-) struktureller Merkmale des Konzertorts (z. B. Lage, Saalgröße) sowie aufgrund des Wochentags auf die ungefähre Besucherzahl geschlossen werden. Das gleiche gilt für Festivals, wobei hier zudem die Besucherzahlen der Vorjahre recherchiert werden konnten. Je nach Besucherandrang wurde bei Konzerten ca. jede zweite bis vierte Person um das Ausfüllen eines Fragebogens gebeten, während bei Festivals ca. jede fünfte bis siebte Person angesprochen wurde. Durch dieses Auswahlprinzip wurde vermieden, Fragebögen an womöglich relativ homogene Besuchergruppen zu verteilen (z. B. an befreundete Straight-Edge-Anhänger, die zusammen zum Konzert kamen). Es wurde also von einer „bewussten" Auswahl bei der Ansprache der Probanden abgesehen, so dass m. E. relativ exakt die Bedingungen für eine Zufallsstichprobenziehung gegeben waren.

Aufgrund seines Alters (während des Befragungszeitraum noch unter 30 Jahren und somit der Peergroup noch nicht vollständig „entwachsen"), seines Auftretens und seines Szenewissens wurden die Fragebögen bei allen Veranstaltungen stets vom Autor verteilt. Er stellte sich den Befragten mit Vornamen vor, schilderte in wenigen Sätzen das wissenschaftliche Anliegen der Untersuchung, versicherte die Anonymität und das unkommerzielle Interesse der Befragung und bat dann um die Mitarbeit. Bei Konzerten mit nur zwei bis drei Bands wurde den Befragten die Möglichkeit offeriert, den Fragebogen in einem frankierten Rückumschlag entgegenzunehmen und ihn zuhause auszufüllen, da bisweilen wenig Zeit für das Ausfüllen vor Ort gegeben war. Bei Festivals hingegen, die häufig über zwei bis drei Tage angelegt waren, wurde den Befragten ein zentraler Abgabeort mitgeteilt, an dem die Bögen zurückgegeben werden konnten.[1] Aus Zeitgründen wurden bei den Veranstaltungen in Stuttgart, Torrelavega und Schweinfurt lediglich postalische Befragungen durchgeführt.

Tab. 6 zeigt, wie sich die Gesamtstichprobe auf die einzelnen Konzerte bzw. Festivals verteilt, dokumentiert die Besucherzahlen der einzelnen Veranstaltungen und gibt Auskunft über die jeweiligen Rücklaufquoten der Fragebögen. Die Festivals sind in Tab. 6 mit „*" markiert.

---

1   In den meisten Fällen wurde an den Ausgängen oder an Verkaufsständen Kartons und Plakate mit der Aufschrift „Fragebögen" postiert. Der Autor hielt sich in der Nähe der Abgabeorte auf.

Bezogen auf alle Veranstaltungsort ergeben sich folgende Rücklaufquoten:

- Rücklaufquote vor Ort: 64,2 % (300)
- Rücklaufquote postalisch: 47,6 % (110)

➔ *Gesamtrücklaufquote: 58,7 % (410)*

Veranstatungs-ort	Besu-cherzahl	Anzahl Angefragte			Rücklauf		
		ges.	vor Ort	post.	ges.	vor Ort	post.
Karlsruhe, *Gotec Café*	160	46	28	18	80,4 % (37)	92,9 % (26)	61,1 % (11)
Esslingen, *Komma*	70	31	21	10	74,2 % (23)	85,0 % (18)	50,0 % (5)
Blieskastel, *P-Werk*	70	36	15	21	66,7 % (24)	100,0 % (15)	42,9 % (9)
Stuttgart, *Universum*	200	28	-	28	42,9 % (12)	-	42,9 % (12)
Pilzen, *Fluff Fest**	1400	224	220	4	48,2 % (108)	47,7 % (105)	75,0 % (3)
Sant Felíu Fest*	1600	160	160	-	37,5 % (60)	37,5 % (60)	-
Torrelavega	120	30	-	30	40,0 % (12)	-	40,0 % (12)
Ieper, *Ieper Fest**	1200	155	114	41	52,9 % (82)	58,8 % (67)	36,6 % (15
Schweinfurt, *Stattbahnhof, Trainspotting Fest**	250	48	-	48	58,3 % (28)	-	58,3 % (28)
Luxemburg	80	40	9	31	60,0 % (24)	100 % (9)	51,6 % (15)
		698	467	231	58,7 % (410)	64,2 % (300)	47,6 % (110)

Tab. 6: Verteilung der Gesamtstichprobe auf die Erhebungsorte mit Rücklaufquoten

Wie Tab. 6 zeigt, war die Rücklaufquote der vor Ort verteilten Fragebögen bei Festivals gegenüber den Einzelkonzerten geringer, wofür folgende Ursachen vermutet werden:

- Die Besucheranzahl der Einzelkonzerte war so gering und das Ambiente so übersichtlich, dass sich die vor Ort befragten Personen gewissermaßen „verpflichtet" gefühlt haben, den Bogen auch auszufüllen. Die meisten Befragten haben die Bögen auch nicht in die dafür vorgesehene Box eingeworfen, sondern persönlich beim Autor abgegeben. Diese erneute Kontaktaufnahme seitens der Befragten war häufig dadurch motiviert, dass sie großes Interesse an weiteren Informationen über die Untersuchung zeigten.

- Die Festivals waren aufgrund ihrer flächen- und besucherzahlmäßigen Größe wesentlich anonymer, was dazu beigetragen haben mag, dass der Rücklauf geringer ausfiel als bei den kleineren Konzerten.

- Neben Desinteresse nach Lesen des Fragbogens können die attraktiven Rahmenbedingungen der Festival-Orte als ein wesentlicher Grund für das Nichtausfüllen der Fragebögen betrachtet werden. Vor allem die Festivals in Pilzen/Tschechische Republik und in Sant Felíu an der Costa Brava/Spanien boten gutes Wetter und Badevergnügen nur wenige Meter entfernt vom Festivalgelände. Lange Partynächte mögen ebenso dazu beigetragen haben, dass sich die Lust zum Ausfüllen eines Fragebogens in Grenzen hielt.

- Viele Befragte „gestanden" auch, dass sie den Fragbogen bedingt durch die teilweise chaotischen Campingbedingungen an den Festivalstätten verloren hatten. Teilweise wurden die Fragebögen auch aufgrund von Regenfällen (wie in Ieper/Belgien) unbrauchbar.

Nur 27 (3,87 %) der 698 Angefragten lehnten eine Befragung von vornherein ab (direkte Verweigerer). Die geringe Anzahl an direkten Verweigerern und die hohe Rücklaufquote lassen auf ein großes Interesse der Szenegänger an der Untersuchung schließen. Die hohe Rücklaufquote kann zudem als ein Hinweis darauf verstanden werden, dass sich die Szenegänger in dem Fragebogen „wiederfanden".

3 Die Untersuchungsfragen der Fragebogenbefragung im Kurzüberblick

Nachfolgend wird ein Kurzüberblick über die zentralen Forschungsfragen gegeben, denen die Paper-and-Pencil-Befragung auf den Grund geht. Es wird dabei auf die jeweiligen Kapitel verwiesen, in denen diese Fragen beantwortet werden.

Untersuchungsfragen der Paper-and-Pencil-Befragung	Kapitel
1 *soziodemografische Struktur des HC-Publikums*	
1 Wie ist das HC-Publikum soziodemografisch strukturiert?	D4.1
2 *politische Orientierung des HC-Publikums*	
2 Wo lässt sich das HC-Publikum politisch verorten?	D4.2
3 *religiöse Einstellung des HC-Publikums*	
3 Wie religiös ist das HC-Publikum?	D4.2
4 *politische und soziale Sinngebung durch HC*	
4.1 Macht HC auf politische und soziale Randthemen aufmerksam?	D4.3
4.2 Motiviert HC zu politischem und sozialem Engagement?	D4.3
4.3 Hängt das politische/soziale Engagement damit zusammen, dass man durch HC auf gesellschaftliche/ politische Themen aufmerksam gemacht wurde?	D4.3
5 *soziokulturelle Orientierung des HC-Publikums*	
5.1 Wo positioniert sich das HC-Publikum im jugendkulturellen Raum?	D4.4
5.2 Zu wie vielen Szenen zählen sich die Befragten explizit dazu, wie viele lehnen sie explizit ab?	D4.4
5.3 Wie lange steht das HC-Publikum bereits in Kontakt zur Szene?	D4.4
5.4 Hängt die politische und religiöse Einstellung der Befragten mit der soziokulturellen Nähe zu bestimmten Szenen zusammen?	D4.5
6 *intergenerationelle Abgrenzung*	
6 Welche Rolle spielt die Abgrenzung von den Eltern im HC-Publikum?	D4.7.
7 *Szeneeinstieg*	
7.1 Wie sind die Befragten zu HC gekommen? Was war dabei wichtig für sie?	D4.6.
7.2 Welche Rolle spielen Medien beim Szeneeinstieg?	D4.6.
7.3 Ist es schwierig, in die HC-Szene aufgenommen zu werden?	D4.6

9.2   Welche Rolle spielen Medien bei der Informations-   D4.8
       beschaffung innerhalb der HC-Szene?

10   *soziale Bedeutung von HC*

   10   Von welcher sozialen Bedeutung ist HC für die Be-   D4.9
         fragten?

11   *Ernährungsweise des HC-Publikums*

   11.1   Wie hoch ist der Anteil des HC-Publikums, der sich   D4.12
          alternativen Ernährungsformen verschrieben hat?

   11.2   Hängen alternative Ernährungsweisen im HC-Publi-
          kum mit bestimmten soziokulturellen Orientierun-   D4.12
          gen zusammen bzw. ist HC von Einfluss auf die
          Wahl einer alternativen Ernährungsweise?

12   *Kleidung/Style*

   12.1   Welche Rolle spielt Kleidung bzw. Style in der Ju-   D4.13
          gendkultur HC?

   12.2   Wie wichtig erachten die Befragten Kleidung bzw.   D4.13
          Style für sich?

   12.3   Ist es dem HC-Publikum wichtig, von anderen   D4.13
          Hardcores als HC erkannt zu werden?

13   *HC-Selbstverständnis*

   13.1   Wie definiert das HC-Publikum Hardcore?   D4.14

   13.2   Differenziert das HC-Publikum zwischen Punk und   D4.15
          HC?

      13.2.1   Hängt die Differenzierung zwischen HC und
               Punk mit der soziokulturellen Orientierung   D4.15
               zusammen?

      13.2.2   Ist die Einstellung bei der Frage, ob man
               HC und Punk für identisch erachtet, von   D4.15
               soziodemografischen Merkmalen abhän-
               gig?

      13.2.3   Steht Aktivismus im Zusammenhang damit,
               dass zwischen HC und Punk differenziert   D4.15
               wird?

4   EMPIRISCHE BEFUNDE DER PUBLIKUMSBEFRAGUNG

Im Folgenden werden nun die empirischen Befunde der Fragebogenbefragung präsentiert.[2]

4.1   Demografische Struktur des HC-Publikums

Zunächst wird die soziodemografische Struktur des HC-Publikums dargestellt. Zur Beschreibung der soziodemografischen Struktur des HC-Publikums sowie zur Durchführung von Zusammenhangsanalysen im Kontext weiterer Forschungsfragen wurden folgende soziodemografischen Merkmale erhoben (vgl. im Anhang die Fragebogenfragen 14-18): *Geschlecht* (Kapitel D4.1.1), *Alter* (Kapitel D4.1.2), *formaler Bildungsgrad* (Kapitel D4.1.3) sowie die *Berufsgruppe* (Kapitel D4.1.4). Diese Merkmale stehen als unabhängige Variablen im Zentrum weiterer Analysen. Zudem wurde die *Nationalität* erfragt.

4.1.1   Geschlecht

Die Geschlechterverteilung ist unausgeglichen. Nahezu exakt zwei Drittel der Befragten sind männlich, ein Drittel ist weiblich. Auch Hitzler et al. (vgl. 2001, 59) geben in ihrer ethnografisch orientierten, „steckbriefartigen" Beschreibung der HC-Szene an, dass Frauen mit höchstens 15-20 % auf Konzerten stark unterrepräsentiert sind.

4.1.2   Alter

Das Durchschnittsalter der Befragten liegt bei 23,7 Jahren (Standardabweichung[3]= 3,9). Männer sind mit 24,2 Jahren (SA= 4,1) signifikant älter als die weiblichen Befragten, die im Durchschnitt 22,1 Jahre (SA= 3,2) alt sind. Tab. 7 gibt Auskunft über die Altersverteilung der Stichprobe. Besonders auffällig an der Altersstruktur der Stichprobe ist, dass bei keinem der zehn Erhebungsorte Personen befragt wurden, die jünger als 15 Jahre alt sind und nur sehr wenige, die über 30 Jahre alt sind. HC-Konzerte werden somit fast ausschließlich von 16 bis 30 Jahre alten Personen besucht. Ca. die Hälfte aller Besucher ist dabei zwischen 21 bis 25

---

2   Im Rahmen vorliegender Studie werden die Auswertungen zur musikalischen Orientierung sowie zum ästhetischen Urteilsverhalten des HC-Publikums nicht präsentiert (Fragenbogenfragen 3, 7, 8 und 10). Erwähnt sei an dieser Stelle jedoch, dass die Itembatterien zum ästhetischen Urteilsverhalten (Fragenbogenfragen 7 und 10) weitestgehend wortwörtlich den Untersuchungen von Dollase et al. (1974, 1978, 1986) entnommen wurden.

3   Im Folgenden wird die Standardabweichung mit „SA" und der Mittelwert mit „M" abgekürzt.

Jahre alt. Diese Befunde korrespondieren mit den Alterseinschätzungen anderer HC-Studien. (vgl. Hitzler et al. 2001, 59; Inhetveen 1997, 235).

Alter	Anteil in %	N= 409
bis 15 Jahre	0	0
16-20 Jahre	20,8	85
21-25 Jahre	50,9	208
26-30 Jahre	23,5	96
über 30 Jahre	4,9	20

Tab. 7: Altersstruktur der Stichprobe

Diagr. 1 differenziert die Alterstruktur nach Geschlecht.

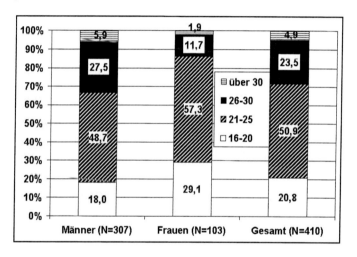

Diagr. 1: Altersstruktur nach Geschlecht (N=409)

Die Altersklasse zwischen 21 bis 25 Jahren stellt sowohl bei den Männern als auch bei den Frauen die anteilsstärkste Gruppe dar. Vergleicht man die Geschlechterverteilung in der Altersgruppe der 16- bis 25-Jährigen, so ist auffällig, dass sich 86,4 % der Frauen und nur 66,7 % der Männer in dieser Altersspanne befinden. Es sind somit lediglich 13,6 % der Konzertbesucherinnen über 26 Jahre alt, wohingegen von den männlichen Befragten ca. 1/3 älter als 26 Jahre sind. Geschlecht und Alter hängen in der Stichprobe schwach zusammen (Chi-Quadrat= .001, Eta= .200): In den beiden jüngeren Alterklassen von 16 bis 20 Jahren und 21 bis 25 Jahren sind überproportional mehr Frauen als Männer vertreten, während in den beiden älteren Altersgruppen Frauen unterrepräsentiert sind.

4.1.3 Bildungsgrad

Die Frage nach dem Schulabschluss wurde auf dem Fragebogen als offene Frage gestellt, um auch die internationalen Schulabschlüsse erfassen zu können. Auf der Basis der Angaben der Befragten wurden drei Kategorien gebildet, denen die Abschlüsse zugeordnet wurden: *Abitur*, *Universitätsabschluss* und *niedrigere Abschlüsse*. Zur Gruppe *Abitur* zählen alle nationalen und internationalen Schulabschlüsse, die im jeweiligen Land zum Hochschulstudium berechtigen (so wurden hier z. B. auch die Personen mit Fachhochschulreife berücksichtigt). Aufgrund der schwierigen Vergleichbarkeit der internationalen Bildungssysteme wurden alle weiteren, nicht zum Hochschulstudium berechtigenden Bildungsabschlüsse sowie die Haupt- und Realschulabschlüsse in der Gruppe *niedrigere Bildungsabschlüsse* zusammengefasst. Interessant zu erwähnen ist, dass in der Stichprobe nur drei Hauptschüler vertreten sind.

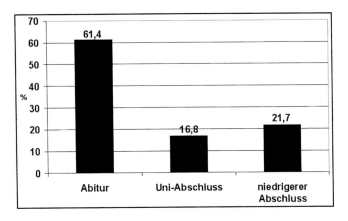

Diagr. 2: Verteilung der Bildungsabschlüsse (N=368)

Diagr. 2 gibt Auskunft über die Bildungsabschlüsse der Stichprobe. Die niedrigeren Bildungsabschlüsse und die Uni-Abschlüsse sind etwa gleich vertreten. 61,4 % der befragten HC-Konzertgänger haben das Abitur oder einen international vergleichbaren Bildungsabschluss erworben. *Die Gesamtstichprobe zeichnet sich somit durch einen sehr hohen formalen Bildungsgrad aus.* Die Verteilung der Bildungsabschlüsse ist bei Männern und Frauen dabei nahezu gleich (Mann-Whitney-U-Test: p= .913).

Der formale Bildungsgrad wird neben der Stellung am Arbeitsmarkt als „zentrale klassenkonstituierende Ressource" (Otte 2007, 172; vgl. auch Bourdieu 1987; Müller/Pollak 2004) verstanden. Der Bildungsabschluss lässt sich hier somit vereinfachend als Indikator für die soziale Lage des HC-Publikums heranziehen: Der hohe formale Bildungsgrad erlaubt entsprechend den Schluss, dass es sich bei den Hardcores nicht um sozial benachteiligte Jugendliche handelt.

4.1.4 Berufsgruppen

Diagr. 3 illustriert die Verteilung der Berufsgruppen nach Geschlecht. Der hohe Anteil an Studierenden untermauert den weiter oben diagnostizierten hohen formalen Bildungsgrad der Gesamtstichprobe. Neben den Studenten stellen die Berufstätigen die größte Gruppe dar. Auffällig ist, dass unter den Männern ungefähr gleich viele Studenten wie Berufstätige zu finden sind. Bei den Frauen sind hingegen doppelt so viele Studentinnen zu finden als Berufstätige. Nur 22,3 % der Frauen geben im Gegensatz zu 38 % der Männer an, einen Beruf auszuüben. Dieser Befund lässt sich wie folgt interpretieren: Mit Beginn des „Ernsts des Lebens" verlieren Frauen offensichtlich das Interesse an der HC-Szene.

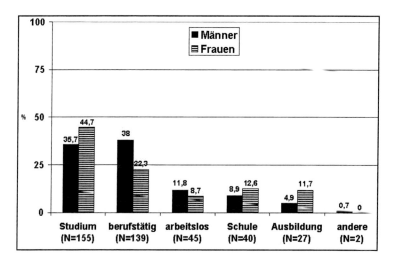

Diagr. 3: Verteilung der Berufsgruppen nach Geschlecht (N=408)

120 Studenten (77,4 % aller Studenten) gaben ihre Studienfächer an. Diese wurden einem von fünf wissenschaftlichen Bereichen zugeordnet: *Sozialwissenschaften* (z. B. Pädagogik, Lehramt, Soziologie, Politikwissenschaften), *Geisteswissenschaften* (Sprachen, Philosophie, Geschichte), *Naturwissenschaften* (z. B. Mathematik, Biologie) *Wirtschaftswissenschaften* (z. B. VWL, BWL) oder *Kunst/Design/Architektur*.

Tab. 8 zeigt, dass die Männer der Stichprobe bei ihrer Studienwahl deutlich die Sozialwissenschaften präferieren. Bei den Frauen hingegen sind die Sozialwissenschaften in nahezu gleichem Maße vertreten wie die Geisteswissenschaften und Architektur/Kunst/Design. Naturwissenschaftliche Fächer werden hingegen nur von 6,1 % der Studentinnen studiert. Für die Wahl eines wirtschaftswissenschaftlichen Studiums entschieden sich nur 3,4 % der Studenten, von den Studentinnen keine einzige.

Studienrichtungen	Männer (N=87)	Frauen (N=33)
Sozialwissenschaften	43,2 %	33,3 %
Naturwissenschaften	22,7 %	6,1 %
Geisteswissenschaften	14,8 %	27,3 %
Architektur/Kunst/Design	15,9 %	33,3 %
Wirtschaftswissenschaften	3,4 %	0 %

Tab. 8: Verteilung der Studienrichtungen nach Geschlecht

Von den 139 berufstätigen Personen der Stichprobe gaben 91 (77 Männer, 14 Frauen) ihren Beruf an, von den 27 Auszubildenden gaben alle ihren Ausbildungsberuf an.

Die einzelnen Berufs- bzw. Ausbildungsberufsangaben wurden sinnvoll einer der folgenden Gruppen zugeordnet: *Musikbranche* (z. B. Labelmacher, Musikjournalisten), *pädagogische Berufe* (z. B. Erzieher, Lehrer), *technische/handwerkliche Berufe* (z. B. Elektriker, Schreiner), *kaufmännische Berufe* (z. B. Marketing-Kaufmann, Finanzverwalter), *künstlerische/ gestalterische Berufe* (z. B. Tätowierer, Web-Designer), *medizinische Berufe* (z. B. Krankenschwester, Arzthelferin) und *andere Berufe*.

	Berufstätige (N=91)		Auszubildende (N=27)		Gesamt (N=118)	
	Männer (N=77)	Frauen (N=14)	Männer (N=16)	Frauen (N=11)	Männer (N=93)	Frauen (N=25)
pädagogische Berufe	16,9 %	14,3 %	25,0 %	18,2 %	18,3 %	16,0 %
künstlerische/ gestalterische Berufe	14,3 %	14,3 %	31,3 %	18, 2%	17,2 %	16,0 %
handwerkliche/ technische Berufe	14,3 %	0 %	12,5 %	27,3 %	14,0 %	12,0 %
kaufmännische Berufe	9,1 %	7,1 %	0 %	9,1 %	7,5 %	8,0 %
IT-Berufe	9,1 %	0 %	12,5 %	0 %	9,7 %	0 %
Musikbranche	6,5 %	7,1 %	31,3 %	18,2 %	6,5 %	4,0 %
medizinische Berufe	3,9 %	21, 4%	12,5 %	18,2 %	5,4 %	20,0 %
andere Berufe	26,0 %	35,7 %	0 %	9,1 %	21,5 %	24,0 %
Gesamt	100 %	100 %	100 %	100 %	100 %	100 %

Tab. 9: Verteilung der Berufs- und Ausbildungsrichtungen nach Geschlecht

Ein aussagefähiger Chi^2-Test ist weder für die Berufstätigen noch für die Azubis möglich, da bei den Frauen in den meisten Gruppen die Erwartungswerte <5 sind. Um ein aussagekräftigeres Ergebnis zu erhalten, wurden in der Spalte *Gesamt* die Berufstätigen und die Azubis zusammengefasst (vgl. Tab. 9). Insgesamt sind fast alle Berufe geschlechtsbezogen gleich verteilt. Ausnahmen sind die medizinischen Berufe, bei denen die Frauen überproportional vertreten sind und die IT-Berufe, bei denen die Männer überrepräsentiert sind. In Kapitel D4.11 wird später der Frage nachgegangen, ob HC von Einfluss auf die Studiums-, Ausbildungs- oder Berufswahl der Befragten ist bzw. ob HC das Ergreifen bestimmter Studiums-, Ausbildungs- oder Berufsbilder eher beeinflusst als andere.

4.2 Politische und religiöse Einstellung des HC-Publikums

Die politische und religiöse Einstellung des HC-Publikums wurde über die Fragebogenfragen 12 „*Wo ist dein politischer Standort*" bzw. 13 „*Wie religiös bist du?*" erfragt (vgl. Anhang). Der politische Standort wurde nicht über eine bestimmte Parteipräferenz erhoben, sondern über die Selbstpositionierung auf einer fünfstufigen Skala mit den Polen 1= „links" und 5= „rechts". Im politischen Diskurs bilden die Begriffe „links" und „rechts" „traditionellerweise Orientierungspunkte, anhand derer sowohl eine Standortbestimmung als auch eine bestimmte politische Präferenz hinsichtlich politischer Wertorientierungen vorgenommen werden kann" (Schneekloth 2002, 95). Die Werte 2 bzw. 4 wurden als „eher links" bzw. „eher rechts" und der mittlere Wert 3 als „weder noch/ Mitte" interpretiert. Die religiöse Einstellung wurde ebenfalls über eine fünfstufige Skala mit den Polen 1= „überhaupt nicht religiös" bis 5= „sehr religiös" erhoben. Die Werte 2 bzw. 4 wurden als „eher unreligiös" bzw. „eher religiös" und der mittlere Wert 3 als „mittel" interpretiert.

Die Shell-Jugendstudien der Jahre 2002 (vgl. Schneekloth 2004, 95) und 2006 (vgl. Schneekloth 2006, 108) zeigen (wie die vorherigen Shell-Studien der Jahre 1992 und 1997 auch), dass sich die deutschen Jugendlichen im Alter von zwölf bis 25 Jahren in der Tendenz zur politischen Mitte orientieren und den Extrempositionen auf der linken bzw. rechten Seite eine Absage erteilen. Tab. 10 informiert über die politische und religiöse Einstellung des HC-Publikums. Wie die Befunde in Tab. 10 zeigen, gibt es kein rechtes Spektrum im HC-Publikum und auch nur 13,3% des HC-Publikums positionieren sich in der politischen Mitte. Das linke Spektrum ist hingegen sehr stark ausgeprägt: Knapp die Hälfte verortet sich eindeutig links, etwas über ein Drittel eher links.

		% (N= 406)
Wo ist dein politischer Standort?	links	48,8
	eher links	36,5
	weder noch/Mitte	13,3
	eher rechts	1,0
	rechts	0,5
Wie religiös bist du?	überhaupt nicht	71,6
	eher unreligiös	12,3
	mittel	7,2
	eher religiös	5,7
	sehr religiös	3,2

Tab. 10: politische und religiöse Einstellung der Stichprobe

Vor dem Hintergrund, dass politisch sein im „traditionellen" Sinn heutzutage nicht ‚in' ist (vgl. Schneekloth 2004, 119) und sich ein Großteil der Jugendlichen entsprechend selbst als kaum oder gar nicht politisch interessiert einstuft (Schneekloth 2006, 105), ergeben sich für die politisch interessierten Jugendlichen und die politisch ausgerichteten Jugendkulturen wie die Jugendkultur HC sowohl *intragenerationelle* Abgrenzungsmöglichkeiten („Im Gegensatz zur Mehrheit der anderen Jugendlichen sind wir politisch") als auch *interjugendkulturelle* („Wir Punks sind politischer als ihr Raver") und *intrajugendkulturelle* Distinktionspotentiale („Ich bin politischer bzw. ‚linker' als du und daher mehr Hardcore").

Nur ein verschwindend geringer Prozentsatz des befragten HC-Publikums gibt an, religiös zu sein. Die Befunde zeigen für die Gesamtstichprobe eindeutig, dass das HC-Publikum als unreligiös zu bezeichnen ist.

Die Beantwortung der Fragen nach der eigenen Religiosität und der politischen Selbstverortung korrelieren zwar schwach (r= .201**), aber hochsignifikant miteinander.[4] Da sich nur wenige Befragte über die politische Mitte hinaus orientieren und Religiosität in der Stichprobe so gut wie keine Rolle spielt, wird hier vorsichtig formuliert: Je weiter sich das HC-Publikum politisch nach links verortet, desto unreligiöser ist es auch bzw. je weiter es sich nach rechts verortet, desto religiöser ist es eingestellt.

Es gibt keine signifikanten Zusammenhänge zwischen politischer Selbstverortung und Geschlecht, formalem Bildungsstand, Berufs- und Altersgruppe. Das Gleiche gilt für die religiöse Einstellung und die soziodemografischen Merkmale. Es können jedoch Zusammenhänge zwi-

---

4 Im Folgenden wird durch einen Stern („*") bzw. zwei Sterne („**") kenntlich gemacht, wenn ein Korrelationskoeffizient auf dem 5%- bzw. dem 1%-Niveau signifikant ist.

schen soziokultureller Orientierung und politischer sowie religiöser Einstellung nachgewiesen werden (vgl. Kapitel D4.5).

4.3 Politische und soziale Sinngebung durch Hardcore

Für die HC-Szene sind neben den häufig politischen bzw. sozialkritischen Song-Texten der Bands auch die in Fanzines regelmäßig veröffentlichten Artikel zu politischen und sozialen (Rand-)Themen charakteristisch (vgl. Kapitel C3.4.1, vgl. auch Haenfler 2004, O'Hara 2002, Hitzler/Pfadenhauer 2005). Sie sind Teil des szenespezifischen Bildungsprogramms (vgl. Kapitel C3.6.2). Münch (2002) geht davon aus, dass Jugendliche über musikalische Kontexte bestimmte Entwicklungsaufgaben lösen können. Als Beispiele für die Entwicklungsaufgabe „politische Orientierung" führt er die „Gewinnung politischen Wissens durch Songtexte, InterpretInnen usw." sowie die „politische Positionierung mit Hilfe von Musik" an (ebd., 73). Auch für Schwarz vermag Musik „eine zweckhafte sozialisatorische Wirkung im Sinne jugendkultureller Moralentwicklung und Wertevorstellung innerhalb der *peer-group* zu erzielen" (Schwarz 2005, 123). Folgenden Fragen soll in Bezug auf die politische und soziale Sinngebung durch HC nachgegangen werden:

- *Macht HC auf politische und soziale Randthemen aufmerksam?* (Untersuchungsfrage 4.1)
- *Motiviert HC zu politischem und sozialem Engagement?* (Untersuchungsfrage 4.2)
- *Hängt das politische/soziale Engagement damit zusammen, dass man durch HC auf gesellschaftliche/politische Themen aufmerksam gemacht wurde?* (Untersuchungsfrage 4.3)

Ob das befragte Publikum durch HC auf politische und soziale Randthemen aufmerksam gemacht (Untersuchungsfrage 4.1) und zu politischem/sozialem Handeln motiviert wird (Untersuchungsfrage 4.2), wird mit den Fragebogen-Items *„HC hat mich auf spezielle gesellschaftliche/politische Themen aufmerksam gemacht, die nicht im Zentrum des öffentlichen Interesses stehen"* (v122) und *„HC hat mich zu politischem/sozialem Engagement bewegt"* (v123) erfragt. Über eine Korrelationsrechnung der Items v122 und v123 lässt sich klären, ob das politische/soziale Engagement damit zusammenhängt, ob man durch HC auf gesellschaftliche/politische Randthemen aufmerksam gemacht wurde (Untersuchungsfrage 4.3).

Es ergibt sich folgendes Bild: Dem Item v122 stimmen ca. 60 % des HC-Publikums zu (vgl. den Mittelwert bei v122 in Tab. 11).[5] Männer

---

5   Es wurde hier die Werte 4 („trifft eher zu": 28,5 %) und 5 („trifft voll zu": 28,3 %) zusammengenommen.

stimmen dabei signifikant (p= .030) stärker zu als Frauen. Auch das Alter differenziert hier signifikant (p= .004): Es sind v. a. die älteren Befragten, die dem Item deutlich zustimmen. Dass Fanzines als Vermittlungsinstanzen dieser Themen nicht unwichtig sind, zeigt der Zusammenhang von v122 und v151 mit r= .337**.

Ob HC von Einfluss auf die politische/soziale Aktivität Jugendlicher ist, klärt das Item v123 (vgl. Tab. 11). Der Mittelwert von 2,91 zeigt, dass die Befragten hier indifferent antworten. In Prozentwerten ausgedrückt lässt sich jedoch sagen, dass immerhin 37,3 % der Befragten (eher) der Meinung sind, dass die HC-Jugendkultur sie zu politischen/sozialen Aktivitäten motivierte.[6] Auch Haenfler hält in seiner Studie über HC fest: „Subcultures are themselves political meaningful, and they often serve as a bridge to further political involvement" (Haenfler 2004, 428). Bei dem Item v123 gibt es hinsichtlich soziodemografischer Merkmale keine signifikanten Unterschiede.

	N	M	SA	Korrelation mit v151
HC hat mich auf spezielle gesellschaftliche/politische Themen aufmerksam gemacht, die nicht im Zentrum des öffentlichen Interesses stehen. (v122)	401	3,56	1,29	.337**
Geschlecht				
Männer	301	3,64	1,25	
Frauen	100	3,30	1,38	
Alter				
< 26	289	3,44	1,34	
≥ 26	114	3,82	1,12	
HC hat mich zu politischem/sozialem Engagement bewegt. (v123)	404	2,91	1,35	.171**

Tab. 11: politische/soziale Dimension von HC

Eindeutig ist der Zusammenhang der Items v122 und v123 (ohne tabellarische Abbildung): Es kann gezeigt werden, dass das politische/soziale Engagement damit zusammenhängt, ob man durch HC auf gesellschaftliche/politische Themen aufmerksam gemacht wurde (r= .690**). Oder anders formuliert: Umso deutlicher man angibt, durch HC zu politischem/sozialem Engagement bewegt worden zu sein, je eher ist man auch der Ansicht, durch HC auf gesellschaftliche und politische Randthemen aufmerksam gemacht worden zu sein. In Prozentwerten lässt sich dieser Zusammenhang besonders eindrucksvoll demonstrieren: Über

---

6   Es wurde hier die Werte 4 („trifft eher zu": 23,4 %) und 5 („trifft voll zu": 13,9 %) zusammengenommen.

80 % der Befragten, die durch HC auf politische und soziale Randthemen aufmerksam gemacht wurden, geben auch an, dass sie durch HC zu politischem/sozialem Engagement motiviert wurden. Dieser Befund geht mit der Annahme von Hitzler und Pfadenhauer einher, die davon ausgehen, dass insbesondere für diejenigen HC-Anhänger, die „nach der Prämisse leben, dass ‚Hardcore' mehr zu sein habe als ‚nur' Musik, [...] Wissensbestände zu solchen Themen [...] die Basis für ein persönlich als sinnvoll erachtetes Engagement [bilden]" (Hitzler/Pfadenhauer 2005, 43). Die in diesem Kapitel präsentierten Befunde deuten darauf hin, dass das gesellschaftliche Engagement Jugendlicher u. a. durch die Zugehörigkeit zu einer Clique motiviert ist (vgl. Albert et al. 2004, 216).

4.4 Soziokulturelle Orientierung des HC-Publikums

In diesem Kapitel wird zunächst der Forschungsfrage 5.1 *„Wo positioniert sich das HC-Publikum im jugendkulturellen Raum?"* nachgegangen. Die soziokulturelle Selbstverortung des HC-Publikums wurde anhand der Frage 4 des Fragebogens *„Was hältst du von folgenden Gruppierungen und Szenen?"* ermittelt (vgl. Anhang). Es wird hier untersucht, wie sich das HC-Publikum inter- und intrajugendkulturell positioniert, d. h. mit welchen soziokulturellen Angeboten es sich identifiziert, von welchen es sich abgrenzt und welche ihm gleichgültig sind. Mit insgesamt 23 Gruppierungen bzw. Szenen wird ein breites Spektrum an soziokulturellen Selbstverortungsmöglichkeiten abgefragt.[7] Die Auswahl erfolgte auf Basis verschiedener quantitativ-empirischer Untersuchungen zur Selbstpositionierung Jugendlicher im soziokulturellen Raum (vgl. Müller-Bachmann 2002a, 2002b; Strzoda et al. 1996 sowie Shell-Jugendstudien). Da insbesondere auch die Selbstpositionierung innerhalb der hochdifferenzierten HC-Jugendkultur (z. B. *Emos, Screamos, Straight Edger*) interessiert, wurde im Rahmen der Interviews mit den Szene-Experten abgestimmt, nach welchen HC-Subgruppierungen sinnvollerweise gefragt wird, um der Ausdifferenziertheit der HC-Jugendkultur gerecht werden zu können. Tab. 12 stellt das im Fragebogen verwendete Kategoriensystem zur Ermittlung der Selbstpositionierung im jugendkulturellen Raum dar. Während die bisherigen quantitativen Studien zu diesem Thema (vgl. Müller-Bachmann 2002a, 2002b; Strzoda et al. 1996 sowie die Shell-Jugendstudien) die „jugendkulturelle Vergangenheit" der Befragten nicht berücksichtigten, findet diese in vorliegender Studie in Form der beiden Antwortmöglichkeiten *„Ich habe früher dazugehört... halte jetzt aber nichts mehr davon"* sowie *„Ich habe früher dazugehört... finde ich immer noch okay"* Beachtung.

---

7 Die *Veganer* und *Vegetarier* wurden hier nicht mitgezählt, da es sich bei diesen Gruppen im engeren Sinne nicht um Jugendkulturen handelt (vgl. Schwarz 2005, 120).

kenne ich nicht	ich ge-höre dazu	ich habe früher dazugehört		ich gehöre nicht dazu			
		... halte jetzt aber nichts mehr davon	... finde ich immer noch okay	... finde ich aber ganz gut	... sind mir egal/ ich toleriere sie	... und kann ich nicht so gut leiden	... und lehne ich total ab

Tab. 12: Antwortkategorien zur soziokulturellen Selbstpositionierung

Die Befragten konnten zudem angeben, dass ihnen bestimmte Gruppen/Szenen unbekannt sind. In Form einer offenen Frage wurde des Weiteren die Möglichkeit offeriert, Gruppierungen/Szenen zu nennen, zu denen sich die Befragten dazuzählen, die aber in der Auflistung nicht erwähnt sind (v65). Nur sehr wenige Befragte nannten hier Szenen, die nicht im Fragebogen erwähnt waren. Von einer Auflistung dieser Nennungen wird hier abgesehen.

Wie das HC-Publikum zu den einzelnen Szenen/Gruppen steht, kann den prozentualen Quoten in Tab. 13 entnommen werden. Platz eins der soziokulturellen Identifikationsskala des HC-Publikums nehmen die *Antifas* (Abkürzung für *Antifaschistische Aktion*) mit 22,6% ein, was die Annahme von Hitzler/Pfadenhauer stützt, die einen „nicht unerhebliche[n] Teil der Hardcorler [...] dem Mobilisierungspotenzial der Antifa-Szene" (Hitzler/Pfadenhauer 2005, 44) zurechnen. Es wird vielfach eine Verdrossenheit Jugendlicher gegenüber traditionellen Formen organisierter Politik (Parteien, Bürgerverbände, Gewerkschaften etc.) diagnostiziert (vgl. Gille/Krüger 2000, Gaiser/de Rijke, Deutsche Shell 2004). Der Diskurs um jugendliches Desinteresse an Politik ist dabei nicht losgelöst von dem Diskurs um die Entgrenzung von Politik zu betrachten, also um die Grenzen dessen, was heute in der Gesellschaft als politisch gilt:

„Ein Teil der Jugendlichen ist heute nicht nur nicht desinteressiert an Politik, sondern ganz im Gegenteil in weiten Teilen politisch interessiert und engagiert – aber eben nicht engagiert und interessiert in den Formen von Politik, die man in den Blick bekommt, wenn man etwa lediglich auf Parteien oder Verbände oder ‚klassische' Formen politischer Beteiligung abhebt" (Hurrelmann et al. 2004, 51).

Neben institutionalisierten und formalen Partizipationsmöglichkeiten zeigt sich jugendlicher bzw. jugendkultureller politischer Aktivismus insbesondere in alternativen Organisationsformen – wie z. B. der *Antifa* – die keine verbindliche und dauerhafte Mitgliedschaft voraussetzen.

Den Straight Edgern, Emos, Screamos und Punks rechnen sich jeweils ca. ein Fünftel der Befragten explizit zu.

| | kenne ich nicht | ich gehöre dazu | ich habe früher dazugehört | | ich gehöre nicht dazu | | | |
			... halte jetzt aber nichts mehr davon	... finde ich immer noch okay	... finde ich aber ganz gut	... sind mir egal/ ich toleriere sie	... und kann ich nicht so gut leiden	... und lehne ich total ab
Antifa	2,3	22,6	1,5	6,1	41,1	22,3	2,3	1,8
Straight Edger	2,9	19,9	2,0	5,9	29,7	33,0	4,6	2,6
Emos	1,7	19,8	1,2	4,2	34,9	30,2	5,7	2,2
Screamos	9,8	19,5	0,5	4,8	33,3	27,6	3,3	1,3
Punks	0,0	18,3	4,0	12,6	27,5	31,2	5,7	0,7
Skater	0,8	11,0	1,8	14,5	40,4	29,1	1,8	0,8
New York Hardcores	3,0	10,4	1,5	3,8	22,6	36,8	17,0	4,8
Tierbefreier	3,3	9,6	0,8	5,1	54,3	22,3	4,1	0,5
Vegan Straight Edger	3,1	8,0	1,3	4,4	33,8	39,7	7,0	2,8
Heavy Metals	0,2	6,5	1,5	5,7	23,9	44,4	11,2	6,5
Autonome/ Hausbesetzer	5,1	6,2	0,0	3,3	39,0	36,4	7,7	2,3
Crust/ Anarchopunks	5,4	5,9	0,3	2,3	31,6	40,4	10,5	3,6
Riot Grrrls	30,3	4,3	0,0	0,8	35,6	25,3	3,5	0,3
Jesus Freaks	9,8	1,5	0,5	0,3	6,5	26,0	18,0	37,5
HipHopper	0,5	1,5	1,5	2,0	20,9	43,6	17,4	12,6
Hippies	1,0	1,3	1,0	1,3	12,3	42,6	20,4	20,2
Hardline Straight Edger	4,8	1,0	0,8	1,5	14,6	25,9	24,4	27,1
Waver/ Goths	5,0	1,0	0,3	1,0	11,8	46,6	22,6	11,8
Oi-Skins/ SHARP-Skins	4,8	0,8	0,5	0,5	11,3	36,5	28,5	17,3
Raver	6,5	0,5	1,5	0,0	6,0	30,8	21,1	33,6
Mods	30,6	0,5	0,3	0,3	14,8	35,1	10,4	8,1
Hare Krishnas	9,3	0,0	0,3	0,8	15,4	39,5	13,9	20,7
Fascho-Skinheads/ Neonazis	1,0	0,0	0,2	0,0	1,0	2,2	3,0	92,5
Veganer	1,3	18,5	0,8	5,3	45,7	26,4	1,0	0,5
Vegetarier	0,5	36,6	1,5	9,6	22,7	19,7	1,0	0,5

Tab. 13: Selbstpositionierung des HC-Publikums im soziokulturellen Raum

Mit etwas Abstand folgen die Skater, die New York Hardcores, die Tierbefreier sowie die Vegan Straight Edger, von denen jeweils ca. jeder
zehnte Befragte angibt, dazuzugehören. Betrachtet man die generellen
Sympathiebekundungen („*... finde ich immer noch okay*" und „*...*
finde ich aber ganz gut" zusammengenommen), so fällt auf, dass diese (mit
Ausnahme der Fascho-Skinheads/Neonazis) grundsätzlich deutlich höher
ausfallen als die Zugehörigkeitsquoten. Die Gruppen und Szenen, die die
höchsten Identifikations- und Sympathieanteile erreichen, verzeichnen
gleichzeitig auch die niedrigsten Ablehnungsraten. Sie können als das
soziokulturelle Spektrum des HC-Publikums bezeichnet werden (vgl.
Tab. 13). Hierzu zählen insbesondere auch nicht-musikzentrierte politisch linke Aktivisten-Gruppen (Antifa, Autonome/Hausbesetzer) sowie
die Tierbefreier. Der „More-than-Music"-Gedanke zeigt sich somit auch
in der soziokulturellen Selbstpositionierung. Insgesamt zählt sich jeder
zweite Befragte explizit zu einer der Szenen des soziokulturellen Spektrums von HC.

Den Szenen/Gruppen des soziokulturellen Spektrums der HC-Szene
stehen Szenen gegenüber, mit denen sich nur ein verschwindend geringer
Anteil aus dem HC-Publikum identifiziert und deren Antipathiequoten
(„*... und kann ich nicht so gut leiden*", „*... und halte jetzt nichts mehr*
davon") und Ablehnungsraten zudem gleichzeitig deutlich höher ausfallen als die jeweiligen Sympathiebekundungen. Bedeutungslos sind mit
Identifikationsquoten ≤ 1,5 % v. a. Szenen/Gruppen, deren politische
oder religiöse Einstellung im Gegensatz zum linken und unreligiösen
Selbstverständnis der HC-Kultur liegen (Jesus Freaks, Hare Krishnas,
Faschos) (vgl. Kapitel D4.2). Es besteht auch eine deutliche Ablehnung
der Raver und Hippies. Als einzige HC-Subgruppierung werden die
Hardline Straight Edger aufgrund ihrer extremen und äußerst dogmatischen Auslebung des Straight-Edge-Stils deutlich abgelehnt (vgl. Maybaum 2003, Bailey 1998). Zusammen mit den Ravern und den Hippies
vereinen diese Szenen die höchsten Ablehnungsquoten auf sich. Die
massive Betonung der Gegnerschaft zu diesen Stilen verdeutlicht, dass
Szenen nicht nur Objekte der Identifikation, sondern auch der Distinktion
sind.

Über die Fragebogenfrage 4 wurde auch die Forschungsfrage 5.2 „*Zu*
wie vielen Szenen zählen sich die Befragten explizit dazu, wie viele leh-
nen sie explizit ab?" operationalisiert. Individualisierungstheoretisch orientierten Positionen zufolge legen sich Jugendliche immer weniger auf
einen einzigen Gruppenstil fest, sondern sympathisieren mit mehreren
und „flottieren" frei zwischen diesen Stilen ohne Zwang zu Kohärenz
und Beständigkeit (vgl. Polhemus 1995, 1997; Muggleton 1997, Sweetman 2004, Ingrisch 2001). Es wird argumentiert, dass Jugendkulturen ihre Bindungskraft größtenteils eingebüßt hätten bzw. nur die wenigsten
Jugendlichen sich explizit zu einer Szene bekennen würden (vgl.
Vollbrecht 1995; Müller-Bachmann 2002b, 214). Vor diesem Hinter-

grund interessiert nun, inwiefern sich die befragten Besucher von HC-Konzerten explizit einer oder mehreren Szene(n)/Gruppe(n) zugehörig fühlen bzw. fühlten. Es werden auch die expliziten Ablehnungen in den Blick genommen.[8] Tab. 14 zeigt die durchschnittliche Anzahl

- der Zugehörigkeiten zum Zeitpunkt der Befragung (*„Ich gehöre dazu"*),
- der früheren Zugehörigkeiten (*„Ich habe früher dazugehört ..."*) sowie
- der totalen Ablehnungen (*„Ich gehöre nicht dazu und lehne ich total ab"*).

	M	SA
Anzahl der Zugehörigkeiten	1,65	1,86
Anzahl der früheren Zugehörigkeiten	0,99	1,43
Anzahl der totalen Ablehnungen	3,03	2,33

Tab. 14: Anzahl der expliziten soziokulturellen Zugehörigkeiten und Ablehnungen

Durchschnittlich zählen sich die befragten HC-KonzertgängerInnen zu 1,65 Szenen und lehnen 3,03 total ab. Diese Indizes sind von soziodemografischen Merkmalen unabhängig. Der wesentlich höhere Durchschnittswert bei den totalen Ablehnungen deutet darauf hin, dass die befragten Jugendlichen eher bereit sind, zu signalisieren, was sie nicht sind als was sie sind. Sie definieren sich eben v. a. auch über ihre konkrete Ablehnung gegenüber anderen Jugendkulturen und Szenen (vgl. auch Widdicombe/Wooffitt 1995, 180; Jugendwerk der Deutschen Shell 1984, 16ff, 164ff; Zinnecker 1981, 489). Die Befragten gehörten vor der Befragung bereits durchschnittlich einer Szene/Gruppe an. Diese Zughörigkeits-Indizes zeigen, dass das HC-Publikum sich nur wenigen Szenen explizit zuordnet und somit den individualisierungstheoretischen Annahmen um das stetige An- und Abwählen bzw. der „Zugehörigkeits-Simultanität" widerspricht. Insgesamt identifizieren sich zwei Drittel der Befragten explizit mit mindestens einer der abgefragten Szenen, was ebenfalls den Schluss zulässt, dass sich Jugendliche entgegen individualisierungstheoretischer Positionen sehr wohl noch unmittelbar zu einzelnen Szenen bekennen (vgl. auch Muggleton 2000).[9]

---

8 Die Gruppen der Veganer und Vegetarier werden in der nachfolgenden Berechnung der Zugehörigkeits- bzw. Ablehnungsindizes nicht berücksichtigt und bleiben auch in den Folgeanalysen (Faktorenberechnung) außen vor.

9 In ihrer Untersuchung der Jugend von 1996 zeigen Strzoda et al (vgl. 1996, 65f), dass der Anteil der Personen, der sich mit mindestens einem abgefragten Gruppenstil identifiziert, mit zunehmendem Alter abnimmt. Für das HC-Publikum

Vor dem geschilderten individualisierungstheoretischen Kontext ist zudem die Beständigkeit der Szenebindung interessant (Forschungsfrage 5.3 *„Wie lange steht das HC-Publikum bereits in Kontakt zur Szene?"*). Die Dauer der Szenezugehörigkeit wird über die Differenz zwischen dem Alter der Befragten (v162) und dem Alter zum Zeitpunkt, als die Befragten zu HC gekommen sind (v14), berechnet. Die Identifikation mit HC ist von Dauer: Das befragte Publikum ist durchschnittlich seit bereits 7,6 Jahren (SA= 4,0) mit der Szene verbunden.

Neben der Deskription der Stellungnahmen zu den abgefragten soziokulturellen Angeboten interessieren im Rahmen dieser Arbeit insbesondere auch Zusammenhänge zwischen der soziokulturellen Selbstpositionierung des HC-Publikums und weiteren Untersuchungsaspekten. Aufgrund der Vielzahl an Gruppierungen und Szenen war es für das weitere Analyseverfahren sinnvoll, mittels einer Faktorenanalyse diejenigen soziokulturellen Selbstverortungen zu ermitteln, die so eng miteinander zusammenhängen, dass sie als einheitlicher Faktor interpretiert werden können. Da allen Items des Fragebogens Antwortskalen mit fünf Ausprägungen zugrunde liegen, war es geraten, die soziokulturellen Orientierungen ebenfalls mit diesem Skalenniveau zu versehen, um auf einem einheitlichen Niveau statistische Zusammenhangsrechnungen durchführen zu können. Da der Frage nach der soziokulturellen Selbstpositionierung des HC-Publikums zunächst über ein acht Ausprägungen umfassendes Kategoriensystem nachgegangen wurde (vgl. Tab. 12), musste dieses auf fünf Ausprägungen sinnvoll umkodiert werden. Tab. 15 veranschaulicht das Vorgehen bei der Skalenreduktion.

1	2	3	4	5
Ich gehöre nicht dazu … und lehne ich total ab.	Ich gehöre nicht dazu … und kann ich nicht so gut leiden.	Ich gehöre nicht dazu … sie sind mir egal.	Ich gehöre nicht dazu … finde ich aber ganz gut	Ich gehöre dazu.
	Ich habe früher dazugehört… halte jetzt nichts mehr davon.	Kenne ich nicht.	Ich habe früher dazu gehört … finde ich immer noch okay.	

Tab. 15: Skalenreduktion bei der soziokulturellen Verortung

konnte hingegen diesbezüglich kein statistisch signifikanter Alterszusammenhang festgestellt werden. Die Bereitschaft, sich mit einer Szene zu identifizieren, ist im HC-Publikum jedoch (schwach) vom Bildungsgrad anhängig: Die Personen mit formal niedrigen Bildungsabschlüssen sind unter den Befragten, die sich mindestens einer Szene explizit zuordnen, überrepräsentiert. Ein geschlechtsspezifischer Unterschied besteht nicht.

Wie bei den anderen fünstufigen Skalen des Fragenbogens auch, bedeutet der Wert 1 die niedrigste Zustimmung (bei dieser Fragestellung also die totale Ablehnung der Gruppe/Szene) und der Wert 5 die höchste (hier also „*Ich gehöre dazu*").

Die Faktorenanalyse über die Szenen der Fragebogenfrage 4 ergibt vier Faktoren, die nachfolgend als *soziokulturelle Orientierungen* verstanden werden (vgl. Tab. 16). Gruppen/Szenen, die auf zwei oder mehr Faktoren laden, wurden nur in die Mittelwertberechnung aufgenommen, wenn die Differenz zwischen den Absolutwerten der Ladungen auf die verschiedenen Faktoren ≥ .15 ist.

Auf den ersten Faktor laden ausschließlich Gruppierungen und Szenen, die keine unmittelbare soziokulturelle Nähe zur Jugendkultur HC haben. Dieser Faktor wird daher nachfolgend als *Andere* bezeichnet. Der zweite Faktor bündelt links-politische Gruppierungen (Autonome und Antifa) und Punk-Gruppierungen (Crust/Anarchopunk, Punks, Riot Grrrls) und wird entsprechend als *(Polit-)Punk-Orientierung* interpretiert. Der dritte Faktor wird als *New York Hardcore/Straight Edge-Orientierung* (nachfolgend auch *NYHC/SE* abgekürzt) verstanden, da die Straight-Edge-Szenen sowie die Szene der New York Hardcores darauf laden.[10] Dass die Gruppe der Tierbefreier ebenso auf diesen Faktor lädt, ist plausibel, kennzeichnet die vegetarische bzw. vegane Ernährungsweise doch maßgeblich insbesondere die Straight-Edge-Szenen.

---

10 Wenn im Folgenden von der Szene „New York Hardcore" die Rede ist, ist nicht die lokale Szene in New York City gemeint. Der Begriff „New York Hardcore" hat sich im Laufe der Zeit zu einer Soundbeschreibung entwickelt, „die sich von ihrer geografischen Festlegung emanzipiert hat" (Mader 1999, 4), d. h. dieser Begriff wird auch von Bands außerhalb der amerikanischen Metropole für die Beschreibung der eigenen Musik verwendet. Als New-York-HC-Szene werden in HC-Kreisen alle lokalen Szenen bezeichnet, die sich um dieses musikalische Genre konstituieren. Kurz: Eine „New-York-HC-Szene" kann es auch in Besigheim oder St. Gallen geben.

SOZIOKULTURELLE ORIENTIERUNGEN			
ANDERE (NON-HC/-PUNK)	(POLIT-) PUNK	NYHC/ STRAIGHT EDGE	EMO/ SCREAMO
Raver 0,669			
Jesus Freaks 0,664			
Hippies 0,630			
Waver 0,597			
Oi Skins 0,540			
Hip Hopper 0,479			
Fascho-Skinheads/ Neonazis 0,461			
Mods 0,452			
Crust/Anarchopunk	0,777		
Autonome/ Hausbesetzer	0,771		
Punks	0,646		
Riot Grrrls	0,605		
Antifa	0,529		
Vegan Straight Edge		0,825	
Straight Edge		0,770	
Tierbefreier		0,601	
New York Hardcores		0,491	
Emos			0,839
Screamos			0,828
erklärte Gesamtvarianz	16,51 %	12,34 %	10,0 %	6,68 %

Anmerkung: Hauptkomponentenanalyse mit VARIMAX-Rotation. Es sind nur Items mit Ladungen mit einem Absolutbetrag von ≥4 abgebildet.

Tab. 16: Faktorenstruktur der soziokulturellen Orientierung

Auf den vierten Faktor laden die Emo- und Screamo-Szene. Er wird folglich *Emo/ Screamo-Orientierung* benannt.

Die Berechnung der Faktorenmittelwerte ergibt folgendes Bild (vgl. Tab. 17). Der geringe Mittelwert von 2,36 (SA=0,55) des Faktors *Andere* zeigt, dass die Gruppierungen und Szenen, die keine unmittelbare Nähe zu HC aufweisen, abgelehnt werden. Die Mittelwerte der anderen drei Faktoren machen (wie bei der Befragung des HC-Publikums auch zu erwarten war) deutlich, dass die Gesamtstichprobe sich soziokulturell in Richtung der Punk- und HC-Szenen verortet, wobei die Emo/Screamo-Orientierung am stärksten ausgeprägt ist, aber auch den (Polit-)Punk-Szenen sowie der NYHC/SE-Szene steht das befragte Publikum nahe.

Soziokulturelle Orientierungen	M	SA
Andere	2,36	0,55
(Polit-)Punk	3,52	0,59
NYHC/SE	3,50	0,64
Emo/Screamo	3,70	0,81

Tab. 17: soziokulturelle Orientierung
der Gesamtstichprobe

4.5 Soziokulturelle Orientierung und politische und religiöse Einstellung

In Kapitel D4.2 wird das HC-Publikum anhand der empirischen Befunde zur politischen und religiösen Einstellung als grundsätzlich politisch links und unreligiös beschrieben. Hier wird nun der Frage nachgegangen, inwiefern die politische bzw. religiöse Einstellung mit der soziokulturellen Selbstverortung zusammenhängt (Untersuchungsfrage 5.4).[11] Diese Frage lässt sich beantworten, indem Korrelationsrechnungen zwischen den Variablen zum politischen Standort (v160) bzw. der religiösen Einstellung (v161) und den einzelnen Szenen durchgeführt werden. Zeigen sich signifikante Zusammenhänge, so können diese dahingehend gedeutet werden, dass die politische und religiöse Orientierung mit darüber entscheiden, welchen Szenen sich Jugendliche anschließen (vgl. auch Otte 2007).

Ein positiver r-Wert bei den Korrelationen mit der politischen Einstellung ist wie folgt zu lesen: Je weiter man sich politisch nach rechts verortet, desto näher steht man auch den jeweiligen Szenen. Ein negativer r-Wert bedeutet folglich: Je weiter man sich politisch nach links verortet, desto näher steht man den jeweiligen Szenen. Positive r-Werte bei den Korrelationen mit den religiösen Einstellungen zeigen: Je religiöser man ist, desto näher steht man den jeweiligen Szenen. In Tab. 18 sind nur die relativ eindeutigen signifikanten Zusammenhänge dargestellt (mit $r \geq .200^{**}$).

---

11 Bei dieser Analyse wird nicht auf die ermittelten Faktoren zur soziokulturellen Orientierung zurückgegriffen. Die Zusammenhänge zwischen politischer bzw. religiöser Einstellung und den soziokulturellen Selbstpositionierungen werden für jede Szene einzeln untersucht. So kann beispielsweise auch die Szene der *Hardline Straight Edger* berücksichtigt werden, die bei der Faktorenbildung unberücksichtigt bleiben musste, da sie auf zwei Faktoren mit einer Differenz zwischen den Absolutwerten der Ladungen von $\leq .150$ geladen hat.

r≥ .200**	Hare Krishna	Jesus Fr.	Punk	Crust	Auto-nome	Antifa	Hard-line SE	New York HC
politische Einstel-lung	.223**	.247**	-.291**	-.271**	-.361**	-.293**	.225**	
religiöse Einstel-lung	.272**	.396**					.232**	.230**

Tab. 18: soziokulturelle Orientierung und politische und religiöse
        Einstellung

Folgendes wird deutlich: Die soziokulturelle Nähe zur Punk-, Crust-, Au-
tonomen- und Antifa-Szene hängt (plausiblerweise) mit einer politisch
linken Einstellung zusammen, d. h. je weiter man sich politisch nach
links verortet, desto näher steht man diesen Szenen. Von den weiteren
HC-Subszenen kann lediglich die auf extrem konservativen moralischen
Wertvorstellungen (Homophobie, gegen Abtreibung) basierende Hardline Straight Edge-Szene (vgl. Maybaum 2003, 308ff; Hitzler et al. 2001,
61; Bailey 1998) mit einer politisch rechten Einstellung in Verbindung
gebracht werden. Für diese Szene gilt ebenso wie für die Gruppierungen
der Hare Krishnas und der Jesus Freaks: Je näher das HC-Publikum ihnen steht, desto weiter stuft es sich auch politisch rechts ein.

Der Zusammenhang zwischen der religiösen Einstellung und der Nähe zu den Hare Krishnas sowie den Jesus Freaks ist plausibel. Interessant
ist, dass eine religiöse Einstellung mit der Nähe zur Hardline Straight
Edge-Szene und der New York HC-Szene einhergeht. Je näher man die-
sen beiden Szenen steht, desto religiöser stuft man sich jeweils selbst ein.
Wood (1999, 141ff) und Maybaum (2003, 310ff) merken an, dass einige
Straight-Edge-Anhänger ihre asketische Lebensweise mit religiösen
Werten begründen. Im hier befragten HC-Publikum zeigt sich, dass die
extrem dogmatischen und radikalen Vertreter der SE-Philosophie (die
Hardliner) mit den religiösen Gruppierungen der Hare Krishnas und der
Jesus Freaks in Verbindung gebracht werden können: Je näher man der
Hardline-Straight-Edge-Szene steht, desto deutlicher verortet man sich
auch in Richtung Hare Krishna (r= .393**) und Jesus Freaks (r= .294**)
(jeweils ohne tabellarische Abbildung). Die geschilderten Befunde verdeutlichen, dass das Ergreifen bestimmter soziokultureller Identifikationsangebote mit der religiösen und politischen Orientierung des HC-
Publikums zusammenhängt. Es liegt der Schluss nahe, dass Religiosität
und Politik wichtige Distinktionsmerkmale innerhalb der HC-Szene(n)
darstellen.

4.6 Szeneeinstieg

Im Zuge des Individualisierungsdiskurses wird vielfach betont, dass jugendliche Fankulturen v. a. medial vermittelt sind (vgl. Winter 1997b, Ferchhoff 1995, Vollbrecht 1995, Osgerby 2004). Die Frage, wie Jugendliche zu Jugendkulturen kommen, wird in Jugendkultur-Forschungen an die Jugendlichen selbst hingegen erstaunlicherweise kaum gestellt. Im Rahmen der Publikumsbefragung wurde daher folgenden Fragen nachgegangen:

- *Wie sind die Befragten zu HC gekommen? Was war dabei wichtig für sie?* (Untersuchungsfrage 7.1)
- *Welche Rolle spielen Medien beim Szeneeinstieg?* (Untersuchungsfrage 7.2)
- *Ist es schwierig, in die HC-Szene aufgenommen zu werden?* (Untersuchungsfrage 7.3)

Die Fragebogenfrage 1 *„Wie bist du zu Hardcore gekommen? Was war dabei wichtig für dich?"* operationalisiert die Forschungsfragen 7.1 und 7.2. Auf einer Skala von 1= „unwichtig" bis 5= „sehr wichtig" wird die Bedeutung verschiedener Aspekte hinsichtlich des Szeneeinstiegs erfragt. Um sicher zu gehen, dass auch alle relevanten Aspekte erfasst werden, wurde zudem eine offene Frage formuliert: *„Haben wir etwas vergessen, das für dich wichtig war?"* (v13). Es wurden hier nur sehr wenige Angaben gemacht, was als Indikator dafür betrachtet werden kann, dass die Aufzählung nahezu erschöpfend war.

Diagr. 4 stellt auf Basis der Gesamtstichprobe dar, welche Aspekte für die Befragten beim Einstieg in die HC-Szene bedeutsam waren.[12] Eine zentrale Rolle spielen Konzerte: Fast 90 % des HC-Publikums ist über Konzerte zu HC gekommen. Jeweils über die Hälfte der Befragten gibt an, über Punk/Metal (59,1 %), über Freunde, die bereits in der Szene waren (53,6 %) sowie über das Kennenlernen von neuen Leuten aus der Szene (50,9 %) zu HC gekommen zu sein. Das Entdecken von Musik, die nur von wenigen gehört wird und politisches Engagement war für jeweils ca. 40 % der Befragten von Bedeutung. Medien spielen als Faktor beim Szeneeinstieg kaum eine Rolle. Insbesondere Massenmedien wie Fernsehen und Radio sind für das HC-Publikum unbedeutend beim Szeneeinstieg.

---

12 Die Kategorien „wichtig" bzw. unwichtig umfassen diejenigen Befragten, die mindestens auf der Stufe „stimmt eher" bzw. „stimmt eher nicht" zustimmten (vgl. Fragbogenfrage 1 im Anhang). Unter „teils teils" sind diejenigen Personen zusammengefasst, die die Mittelkategorie der fünfstufigen Skala gewählt haben.

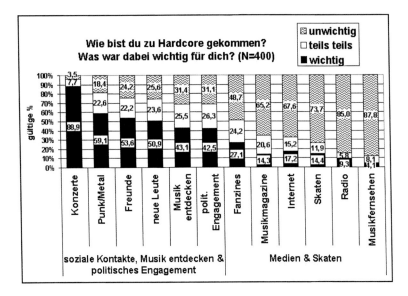

Diagr. 4: Szeneeinstieg

Auch Musikmagazine spielen kaum eine Rolle. Das Nischenmedium Fanzine ist hinsichtlich des Szeneeinstiegs noch am ehesten relevant: Ca. ein Viertel der Befragten gibt an, über Fanzines zu HC gekommen zu sein. Die empirischen Ergebnisse entkräften (zumindest für das HC-Publikum) somit die Vorstellung, dass Jugendliche insbesondere über (Massen-)Medien soziokulturelle Identifikationsangebote ergreifen bzw. auf diese aufmerksam gemacht werden.

Die Untersuchungsfrage 7.3 wurde mit dem Item „*Es ist schwierig, in die HC-Szene aufgenommen zu werden*" (v141) operationalisiert (Antwort-Skala von 1 „trifft überhaupt nicht zu" bis 5 „trifft voll zu"). Der geringe Mittelwert von M= 2,28 zeigt, dass die Befragten grundsätzlich nicht der Meinung sind, dass es schwierig ist, Anschluss zur HC-Szene zu finden werden (vgl. Tab. 19). Es besteht jedoch ein signifikanter geschlechtsspezifischer Unterschied: Frauen stimmen dem Item etwas stärker zu als die Männer.

Es ist schwierig, in die HC-Szene aufgenommen zu werden.

	N	M	SA	p
Alle	402	2,28	1,16	
Männer	302	2,21	1,13	.031
Frauen	100	2,51	1,23	

Tab. 19: Schwierigkeit Szeneeinstieg

Abschließend ist in Bezug auf den Szeneinstieg noch zu erwähnen, dass die Befragten mit durchschnittlich 16 Jahren (SA= 2,22) zur HC-Szene gestoßen sind. Die männlichen Befragten waren dabei mit 15,8 Jahren im Schnitt 0,7 Jahre jünger als die weiblichen Befragten (p= .003).

4.7 Intergenerationelle Abgrenzung

Der Generationskonflikt steht im Zentrum der Entstehungsgeschichte von Jugendkulturen (vgl. Baacke 1999, Zinnecker 1987). Auch die CCCS-Subkulturtheorie argumentiert, dass sich Subkulturen per definitionem von der Generation der Eltern (der Stammkultur) abgrenzen (vgl. Kapitel A2.2). Die Forschungsfrage 6 „Wie steht das HC-Publikum zur Generation der Eltern?", die über das Fragebogen-Item „Ich halte nicht viel von der Generation meiner Eltern" (v132) operationalisiert wurde, geht der Bedeutung intergenerationeller Abgrenzung nach.

	N	M	SA
Ich halte nicht viel von der Generation meiner Eltern.	406	2,30	1,26

Tab. 20: intergenerationelle Abgrenzung

Die empirischen Befunde zeigen, dass die Elterngeneration als Bezugspunkt jugendkultureller Abgrenzung für das HC-Publikum so gut wie keine Rolle spielt (vgl. Tab. 20). Dem Item *Ich halte nicht viel von der Generation meiner Eltern* wird deutlich widersprochen.

In Bezug auf Musikgeschmack als Distinktionsmerkmal halten Schmidt und Neumann-Braun fest, dass die „ehemals nahezu untrennbare Verbindung von Pop(-Musik) und Jugend" (Schmidt/Neumann-Braun 2003, 251) in die Jahre gekommen sei und Distinktionsgewinne mittlerweile auch über „inkludierende Formen intergenerationeller Abgrenzung" (vgl. ebd., 251f) erzielt würden. Beispielsweise indem man sich generationsunabhängig nicht auf das „Alte", sondern auf das „Altmodische" als Abgrenzungsfixpunkt einigt.[13]

---

13 Sabine Magerl stellt in ihrem Artikel *Der Pop der späten Jahre* im Feuilleton der *Frankfurter Allgemeinen Zeitung* diesbezüglich die Frage: „Was passiert eigentlich mit der Jugendkultur, wenn die Jugendlichen heute vierzig sind?" (Magerl 2004, 29).

4.8   Szenerelevante Informationsquellen des HC-Publikums

Im Folgenden wird ein Blick darauf geworfen, wie sich die Befragten über das Szenegeschehen auf dem Laufenden halten. Neben Informationsbeschaffung über persönliche Kontakte (Freunde, Konzerte) wird insbesondere die Bedeutung verschiedener Medien diesbezüglich beleuchtet. Entgegen der klassischen Subkulturtheorie (vgl. Kapitel A2.2) wird mittlerweile vielfach betont, dass bestimmte Medien nicht per se außerhalb von Jugendkulturen anzusiedeln sind, sondern zentrale Funktionen innerhalb von Jugendkulturen übernehmen (vgl. Thornton 1996, Hodkinson 2002, Thompson 2004, Osgerby 2004), quantitativ-empirische Befunde hierzu stehen allerdings noch aus. Vermutet wird, dass Nischen- und Mikromedien innerhalb der HC-Szene eine bedeutende Rolle bei der Informationsbeschaffung spielen, die Massenmedien hingegen keine (vgl. Kapitel A2.3.3.1). Es wird folgenden Fragen nachgegangen:

- *Wie halten sich die Befragten über das Szenegeschehen auf dem Laufenden?* (Untersuchungsfrage 9.1)
- *Welche Rolle spielen Medien bei der Informationsbeschaffung innerhalb der HC-Szene?* (Untersuchungsfrage 9.2)

Das Fragebogensegment 11 (Antwortskala von 1= „trifft überhaupt nicht zu" bis 5= „trifft voll zu") operationalisiert die Forschungsfragen 9.1 und 9.2. Diagr. 5 stellt dar, wie sich das HC-Publikum über das Szenegeschehen informiert.[14] Es wird deutlich, dass soziale Kontakte hier die bedeutendste Rolle spielen. Vor allem Konzerte (93,4 % Zustimmung) und Freunde (88,8 % Zustimmung) dienen dem HC-Publikum, um sich auf den neusten Stand des Szenegeschehens zu bringen. Praktisch niemand gibt an, sich nicht über diese Möglichkeiten zu informieren. Auch spezialisierte Plattenläden dienen der Szene als Treffpunkt zum Informationsaustausch.

---

14 In den Kategorien „trifft zu" bzw. „trifft nicht zu" sind diejenigen Befragten zusammengefasst, die mindestens auf der Stufe „stimmt eher" bzw. „stimmt eher nicht" zustimmten (vgl. Fragbogenfrage 11 im Anhang). Unter „teils teils" sind diejenigen Personen zusammengefasst, die die Mittelkategorie der fünfstufigen Skala gewählt haben.

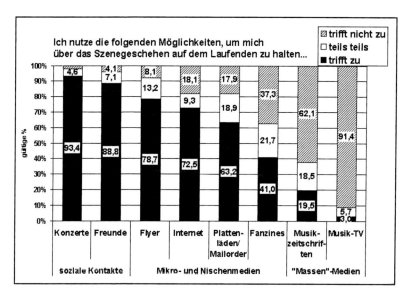

Diagr. 5: Informationsquellen des HC-Publikums

Hinsichtlich der Rolle der Medien ergibt sich folgendes Bild: Die in Kapitel A2.3.3.1 angesprochene Differenzierung von Mikro-, Nischen- und Massenmedien (vgl. Thornton 1996) erweist sich auch in Bezug auf die HC-Jugendkultur als zutreffend. Wie vermutet spielen Nischen- und Mikromedien eine bedeutende Rolle bei der Informationsbeschaffung, die „Massenmedien"[15] hingegen kaum eine. Auch Budde hält fest: „In den einschlägigen Musikzeitschriften, die an den Kiosken zu kaufen sind, ist [...] über Hardcore und die zugehörige Szene so gut wie nichts zu erfahren" (Budde 1997, 138).[16] Dass in den „gängigen" Medien kaum etwas über HC in Erfahrung zu bringen ist, lässt auf „extrem hermetische Strukturen der Szene" (ebd.) schließen (vgl. auch Kapitel C3.5). Im Gegensatz zu den Massenmedien sind die szenenahen bzw. szeneeigenen Medien hingegen als Vermittler von Szene-Informationen relevant: Jeweils ca. Dreiviertel geben an, sich über das Mikromedium der Flyer sowie über das Internet über Szene-News zu informieren. Auch Mailorderlisten können hier zu den Nischenmedien gezählt werden, da sie häufig Informationen wie z. B. Konzertdaten, Bandinformationen, Rezensionen

---

15 Der Begriff „Massenmedien" wird hier in Anführungszeichen verwendet, da die professionellen Musikmagazine aus Sicht der HC-Anhänger zu den Massenmedien gezählt werden (vgl. Kapitel C3.4.1).

16 Einzig die Straight-Edge-Szene wurden m. W. in einigen deutschen Zeitungen und Zeitschriften aufgrund deren drogenfreien Lebensstils besprochen (Knill 1998, Hennebach 1998, Mark 1999, Pohl 2001, o. V. 1999, Jaegike 2000, Boeker 1998, Büttner/Buchholz 2000).

von Tonträgern und Fanzines enthalten.[17] 63,2 % geben an, sich über Plattenläden/Mailorder zu informieren.

Wie in Kapitel C3.6.2 erläutert, spielen Fanzines bei der Vermittlung von szenerelevanten Kompetenzen eine wesentliche Rolle. Entsprechend ist es auch nicht weiter verwunderlich, dass DIY-Aktivisten das „Bildungsprogramm" der Fanzines entsprechend signifikant eher nutzen als die Nicht-Aktivisten, um über das Szenegeschehen auf dem Laufenden zu bleiben (vgl. Tab. 21).

Ich nutze [Fanzines], um mich über das Szenegeschehen auf dem Laufenden zu halten.

	N	M	SA	p
Nicht-Aktivisten	88	2,27	1,3	.000
Aktivisten	317	3,25	1,3	

Tab. 21: Fanzines als Informationsmedium nach Aktivisten/Nicht-Aktivisten

4.9   Soziale Bedeutung von Hardcore

In diesem Kapitel wird der Frage nach der sozialen Bedeutung bzw. Funktion von HC für das befragte Publikum nachgegangen (Untersuchungsfrage 10). Die Fragebogenfrage 9 besteht aus einer umfangreichen Item-Sammlung (Antwortskala von 1= „trifft überhaupt nicht zu" bis 5= „trifft voll zu"). Einige dieser Items heben auf die verschiedenen Facetten der sozialen Relevanz von HC ab. Sie dienen der Operationalisierung der Untersuchungsfrage 10. Es handelt sich um Items,

- die auf den Aspekt der sozialen Einbindung durch HC abzielen,
- die nach HC als (widerspenstige) Lebenseinstellung und als Mittelpunkt des Lebens fragen,
- die auf den Gesichtspunkt der Selbstverwirklichung und persönlichen Entfaltung abzielen und
- die die Bedeutung von HC hinsichtlich der Strukturierung des sozialen Umfelds bzw. der sozialen Ausgrenzung in den Blick nehmen.

Um das weitere Analyseverfahren zu vereinfachen, werden diese Items über eine Faktorenanalyse gebündelt (vgl. Tab. 22). Es wird zunächst auf Basis der Gesamtstichprobe die Faktorenbildung und -deutung erläutert. Daran anschließend wird untersucht, ob die soziale Bedeutung mit einer bestimmten soziokulturellen Orientierung im HC-Publikum zusammen-

---

17 Das Item „Plattenladen/Mailorder" wird hier bei den Nischenmedien aufgeführt. Es könnte aber aufgrund des Teilaspekts „Plattenladen" genauso bei den „sozialen Kontakten" stehen.

hängt (vgl. Kapitel D4.9.1). Des Weiteren werden die Faktoren zur sozialen Bedeutung von HC nach soziodemografischen Merkmalen differenziert (vgl. Kapitel D4.9.2), um weitere mögliche Abhängigkeiten aufzudecken.

Tab. 22 stellt die Faktorenstruktur der Items zur sozialen Bedeutung von HC dar. Die Faktoren-Analyse ergibt drei zentrale Faktoren. Der erste Faktor bündelt primär Items, die auf den Aspekt der sozialen Integration abzielen sowie Items, die den Gesichtspunkt der Selbstverwirklichung durch HC fokussieren. Dieser Faktor wird entsprechend *soziale Inklusion/Selbstverwirklichung* benannt. Der zweite Faktor wird als *alternative Lebenseinstellung* interpretiert, da hier Items zusammengefasst werden, die auf die Dimension der kulturellen und gesellschaftlichen Positionierung durch HC abzielen. Dieser Faktor zeigt, dass HC nicht „nur" als Musikrichtung verstanden wird, sondern v. a. als widerspenstige Lebensweise außerhalb des Mainstream. Auf den dritten Faktor laden Items, die deutlich den Aspekt der sozialen Abgrenzung durch HC betonen. Dieser Faktor wird entsprechend als *soziale Exklusion* verstanden.

Für die Gesamtstichprobe (vgl. Tab. 23) kann festgehalten werden, dass der Aspekt der *sozialen Inklusion bzw. Selbstverwirklichung* die größte Rolle spielt (M= 3,65). Hervorzuheben ist dabei die hohe Zustimmung bei den Items v111, v112, v119 und v120. Zunächst geht es den Befragten bei HC um Spaß (v120: M= 3,99). Durch den Kontakt zur HC-Szene haben die Befragten viele Freunde gefunden (v111: M= 3,78) und lernen auch Leute auf der ganzen Welt kennen (v112: M= 3,71). Die Dimension der *sozialen Exklusion* ist für das HC-Publikum nicht von Bedeutung (M= 2,23).

Auch aus Studien über Teenie-Fans (Rhein 2000, 2002) geht hervor, dass sozialintegrative Aspekte des Fanseins von den Teenies als wichtiger erachtet werden als Abgrenzungsaspekte. Dass die Gesamtstichprobe HC nicht nur als Musikrichtung versteht, sondern eher als alternative Lebenseinstellung, die sich durch Widerspenstigkeit gegenüber dem Mainstream auszeichnet, zeigt die tendenzielle Zustimmung beim Faktor *alternative Lebenseinstellung* (M= 3,38). Bei diesem Faktor sticht insbesondere das Item v140 heraus, dessen Beantwortung klar zeigt, dass HC für die Befragten mehr ist als eine Musikrichtung (M= 3,79). Auch wird HC relativ eindeutig außerhalb des Mainstream angesiedelt (M= 3,64). Bei HC geht es den Befragten v. a. auch um Gemeinschaft (v136: M= 3,71).

An späterer Stelle dieser Arbeit wird der Frage nachgegangen, ob die soziale Bedeutungszuschreibung an HC von Szene-Aktivismus abhängig ist (vgl. Kapitel D4.10.5).

	SOZIALE BEDEUTUNGSDIMENSIONEN VON HC		
	soziale Inklu-sion/ Selbst-verwirklichung	alternative Lebenseinstel-lung	soziale Exklusion
Durch HC habe ich viele Freunde gefunden.	0,678		
Durch HC lerne ich Leute auf der ganzen Welt kennen.	0,676		
Bei HC geht es für mich um do-it-yourself (DIY).	0,658		
HC hat mein Leben verän-dert.	0,578		
Bei HC geht es für mich um Spaß.	0,569		
HC gibt mir die Möglichkeit, mich selbst zu verwirklichen.	0,497		
HC bedeutet Widerstand ge-gen den Mainstream.		0,745	
HC ist eine Lebenseinstel-lung.		0,682	
Bei HC geht es um Gemein-schaft.		0,607	
HC ist nur eine Musikrich-tung.		- 0,588	
Bei HC geht es um Individualität.		0,512	
Bei HC geht es mir darum, die Welt zu verändern.		0,596	
HC ist Teil des Mainstream.		- 0,470	
HC ist Mittelpunkt meines Lebens.			0,611
Mit Leuten außerhalb der HC-Szene habe ich nicht viel zu tun.			0,601
Durch HC grenze ich mich ab.			0,561
Ich verbringe meine Zeit am liebsten mit Leuten aus der HC-Szene.			0,545
Durch HC mache ich mich unbeliebt.			0,478
erklärte Gesamtvarianz	27,72 %	8,2 %	6,41 %

Anmerkung: Hauptkomponentenanalyse mit VARIMAX-Rotation. Es sind nur Items mit Ladungen mit einem Absolutbetrag von ≥.4 abgebildet.

Tab. 22: Faktorenstruktur der sozialen Bedeutungsdimensionen von HC

	N	M	SA
Faktor *soziale Inklusion/Selbstverwirklichung*			
v111 Durch Hardcore habe ich viele Freunde gefunden.	407	3,78	1,18
v112 Durch HC lerne ich Leute auf der ganzen Welt kennen.	408	3,71	1,30
v119 Bei HC geht es für mich um do-it-yourself (DIY).	404	3,67	1,24
v116 HC hat mein Leben verändert	405	3,54	1,31
v120 Bei HC geht es für mich um Spaß.	406	3,99	1,04
v118 HC gibt mir die Möglichkeit, mich selbst zu verwirklichen.	407	3,19	1,28
Faktor-Mittelwert		**3,65**	**1,23**
Faktor *alternative Lebenseinstellung*			
v137 HC bedeutet Widerstand gegen den Mainstream.	401	3,56	1,19
v139 HC ist eine Lebenseinstellung.	404	3,58	1,27
v136 Bei HC geht es um Gemeinschaft.	406	3,71	1,13
v140 HC ist [nicht][18] nur eine Musikrichtung.	404	3,79	1,24
v135 Bei HC geht es um Individualität.	405	3,30	1,35
v130 Bei Hardcore geht es mir darum, die Welt zu verändern.	405	2,37	1,24
v138 HC ist [nicht] Teil des Mainstream.[19]	401	3,64	1,17
Faktor-Mittelwert		**3,38**	**1,23**
Faktor *soziale Exklusion*			
v117 HC ist Mittelpunkt meines Lebens.	402	2,56	1,21
v115 Mit Leuten außerhalb der HC-Szene habe ich nicht viel zu tun.	406	1,73	1,04
v121 Durch HC grenze ich mich ab.	400	2,45	1,29
v114 Ich verbringe meine Zeit am liebsten mit Leuten aus der HC-Szene.	404	2,59	1,21
v113 Durch HC mache ich mich unbeliebt.	402	1,84	1,06
Faktor-Mittelwert		**2,23**	**1,16**

Tab. 23: Dimensionen der sozialen Bedeutungszuschreibung an HC

---

18 Dieses Item lädt negativ auf den Faktor und musste umkodiert werden. Es wurde entsprechend umbenannt.
19 Dieses Item lädt negativ auf den Faktor und musste umkodiert werden. Es wurde entsprechend umbenannt.

4.9.1 Soziale Bedeutungsaspekte und soziokulturelle Orientierung

Um die soziokulturellen Orientierungen des HC-Publikums (vgl. Kapitel D4.4) differenzierter beschreiben zu können, wurde anhand von Korrelationsrechnungen (Spearman-Rho) untersucht, welche sozialen Bedeutungsdimensionen von HC mit bestimmten soziokulturellen Orientierungen einhergehen (vgl. Tab. 24).

	SOZIOKULTURELLE ORIENTIERUNGEN			
	(Polit-) Punk	NYHC/ Straight Edge	Emo/ Screamo	andere [Non-HC/Punk]
HC als alternative Lebenseinstellung	.196**	.307**	n. s.	nicht signifikant
soziale Inklusion/ Selbstverwirklichung	.222**	.122*	.170**	nicht signifikant
soziale Exklusion	n. s.	.098*	.117*	-.144**

Tab. 24: soziale Bedeutungsdimensionen und soziokult. Orientierungen

Mittels der vorliegenden signifikanten Korrelationen, sofern sie größer sind als r≈ .200, kann gezeigt werden, dass das Verständnis von HC als alternative Lebenseinstellung mit einer soziokulturellen Orientierung in Richtung *(Polit-)Punk* und *NYHC/SE* einhergeht. Diese Zusammenhänge erscheinen vor dem Hintergrund plausibel, dass hinter der *(Polit-)Punk*-Orientierung eine starke politische Agenda steht und sich die Szenen der *NYHC/SE*-Orientierung v. a. durch ihre asketische Lebensweise (vegane bzw. vegetarische Ernährung, Alkoholverzicht insbesondere bei den Straight-Edge-Szenen) charakterisieren lassen. Über den Aspekt der sozialen *Inklusion/Selbstverwirklichung* kann gesagt werden, dass er umso bedeutsamer ist, je stärker sich das HC-Publikum soziokulturell in Richtung *(Polit-)Punk* verortet. Zwischen den soziokulturellen Orientierungen und der Dimension der sozialen Ausgrenzung über HC bestehen nur sehr schwache Zusammenhänge. Als Randbemerkung erwähnenswert ist die plausible (aber sehr schwache) Negativ-Korrelation von r= -.144** bei der Orientierung in Richtung derjenigen Szenen und Gruppierungen, die nicht unmittelbar im Punk- bzw. HC-Umfeld angesiedelt werden können: Je stärker man sich zu diesen Szenen/Gruppen zählt, desto unwichtiger ist der Aspekt der sozialen Ausgrenzung durch HC. Dass zwischen den soziokulturellen Orientierungen des Punk- und HC-Spektrums und diesem Faktor keine nennenswerten Zusammenhänge bestehen, kann dahingehend gedeutet werden, dass eine Identifikation mit jugendkulturellen Szenen nicht zwangsläufig auch mit sozialer Ausgrenzung einhergehen muss. Soziokulturelle Identifizierung und soziale Netzwerke außerhalb der Szene schließen sich nicht aus (vgl. auch Strzoda et al. 1996, 68).

4.9.2 Soziale Bedeutungsaspekte und soziodemografische Merkmale

Mit Ausnahme des Geschlechts sind die drei Dimensionen der Bedeutungszuschreibung von den soziodemografischen Merkmalen des HC-Publikums unabhängig. Hinsichtlich des Faktors „soziale Inklusion/Selbstverwirklichung" zeigen sich folgende signifikante Unterschiede zwischen Männer und Frauen (vgl. Tab. 25).

		N	M	SA	p
soziale Inklusion/ Selbstverwirklichung	Männer	305	3,60	0,77	.000
	Frauen	103	3,11	0,84	
HC als alternative Lebenseinstellung	Männer	305	3,41	0,76	.091
	Frauen	103	3,25	0,82	

Tab. 25: soziale Bedeutungsdimensionen nach Geschlecht

Die männlichen Befragten betonen signifikant stärker (M= 3,60) den sozial-integrativen Aspekt von HC und den Gesichtspunkt der Selbstverwirklichung als die weiblichen Befragten. Diese stehen dieser Bedeutungsdimension indifferent gegenüber (M= 3,11). Auch wenn die Signifikanz bei dem Faktor „HC als alternative Lebenseinstellung" verfehlt wurde, ist es erwähnenswert, dass die Männer etwas deutlicher als die Frauen HC als alternative Lebenseinstellung betrachten. Die empirischen Befunde zu diesen beiden Bedeutungsdimensionen deuten darauf hin, dass Männer der HC-Jugendkultur insgesamt eine größere soziale Bedeutung zuschreiben als der weibliche Part des befragten Publikums.

4.10 Aktivismus

Kapitel C3 beschäftigte sich ausführlich mit dem für die HC-Jugendkultur charakteristischen DIY-Aktivismus. Im Folgenden werden nun quantitativ-empirische Befunde zu diesem Thema vorgestellt. Es wird in Kapitel D4.10.1 zunächst untersucht, welche Relevanz die Befragten dem DIY-Prinzip im HC-Kontext beimessen (*DIY-Einstellung*). Des Weiteren wird der Anteil der Aktivisten im Gesamtpublikum ermittelt sowie dargelegt, wieviel Prozent des HC-Publikums sich in bestimmten Szenebereichen engagiert. Auch die Anzahl der übernommenen Szenetätigkeiten (*DIY-Index*) wird dokumentiert. Den Zusammenhang zwischen der *DIY-Einstellung* und der Sichtweise von a) HC als Widerstand gegen den Mainstream sowie b) HC als „More than Music" stellt Kapitel D4.10.2 dar. Kapitel D4.10.3 untersucht Aktivismus ausführlich nach soziodemografischen Merkmalen. Kapitel D4.10.4 nimmt den Zusammenhang zwischen Aktivismus und soziokulturellen Orientierungen in den Blick. Kapitel D4.10.5 fokussiert die soziale Bedeutung von Szene-Aktivismus.

4.10.1 DIY-Einstellung, Szeneaktivitäten und DIY-Index

In diesem Kapitel wird folgenden Fragen nachgegangen:

- *DIY-Einstellung: Welche Bedeutung misst das HC-Publikum dem DIY-Gedanken bei* (Untersuchungsfrage 8.1.1)? Auf Basis der zu DIY-zentrierten Jugendkulturen vorhandenen Literatur sowie der im Rahmen dieser Untersuchung durchgeführten Interviews wird vermutet, dass DIY im HC-Kontext von großer Relevanz ist.
- *Wie hoch ist der Anteil an Aktivisten im HC-Publikum und welche Aktivitäten werden übernommen* (Untersuchungsfrage 8.1.2)? Im Rahmen dieser Arbeit werden grundsätzlich diejenigen Befragten zu den *Aktivisten* gezählt, die bei Fragebogenfrage 19 (vgl. Anhang) angaben, in *mindestens einem* für die Szene typischen und relevanten Handlungsfeld aktiv (gewesen) zu sein (z. B. Label-/Vertriebsarbeit, Konzertorganisation, Fanzine-Publikation, Spielen in einer Band). Es wird ein grundsätzlich hoher Prozentsatz an Aktivisten in der HC-Jugendkultur vermutet (vgl. auch Hitzler/Pfadenhauer 2005, 41).
- *DIY-Index: Wie viele Szenetätigkeiten übernehmen die Befragten* (Untersuchungsfrage 8.1.3)?

Die Untersuchungsfrage 8.1.1 wird mit dem Item „*Bei HC geht es für mich um DIY*" (v119) operationalisiert (Antwortskala von 1= „trifft überhaupt nicht zu" bis 5= „trifft voll zu"). Dieses Item wird nachfolgend als *DIY-Einstellung* verstanden. Der erzielte Mittelwert von 3,67 verdeutlicht die Zustimmung der Befragten zu dieser Aussage (vgl. Tab. 26).

	N	M	SA
Bei HC geht es für mich um do-it-yourself (DIY).	404	3,67	1,24

Tab. 26: DIY-Einstellung

Dass es sich hierbei nicht nur um eine Einstellung handelt, sondern dass sich der DIY-Imperativ auch im konkreten Handeln niederschlägt, belegt der hohe Anteil an Szene-Aktivisten. Insgesamt können über Dreiviertel der Befragten als Szene-Aktivisten verstanden werden (vgl. Tab. 27). Dieser Befund übertrifft die Annahme von Hitzler und Pfadenhauer, die das Verhältnis „‚Szenemotoren – Publikum' zahlenmäßig etwa bei 3:1" (Hitzler/Pfadenhauer 2005, 41 Fußnote Nr. 70) sehen. Folgende Einschätzung von Hitzler/Pfadenhauer wird hier geteilt:

> „Gemessen an anderen (Musik-)Szenen ist der Anteil derjenigen Szenezugehörigen, die in den Bereichen Organisation, Produktion und Distribution eigenständig aktiv werden oder (mit-)arbeiten, überproportional hoch [...]" (ebd., 41).

An vorderster Stelle stehen der Fragebogenbefragung zufolge die Konzertorganisation und das Spielen in Bands (je ca. 50 %). 27 % haben Erfahrung in der Fanzine-Szene und 13 % in der Label- bzw. Vertriebsarbeit. Der Anteil eines „passiv konsumierenden Publikums" (ebd.) ist gering: Nur 22 % der Befragten haben keinerlei Erfahrung mit Szeneaktivitäten.

	Gesamt (N=410)
Aktivist/in	**78 %**
Ich organisiere Konzerte.	50 %
Ich spiele in einer Band.	46 %
Ich mache/schreibe für ein Fanzine/ E-Zine	27 %
Ich mache ein Label/ einen Vertrieb.	13 %
andere (z. B. Tontechnik, Design)	9 %
Anzahl der ausgeübten Szeneaktivitäten (*DIY-Index*)	**1,45**

Tab. 27: Aktivismus in der HC-Szene

Es interessiert nun zudem, wie vielen Szene-Tätigkeiten die Befragten nachgehen. Die durchschnittliche Anzahl der ausgeübten Tätigkeiten wird nachfolgend als *DIY-Index* bezeichnet. Der DIY-Index wird hier als empirischer Indikator für das Ausmaß an akkumuliertem DIY-Szenekapital verstanden. Wie in Kapitel C3.5.1 dargelegt, ist davon auszugehen, dass soziale Anerkennung v. a. denen zuteil wird, die über viel Szenekapital verfügen (also viele Tätigkeiten übernehmen). Der *DIY-Index* berechnet sich über die durchschnittliche Anzahl der übernommenen Szenetätigkeiten (v167-v171). Der resultierende Index kann entsprechend Werte von 0 bis 5 annehmen. Es zeigt sich, dass sich jeder Befragte durchschnittlich in mehr als einem Tätigkeitsfeld engagiert (M= 1,45).

Eine Korrelationsrechnung zeigt, dass erwartungsgemäß ein signifikanter Zusammenhang zwischen der Anzahl der übernommenen Szeneaktivitäten und der DIY-Einstellung besteht (r= .298**): Je bedeutsamer der DIY-Gedanke für die befragten Szenegänger, desto mehr unterschiedliche Szeneaktivitäten übernehmen sie.[20] Dieser Befund zeigt, dass das DIY-Prinzip als „virulenter Faktor zur Beförderung eines intensiven Engagements jedes einzelnen Szenegängers in verschiedenen und verschiedenartigen Tätigkeitsbereichen" (Hitzler/ Pfadenhauer 2005, 83) wirkt. Plausibel ist auch der Befund, dass sich die Szeneaktivisten von den Nicht-Aktivisten, also den „bloßen Konsumenten", deutlich und signifikant hinsichtlich der Relevanz, die sie dem DIY-Gedanken beimessen, unterscheiden Tab. 28).

Bei HC geht es für mich um do-it-yourself (DIY).

	N	M	SA	p
Aktivisten	318	3,85	1,18	.000
Nicht-Aktivisten	86	3,02	1,26	

Tab. 28: DIY-Einstellung nach Aktivist/Nicht-Aktivist

Während die Aktivisten DIY im HC-Kontext mit M= 3,85 einen größeren Stellenwert beimessen, stehen die relativ wenigen Nicht-Aktivisten diesem Item mit M= 3,02 indifferent gegenüber. DIY ist also v. a. für diejenigen Befragten bedeutsam, die tatsächlich selbst in der Szene aktiv sind bzw. dies einmal waren.

Je länger man in der Szene aktiv ist, desto mehr wird man in ihr respektiert.

	N	M	SA	p
Nicht-Aktivisten	87	3,01	1,3	.012
Aktivisten	315	3,41	1,3	

Tab. 29: Respekt in der Szene nach Aktivist/Nicht-Aktivist

Dass sich das dauerhafte Szeneengagement für die Aktivisten zu „lohnen" scheint, zeigt Tab. 29: Die Aktivisten sind hier signifikant eher der Meinung als die Nicht-Aktivisten, dass man in der Szene umso mehr respektiert wird, je länger man in ihr aktiv ist.

---

20 Bei den weiblichen Befragten ist dieser signifikante Zusammenhang (r= .377**) stärker ausgeprägt als bei den Männern (r= .209**). Bei Frauen spielt das eigene Szene-Engagement somit offensichtlich eine noch größere Rolle hinsichtlich ihrer DIY-Einstellung als bei den Männern.

4.10.2 DIY-Einstellung und Szene-Selbstverständnis

Es wird in diesem Kapitel untersucht, inwiefern die Bedeutung, die die Befragten dem DIY-Prinzip beimessen

a) von Einfluss auf die Sichtweise von HC als „More than Music" (HC als Lebenseinstellung und nicht nur als Musikrichtung) ist (Untersuchungsfrage 8.3.1) und

b) in Zusammenhang mit der Sichtweise von HC als Gegenpol zum Mainstream steht (Untersuchungsfrage 8.3.2).

Die Untersuchungsfrage 8.3.1 wird operationalisiert, indem die Items *„HC ist eine Lebenseinstellung"* (v139) und *„HC ist nur eine Musikrichtung"* (v140) mit dem Item *„Bei HC geht es für mich um DIY"* (v119) korreliert werden. Die für diese Arbeit zentrale Annahme, dass HC für die Befragten „mehr als Musik" ist und DIY dabei ein wichtiger Aspekt des „More-than-Music"-Gedankens darstellt, würde empirisch gestützt werden, wenn sich bei der Korrelation mit dem Item v139 ein signifikanter positiver und bei der Korrelation mit dem Item v140 ein signifikanter negativer Zusammenhang zeigt. Der Untersuchungsfrage 8.3.2 wird ebenfalls über eine Zusammenhangsrechnung nachgegangen: Es wird das Item zur DIY-Einstellung (v119) mit denjenigen Gegensatzpaar-Items der Fragebogenfrage 5 (vgl. Anhang) korreliert, die auf die Gesichtspunkte der Abgrenzung zum Mainstream bzw. der Widerspenstigkeit abzielen.

Das Selbstverständnis der HC-Szene als a) „More than Music" und b) als alternative Kultur bzw. als Gegenpol zum Mainstream spiegelt sich in den empirischen Befunden wider – und zwar umso stärker und eindeutiger, je mehr Bedeutung man dem DIY-Gedanken innerhalb der HC-Kultur zumisst.

a) *Hardcore ist „More than Music":* Die beiden Variablen *„HC ist eine Lebenseinstellung"* und *„HC ist nur eine Musikrichtung"* korrelieren hochsignifikant und stark negativ (r= -.545**) miteinander. Sie können somit als einander diametral gegenüberstehende Verständnisse von HC gesehen werden. Beide hängen in entsprechender Weise mit der Relevanz des DIY-Gedankens zusammen: Je mehr es den Befragten bei HC um DIY geht, desto eher ist HC für sie eine Lebenseinstellung (r= .296**) und nicht nur eine Musikrichtung (r= -.231**).

b) *Hardcore versteht sich als Gegenpol zum Mainstream:* HC wird eindeutig als Underground, widerspenstig und politisch links wahrgenommen (vgl. Tab. 30). Hier zeigt sich deutlich, dass innerhalb der HC-Kultur an der Differenzierung Mainstream/Underground festgehalten wird – und dies umso ausdrücklicher, je stärker man die DIY-Philosophie im Zentrum von HC sieht: Je wichtiger man DIY im HC-Kontext erachtet, desto mehr versteht man HC als politisch links, Underground, widerspenstig usw. Dies legt den Schluss nahe, dass DIY innerhalb der Szene als ein zentrales Mittel zur Herstellung bzw. Verstärkung und zur Symbolisierung dieser Grenzziehungen gesehen und verwendet wird.

„Für mich persönlich ist Hardcore …“ (Skala von 1 – 5)						Korrelation mit v119
1	-	5	N	M	SA	
politisch links	-	politisch rechts	397	1,70	0,8	- .241**
Mainstream	-	Underground	404	4,02	0,9	.271**
radikal	-	harmlos	403	2,80	1,1	- .281**
angepasst	-	widerspenstig	396	3,71	1,0	.141**
aktiv	-	passiv	405	1,90	1,0	- .238**

Tab. 30: Zusammenhang Szene-Selbstverständnis und DIY

4.10.3 Aktivismus und soziodemografische Merkmale

Es liegen m. W. nur wenige empirisch-quantitative Untersuchungen vor, die Aktivismus in Jugendkulturen hinsichtlich soziodemografischer Merkmale untersuchen. Nachfolgend werden jeweils die Zusammenhänge untersucht zwischen den soziodemografischen Variablen (Geschlecht, Alter, formaler Bildungsgrad) und

a)   der *DIY-Einstellung* (Kapitel D4.10.3.1),
b)   *Aktivismus* im Allgemeinen (Kapitel D4.10.3.2) – als Aktivisten gelten hier alle Befragten, die sich in mindestens einem szenetypischen Handlungsfeld engagieren –,
c)   den *einzelnen Szeneaktivitäten* im Besonderen (Kapitel D4.10.3.3) sowie
d)   dem *DIY-Index* (Kapitel D4.10.3.4).

Die Zusammenhänge zwischen soziodemografischen Merkmalen und der DIY-Einstellung, den verschiedenen Szeneaktivitäten sowie dem DIY-Index werden über Mittelwertvergleiche, Korrelationsrechnungen und Kreuztabellen ermittelt.

4.10.3.1 DIY-Einstellung und soziodemografische Merkmale

Die Beantwortung der Frage, ob es dem HC-Publikum bei HC um DIY geht, ist vom Geschlecht abhängig (vgl. Tab. 31): Männer stimmen dem Item zur DIY-Einstellung mit M= 3,81 stark zu, die Frauen hingegen nur in der Tendenz (M= 3,25).

Die Bedeutungszuschreibung an das DIY-Prinzip ist bei den Männern zudem vom Alter und bei den Frauen vom Bildungsgrad abhängig. Tab. 31 zeigt, dass DIY bei den Männern über alle Bildungsgrade hinweg eine große Bedeutung zugeschrieben wird. Bei den Frauen sind es hingegen ausschließlich die (relativ wenigen) Befragten mit Hochschulabschluss, für die DIY eine große Rolle im HC-Kontext spielt (M= 4,08). Die Befragten mit anderen, niedrigeren Bildungsabschlüssen haben eine eher indifferente DIY-Einstellung.

Für das jüngere männliche HC-Publikum geht es bei HC eindeutig um DIY (M= 3,67). Für den über 26-jährigen Part ist das DIY-Prinzip sogar essentiell für HC, was die noch höhere Zustimmung von M= 4,14 belegt.

Bei HC geht es für mich um *do-it-yourself* (DIY).

	N	M	SA	p
Geschlecht				
Männer	302	3,81	1,17	.000
Frauen	102	3,25	1,36	
Alter				
Männer				
< 26	200	3,67	1,12	.000
≥ 26	101	4,14	1,10	
Frauen				
< 26	88	3,22	1,31	.548
≥ 26	14	3,50	1,65	
Bildungsgrad				
Männer				
niedrigere Abschlüsse	62	4,00	1,10	
Abiturienten	156	3,81	1,12	.555
Uni-Absolventen	48	3,90	1,21	
Frauen				
niedrigere Abschlüsse	17	3,24	1,25	
Abiturienten	66	3,03	1,43	.015
Uni-Absolventen	13	4,08	0,86	

Tab. 31: DIY-Einstellung und soziodemografische Merkmale

Dass der ältere Teil des HC-Publikums dem DIY-Prinzip eine höhere Relevanz beimisst, lässt sich, wie in Kapitel C3.3 erläutert, vor dem soziokulturellen Hintergrund der Kommerzialisierung des „Independent"-Marktes Anfang der 1990er Jahre interpretieren. Es wurde die These erläutert, dass das DIY-Prinzip zu dieser Zeit als Distinktionsmerkmal für diejenigen Szenegänger an großer Bedeutung gewann, für die die Begriffe „Punk" und „Hardcore" eben nicht „nur" eine musikalische bzw. modische Stilrichtung oder einen Trend bezeichneten, sondern in Verbindung mit dem DIY-Ethos v. a. eine strukturelle Verweigerungshaltung gegenüber der Kulturindustrie kennzeichneten. Es liegt daher die Vermutung nahe, dass die DIY-Einstellung bei dem Teil des HC-Publikums, der die Zeit der zunehmenden Grenzverwischung von Underground und Mainstream Anfang der 1990er Jahre miterlebt hat, entsprechend stärker ausgeprägt ist. Zur Überprüfung dieser Vermutung wird die DIY-Einstellung derjenigen Befragten in den Blick genommen, die zu dieser Zeit bereits der Jugendkultur HC angehörten (Untersuchungsfrage 8.2.3). Hierzu zählen entsprechend alle Befragten, die zum Zeitpunkt der Datenerhebung (Juli-Oktober 2004) (indirekt) angaben, vor mindestens zehn Jahren zu HC gekommen zu sein. Zur Ermittlung dieses Personenkreises wurde die Differenz gezogen zwischen der Altersangabe zum Zeitpunkt der Befragung (Fragebogenfrage 14 *„Wie alt bist du?"*) und der Altersangabe der Fragebogenfrage 2 (*„Wie alt warst du, als du zu Hardcore gekommen bist?"*). Es werden drei Klassen der Szenezugehörigkeitsdauer (bis 4 Jahre, 5 bis 10 Jahre und über 10 Jahre) miteinander verglichen.

Bei HC geht es für mich um do-it-yourself (DIY).

	N	M	SA	p
Dauer der Szenezugehörigkeit				
Männer				
bis 4 Jahre	46	3,41	1,34	
5-10 Jahre	163	3,80	1,13	.007
über 10 Jahre	79	4,09	1,06	
Frauen				
bis 4 Jahre	42	3,38	1,23	
5-10 Jahre	48	3,06	1,39	.339
über 10 Jahre	7	3,71	1,60	

Tab. 32: DIY-Einstellung nach Dauer der Szenezugehörigkeit

Bei den Frauen konnte hier kein signifikanter Zusammenhang festgestellt werden. Für die Männer scheint sich die Vermutung jedoch zu bestätigen. Wie Tab. 32 entnommen werden kann, ist das DIY-Prinzip für Personen, die seit über zehn Jahren „dabei sind", besonders wichtig. Sie unterscheiden sich signifikant von der Gruppe mit der kürzesten Szenezugehörigkeit (Games-Howell: p= .013). Auffällig ist hier die Zunahme der DIY-Bedeutungszuschreibung mit steigender Dauer der Szenezugehörigkeit.

4.10.3.2 Soziodemografische Merkmale der Aktivisten

Diagr. 6 weist die Anteile der Aktivisten an der Gesamtstichprobe sowie bei den Geschlechtern aus. Ingesamt können 78,3 % der Befragten zu den Aktivisten gerechnet werden. Bei beiden Geschlechtern ist der Anteil der Aktivisten höher als der der Nicht-Aktivisten. Bei den Frauen können mit 57,3 % über die Hälfte zu den Aktivisten gerechnet werden, bei den Männern sogar 85,3 %. Diese Befunde belegen eindrucksvoll den aktiven Charakter der Jugendkultur HC.

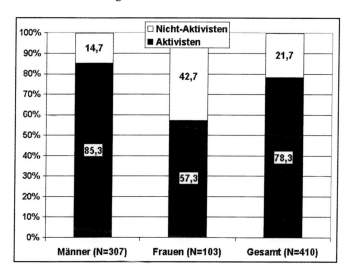

Diagr. 6: Aktivismus und Geschlecht

Aktivismus ist im HC-Publikum von soziodemografischen Merkmalen abhängig (vgl. Tab. 33). Aus Tab. 33 geht zunächst hervor, dass Männer bei den Aktivisten und Frauen bei den Nicht-Aktivisten gemessen an der Gesamtverteilung der Geschlechter überrepräsentiert sind (exakter Test nach Fisher: p-zweiseitig= .000, Phi= .295). Bezüglich der Frage, ob Aktivismus auch vom Alter und vom Bildungsgrad abhängig ist, zeigen sich nur bei den Frauen signifikante Zusammenhänge. Bei den Männern ist Aktivismus sowohl alters- als auch bildungsgradunabhängig, d. h. die Alters- und Bildungsgradverteilungen weichen nicht signifikant von der jeweiligen Gesamtverteilung ab. Bei den Frauen sind die Aktivisten hingegen in der Gruppe der über 26-Jährigen im Vergleich zur Gesamtstichprobe überrepräsentiert (exakter Test nach Fisher: p= .022, Phi= .228). Bei den Aktivistinnen weicht auch die Verteilung der Bildungsabschlüsse signifikant von der Gleichverteilung ab (p= .005, Cramer-V= .331). Hochschul-Absolventinnen sind bei den Aktivistinnen signifikant überrepräsentiert. Hitzler et al. ermitteln in ihrer ethnografischen Untersuchung, dass in der HC-Szene

„[…] alle Bildungsgrade und Berufspositionen etwa zu gleichen Teilen vorhanden sind. Zumindest bei jenen, die Organisations- oder Produktionsaufgaben in der Szene übernehmen, ist jedoch ein deutlicher Überhang an höheren Bildungsabschlüssen (meist Abitur, oft laufendes Studium) festzustellen" (Hitzler et al. 2001, 58f).

%-Angaben	Aktivisten	Nicht-Aktivisten	Gesamt
Geschlecht			
Männer	82	51	75
Frauen	18	49	25
	100 (N=321)	100 (N=89)	100 N=410)
Alter			
Männer			
< 26	66	73	67
≥ 26	34	27	33
	100 (N=262)	100 (N=44)	100 (N=306)
Frauen			
< 26	80	96	86
≥ 26	20	4	14
	100 (N=59)	100 (N=44)	100 (N=103)
Bildungsgrad			
Männer			
niedrigere Abschlüsse	22	29	23
Abiturienten	59	61	59
Uni-Absolventen	19	10	18
	100 (N=233)	100 (N=38)	100 (N=271)
Frauen			
niedrigere Abschlüsse	14	9	18
Abiturienten	56	86	69
Uni-Absolventen	30	5	13
	100 (N=54)	100 (N=43)	100 (N=97)

Tab. 33: soziodemografische Struktur der AktivistInnen

Wie aber die *Gesamt*-Spalte der Bildungsabschlüsse in Tab. 33 zeigt, sind die formalen Bildungsgrade in der vorliegenden Stichprobe (bei beiden Geschlechtern) *ungleich* verteilt; die höheren Bildungsgrade sind *grundsätzlich* wesentlich stärker repräsentiert als andere Abschlüsse. Die dargelegten Befunde bestätigen die Beobachtungen von Hitzler et al., dass die Organisations- und Produktionsaufgaben in der Szene im Wesentlichen von Personen mit höherem Bildungsgrad übernommen werden. Da für die Stichprobe aber grundsätzlich höhere Bildungsgrade kennzeichnend sind, ist der von Hitzler et al. diagnostizierte „deutliche Überhang" an hohen Bildungsabschlüssen ein Strukturmerkmal der gesamten HC-Szene und nicht explizit ein besonderes Charakteristikum der Organisationselite.

Nachdem in diesem Kapitel die soziodemografischen Merkmale nur in Bezug darauf untersucht wurden, *ob* jemand aktiv ist (also mindestens eine Tätigkeit übernimmt), fokussiert das nächste Kapitel die soziodemografischen Merkmale der Aktivisten *bestimmter* Szenetätigkeiten. Es werden somit die soziodemografischen Unterschiede *innerhalb* bestimmter Tätigkeitsfelder in den Blick genommen.

4.10.3.3 Szeneaktivitäten und die soziodemografischen Merkmale ihrer Aktivisten

Diagr. 7 veranschaulicht den aktiven Charakter von HC am Beispiel einiger typischer Szeneaktivitäten.

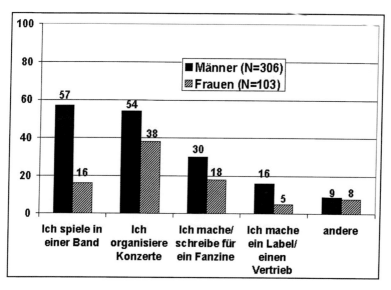

Diagr. 7: Szenetätigkeiten nach Geschlecht

Ca. jeder zweite männliche Befragte spielt in einer Band oder ist an der Organisation von Konzerten beteiligt. Knapp ein Drittel der Männer schreibt für ein Fanzine/E-Zine oder gibt selbst eines heraus. 16 % engagieren sich in der Label-/Vertriebsarbeit. Frauen engagieren sich mit 38 % am stärksten bei der Konzertorganisation, ungefähr jede Fünfte ist in der Fanzine/E-Zine-Szene tätig. 16 % der Frauen spielen in Bands, und nur ein geringer Anteil (5 %) ist in der Label- und Vertriebsarbeit engagiert. Der Fragebogen bot die Gelegenheit weitere Szeneaktivitäten anzugeben, in denen man aktiv ist. Die Nennungen wurden der Rubrik „an-

dere" zugerechnet. Am häufigsten wurden dabei gestalterische Tätigkeiten genannt wie z. B. Web-Design für Bands oder Konzertfotografie.

%-Angaben	Band	Konzerte	Fanzines	Label	Gesamt
Geschlecht					
Männer	92	81	83	91	75
Frauen	8	19	17	9	25
	100	100	100	100	100
	(N=190)	(N=205)	(N=110)	(N=53)	(N=410)
Alter					
Männer					
< 26	68	64	58	42	67
≥ 26	32	36	42	58	33
	100	100	100	100	100
	(N=174)	(N=166)	(N=92)	(N=48)	(N=306)
Frauen					
< 26	81	77	78	40	86
≥ 26	19	23	22	60	14
	100	100	100	100	100
	(N=16)	(N=39)	(N=18)	(N=5)	(N=103)
Bildungsgrad					
Männer					
niedrigere Abschlüsse	27	18	19	26	23
Abiturienten	55	59	58	38	59
Uni-Absolventen	18	23	23	36	18
	100	100	100	100	100
	(N=154)	(N=148)	(N=85)	(N=39)	(N=271)
Frauen					
niedrigere Abschlüsse	38	17	27	0	18
Abiturienten	43	63	47	40	69
Uni-Absolventen	19	20	26	60	13
	100	100	100	100	100
	(N=16)	(N=35)	(N=15)	(N=5)	(N=97)

Tab. 34: soziodemografische Struktur hardcore-typischer Szeneaktivitäten

Im Folgenden werden die Zusammenhänge zwischen den soziodemografischen Merkmalen der Aktivisten und diesen hardcore-typischen Szeneaktivitäten analysiert.[21] Dabei wird bei der Alters- und Bildungsgradverteilung geschlechtsspezifisch differenziert. Von einer Besprechung der

---

21 Die Kategorie *andere* bleibt unberücksichtigt.

Alters- und Bildungsgradverteilungen bei den Frauen wird im Folgenden jedoch abgesehen, da eine sinnvolle statistische Analyse und deren Deutung aufgrund der geringen Anzahl an Aktivistinnen bei den meisten Tätigkeitsfeldern nicht möglich ist.[22] Aus Tab. 34 geht hervor, dass Männer bei allen Szenetätigkeiten im Hinblick auf die Gesamtgeschlechterverteilung überrepräsentiert sind (exakte Tests nach Fisher). Die Zusammenhänge zwischen Geschlecht und den Tätigkeiten „Konzerte organisieren", „Fanzines schreiben", „Label/ Vertrieb machen" sind jedoch sehr schwach (Phi jeweils $\leq .140$). Nennenswert ist einzig der deutlichere Zusammenhang (Phi= .358) zwischen Geschlecht und dem Spielen in einer Band: Das Spielen in einer HC-Band ist eine Männerdomäne. Frauen, die in einer Band spielen, sind im HC-Publikum eindeutig unterrepräsentiert. Dieser Befund korrespondiert mit weiteren Studien, die belegen, dass Frauen in Popmusikbands unterrepräsentiert sind (vgl. Rosenbrock 2000, Niketta/Volke 1994, Ebbecke/ Lüpscher 1987).

Hinsichtlich des Alters kann Folgendes gesagt werden (exakte Tests nach Fisher): Das Spielen in einer Band und das Organisieren von Konzerten ist bei den Männern altersunabhängig. Auch bei den Fanzine-Machern ist nur ein sehr schwacher signifikanter Zusammenhang erkennbar (p= .034, Phi= .126): Tendenziell sind es hier die über 26-Jährigen, die sich in diesem Bereich engagieren. Etwas deutlicher ist die Altersungleichverteilung bei den Label-/Vertriebsmachern (p= .000, Phi= .229): Auch hier sind es die Älteren, die überrepräsentiert sind. Hinsichtlich des Bildungsgrads ist nur bei den Labelmachern ein signifikanter Zusammenhang erkennbar (p= .006, Phi= .204): Die Uni-Absolventen sind hier überrepräsentiert, die Abiturienten unterrepräsentiert.

4.10.3.4 DIY-Index und soziodemografische Merkmale

Folgt man der Szenekapitaltheorie, so ist die soziale Position innerhalb der Szene von der Menge an akkumuliertem Szenekapital abhängig (vgl. Kapitel C3.5.1). Der DIY-Index wird hier als empirischer Indikator für das DIY-Szenekapital verstanden. Es wird nun untersucht, ob das Szenekapital von soziodemografischen Merkmalen abhängig ist. Es zeigt sich, dass sich Männer in der Anzahl der ausgeübten Szeneaktivitäten von den Frauen unterscheiden: Männer sind mit durchschnittlich 1,65 Aktivitäten signifikant (p= .000) engagierter als Frauen, die mit 0,83 Tätigkeiten „nur" halb so viele Aktivitäten übernehmen (vgl. Tab. 35). Eine Korrelationsrechnung zeigt weiter, dass DIY-Index und Alter bei den Frauen (r= .200*) wie bei den Männern (r= .236**) signifikant zusammenhängen: Je älter man ist, desto mehr Szenetätigkeiten werden bzw.

---

22 Chi-Quadrat-Tests sind bei der Alters-und Bildungsgradverteilung der Frauen hier nicht geraten, da in den meisten Fällen in mindestens einer Zelle eine erwartete Häufigkeit von < 5 auftritt.

wurden übernommen (vgl. hierzu jeweils auch die Mittelwertvergleiche beim Alter in Tab. 35).

DIY-Index (Anzahl der übernommenen Szenetätigkeiten).

	N	M	SA	p
Geschlecht				
Männer	307	1,65	1,11	.000
Frauen	103	0,83	0,90	
Alter				
Männer				
< 26	204	1,54	1,03	.006
≥ 26	102	1,90	1,20	
Frauen				
< 26	89	0,74	0,85	.007
≥ 26	14	1,43	1,03	
Bildungsgrad				
Männer				
niedrigere Abschlüsse	63	1,59	1,20	
Abiturienten	159	1,56	1,00	.014
Uni-Absolventen	49	2,10	1,16	
Frauen				
niedrigere Abschlüsse	17	0,60	0,86	
Abiturienten	67	1,12	0,80	.008
Uni-Absolventen	13	1,38	0,96	

Tab. 35: DIY-Index und soziodemografische Merkmale

Möglicherweise ist hier allerdings die Dauer der Szenezugehörigkeit, die mit dem Lebensalter äußerst eng zusammenhängt (r= .852** bei den Männern, r= .768** bei den Frauen), die entscheidende Variable. Vor dem Hintergrund von Kapitel C3.6, in dem argumentiert wird, dass DIY trotz aller Unprofessionalität und Einfachheit durchaus einer Einarbeitung in szenespezifische Wissensbestände bedarf, interessiert nun auch, inwiefern das Szeneengagement mit der Dauer der Szenezugehörigkeit zusammenhängt (Untersuchungsfrage 8.2.2). Diese Frage wird operationalisiert, indem die Dauer der Szenezugehörigkeit mit dem DIY-Index korreliert wird. Die Befunde zeigen, dass die Anzahl der übernommenen Szene-Tätigkeiten von der Dauer der Szenezugehörigkeit abhängt: Je länger man zur Szene gehört, desto höher ist entsprechend der DIY-Index (r= .335** bei den Männern und r= .248* bei den Frauen, vgl. hierzu auch die Mittelwertvergleiche in Tab. 36). Dieser Zusammenhang kann als ein Hinweis darauf verstanden werden, dass der Erwerb des kulturellen Kapitals, das für DIY notwendig ist, „nicht ad hoc erlernbar" (Hitzler

et al. 2001, 215) ist, sondern einige Zeit der Einarbeitung in die Szenegepflogenheiten und -wissensbestände erfordert.

DIY-Index (Anzahl der übernommenen Szenetätigkeiten)

	N	M	SA	p
Dauer der Szenezugehörigkeit				
Männer				
bis 4 Jahre	46	1,26	0,98	
5-10 Jahre	167	1,60	1,10	.000
über 10 Jahre	80	2,06	1,20	
Frauen				
bis 4 Jahre	43	0,72	0,80	
5-10 Jahre	48	0,85	0,95	.026
über 10 Jahre	7	1,71	0,95	

Tab. 36: DIY-Index nach Dauer Szenezugehörigkeit

Auch bei einer empirisch-quantitativen Untersuchung zum Szenekapital
von Clubbesuchern (vgl. Otte 2006) zeigen sich ähnliche Zusammenhänge. Otte bildet über eine Abfrage von szenebezogenen Aktivitäten (z. B.
Arbeit in einem Club, Musikproduktion, Konzertorganisation) sowie
Szenewissen (regelmäßige Lektüre von Szenemagazinen) und Besitz von
Szeneobjekten (mindestens 200 Tonträger) einen Index, den er als Indikator für das Szenekapital der Befragten versteht. Wie vorliegende Studie geht Otte davon aus, dass ein hoher Szenekapital-Index auch mit einer hohen sozialen Anerkennung in der Szene einhergeht. Otte weist e-
benfalls nach, dass die Akkumulation von Szenekapital von soziodemografischen Merkmalen abhängig ist: Auch bei den Clubbesuchern zeigt
sich, dass Männer doppelt so viele Aktivitäten übernehmen wie Frauen.
Ebenso steigt das Szenekapital der Clubbesucher mit dem Alter an, weshalb Otte zu dem gleichen Schluss wie vorliegende Studie kommt; nämlich dass „Szenekapital Zeit bedarf, um kultiviert zu werden" (ebd., 225).

Hinsichtlich des Zusammenhangs zwischen DIY-Index und Bildungsgrad kann für das HC-Publikum Folgendes gezeigt werden: Das
Volumen des DIY-Szenekapitals hängt von einem hohen formalen Bildungsgrad ab. Die Uni-Absolventen übernehmen sowohl bei den Männern als auch bei den Frauen die meisten Tätigkeiten (vgl. Tab. 35). Die
Bildungsabhängigkeit des hochkulturellen Kapitals ist weitestgehend un-
bestritten. Um Genaueres über die Bildungsabhängigkeit im popkulturellen Bereich zu erfahren, sind weitere empirische Studien nötig. Zwar
kann für das HC-Publikum ein Zusammenhang nachgewiesen werden,
wie er auch für den hochkulturellen Bereich charakteristisch ist, die Studie von Otte (2006) zeigt jedoch, dass der Erwerb von Szenekompeten-
zen bei den Clubbesuchern bildungsspezifisch relativ offen ist.

4.10.4 Aktivismus und soziokulturelle Orientierung

Gegenstand dieses Kapitels ist die Beantwortung der Frage, ob ein Zusammenhang zwischen Aktivismus und soziokultureller Orientierung besteht (Untersuchungsfrage 8.4). Mittels einer Korrelationsrechnung (Spearman-Rho) kann gezeigt werden, dass die DIY-Einstellung mit der *(Polit-)Punk*-Orientierung zusammenhängt (vgl. Tab. 37): Je stärker sich das HC-Publikum in Richtung dieser Szenen (z. B. Anarcho-Punk, Autonome, Riot Grrrls, Antifa, vgl. Kapitel D4.4) orientiert, desto mehr sieht es auch den DIY-Gedanken als wesentlich für HC an (r= .308**).

DIY-EINSTELLUNG	SOZIOKULTURELLE ORIENTIERUNGEN			
	(Polit-) Punk	New York Hardcore/ Straight Edge	Emo/ Screamo	andere [Non-HC/Punk]
Bei HC geht es für mich um DIY.	.308**	.068	.044	-.108*

Tab. 37: DIY-Einstellung und soziokulturelle Orientierungen

Des Weiteren zeigt sich, dass die Aktivisten im Hardcore-Publikum den *(Polit-)Punk*-Szenen signifikant näher stehen als die Nicht-Aktivisten (vgl. Tab. 38). Die *(Polit-)Punk*-Orientierung geht also mit Szene-Aktivismus einher.

		N	M	SA	p
(Polit-)Punk	Aktivisten	318	3,56	0,60	.009
	Nicht-Aktivisten	88	3,29	0,49	
NYHC/SE	Aktivisten	318	3,50	0,67	.790
	Nicht-Aktivisten	86	3,52	0,55	
Emo/ Screamo	Aktivisten	317	3,68	0,84	.720
	Nicht-Aktivisten	88	3,72	0,69	
andere	Aktivisten	319	2,37	0,55	.719
	Nicht-Aktivisten	87	2,34	0,52	

Tab. 38: soziokult. Orientierungen nach Aktivisten/
Nicht-Aktivisten

Der Befund, dass sich v. a. die Aktivisten im HC-Publikum durch eine soziokulturelle Nähe zum *(Polit-)Punk*-Umfeld auszeichnen, korrespondiert mit den Studien über Polit- bzw. Anarchopunks, die den Stellenwert von Aktivismus als zentrales Charakteristikum der Szene hervorheben (vgl. Thompson 2004, Gosling 2004, Clark 2004a).

Die weiteren Orientierungen sind unabhängig davon, ob man zu den Aktivisten zählt oder nicht. Aktivisten wie Nicht-Aktivisten unterscheiden sich nicht signifikant in ihrer soziokulturellen Nähe zu den Szenen der *NYHC/SE*- und der *Emo/Screamo*-Orientierung bzw. in ihrer Ablehnung der Szenen, die nicht unmittelbar dem HC/Punk-Spektrum zugerechnet werden können (*andere*).

4.10.5 Soziale Dimension von Aktivismus

Es wird hier die Annahme untersucht, dass HC v. a. durch das Szeneengagement für den Einzelnen sozial bedeutsam wird. Ob die soziale Bedeutung von HC vom Szene-Engagement abhängig ist, wird wie folgt ermittelt: Es werden Mittelwertvergleiche zwischen den Aktivisten und den Nicht-Aktivisten bei denjenigen Items (vgl. im Anhang Fragebogenfrage 9, Antwortskala von 1= „trifft überhaupt nicht zu" bis 5= „trifft voll zu") durchgeführt, die auf folgende soziale Dimensionen abzielen: soziale Einbindung durch HC, Bedeutung von HC für die eigene Lebensgestaltung, Selbstverwirklichung, politische/soziale Sinngebung sowie Spaß. Der Zusammenhang von Aktivismus und der sozialen Bedeutungszuschreibung ließe sich empirisch nachweisen, wenn die Aktivisten bei den genannten Dimensionen jeweils signifikant stärker zusprechen würden als die Nicht-Aktivisten. Es wird mittels Korrelationsrechnungen ferner untersucht, ob die *DIY-Einstellung* (v119) mit den Items der genannten sozialen Dimensionen zusammenhängt.

Es bestätigt sich, dass die Aktivisten HC durchweg eine größere soziale Bedeutung zuschreiben als die Nicht-Aktivisten (vgl. Tab. 39). So geben die Aktivisten im Gegensatz zu den Nicht-Aktivisten beispielsweise deutlich(er) an, dass sie durch HC viele Freunde gefunden haben bzw. Leute auf der ganzen Welt kennen lernen und dass HC ihr Leben verändert hat. Die Aussage, dass HC im Mittelpunkt des Lebens der Befragten steht, wird zwar sowohl von den Nicht-Aktivisten als auch den Aktivisten eher verneint, allerdings stimmen die Nicht-Aktivisten hier signifikant noch weniger zu als die Aktivisten. Während die Nicht-Aktivisten des Weiteren eher weniger der Meinung sind, dass HC ihnen die Möglichkeit zur Selbstverwirklichung gibt, stimmen die Aktivisten dieser Aussage eher zu. Ebenso verneinen die Nicht-Aktivisten tendenziell die Aussage „*HC hat mich zu politischem/sozialem Engagement bewegt*", während die Aktivisten diesem Item zumindest indifferent gegenüberstehen. Die Aktivisten geben noch stärker als die Nicht-Aktivisten an, dass es ihnen bei HC um Spaß geht.

			N	M	SA	p	Korr. mit v119
soziale Einbindung	Durch HC habe ich viele Freunde gefunden.	Nicht-Aktivisten	88	3,41	1,1	.001	.308**
		Aktivisten	319	3,88	1,2		
	Durch HC lerne ich Leute auf der ganzen Welt kennen.	Nicht-Aktivisten	88	3,08	1,4	.000	.350**
		Aktivisten	320	3,88	1,2		
	Je länger man in der Szene aktiv ist, desto mehr wird man in ihr respektiert.	Nicht-Aktivisten	87	3,01	1,3	.012	.143**
		Aktivisten	315	3,41	1,3		
Lebensgestaltung	HC hat mein Leben verändert.	Nicht-Aktivisten	87	3,08	1,3	.000	.364**
		Aktivisten	318	3,66	1,3		
	HC ist Mittelpunkt meines Lebens.	Nicht-Aktivisten	88	2,34	1,1	.038	.304**
		Aktivisten	314	2,63	1,2		
Selbstver-wirklichung	HC gibt mir die Möglichkeit, mich selbst zu verwirklichen.	Nicht-Aktivisten	88	2,68	1,2	.000	.395**
		Aktivisten	319	3,33	1,3		
Spaß	Bei HC geht es für mich um Spaß.	Nicht-Aktivisten	88	3,75	1,0	.015	.322**
		Aktivisten	318	4,05	1,0		
politische/soziale Sinngebung	HC hat mich zu politischem/sozialem Engagement bewegt.	Nicht-Aktivisten	86	2,56	1,3	.005	.271**
		Aktivisten	318	3,00	1,4		
	HC hat mich auf spezielle gesellschaftliche/politische Themen aufmerksam gemacht, die nicht im Zentrum des öffentlichen Interesses stehen.	Nicht-Aktivisten	84	3,40	1,3	(.234)	.311**
		Aktivisten	317	3,60	1,3		

Tab. 39: soziale Dimension von Szeneaktivismus

Wie die letzte Spalte der Tab. 39 zeigt, korrelieren die Items zur sozialen Bedeutung von HC relativ deutlich und hochsignifikant mit dem Item *„Bei HC geht es für mich um DIY"* (v119): Je wichtiger der DIY-Gedanke erachtet wird, desto sozial bedeutsamer ist HC auch für die Befragten und vice versa. Die dargestellten Befunde unterstreichen eindrucksvoll die soziale Dimension von Aktivismus.

4.11 Einfluss von Hardcore auf die Studiums-, Ausbildungs- und Berufswahl

In Kapitel C3.6 wurde erläutert, dass die Mitgliedschaft in soziokulturellen Kontexten die Aneignung szenerelevanter Kompetenzen und Wissensbestände voraussetzt. Die erfolgreiche Aneignung solcher Kompetenzen ermöglicht aber nicht nur die soziale Einbindung in soziokulturelle Kontexte, vielmehr kann die im Rahmen der Szenepartizipation erworbene Szene-Qualifikation auch über das Szeneleben hinaus bedeutsam sein. In ihrer Expertise zu den „unsichtbaren Bildungsprogrammen" von Jugendszenen heben Hitzler und Pfadenhauer (2005) die Relevanz jugendkulturell erworbener Kenntnisse und Qualifikationen für das zukünftige (Berufs-)Leben hervor. Sie machen u. a. am Beispiel der HC-Szene deutlich, dass in Jugendszenen Kompetenzen erworben werden können, die für einen späteren Beruf bzw. die Alltagspraxis – auch außerhalb der jeweiligen Szene – relevant sind. Es wird nun folgenden Fragen nachgegangen:

- *Ist HC von Einfluss auf die Ausbildungs- oder Berufswahl der Befragten?* (Untersuchungsfrage 8.6.1)
- *Beeinflusst HC die Wahl bestimmter Berufs- oder Studienrichtungen?* (Untersuchungsfrage 8.6.2)
- *Ist es von Aktivismus abhängig, ob HC von Einfluss auf die Ausbildungs- oder Berufswahl ist?* (Untersuchungsfrage 8.6.3)

Der Forschungsfrage 8.6.1 wird über das Item *„Meine Studiums-, Ausbildungs- oder Berufswahl wurde durch HC beeinflusst"* (v172) nachgegangen (Antwortskala von 1 „überhaupt nicht" bis 5 „sehr"). Der Großteil verneint dieses Item (vgl. Tab. 40). Immerhin ein Viertel[23] der Befragten gibt jedoch an, dass HC eine Rolle bei der eigenen Studiums-, Berufs- oder Ausbildungswahl gespielt hat.[24]

---

23 Es wurden diejenigen Befragten zusammengefasst, die mindestens auf der Stufe „stimmt im Großen und Ganzen" zustimmten.
24 Die Beantwortung des Item v172 ist alters-, bildungsgrad- und geschlechtsunabhängig.

Meine Studiums-, Ausbildungs- oder Berufswahl wurde durch HC beeinflusst. (v172)

	N	%	kum. %
trifft überhaupt nicht zu	170	47,1	47,1
trifft eher nicht zu	52	14,4	61,5
unentschieden	50	13,9	75,3
trifft im Großen und Ganzen zu	62	17,2	92,5
trifft voll zu	27	7,5	100,0

Tab. 40: „Meine Studiums-, Ausbildungs- oder Berufswahl wurde durch HC beeinflusst"

Es interessiert zudem, ob ein Zusammenhang zwischen dem ergriffenen Studium bzw. dem ausgeübten Beruf der Befragten und der Beantwortung des Items v172 besteht. Die Frage lautet: *Beeinflusst HC die Wahl bestimmter Berufs- oder Studienbilder eher als andere* (Untersuchungsfrage 8.6.2)? Diese Frage wird über einen Mittelwertvergleich zwischen den Berufs- bzw. Studiengruppen bei dem Item v172 beantwortet.

Meine Studiums-, Ausbildungs- oder Berufswahl wurde durch HC beeinflusst. (v172)

	N	M	SA	p
Studienrichtung				
Sozialwissenschaften	49	2,22	1,33	
Architektur/ Kunst/Design	22	2,18	1,14	.056
Geisteswissenschaften	22	2,32	1,25	
Wirtschafts- /Naturwissenschaften	25	1,52	0,87	
Berufsrichtung				
pädagogische Berufe	14	2,21	1,53	
Musikbranche	6	3,67	1,51	Ein Signifikanztest war bei Item v172 nicht möglich, da in einer Gruppe eine Varianz von 0 auftritt.
künstlerische Berufe	13	2,08	1,71	
kaufmännische Berufe	8	1,63	1,41	
handwerkliche/ technische Berufe und IT-Berufe	18	1,87	1,30	
medizinische Berufe	6	1,00	0,00	
andere Berufe	25	2,32	1,50	

Tab. 41: v172 nach Studiums- und Berufsrichtung

Tab. 41 weist die Beantwortung des Items v172 nach Studiums- und Berufsrichtung der Befragten aus.[25] Die Befunde können jedoch aufgrund der geringen Fallzahlen in den Vergleichsgruppen nur als Hinweise und Tendenzen interpretiert werden.

Beim Mittelwertvergleich für die einzelnen Studienrichtungen wurde die Signifikanzgrenze nur knapp verfehlt. Es zeigt sich tendenziell, dass die Studierenden sozial- und geisteswissenschaftlicher sowie künstlerischer Studienrichtungen noch etwas eher als die Studierenden von wirtschafts- oder naturwissenschaftlichen Fächern angeben, dass ihre Studiumswahl durch HC beeinflusst wurde. Dieser Befund ist vor dem Hintergrund plausibel, dass v. a. die sozialwissenschaftlichen und geisteswissenschaftlichen Studienrichtungen dem gesellschaftskritischen Selbstverständnis der Szene wesentlich näher kommen als ein wirtschaftswissenschaftlicher Studiengang, dessen Lehren im deutlichen Gegensatz zur alternativen DIY-Ökonomie stehen (vgl. Kapitel C3). Hinsichtlich der Berufstätigen zeigt sich, dass einzig die Befragten, die in der Musikbranche tätig sind, deutlich angeben, dass HC ihre Berufswahl beeinflusst hat.

Es wurde des Weiteren untersucht, ob eine Beeinflussung der Studiums-, Berufs- oder Ausbildungswahl vom Szeneengagement abhängig ist (Untersuchungsfrage 8.6.3). Der Forschungsfrage 8.6.3 wurde über einen Mittelwertvergleich zwischen Aktivisten und Nicht-Aktivisten bei dem Item v172 nachgegangen. Wie Tab. 42 zeigt, stimmen die Aktivisten dem Item v172 signifikant (p= .009) deutlicher zu als die Nicht-Aktivisten.

Meine Studiums-, Ausbildungs- oder Berufswahl wurde durch HC beeinflusst. (v172)

	N	M	SA	p
Aktivisten	286	2,33	1,4	.009
Nicht-Aktivisten	75	1,87	1,1	

Tab. 42: v172 nach Aktivisten/Nicht-Aktivisten

Darüber hinaus wird deutlich, dass die Meinung, dass HC einen Einfluss auf die berufliche Laufbahn hat, sich tendenziell mit zunehmender Bedeutung des DIY-Gedankens (Korrelation v119 mit v172: r= 0,153**) und mit steigendem DIY-Szenekapital (Korrelation DIY-Index mit v172: r= 0,193**) verstärkt. Beide Zusammenhänge sind aber als eher schwach zu bewerten.

---

25 Aufgrund der geringen Anzahl an Auszubildenden in der Stichprobe (N=27) ist eine aussagekräftige Zusammenhangsbestimmung zwischen dem Item v172 und den einzelnen Ausbildungsrichtungen nicht möglich. Es wird daher von einer Differenzierung des Items v172 nach Ausbildungsrichtungen abgesehen.

Diese Befunde lassen den Schluss zu, dass über die aktive Teilnahme an der HC-Szene berufsrelevante Kompetenzen und Qualifikationen angeeignet werden können (vgl. Hitzler/Pfadenhauer 2005). Szenekapital lässt sich somit in ökonomisches Kapital transformieren (vgl. Thornton 1996, 12).

4.12 Alternative Ernährungsformen im HC-Publikum

In Kapitel C3.6 wurde im Rahmen der Erläuterung des hardcore-typischen Bildungsprogramms darauf hingewiesen, dass Ökologie- und Tierrechtsfragen in der HC-Jugendkultur stark diskutiert werden. Neben zahlreichen Songtexten, Tonträger-Beilagen (Booklets, Flyer) und Fanzine-Berichten, die auf Massentierhaltung und die Notwendigkeit alternativer, fleischloser Ernährung eingehen, zeugen auch etliche Benefiz-Schallplatten für (häufig radikale) Tierrechtsgruppierungen von einem besonders ausgeprägten Tierschutz- und Ökologie-Bewusstsein der Szene (vgl. auch O'Hara 2002, 121ff; Haenfler 2004, 427; Schwarz 2005, 124ff; Clark 2004b). O'Hara bezeichnet diese Themen als „Heftklammern der politischen Theorie engagierter Punks" (2002, 137). Die Ernährungsform des Veganismus ist eng mit diesen Themen verbunden (vgl. Moser/Lunger 2003, 62). Es wird in diesem Kapitel folgenden Fragen nachgegangen:

- *Wie hoch ist der Anteil des HC-Publikums, der sich alternativ (vegetarisch oder vegan) ernährt* (Untersuchungsfrage 11.1)? Der Anteil der Personen, die sich vegetarisch oder vegan ernähren (Untersuchungsfrage 11.1), wird über die Frage 4 des Fragebogens ermittelt (vgl. Anhang).
- *Hängen alternative Ernährungsweisen im HC-Publikum mit bestimmten soziokulturellen Orientierungen zusammen bzw. ist HC von Einfluss auf die Wahl einer alternativen Ernährungsweise?* (Untersuchungsfrage 11.2). Es wird vermutet, dass alternative Ernährungsweisen in Zusammenhang mit einer soziokulturellen Orientierung in Richtung der Punk/HC-Szenen stehen bzw. HC die Wahl einer alternativen Ernährungsform begünstigt.

„[…] becoming a vegetarian or a vegan may be an individualistic dietary choice, but when a subculture does so and advocates their choice, it opens up possibilities for other youth" (Haenfler 2004, 431; vgl. auch Clark 2004b; O'Hara 2002, 121ff; Larsson et al. 2003).

Ob die Ernährungsweise mit der soziokulturellen Orientierung zusammenhängt, wird mittels einer Korrelationsrechnung bestimmt. Die soziokulturellen Orientierungen werden mit der Einstellung der Befragten gegenüber Vegetariern und Veganern korreliert. Deutliche signifikante Korrelationen würden die Vermutung stützen, dass alternative Ernährungsweisen in Zusammenhang mit der soziokulturellen Orientierung stehen. Über Mittelwertvergleiche zwischen den Veganern, Vegetariern und den restlichen Befragten bei den Items *„HC hat mich auf spezielle gesellschaftliche/politische Themen aufmerksam gemacht, die nicht im Zentrum des öffentlichen Interesses stehen"* (v122) und *„HC hat mein Leben verändert"* (v116) wird der Vermutung nachgegangen, dass HC von Einfluss auf die Wahl veganer bzw. vegetarischer Ernährung ist. Wenn sich hier signifikante Unterschiede zwischen Veganern/ Vegetariern und den Befragten, die sich nicht vegetarisch oder vegan ernähren, zeigen, würde dies die Annahme bestärken, dass HC die Ernährungsumstellung beeinflusst.

Zunächst lässt sich konstatieren, dass sich über die Hälfte des HC-Publikums fleischlos ernährt (vgl. Tab. 43). 36,6 % zählen zu den Vegetariern, 18,5 % zu den Veganern[26], 44,9 % (nachfolgend bei den Ernährungstypen *andere* genannt) zählen sich weder zu den Vegetariern noch zu den Veganern.[27]

Ernährungstypen	% (N=410)
Vegetarier	36,6
Veganer	18,5
andere	44,9

Tab. 43: Anteile der Ernährungstypen im HC-Publikum

Es soll nun untersucht werden, ob die Ernährungsweise im Zusammenhang mit der soziokulturellen Orientierung des HC-Publikums steht.[28]

---

26 Veganismus wird nach Schwarz wie folgt definiert: „Der Veganismus impliziert nicht nur eine Ernährungsweise ohne jedes durch Haltung oder Tötung von Tieren gewonnene Nahrungsmittel (Fleisch, Geflügel, Fisch, Eier, Milch und Milchprodukte wie Joghurt oder Käse, Honig, Gelatine usw.), sondern einen Lebensstil unter striktem Ausschluss aller Produkte tierischen Ursprungs, d. h. aus Wolle, Seide, Leder und Pelzen gefertigte Kleidung oder aus tierischen Fetten hergestellte oder an Tieren getestete Produkte des alltäglichen Bedarfs wie Kosmetika, Seife und Waschmittel [...] sowie Lebensmittel, die Zusatzstoffe mit ‚fragwürdiger‘ Herkunft enthalten, beispielsweise als ‚E-Nummern‘ deklarierte Nahrungsmittelzusätze, Aromen oder auch Industriezucker" (Schwarz 2005, 74).

27 Chi-Quadrat-Tests zeigen, dass es im HC-Publikum von soziodemografischen Merkmalen unabhängig ist, ob man Vegetarier bzw. Veganer ist.

28 Die Frage nach der Ernährung wurde im Verbund mit der Frage nach der Selbstpositionierung des HC-Publikums im soziokulturellen Raum gestellt (vgl. Frage 4 des Fragebogens). Bevor die soziokulturellen Orientierungen mittels einer Faktorenanalyse ermittelt werden konnten, wurde das ursprünglich acht Kategorien um fassende Antwortraster auf ein Skalenniveau von fünf sinnvoll

Wie aus Tab. 44 hervorgeht, sind die Ernährungsformen Vegetarismus und Veganismus nur von den Gruppen/Szenen unabhängig, die bei den soziokulturellen Orientierungen (vgl. Kapitel D4.4) im Faktor *andere* gebündelt wurden – also denjenigen, die nicht unmittelbar im HC/Punk-Umfeld anzusiedeln sind.

	SOZIOKULTURELLE ORIENTIERUNGEN			
	Emo/ Screamo	*New York HC/ Straight Edge*	*(Polit-)Punk*	*andere*
Veganismus	.131**	.405**	.395**	-.065
Vegetaris-mus	.165**	.238**	.205**	-.056

Tab. 44: soziokulturelle Orientierung und Ernährungsweise

Sowohl bei den HC-Orientierungen (*Emo/Screamo*, *New York HC/ Straight Edge*) als auch bei der *(Polit-)Punk*-Orientierung besteht ein deutlicher signifikanter Zusammenhang zwischen der Ernährungseinstellung und der soziokulturellen Orientierung. Am deutlichsten sind diese Zusammenhänge erwartungsgemäß bei der *NYHC/SE*-Orientierung, da hierzu neben den Straight-Edge-Szenen (deren zentrales Charakteristikum ja der Fleischverzicht ist) auch die *Tierbefreier* zählen (vgl. Tab. 16 in Kapitel D4.4). Aber auch die *(Polit-)Punk*-Affinität ist von offensichtlichem Einfluss auf die Ernährungseinstellung. Wie bei der *NYHC/SE*-Orientierung auch spielt hier v. a. Veganismus eine Rolle. Dieser Befund korrespondiert mit einer ethnografischen Studie von Clark über Politpunks, in der er Veganismus als wesentliches Abgrenzungsmerkmal dieser Szene herausstellt.

„To be vegan [...] is to perpetually find oneself in the minority, chastised and excluded, challenged and reminded of one's difference. In this sense, veganism also served as an incessant critique of the mainstream, marker of otherness, and enactment of punk" (Clark 2004b, 24f).

Der deutlich schwächere Zusammenhang zwischen der Ernährungsweise und der Orientierung *Emo/Screamo* sowie v. a. die Tatsache, dass kein Zusammenhang zwischen einer alternativen Ernährungsform und einer soziokulturellen Orientierung abseits der HC/Punk-Szenen besteht, lässt darauf schließen, das Veganismus bzw. die Tierrechtsidee wichtige Aspekte in der Ausdifferenzierung des HC-Publikums darstellen (vgl. auch

transformiert (vgl. zu dieser Vorgehensweise Tab. 15 in Kapitel D4.4). Bei der Frage nach der Einstellung bezüglich Vegetariern und Veganern erfolgte die Skalenreduktion analog zu der der soziokulturellen Orientierungen. Auf diese Weise konnte auf einem einheitlichen Skalenniveau eine Korrelationsrechnung durchgeführt werden.

Schwarz 2005, 117). Dass die Ernährungsweise ein wichtiges Distinktionsmerkmal der HC-Jugendkultur ist, zeigt auch ein Mittelwertvergleich zwischen den Ernährungstypen bei den drei Faktoren der sozialen Bedeutungszuschreibung an HC (vgl. Tab. 45). Alle drei Faktoren sind von der Ernährungsweise abhängig: Die Gruppe derjenigen Personen, die sich nicht vegetarisch oder vegan ernähren (*andere*), unterscheidet sich jeweils signifikant von den Vegetariern und den Veganern. Die Befragten mit einer alternativen Ernährungsweise betrachten HC deutlicher als alternative Lebenseinstellung und betonen auch die Aspekte der sozialen Inklusion und Selbstverwirklichung stärker. Ebenso wird bei dem Faktor „soziale Exklusion" sichtbar, dass über die alternative Ernährungsweise Abgrenzung geschaffen wird. Auffällig ist generell, dass alle Faktorenmittelwerte jeweils umso deutlicher ausfallen, je „extremer" die Ernährungsform der Befragten ist: Die Faktoren-Zustimmungen sind bei der Gruppe der *anderen* jeweils am schwächsten, bei den Vegetariern deutlich stärker und bei den Veganern am stärksten ausgeprägt.

	Ernährungstyp	N	M	SA	p
HC als alternative Lebenseinstellung	andere	183	3,25	0,75	
	Vegetarier	149	3,43	0,77	.018
	Veganer	76	3,53	0,82	
soziale Inklusion/ Selbstverwirklichung	andere	183	3,25	0,81	
	Vegetarier	149	3,60	0,80	.000
	Veganer	76	3,79	0,71	
soziale Exklusion	andere	183	2,07	0,76	
	Vegetarier	149	2,34	0,70	.000
	Veganer	76	2,42	0,79	

Tab. 45: soziale Bedeutungsaspekte nach Ernährungstyp

Ein Item des Faktors „soziale Inklusion/Selbstverwirklichung" soll hier einzeln dargestellt werden, da es die Annahme deutlich stützt, dass HC die Wahl einer alternativen Ernährungsform begünstigt.

	Ernährungstyp	N	M	SA	p
HC hat mein Leben verändert	andere	183	3,14	1,33	
	Vegetarier	149	3,82	1,19	.000
	Veganer	76	3,92	1,22	

Tab. 46: Item „HC hat mein Leben verändert" nach Ernährungstyp

Aus Tab. 46 geht hervor, dass die Beantwortung des Items „*HC hat mein Leben verändert*" von der Ernährungsform abhängig ist: Vegetarier und die Veganer sind im Gegensatz zu den restlichen Befragten eindeutig der Ansicht, dass HC ihr Leben verändert hat. Die Umstellung auf eine alternative Ernährungsweise scheint ein Aspekt der Lebensveränderung durch HC zu sein.

Das Fragebogen-Item v122 zielt explizit darauf ab, ob das HC-Publikum durch HC auf gesellschaftliche bzw. politische Themen, die nicht im Zentrum des öffentlichen Interesses stehen, aufmerksam gemacht wurde (vgl. Tab. 47).

HC hat mich auf spezielle gesellschaftliche/ politische Themen aufmerksam gemacht, die nicht im Zentrum des öffentlichen Interesses stehen (v122).

Ernährungstyp	N	M	SA	p
andere	179	3,17	1,29	
Vegetarier	147	3,80	1,18	.000
Veganer	75	3,99	1,26	

Tab. 47: gesellschaftliche/politische Dimension von HC nach Ernährungstyp

Ein Mittelwertvergleich zwischen den Ernährungstypen zeigt, dass diejenigen Befragten, die sich alternativ ernähren, eindeutig diesem Item zustimmen, wohingegen die restlichen Befragten (hier *andere* genannt) indifferent antworten. Die Unterschiede zwischen der Gruppe der *anderen* und den Vegetariern bzw. Veganern sind dabei hochsignifikant. Dieser Befund legt die Vermutung nahe, dass die Veganer und Vegetarier über HC auf diese Ernährungsweisen aufmerksam gemacht wurden.

Wie die Befunde zur Ernährungsweise des HC-Publikums nahelegen, kann die „bewusste" Ernährung als ein weiterer Aspekt des „Mehr-als-Musik"-Gedankens betrachtet werden.

4.13 Bedeutung von Kleidung/Style in der Jugendkultur Hardcore

Dieses Kapitel beschäftigt sich mit der weit verbreiteten Annahme, dass Jugendkulturen v. a. um Äußeres kreisen und sich über kommerzielle Warenorientierungen (Marken, Mode, Stile) definieren würden (z. B. Behrens 1998, Hebdige1985). Wie in Kapitel C2 erläutert wurde, zeichnet sich der HC-Diskurs durch seinen kritischen Umgang mit Mode aus. Vor diesem Hintergrund interessieren in Bezug auf die Bedeutung von Kleidung und Style folgende Fragen:

- *Welche Rolle spielt Kleidung bzw. Style in der Jugendkultur HC?* (Untersuchungsfrage 12.1)
- *Für wie wichtig erachtet das HC-Publikum Kleidung/Style für sich?* (Untersuchungsfrage 12.2)

- *Ist es dem HC-Publikum wichtig, von anderen Hardcores als HC erkannt zu werden?* (Untersuchungsfrage 12.3)

In Tab. 48 sind die Ergebnisse derjenigen Fragebogen-Items zusammengefasst, die auf die Bedeutung von Kleidung/Style abzielen.

	N	M	SA	p
Kleidung/Style sind für mich wichtig (v126)				
Alle	403	2,90	1,27	
Es ist mir wichtig, von anderen Hardcore-Anhängern als Hardcore erkannt zu werden (v128)				
Alle	407	1,96	1,10	
explizite Anhänger	222	2,10	1,10	.004
übrige Befragte	185	1,79	1,00	
Männer	304	1,89	1,10	.052
Frauen	103	2,16	1,20	
Außenstehende können mich aufgrund meiner Kleidung/meines Styles als Hardcore erkennen (v129)				
Alle	405	2,37	1,13	
explizite Anhänger	220	2,57	1,10	.000
übrige Befragte	185	2,12	1,10	
Ich erkenne einen Hardcore-Anhänger aufgrund der Kleidung/des Styles (v127)				
Alle	405	3,57	1,10	
Kleidung/Style spielen bei Hardcore keine Rolle (v144)				
Alle	406	2,32	1,23	

Tab. 48: Bedeutung von Kleidung/Style für das HC-Publikum

In der Zeile *Alle* sind jeweils die Mittelwerte für die Gesamtstichprobe ausgewiesen. Bei den Items v128 und v129 bestehen zudem signifikante Unterschiede zwischen den expliziten Szeneanhängern und den übrigen Befragten.[29] Die empirischen Befunde der Fragebogenuntersuchung ent-

---

29 Es wird hier zwischen Befragten differenziert, die sich explizit zur HC-Szene zählen und Befragten, die dies nicht tun. Die Konstruktion der beiden Vergleichsgruppen basiert auf der Beantwortung der Frage 4 des Fragebogens (vgl. Anhang). Diejenigen Personen, die bei mindestens einer der aufgeführten HC-

kräften – zumindest für die befragten Besucher von HC-Konzerten – die Sichtweise, dass Äußeres für Jugendliche in Jugendkulturen *grundsätzlich* von wesentlicher Bedeutung ist. Das Item v126 adressiert die individuelle Wichtigkeit von Kleidung/Style. Wie der Mittelwert zeigt, stehen die Befragten der Aussage *„Kleidung/Style sind für mich wichtig"* indifferent (M= 2,90) gegenüber. Die Befragten geben zudem deutlich zu erkennen (M= 1,96), dass es ihnen nicht wichtig ist, von anderen HC-Anhängern als Hardcore erkannt zu werden (Item v128). Diejenigen Befragten, die sich nicht explizit zu einer Punk/HC-Szene zählen (hier „übrige Befragte" genannt), legen dabei (plausiblerweise) signifikant noch weniger Wert darauf, von anderen Hardcores als Szenemitglied erkannt zu werden. Beim Geschlecht wurde die Signifikanz zwar knapp verfehlt, erwähnenswert ist jedoch, dass die weiblichen Befragten hier noch etwas eher als die Männer Wert darauf legen, von der Szene als HC-Anhänger erkannt zu werden. Aber wie auch für die Gesamtstichprobe fällt die Zustimmung bei Item v128 bei allen untersuchten Vergleichsgruppen sehr schwach aus.

Die Befragten gehen auch nicht davon aus, dass Außenstehende sie aufgrund ihrer Kleidung bzw. ihres Styles als Hardcore erkennen können (Item v129). Sie verstehen sich als stilistisch eher unauffällig. Hier könnte die Annahme der Hardcores eine Rolle spielen, dass Außenstehende vermutlich auch gar nicht in der Lage sind, die subtilen Zeichen des HC-Stils zu lesen (vgl. Kapitel C2). Wie zu vermuten war, geben die expliziten Anhänger zwar noch etwas deutlicher als der Rest an, dass Außenstehende sie aufgrund der Kleidung/des Styles als Hardcore erkennen können, jedoch zeigt die geringe Zustimmung, dass auch die expliziten Anhänger sich eher als stilistisch unauffällig verstehen.

Die Befragten geben zwar an, dass der HC-Stil für Außenstehende nicht unbedingt zu erkennen ist, sie führen jedoch an, andere Hardcores aufgrund von Kleidung/Style erkennen zu können (Item v127). Das HC-Publikum ist eher nicht der Meinung, dass Kleidung/Style bei HC keine Rolle spielen würde (Item v144).

Korreliert man das Item v126 mit den Items v128, v129 und v144, so wird Folgendes deutlich:

- Je wichtiger die Befragten Kleidung/Style für sich erachten, desto eher wird davon ausgegangen, dass Außenstehende sie auch als Hardcore erkennen können (v126 mit v129: r= .378**).

- Die Befragten legen auf Kleidung/Style umso größeren Wert, je mehr sie auch von anderen HC-Anhängern als Hardcore erkannt werden möchten (v126 mit v128: r= .414**).

Szenen *„Ich gehöre dazu"* angegeben haben, bilden hier die Gruppe „explizite Anhänger". Die restlichen Befragten machen die Gruppe „übrige Befragte" aus.

- Je wichtiger Kleidung/Style von den Befragten für sie selbst erachtet wird, desto eher wird auch angegeben, dass Kleidung/Style bei HC eine Rolle spielen (v126 mit v144: r= .190**).

Die Befunde zeigen einerseits, dass das HC-Publikum Kleidung und Style keine besondere Bedeutung beimessen. Andererseits sind sie aber der Meinung, dass Kleidung und Style in der HC-Jugendkultur durchaus eine Rolle spielen. Allerdings wird davon ausgegangen, dass sich der HC-Stil nur Insidern erschließt und Außenstehende den HC-Stil nicht lesen können. Stil dient der Selbstverständigung der Szene, allerdings hat sich die Signifikantenebene so weit ausdifferenziert, dass die Codes nur von Eingeweihten entschlüsselt werden können. Der Teufel liegt sozusagen im soziosemiotischen Detail, in einer komplexen Kombinatorik kleinster Einzelheiten, die von einer Öffentlichkeit jenseits der eigenen Gruppierung kaum noch wahrgenommen wird. Mit solchen stilistischen Binnendifferenzierungen wehren sich Jugendkulturen gleichzeitig gegen stilistische Stereotypisierungen bzw. Vereinnahmungen, indem sie sich nicht mehr entsprechend der für ihre Jugendkultur als typisch betrachteten medialen Etikettierungen stilisieren. Diese Spezialisierung schützt zwar durch die vermeintliche ästhetische Unauffälligkeit (vorübergehend) vor Nachahmung von außen, allerdings kann ästhetische Differenz nur noch *innerhalb der Gruppe* wirksam signalisiert werden und nicht mehr gegenüber der Allgemeinheit.

4.14 Das Hardcore-Selbstverständnis

In den Interviews, die im Vorfeld der Fragebogenerstellung durchgeführt wurden, verwiesen die Interviewten häufig darauf, dass eine genaue Definition dessen, was HC ausmacht, schwierig sei, da unzählige Aspekte in Szenekreisen kontrovers diskutiert würden. Entsprechend gaben die Gesprächspartner mehrfach an, „nur die persönliche Sichtweise" abgeben zu können, welche möglicherweise von der Sichtweise anderer, „typischer" HC-Anhänger, deutlich abweiche. Auch die der Fragebogenerstellung vorangegangene Sichtung von Szenemedien ließ erkennen, dass die v. a. in Fanzines und Internet-Foren dargelegten Sichtweisen über HC durch eine hohe Ambivalenz gekennzeichnet sind. Die Szenegänger vertreten bisweilen völlig unterschiedliche Positionen zu HC (vgl. auch Budde 1997, 123). Beispielsweise ranken etliche Abhandlungen in Fanzines um die Frage, ob HC widerspenstig und Underground oder angepasst und Mainstream sei. Einige der in den Interviews und Fanzines besonders konträr diskutierten Aspekte wurden in Form von Gegensatzpaaren in den Fragebogen mit aufgenommen, um so auf einer breiteren empirischen Basis der Frage nach dem HC-Selbstverständnis der Befragten nachgehen zu können. Die qualitativen Befunde dienten bei diesem Fragenkomplex gewissermaßen als „Impulsgeber" für eine entsprechende quantitative Operationalisierung. Die Gegensatzpaare wurden mittels einer fünfstufigen Skala abgefragt, wobei der Wert 1 jeweils eine totale Zustimmung zu dem linken Begriff und der Wert 5 eine völlige Zustimmung zu dem rechten Begriff bedeutet. Es wurde jeweils nach der persönlichen Sichtweise von HC und der vermuteten Sichtweise des „typischen" HC-Anhängers gefragt.

Wie die Mittelwerte zur persönlichen Sichtweise von HC in Diagr. 8 verdeutlichen, beziehen die Befragten zu den Gegensatzpaaren eindeutig Stellung.

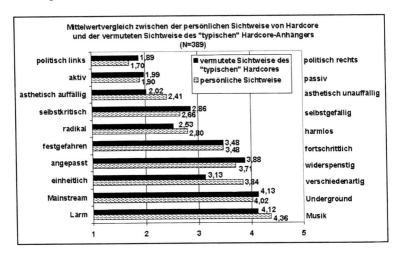

Diagr. 8: HC-Selbstverständnis

HC wird von den Befragten deutlich als Underground, widerspenstig, verschiedenartig, aktiv und politisch links betrachtet. Ebenso wird HC als Musik und nicht als Lärm verstanden. Zudem wird HC tendenziell als eher radikal, fortschrittlich, selbstkritisch und ästhetisch auffällig gesehen, denn als harmlos, selbstgefällig und ästhetisch unauffällig. Aus Diagr. 8 geht zudem deutlich hervor, dass die persönliche und die angenommene Sichtweise des „typischen" Hardcores erstaunlicherweise kaum differieren.

In einem nächsten Schritt wurden die Gegensatzpaare der Frage 5 miteinander korreliert, um Erkenntnisse über die Zusammenhänge des HC-Selbstverständnisses zu gewinnen.[30] Es zeigt sich, dass insbesondere das Gegensatzpaar „aktiv – passiv" hochsignifikant und sehr stark mit denjenigen Gegensatzpaaren korreliert, die auf die Dimension der Widerspenstigkeit abzielen. Die für das HC-Selbstverständnis charakteristische

---

30 Es wurden hier nur Korrelationen mit r ≥ .300 berücksichtigt. Die Korrelationsrechnung erfolgte nach dem Verfahren von Spearman.

Widerspenstigkeit wird somit in erster Linie vom Szeneaktivismus abhängig gemacht: Je mehr die Befragten HC als aktiv verstehen, desto mehr ist HC für sie auch widerspenstig (r= .513**), fortschrittlich (r= .429**), Underground (r= .389**) und radikal (r= .305**). Der in Kapitel C3 betonte widerspenstige Charakter des HC-Aktivismus spiegelt sich somit in diesen empirischen Befunden wider.

4.15 Analysen zum Item HC und Punk sind ein und dasselbe

In Kapitel C1 wurde erläutert, dass HC aus Punk hervorgegangen ist. Bei der Erörterung der Unterschiede zwischen Punk und HC wurde deutlich, dass eine klare Grenzziehung zwischen beiden Phänomenen schwierig ist. Konsens besteht jedoch darüber, dass HC als positiver und konstruktiver Gegenentwurf zu der *No Future*-Haltung weiter Teile von Punk verstanden wird. In diesem Kapitel wird nun erstmalig auf breiter empirischer Basis folgenden Fragen nachgegangen:

- *Differenziert das HC-Publikum zwischen Punk und HC* (Untersuchungsfrage 13.2)? Diese Frage wird über das Item „*HC und Punk sind ein und dasselbe*" (v145) beantwortet (fünfstufige Antwortskala von 1= „trifft überhaupt nicht" bis 5= „trifft voll zu").
- *Hängt die Differenzierung zwischen HC und Punk mit der soziokulturellen Orientierung zusammen* (Untersuchungsfrage 13.2.1)? Diese Frage wird operationalisiert, indem die auf Basis der Fragebogenfrage 4 ermittelten soziokulturellen Orientierungen (vgl. Kapitel D4.4) mit dem Item v145 korreliert werden.
- *Ist die Einstellung bei der Frage, ob HC und Punk identisch sind, von soziodemografischen Merkmalen abhängig* (Untersuchungsfrage 13.2.2)? Zur Beantwortung dieser Frage werden jeweils Mittelwertvergleiche mit v145 als abhängige Variable und soziodemografischen Merkmalen als unabhängige Variablen gerechnet.
- *Steht Aktivismus in Zusammenhang damit, dass zwischen HC und Punk differenziert wird* (Untersuchungsfrage 13.2.3)? Dieser Frage wird nachgegangen, indem jeweils die Aktivisten und Nicht-Aktivisten mit denjenigen Befragten, die dem Item v145 voll zustimmen bzw. es voll verneinen kreuztabelliert werden. Ob ein Zusammenhang zwischen Aktivismus und v145 besteht, wird zudem über eine Korrelation zwischen v145 und dem *DIY-Index* untersucht.

Auf Basis der Gesamtstichprobe zeigt sich zunächst deutlich, dass das HC-Publikum zwischen HC und Punk unterscheidet (vgl. Tab. 49).

HC und Punk sind ein und dasselbe (v145)

	N	%-	kum. %
trifft überhaupt nicht zu	146	36,0	36,0
trifft eher nicht zu	85	21,0	57,0
unentschieden	71	17,5	74,6
trifft im Großen und Ganzen zu	46	11,4	85,9
trifft voll zu	57	14,1	100,0

Tab. 49: „HC und Punk sind ein und dasselbe"

36 % der Befragten widersprechen dem Item „HC und Punk sind ein und dasselbe" total, 21 % vertreten eine etwas gemäßigtere Meinung. Nur 14,1 % setzen HC und Punk gleich, für 11,4 % sind HC und Punk im Großen und Ganzen dasselbe. Somit grenzen 57 % der Befragten HC und Punk (eher) voneinander ab, wohingegen für nur ca. ein Viertel HC und Punk (eher) identisch sind. 17,5 % äußern sich indifferent.

Es wird nun untersucht, ob die Beantwortung des Items v145 von soziodemografischen Merkmalen abhängig ist (vgl. Tab. 50). Es zeigt sich, dass der formale Bildungsgrad hier nicht signifikant unterscheidet (p= .490), Alter und Geschlecht jedoch sehr wohl.

HC und Punk sind ein und dasselbe (v145)

	N	M	SA	p
Gesamt	405	2,46	1,43	
Männer	305	2,71	1,46	.000
Frauen	100	1,70	1,03	
< 26	289	2,30	1,36	.002
≥ 26	115	2,88	1,53	

Tab. 50: Item „HC und Punk sind ein und dasselbe"
nach Geschlecht und Alter

Differenziert man die Beantwortung des Items v145 nach Geschlecht, so wird deutlich, dass Frauen eindeutig die Meinung vertreten, dass HC und Punk *nicht* ein und dasselbe sind, wohingegen Männer nur in der Tendenz HC von Punk abgrenzen. Ob man der Meinung ist, dass es sich bei HC und Punk um ein und dasselbe handelt, hängt nicht nur signifikant vom Geschlecht, sondern auch vom Alter ab: Es sind die jüngeren Befragten (bis 26 Jahre), die wesentlich deutlicher der Ansicht sind, dass HC und Punk nicht das Gleiche sind. Die Älteren (≥ 26 Jahre) antworten eher indifferent.

Tab. 51 gibt Aufschluss über den Zusammenhang zwischen dem Item v145 und a) der soziokulturellen Verortung des HC-Publikums, b) der *DIY-Einstellung* (v119) und c) dem *DIY-Index*. Nur am Rande ist zunächst der *sehr schwache* signifikante Zusammenhang zwischen v145 und der *NYHC/SE*-Orientierung erwähnenswert (r= -.111*): Es kann vorsichtig formuliert werden, dass eine soziokulturelle Nähe zu diesen Szenen damit einhergeht, dass HC von Punk abgegrenzt wird. Eindeutiger ist hingegen die Korrelation mit der *(Polit-)Punk*-Orientierung (r=.304**). Je deutlicher man sich in Richtung der *(Polit-)Punk*-Szenen verortet, desto stärker wird auch die Meinung vertreten, dass HC und Punk ein und dasselbe sind.

SOZIOKULTURELLE ORIENTIERUNG						
	Emo/ Screamo	New York Hardcore/ Straight Edge	Polit- (Punk)	andere	DIY- Einstel- lung	DIY- Index
HC und Punk sind ein und dasselbe. (v145)	.055	-.111*	.304**	-.027	.327**	.268**

Tab. 51: Zusammenhang zwischen v145 und soziokultureller Orientierung, v119 sowie DIY-Index

In Kapitel D4.10.4 wurde gezeigt, dass die DIY-Einstellung im Zusammenhang mit der soziokulturellen Orientierung *(Polit-)Punk* steht. Je näher man sich an diesen Szenen orientiert, desto wichtiger wird auch das DIY-Prinzip erachtet (r=.308**, vgl. Tab. 37). Auch die Korrelation zwischen v145 und v119 (r=.327**, vgl. Tab. 51) legt den Schluss nahe, dass die Betonung des DIY-Prinzips tendenziell mit der soziokulturellen Nähe zu Punk zusammenhängt: Dem befragten Publikum geht es bei HC v. a. dann um DIY, wenn es HC und Punk als Einheit betrachtet.

Es interessiert nun des Weiteren, ob die Einstellung in der Frage danach, ob HC und Punk dasselbe sind, nicht nur im Zusammenhang mit der DIY-Einstellung steht, sondern v. a. auch von Einfluss auf das konkrete Szeneengagement ist. Es können zwei moderate Zusammenhänge nachgewiesen werden. Zum einen zeigt eine Korrelationsrechnung zwischen v145 und dem *DIY-Index*, dass umso mehr Tätigkeiten übernommen werden, je eher man Punk und HC als identisch begreift (r=.268**, vgl. Tab. 51). Zum anderen kann über eine Kreuztabellierung zwischen den Aktivisten/Nicht-Aktivisten und denjenigen Befragten, die dem Item v145 voll zustimmen bzw. es voll verneinen, gezeigt werden, dass die Aktivisten in der Gruppe der Befragten, für die HC und Punk völlig identisch sind, überrepräsentiert sind und bei den Personen, die HC und Punk strikt voneinander trennen, unterrepräsentiert sind (exakter Test nach Fisher: p= .003, Phi= .207). Diagr. 9 stellt diesen Zusammenhang dar.

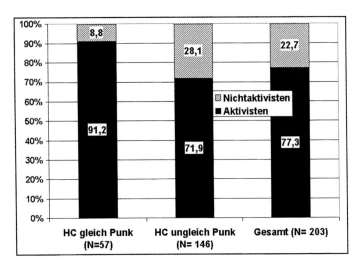

Diagr. 9: „HC=Punk" bzw. „HC≠Punk" nach Aktivist/Nicht-Aktivist

Die Befunde zu Item v145 machen zum einen deutlich, dass Aktivismus mit Punk in Verbindung gebracht werden kann. Zum anderen zeigt sich, dass innerhalb des HC-Publikums über die Einstellung bezüglich der Frage, ob HC und Punk ein und dasselbe sind, Distinktion geschaffen wird.

4.16 Vergleiche zwischen Befragten auf Clubkonzerten und Festivals

Die Publikumsbefragung wurde sowohl auf Clubkonzerten als auch auf Festivals durchgeführt (vgl. Kapitel D1 und D2). Es werden im Folgenden einige Unterschiede zwischen Befragten auf Clubkonzerten und Befragten auf Festivals dargestellt. Insbesondere Festivals stellen einen beliebten Rahmen dar, um Gleichgesinnte zu treffen und neue Bekanntschaften/Freundschaften zu schließen. Es ist vor diesem Hintergrund nicht verwunderlich, dass sich die befragten Festivalbesucher bei den Items v111 und v112 signifikant von den Clubkonzertbesuchern unterscheiden (vgl. Tab. 52). Die Festivalbesucher geben eindeutig an, durch HC viele Freunde gefunden zu haben (M= 3,90). Die Clubkonzertbesucher sind zwar auch dieser Ansicht, aber signifikant schwächer als die Festivalbesucher (M= 3,51). Besonders deutlich ist der Unterschied zwischen beiden Befragtengruppen bei dem Item „*Durch HC lerne ich Leute auf der ganzen Welt kennen*": Während die Clubkonzertbesucher sich hier indifferent äußern (M= 3,18), stimmen die auf Festivals befragten Personen unmissverständlich zu (M= 3,96).

	Besuchertyp	N	M	SA	p
Durch HC habe ich viele Freunde gefunden (v111)	Festivalbesucher	277	3,90	1,14	.002
	Clubkonzertbesucher	130	3,51	1,23	
Durch HC lerne ich Leute auf der ganzen Welt kennen (v112)	Festivalbesucher	277	3,96	1,19	.000
	Clubkonzertbesucher	131	3,18	1,37	
HC ist Mittelpunkt meines Lebens (v117)	Festivalbesucher	273	2,70	1,25	.001
	Clubkonzertbesucher	129	2,28	1,07	

Tab. 52: v111, v112 und v117 nach Besuchertyp

Das Statement „*HC ist Mittelpunkt meines Lebens*" wird sowohl von den Befragten auf Clubkonzerten als auch von den Festivalbesuchern verneint. Auffällig ist hierbei jedoch, dass die Clubkonzertbesucher diesem Item signifikant deutlicher widersprechen als die Festivalgänger. Da das Item „*HC ist Mittelpunkt meines Lebens*" vom Besuchertyp abhängig ist, kann auch vermutet werden, dass sich die Clubkonzertbesucher weniger eindeutig mit HC identifizieren als die Festivalbesucher. Über Mittelwertvergleiche zwischen Clubkonzert- und Festivalbesuchern bei den soziokulturellen Orientierungen lässt sich dieser Annahme nachgehen (vgl. Tab. 53).

soziokulturelle Orientierung	Besuchertyp	N	M	SA	p
andere	Festivalbesucher	276	2,39	0,56	.201
	Clubkonzertbesucher	130	2,31	0,51	
(Polit-)Punk	Festivalbesucher	276	3,59	0,59	.000
	Clubkonzertbesucher	130	3,37	0,55	
New York Hardcore/ Straight Edge	Festivalbesucher	277	3,62	0,60	.000
	Clubkonzertbesucher	127	3,25	0,65	
Emo/Screamo	Festivalbesucher	275	3,80	0,79	.000
	Clubkonzertbesucher	130	3,46	0,80	

Tab. 53: soziokulturelle Orientierung nach Besuchertyp

Es zeigt sich, dass nur die Einstellung bei der soziokulturellen Orientierung *andere* vom Besuchertyp unabhängig ist: Sowohl die Besucher von Clubkonzerten als auch die Festivalgänger lehnen in gleichem Maße diejenigen Szenen ab, die nicht unmittelbar dem HC/Punk-Umfeld zuzurechnen sind. Auffällig ist hingegen, dass sich die Festivalbesucher mit den Orientierungen *(Polit-)Punk*, *NYHC/SE* und *Emo/Screamo* signifikant stärker identifizieren als die Clubkonzertbesucher (vgl. Tab. 53). Während sich die Befragten auf Festivals relativ eindeutig zu diesen Orientierungen bekennen (Mittelwert jeweils > 3,50), ist die Identifikation

der Clubkonzertbesucher jeweils signifikant weniger deutlich (M jeweils
< 3,50).

Es liegt die Vermutung nahe, dass aufgrund des exklusiven Charakters von Festivals v. a. der Szenekern diese Veranstaltungsart frequentiert
und daher die Identifikations-Mittelwerte bei den Festivalbesuchern deutlicher ausfallen als bei den Clubkonzertbesuchern. Die eindeutigeren soziokulturellen Selbstverortungen von Festivalgängern können aber auch
durch den Befragungsrahmen bedingt sein. Da bei Festivals jugendkulturelle Gemeinschaft intensiver erfahren wird als auf Clubkonzerten, kann
diese „dichte" Atmosphäre womöglich von Einfluss darauf sein, dass
man sich deutlicher zu bestimmten Szenen bekennt als bei einem Club-
konzert. Auch Dowd et al. konnten in ihrer Untersuchung von Musikfes-
tivals festellen: „[...] it shows that the pilgrimage-like nature of music
festivals has the potential to transform participants" (Dowd et al. 2004,
163).

E ZUSAMMENFASSUNG DER STUDIE

Die Ausführungen zur Jugendkultur Hardcore (HC) sind in vorliegender Studie in zwei zentrale Kapitel gegliedert (Kapitel C und D), denen unterschiedliche methodische Vorgehensweisen zugrunde liegen. In Kapitel C wurde neben der Bedeutung von Kleidung bzw. Style schwerpunktmäßig der hardcore-typische Szeneaktivismus unter den Aspekten der kulturellen Widerspenstigkeit, der Bedeutung als Authentizitätskriterium sowie der Kompetenzvermittlung in Jugendszenen beleuchtet. Hierzu wurden zahlreiche Experteninterviews durchgeführt und eine umfassende Sichtung von Szenepublikationen (v. a. Fanzines) vorgenommen. Es wurde aber auch auf das Insiderwissen des Autors zurückgegriffen, der selbst jahrelang in der HC-Szene aktiv war. Der Insiderstatus in der Forschungspraxis wurde unter dem Begriff „going academic" diskutiert (Kapitel B3).

Bei dem zweiten zentralen Untersuchungsteil (Kapitel D) handelt es sich um eine quantitativ-empirische Analyse des HC-Publikums. Bei zehn europäischen HC-Festivals und Clubkonzerten beteiligten sich 410 Besucher an einer standardisierten Paper-and-Pencil-Befragung (Rücklaufquote ca. 60 %), die u. a. die soziodemografische Struktur des HC-Publikums, das HC-Selbstverständnis, die soziale Bedeutung von Szeneaktivismus, den Zusammenhang von Aktivismus und soziodemografischen Merkmalen sowie die soziokulturelle Orientierung und die politische und religiöse Einstellung der Szenegänger untersucht. Es handelt sich m. W. nicht nur um die erste Studie über HC, die auf einem so breiten empirischen Fundament basiert, sondern generell um eine der wenigen soziologischen bzw. kulturwissenschaftlichen Untersuchungen, die sich dieser Jugendkultur annehmen. Die Studie wird nun abschließend zusammengefasst.

Klassische Subkulturtheorie vs. aktuellere Forschungen

Es wurden einführend die klassischen Subkulturstudien des Birminghamer *Centre for Contemporary Cultural Studies* (CCCS) der 1970er Jahre vorgestellt und anschließend mit aktuelleren Forschungen kritisch

konfrontiert. Die CCCS-Arbeiten und die aktuelleren Jugendkulturforschungen unterscheiden sich v. a. in ihren Authentizitätsverständnissen
voneinander. In den CCCS-Studien ist Stil der zentrale Gradmesser bei
der Bestimmung von Authentizität. Subkultureller Stil drückt aus CCCS-
Sicht nicht nur das Selbstverständnis der jeweiligen Subkultur aus, sondern wird auch als symbolische Kritik an der eigenen Stammkultur (der
Arbeiterklasse) und der dominanten Mittelklassekultur verstanden. Subkulturen würden die Probleme ihrer Klassenlage auf symbolische Art und
Weise über Stil lösen. Die reale materielle Basis der Subordination werde
dabei aber nicht herausgefordert. Es könne folglich auch nicht von „echten" politischen Antworten oder Strategien gesprochen werden. Das
CCCS unterscheidet grundsätzlich zwischen widerspenstigem subkulturellem Stil auf der einen und kommerzialisiertem Stil auf der anderen
Seite. Subkulturen werden in den CCCS-Arbeiten nur so lange als authentisch angesehen, wie ihr Stil vom Markt bzw. den Medien unent-
deckt bleibt. Es wird argumentiert, dass es sich bei vereinnahmtem Stil
um ein bedeutungsloses Massenkonsumgut handele, das nicht widerspenstig sein könne, da es keine subversive kulturelle Botschaft (mehr)
besäße.

Die klassische CCCS-Subkulturtheorie ist in mehrfacher Hinsicht zu
kritisieren. Zunächst ist zu betonen, dass die Definition von Authentizität
nicht in akademischer Hoheitsgewalt liegt, sondern von den Jugendkulturen entsprechend des jeweiligen Selbstverständnisses grundsätzlich selbst
ausgehandelt und verwaltet wird. Dabei steht, wie im Rahmen dieser Arbeit deutlich wurde, Stil nicht zwangsläufig im Mittelpunkt der Authenti-
zitätszuschreibungen. Die methodologische Kritik an den Werken des
CCCS adressiert insbesondere deren geringe Berücksichtigung der subjektiven Sichtweisen der subkulturellen Jugendlichen selbst. Viele der
marxistisch-soziologischen Kulturanalysen des CCCS basieren auf
(post)strukturalistischen Theorien und nicht auf empirischen Befunden
subkultureller Feldarbeit. Es wurde des Weiteren die Sichtweise von
Subkulturen als klassenspezifische Phänomene diskutiert. Aus individualisierungstheoretischer Perspektive ist die Zugehörigkeit zu einer Jugendkultur nicht in dem Maße sozialstrukturell determiniert, wie es die
CCCS-Theorie nahe legt, sondern aufgrund strukturell eröffneter Gestaltungsmöglichkeiten relativ frei anwählbar. Es wurde jedoch auch darauf
hingewiesen, dass empirische Studien den individualisierungstheoretischen Annahmen widersprechen und nachweisen, dass die soziale Le-
benslage nach wie vor von Einfluss auf die Wahl einer bestimmten Szene
ist (z. B. Otte 2007). Auch im Rahmen dieser Studie deuten empirische
Befunde darauf hin, dass die Zugehörigkeit zu einer Szene von soziodemografischen Strukturmerkmalen (v. a. vom formalen Bildungsgrad)
nicht völlig unabhängig ist.

Ein zentraler Kritikpunkt an den CCCS-Arbeiten fokussiert deren
Sichtweise des Verhältnisses von Subkulturen und Medien. Den CCCS-

Studien liegt ein monolithischer Medienbegriff zugrunde, der Medien stets mit Massenmedien gleichsetzt (vgl. Thornton 1996, 1994; McRobbie 1994; McRobbie/Thornton 1995). Medien werden in den CCCS-Studien v. a. als „Vereinnahmungsmaschine" verstanden. Mittlerweile wird jedoch betont, dass Medien nicht ausschließlich post facto für die Kommerzialisierung von Subkulturen verantwortlich zu zeichnen sind, sondern von Anfang an eine zentrale Rolle bei der Formierung, Organisation und Reproduktion von Subkulturen spielen (z. B. Thornton 1996). Auch die empirischen Befunde dieser Arbeit belegen, dass bestimmte Medien nicht per se außerhalb von Jugendkulturen anzusiedeln sind, sondern integere und aus Szenesicht „authentische" Funktionen innerhalb von Jugendkulturen übernehmen: Nischenmedien (z. B. Fanzines) und Mikromedien (z. B. Flyer) spielen innerhalb der HC-Jugendkultur als Informationsmedium eine wichtige Rolle, Massenmedien hingegen keine.

Authentizität und Stil

Das Authentizitätsverständnis der CCCS-Arbeiten wurde des Weiteren vor dem Hintergrund der Postmoderne kritisiert. Subkulturen gelten in den CCCS-Arbeiten so lange als widerspenstig bzw. authentisch, wie ihr Stil die dominante Ordnung herausfordern kann. Anhand von Modetheorien (u. a. Kaiser et al. 1991; Faurschou 1988; Davis 1992; Wilson 1990, 1985) sowie Theorien über die Postmoderne (u. a. Jameson 1989, Baudrillard 1982, Connor 1989) wurde erläutert, dass stilistische Widerspenstigkeit aufgrund der kontinuierlichen Vereinnahmung von subkulturell produzierten Zeichen und der damit einhergehenden generellen Verfügbarkeit dieser Zeichen kaum noch möglich ist. Es wurde argumentiert, dass kaum (mehr) von einem dominanten stilistischen Standard ausgegangen werden kann, gegen den man sich (noch) richten könnte. Die Abweichung von der Norm ist mittlerweile selbst zur ästhetischen Normalität geworden. Es wurde des Weiteren dargelegt, dass ein bestimmter Stil nicht (mehr) zwangsläufig auch auf die Zugehörigkeit zu einer bestimmten Szene oder einer bestimmten soziokulturellen Ideologie verweist. Während aus postmoderner Sicht daher dafür plädiert wird, den Begriff „Authentizität" ad acta zu legen, zeigt eine Reihe von empirischen Studien, dass Authentizität nach wie vor das wichtigste Gut innerhalb von Jugendkulturen darstellt. Es wird allerdings betont, dass die Glaubwürdigkeit jugendkultureller Selbstpräsentationen nicht ausschließlich an Stil gebunden ist, sondern sich v. a. über das „commitment" (Andes 199, Haenfler 2004, Hodkinson 2004, Fox 1987, Sardiello 1998), also über die Bindungsintensität und das Szeneengagement der Anhänger, bestimmt.

Auch die Auseinandersetzung mit der Jugendkultur HC zeigt, dass soziale Anerkennung als Voraussetzung für soziale Inklusion in Jugendkulturen und -szenen *nach wie vor* in Prozessen der Authentifizierung – der „Echtheits(er)klärung" – gewonnen wird und dort ständig aufs Neue zu legitimieren ist. Subjekte sind nie per se und dauerhaft authentisch, vielmehr wird ihnen entsprechend des jeweiligen jugendkulturellen Selbstverständnisses Authentizität zugeschrieben oder abgesprochen. Die *Authentizität der Selbstpräsentation* – die Glaubwürdigkeit des sich in einer Szene „in Szene Setzens" – bleibt Maßstab symbolischer und sozialer Inklusion bzw. Exklusion. Während die meisten Jugendkulturforschungen Stil ins Zentrum der Überlegungen zu jugendkultureller Widerspenstigkeit und Authentizität stellen, nahm vorliegende Studie schwerpunktmäßig die Bedeutung von Szeneaktivismus als Form popkulturellen Widerstands sowie als Authentizitätskriterium in den Blick.

Do-it-yourself-Aktivismus

Es wurde ausführlich dargelegt, dass sich die Widerspenstigkeit der HC-Kultur insbesondere in ihrer kritischen Haltung gegenüber der Kulturindustrie und deren Produkten zeigt. Die HC-Jugendkultur zeichnet sich durch ihr Bestreben aus, möglichst abseits der Kulturindustrie eine eigene, alternative Szene-Ökonomie zu etablieren bzw. zu bewahren, in deren Zentrum nicht Gewinnmaximierung, Professionalität und Konkurrenzdenken stehen, sondern Unkommerzialität, Amateurtum und die Stärkung einer Gemeinschaft von Gleichgesinnten. Es wurde verdeutlicht, dass die HC-Aktivisten insbesondere die Produktionsweise bzw. den Warencharakter von kulturellen Objekten kritisch in den Blick nehmen. Sie setzen den aus ihrer Sicht homogenen und sterilen Massenartikeln der Kulturindustrie selbstproduzierte und meist hochgradig individualisierte Kulturgüter entgegen (z. B. in aufwendiger Handarbeit gefertigte Schallplattencover). Dieses Prinzip des „do-it-yourself" (DIY) – des Selbermachens – ist das Fundament, auf dem die Jugendkulturen HC bzw. Punk gründen und deutlicher Ausdruck der kollektiv vertretenen Szene-Philosophie, dass HC bzw. Punk „more than music" sei. DIY ist der Versuch, Autonomie der kulturellen Produktion herzustellen und liegt als oberste Maxime praktisch allen soziokulturellen Aktivitäten der Jugendkultur HC zugrunde – oder wie es die Szene selbst auf Flyern und in Fanzines häufig proklamiert: „DIY or die!" oder „Be part of the scene, not just the scenery!". Solche Aufrufe zum Selbermachen sind ein wesentliches Charakteristikum der DIY-Kultur. Es wird das Ziel verfolgt, die Grenze zwischen Konsument und Produzent aufzulösen, indem möglichst viele Szenegänger zu DIY-Engagement motiviert werden. Da DIY bewusst und demonstrativ professionellen Maßstäben widerspricht und stattdessen das Amateurhafte, Spontane und Kreative betont, wird von Szeneseite aus argumentiert, dass DIY keine besonderen Qualifikationen voraussetzen würde. So soll ein DIY-Produkt gerade nicht „perfekt" aussehen, sondern als selbst gemacht erkennbar sein. Ist ein Produkt dennoch nach dem Prinzip der Massenfertigung hergestellt, so wird zumindest im Nachhinein noch selbst Hand angelegt, um ihm eine einzigartige bzw. „authentische" Aura zu verleihen – beispielsweise werden Schallplatten per Hand nummeriert, die Verpackungen werden selbst genäht oder beklebt, oder es werden unterschiedliche Plattencover zur selben Veröffentlichung gestaltet. Am Beispiel der Produktion und des Vertriebs von Szenezeitschriften und Tonträgern sowie der Organisation von Konzerten wurden die Strategien beleuchtet, mit denen die Hardcores versuchen, sich von der Kulturindustrie bzw. deren Produkten strukturell und ästhetisch abzugrenzen. Als ein strukturelles Distinktionskriterium wurde beispielsweise die Verweigerung gegenüber Strichcodes auf DIY-Produkten (z. B. Schallplatten) erwähnt. In den Augen der Hardcores repräsentieren Strichcodes einen „Pakt mit der Kulturindustrie". Sie werden von den DIY-Aktivisten als deutliches Zeichen für kommerzielle Interessen bzw. das Bestreben, ein Publikum außerhalb eines kleinen Kreises von Insidern erreichen zu wollen, verstanden.

DIY-Produkte sind häufig Medienprodukte. Medien sind nicht nur als Träger und Verbreiter von kulturellen Botschaften zu verstehen, sondern auch als kulturelle Objekte, die in ihren spezifischen strukturellen Zusammenhängen als symbolische Güter zur Abgrenzung und Identifikation dienen können (z.B. Fanzines versus Hochglanzmagazine oder Platten mit handgebastelten Covers vs „Media-Markt"-CDs).

DIY als Authentizitätskriterium

Es wurde der historische Hintergrund beschrieben, vor dem die für DIY charakteristische *demonstrative Produktion* entlang betont unprofessioneller und unkommerzieller Kriterien soziokulturell besonders bedeutsam wird. Die verfolgte These lautete, dass DIY v. a. in Zeiten der Kommerzialisierung von punkbeeinflussten Jugendkulturen als Authentizitätskriterium in den Mittelpunkt rückt. Besonders deutlich zeigte sich die Bedeutung von DIY für die Authentizitätskonstruktion der HC-Szene Anfang der 1990er Jahre. Der kommerzielle Erfolg der Gruppe *Nirvana* veränderte zu dieser Zeit das Gesicht des Mainstream (vgl. Arnold 1993, Andersen/Jenkins 2003, Büsser 2000, Holert/Terkessidis 1997): Bands bzw. Musikstile und Kleidung, die einstmals eindeutig dem Underground zugeordnet werden konnten, waren fortan in *heavy rotation* auf MTV zu sehen. Es wurde argumentiert, dass Distinktion gegenüber einem Mainstream, der sich selbst als Underground verkaufen kann, auf der Basis von Musikgeschmack und Äußerlichkeiten somit kaum noch möglich war. Das konsequente Verfolgen des DIY-Prinzips wurde als Versuch gedeutet, sich dieser „postmodernen Unübersichtlichkeit" zu widersetzen und anhand struktureller Merkmale der Kulturproduktion die Grenze zwischen dem Kommerziellen/„Unauthentischen" und dem Unkommerziellen/„Authentischen" neu zu ziehen. Vor dem Hintergrund der „maximalen Verfügbarkeit von Stilen und Posen" (Holert 2002, 35) ist hinsichtlich der Authentizitätszuschreibung weniger bedeutsam, wie sich das Szenemitglied kleidet oder welche Musik es hört, vielmehr ob es sich innerhalb der Szene entsprechend des DIY-Selbstverständnisses engagiert. Die Untersuchung der soziokulturellen Bedeutung von DIY machte deutlich, dass Authentizitätskonstruktionen immer auch als „Schutzmechanismen gegen Popularisierung" (Böhm 2000, 253) verstanden werden können.

DIY als Feld eingeschränkter popkultureller Produktion
Es wurde dargestellt, dass die Funktions- und Distinktionslogik von DIY in vielerlei Hinsicht der Kulturproduktion des hochkulturellen Kunstbetriebs sensu Bourdieu ähnelt (vgl. Bourdieu 1999, 1993, 1982). Bourdieu begreift den hochkulturellen Kunstbetrieb in Abgrenzung zur „Großproduktion" resp. Kulturindustrie als ein „eingeschränktes kulturelles Produktionsfeld", da es seinen eigenen Markt darstellt, d. h. Produzenten für andere Produzenten produzieren. DIY wurde in Anlehnung an Bourdieu als „eingeschränktes *pop*kulturelles Produktionsfeld" bezeichnet: Auch für das DIY-Feld ist charakteristisch, dass es seinen eigenen Markt darstellt – DIY-Güter kursieren praktisch ausschließlich innerhalb von DIY-Strukturen. Sowohl DIY als auch das hochkulturelle Kunstfeld (wie Bourdieu es beschreibt) folgen einer umgekehrten ökonomischen Logik: Distinktion bzw. Authentizität wird über demonstratives Desinteresse gegenüber und plakative Ablehnung von kommerziellen Zielsetzungen, Strategien und Mechanismen geschaffen. Wie das hochkulturelle Kunstfeld bei Bourdieu unterliegt auch DIY der Reproduktion durch ein Bildungssystem, das gleichzeitig auch als Legitimationsinstanz fungiert, d. h. im hochkulturellen wie im (popkulturellen) DIY-Kontext sind Institutionen notwendig, die festlegen, dass bzw. warum die künstlerischen Produkte jeweils „wertvoll" sind. Im Gegensatz zum legitimen Bildungssystem, wie es im hochkulturellen Feld der Aufrechterhaltung und Reproduktion der Hierarchisierung dient, erfolgt die Vermittlung der für DIY notwendigen Codes über Bildungsinstitutionen innerhalb der Szene selbst, die aus der Sicht des legitimen Bildungssystems illegitim sind (v. a. über Fanzines).
Während bisher v. a. der Zusammenhang zwischen (hoch-)kulturellen und sozialen Hierarchien untersucht wurde (vgl. Bourdieu 1987), liefert die Untersuchung der Kulturgüterproduktion nach dem DIY-Prinzip und ihrer Funktions- und Distinktionslogik einen Beitrag zur bislang kaum erforschten Frage, wie in Jugendkulturen Binnendifferenzierungen geschaffen werden und wie Jugendliche in Szenen „ihr" kulturelles Kapital auswählen und anhäufen, um es in ihrer eigenen sozialen Welt strategisch zu nutzen (vgl. Thornton 1996, 8). Soziale und kulturelle Differenz wird über DIY gewissermaßen anhand von drei Distinktionslinien geschaffen:

1. Innerhalb der jeweiligen Kultur (z. B. HC) grenzen sich die DIY-Aktivisten über die *demonstrative Produktion* von denjenigen Szenegängern ab, die keinen eigenen Beitrag leisten, sondern lediglich „konsumieren".

2. Innerhalb des weiter gefassten Bereichs der Populärkultur zielt die Abgrenzung der Hardcores auf die Mainstream-Kultur ab – und damit z. B. auf diejenigen, deren Kulturkonsum sich lediglich auf die vorgefertigten Mainstream-Produkte der Massenindustrie beschränkt (etwa die „typischen" Fans) sowie auf die kommerzielle Musikindustrie an sich.

3. Bezogen auf den gesamten kulturellen Bereich ergibt sich eine weitere Distinktionslinie: Während im hochkulturellen Bereich eine aus der Sicht der DIY-Aktivisten künstliche Distanz zwischen dem Künstler und dem Publikum geschaffen und bestätigt wird, geht es bei DIY um eine Entmystifizierung der Trennung von Künstler und Publikum.

Die Bedeutung von DIY bei der Authentizitätskonstruktion innerhalb der Jugendkultur HC zeigt, dass insbesondere vor dem Hintergrund der „postmodernen Unübersichtlichkeit" in der Populärkultur nicht lediglich Geschmackskategorien der sozialen Differenzierung bzw. Hierarchisierung dienen, sondern dass auch konkrete Praxen der Kulturgüterproduktion eine bedeutende, orientierungsgebende Rolle spielen.

Die Auseinandersetzung mit DIY verdeutlicht, dass Aktivismus in Szenen ein Mittel der sozialen Integration darstellt. Über DIY schaffen sich die Szenegänger Freiräume, die sie zur kreativen Entwicklung, Inszenierung und Festigung ihrer Identität nutzen. Der Selbstsozialisationsansatz (vgl. Müller 1995, 1999, 2002; Müller et al. 2004, 2006) betont genau diesen Aspekt. In Übereinstimmung mit anderen neueren Sozialisationstheorien wird zum einen die Rolle der Heranwachsenden als *Seiende* mit eigenen kulturellen und subjektiv sinnhaften Praxen anerkannt (vgl. Fromme/Vollmer 1999, 203) und zum anderen die Notwendigkeit der Aneignung kontextspezifischer Symbolsysteme, Codes und Praktiken zur Erlangung sozialer Anerkennung und Inklusion betont. Je spezialisierter die Kulturen werden, desto spezifischer werden auch die Kompetenzen, die die Mitgliedschaft voraussetzt und über die szenespezifische Authentizität konstruiert werden kann. Um sich soziale Zugehörigkeit und Anerkennung innerhalb von Jugendkulturen zu sichern, müssen Jugendliche demnach immer mehr Zeit und Mühe investieren, um sich in die immer spezifischer werdenden Symbolkosmen, Codes und Praktiken einzuarbeiten.

DIY und Kompetenzerwerb

Während in der HC-Szene zwar stets betont wird, dass für die DIY-Praxis keine besonderen (Vor-)Kenntnisse erforderlich seien, wurde in der vorliegenden Untersuchung die These verfolgt, dass die für DIY charakteristische *demonstrative Produktion* sehr wohl zunächst die Aneignung von szenespezifischen (pop-)kulturellen Fähigkeiten, Fertigkeiten und Wissensformen voraussetzt. Vor dem Hintergrund der Theorie der musikalischen und medialen Selbstsozialisation (Müller 1995, 1999, 2002; Müller et al. 2004, 2006) sowie dem Konzept der „unsichtbaren Bildungsprogramme" (Hitzler/Pfadenhauer 2005) wurde die bislang kaum gestellte Frage nach dem Erwerb bzw. der Vermittlung von szenerelevanten Kompetenzen am Beispiel von DIY-Aktivismus in der HC-Szene in den Blick genommen. Es wurde diesbezüglich die Bedeutung von Fanzines als Vermittlungsinstanzen szenerelevanter Wissensbestände und Kompetenzen hervorgehoben. Entgegen der lange Zeit vorherrschenden Meinung, dass Jugendkulturen und Medien sich ideologisch diametral gegenüberstehen würden, macht vorliegende Studie deutlich, dass Medien eine zentrale Rolle bei der Reproduktion der Szene zukommt. Fanzines dienen der Festigung und Verbreitung des DIY-Gedankens und liefern in Form von DIY-Ratgeberartikeln konkrete Hinweise für die DIY-Praxis. Die DIY-Handlungsanleitungen werden in diesen Artikeln kursartig aufbereitet. In meist nur wenigen Schritten werden die wichtigsten Aspekte erläutert, die es bei der jeweiligen DIY-Aktivität zu beachten gilt. Fanzines sind somit ein wichtiger Beitrag zum Selbsterhalt der Szene.

Wenngleich Fanzines bereits mehrfach wissenschaftlich behandelt wurden, blieb ihre Funktion als Bildungsinstanz bislang weitestgehend unberücksichtigt. Anhand einer umfassenden Sichtung von entsprechenden DIY-Artikeln wurde erläutert, *wie* und *für welche Bereiche* DIY-Kompetenzen in der HC-Szene vermittelt werden. Es konnten vier zentrale Bereiche des DIY-Kompetenzerwerbs herausgearbeitet werden:

1. *DIY-Business:* Hierzu wurden Artikel gezählt, die sich der Vermittlung von Kompetenzen im Bereich der Produktion und Distribution von Tonträgern und Fanzines sowie der Organisation von Konzerten annehmen. Auch Artikel, die sich mit den Strukturen der Musikindustrie beschäftigen, wurden hier subsumiert. Beispiele: „How to make a record", „How to organize a tour", „Im Bett mit den Major-Labels".

2. *Technologie:* Hierunter fallen Artikel, die technologisches Knowhow vermitteln. Beispiele: „How to tape a live show", „Radio. Radio. The DIY guide to short wave radio".

3. *Ökologie/Gesundheit/Politik:* Die Fanzine-Sichtung zeigte, dass auch Wissen zu ökologischen, gesundheitsbezogenen und politischen (Rand-)Themen vermittelt wird. Hierzu zählen u. a., meist „missionarische", Artikel zu den Vorzügen alternativer Ernährungsformen (Vegetarismus/Veganismus). Beispiele: „Massentierhaltung oder

wieso vegan", „Der Vegan-Report", „A brief introduction to organic gardening".

4. *Basteln/Verschiedenes*: Hierunter wurden diejenigen Artikel gefasst, die Bastelanleitungen geben oder Wissen bzw. Kompetenzen zu Bereichen vermitteln, die keiner der anderen Rubriken zugeordnet werden konnten. Beispiele: „Schicke Aufnäher zum Selberbasteln", „Schlagzeug Selba-baun", „Anleitung zum Kirchaustritt".

Dieses DIY-spezifische Bildungsprogramm dokumentiert die Kreativität der DIY-Aktivisten und illustriert das unkommerzielle und kritische Selbstverständnis der HC-Szene. Als ebenso zentraler Aspekt dieses Selbstverständnisses wurde der Umgang mit Wissen in der DIY-Praxis thematisiert. Es wurde deutlich, dass DIY-Artikel auch als intrajugend-kulturelles Distinktionsmittel fungieren. Indem die Aktivisten nicht nur „öffentlich" und demonstrativ dazu auffordern, sich aktiv in der Szene und für die Szene zu engagieren, sondern auch ihr Wissen und ihre DIY-Erfahrungen der Szene zur Verfügung stellen, gelingt es ihnen, soziale Anerkennung durch die Präsentation ihres Expertentums zu gewinnen: Die soziale Positionierung erfolgt nicht ausschließlich über die „bloße" Demonstration von Wissen allein, da dies dem antihierarchischen Selbst-verständnis der Szene zuwiderlaufen würde, sondern v. a. auch über die gezielte und demonstrative Weitergabe der DIY-Kompetenzen.

Szeneaktivismus kommt neben seiner unmittelbaren intrajugendkul-turellen Relevanz als Inklusions- bzw. Authentizitätskriterium darüber hinaus eine zukunftsgerichtete Bedeutung zu. Hitzler und Pfadenhauer zeigen, u. a. am Beispiel der HC-Szene, dass die in Szenen erworbenen Kompetenzen auch für einen späteren Beruf relevant sein können (vgl. Hitzler/Pfadenhauer 2005). Entsprechend interessierte im Rahmen der Fragebogenerhebung, ob die Befragten der Meinung sind, dass ihre Aus-bildungs-, Studiums- oder Berufswahl durch HC beeinflusst wurde: Knapp ein Viertel stimmte dem zu.

DIY in Zahlen: quantitativ-empirische Befunde zu DIY
Die empirischen Befunde der Paper-and-Pencil-Befragung bestätigen grundsätzlich, dass es sich bei DIY um eine szenetypische, kollektiv ver-tretene Werthaltung handelt. Es können ca. 75% der Befragten zu den Aktivisten gezählt werden. Im Vergleich zu anderen Jugendkulturen wird dieser Anteil als überproportional hoch eingeschätzt (vgl. auch Hitz-ler/Pfadenhauer 2005, 41). Die empirischen Befunde der Fragebogenbe-fragung unterstreichen zudem eindrucksvoll die hohe soziale Bedeutung von Szene-Aktivismus. Es zeigt sich, dass die Zuschreibung von sozialer Bedeutung an HC davon abhängig ist, ob man zu den Aktivisten gehört. Aktivisten betonen soziale Aspekte der Szenezugehörigkeit wie z. B. so-ziale Einbindung (Freunde finden durch HC, Leute auf der ganzen Welt kennen lernen durch HC), Selbstverwirklichung sowie die Sichtweisen,

dass HC das Leben verändert bzw. Mittelpunkt des Lebens ist signifikant stärker als die Nicht-Aktivisten. Es ließ sich zudem nachweisen, dass HC für die Szenegänger von umso größerer sozialer Bedeutung ist, je deutlicher das DIY-Prinzip in den Mittelpunkt von HC gerückt wird.

Geht man davon aus, dass die Mitgliedschaft in Szenen den Erwerb von szenespezifischem Kapital voraussetzt (vgl. Kapitel C3.6.1), so ist nicht nur die Eigenleistung von Jugendlichen hinsichtlich der Aneignung dieser szenerelevanten Kompetenzen und Wissensbestände zu betonen, es sind auch die strukturellen Bedingungen zu untersuchen, die die Handlungsspielräume von Akteuren beeinflussen (vgl. Niesyto 2007). In vorliegender Untersuchung wurde daher Wert auf die Untersuchung des Zusammenhangs von Aktivismus und soziodemografischen Merkmalen gelegt. Es zeigt sich, dass über Szeneaktivismus zumindest zum Teil Distinktion entlang der eher traditionellen Dimensionen sozialer Ungleichheit praktiziert wird: So hängt Aktivismus grundsätzlich signifikant vom Geschlecht ab; Männer sind bei den Aktivisten überrepräsentiert. Weitere Variablen sozialer Ungleichheit wie Bildung und Alter differenzieren zudem bei dem weiblichen Teil des HC-Publikums. Hier sind es v. a. die Älteren (die über 26-Jährigen) und formal hoch Gebildeten, die zu den Aktivistinnen zählen.

Eine Untersuchung der einzelnen Szeneaktivitäten (Band spielen, Konzerte organisieren, Fanzines herausbringen, Label machen) nach soziodemografischen Merkmalen zeigt des Weiteren, dass Männer in allen Bereichen überrepräsentiert sind, allerdings sind die Zusammenhänge mit Ausnahme bei der Aktivität „Spielen in einer Band", die definitiv eine Männerdomäne darstellt, eher schwach. Es bestätigt sich hier für das HC-Publikum die von anderen Untersuchungen beschriebene Unterrepräsentation von Frauen in Popmusikbands (vgl. Rosenbrock 2000, Niketta/Volke 1994, Ebbecke/Lüpscher 1987). Ferner zeigte sich, dass die anspruchsvolle Label-/Vertriebsarbeit vom Alter und vom Bildungsgrad (allerdings relativ schwach) abhängig ist: Die älteren und formal am höchsten gebildeten Befragten sind in diesem Handlungsfeld überrepräsentiert.

Die Anzahl der übernommenen Szenetätigkeiten wurde als *DIY-Index* bezeichnet. Dieser Index wurde als empirischer Indikator für das szenespezifische kulturelle Kapital der Befragten verstanden (vgl. auch Otte 2006, 2007). Es zeigt sich, dass die Akkumulation von Szenekapital von demografischen Merkmalen abhängig ist: Es sind die männlichen Hardcores, die formal Hochgebildeten sowie die älteren Befragten, die über das meiste Szenekapital verfügen. Diese Befunde verdeutlichen die Notwendigkeit der Berücksichtigung sozialstruktureller Einflussfaktoren und widersprechen den individualisierungstheoretischen Annahmen, denen zufolge der Anschluss an Szenen von soziodemografischen Merkmalen unabhängig erfolgt.

Sowohl bei den Männern als auch bei den Frauen ist die Anzahl der übernommenen Szeneaktivitäten von der Dauer der Szenezugehörigkeit abhängig, was die Behauptung stützt, dass DIY sich nicht unmittelbar erschließt, sondern Einarbeitung in die entsprechenden Szenegepflogenheiten, -codes und Wissensbestände erfordert (vgl. auch Otte 2006, Hitzler/Pfadenhauer 2005). Es konnte ferner gezeigt werden, dass das Aktivsein in der HC-Szene mit einer soziokulturellen Orientierung in Richtung der (Polit-)Punk-Szenen einhergeht.

Dass DIY maßgeblich für den „More-than-Music"-Gedanken ist, wird auch durch die empirischen Befunde verdeutlicht: Die Sichtweisen, dass HC für die Befragten a) eine Lebenseinstellung sowie b) mehr als nur eine Musikrichtung ist, hängen davon ab, ob man DIY als zentral für HC erachtet. Je mehr es dem befragten Publikum bei HC um DIY geht, desto deutlicher wird auch angegeben, dass HC als Lebenseinstellung bzw. nicht nur als Musikrichtung verstanden wird.

Das HC-Selbstverständnis

Ebenso klar geht aus der Fragebogenbefragung hervor, dass das HC-Selbstverständnis als eindeutig politisch links, widerspenstig, aktiv und Underground definiert wird – und dies um so deutlicher, je stärker die DIY-Philosophie von den Befragten ins Zentrum von HC gestellt wird. Weitere Befunde bestätigen, dass Widerspenstigkeit im engen Zusammenhang mit Aktivismus steht: Je deutlicher HC als aktiv verstanden wird, desto klarer erachtet man HC auch als widerspenstig, Underground und radikal. Ein wichtiger Aspekt bezüglich des Selbstverständnisses von HC betrifft auch die in Szenekreisen bisweilen kontrovers diskutierte Frage, inwiefern Punk und HC ein und dasselbe sind. Aus der Publikumsuntersuchung geht unmissverständlich hervor, dass der größte Teil des HC-Publikums Punk und HC voneinander abgegrenzt. Es zeigte sich jedoch, dass umso weniger zwischen HC und Punk unterschieden wird, je deutlicher man die DIY-Philosophie im Zentrum von HC verortet. Auch dieser Befund verdeutlicht, dass das DIY-Ethos offensichtlich in engem Zusammenhang mit Punk steht.

HC und Mode

Auf die Unterschiede zwischen HC und Punk wurde im Kontext der Rekonstruktion der Entstehungsgeschichte von HC eingegangen. Unter anderem wurde darauf hingewiesen, dass HC sich von der nihilistischen Attitüde von Punk deutlich distanziert. HC sieht sich v. a. als positiver Gegenentwurf zur ‚No Future'-Einstellung von Punk. Als weiteres zentrales Unterscheidungsmerkmal wurde die Verweigerung gegenüber dem expressiven Punk-Stil genannt. Der Stil der Hardcores lässt sich als vergleichsweise unauffällig beschreiben. Es wurde zudem argumentiert, dass Mode in der HC-Kultur ex negativo eine Rolle bei der Zuschreibung von Authentizität zukommt – das Kriterium ist weniger die Angemessenheit des Stils, sondern die *kritische Einstellung bezüglich des Umgangs mit Mode/Style*. Die Hardcores führen (v. a. in den Fanzines) einen kritischen Diskurs über die Bedeutung präsentativer Symbole, über „The Meaning of Style", und machen diesen Diskurs selbst zum Distinktionsmerkmal. Der kritische Umgang mit Äußerlichkeiten wurde anhand von Fanzine-Artikeln und Expertenaussagen als ein wesentliches Merkmal von HC herausgestellt. Auch in den quantitativ-empirischen Befunden zeigt sich, dass das HC-Publikum Kleidung/Style keine große Bedeutung beimisst. Den Hardcores ist es auch nicht wichtig, von anderen Szenegängern als HC erkannt zu werden. Entsprechend gehen sie von einer relativen Unauffälligkeit ihres Stils für szenefremde Personen aus: Sie sind der Meinung, dass sie von Außenstehenden aufgrund von Kleidung und Stil nicht als HC erkannt werden können.

Szeneeinstieg
    Die Frage danach, wie Jugendliche auf bestimmte Szenen aufmerksam werden bzw. was beim Szeneeinstieg für sie von Bedeutung war, wird in Jugendkulturstudien erstaunlicherweise selten gestellt. Es wird gegenwärtig davon ausgegangen, dass jugendliche Fankulturen v. a. (massen)medial vermittelt sind (vgl. Winter 1997b, Thornton 1996, Osgerby 2004, Kellner 1997). Die empirischen Befunde entkräften (zumindest für das HC-Publikum) die Annahme, dass Jugendliche aufgrund medialer Repräsentationen bestimmte soziokulturelle Identifikationsangebote ergreifen. Massenmedien wie Radio und Fernsehen spielen so gut wie keine Rolle beim Einstieg in die HC-Szene. Am wichtigsten sind stattdessen Konzerte sowie soziale Kontakte (Freunde aus der Szene, Kennenlernen von neuen Leuten aus der Szene). Auch das Entdecken von Musik, die nur von wenigen gehört wird, und politisches Engagement sind von Bedeutung.

Soziodemografische Struktur des HC-Publikums
    Die vorliegende Studie gibt erstmalig auf einer breiten empirischen Basis Aufschluss über die soziodemografische Struktur der HC-Szene. Zwei Drittel der Befragten sind männlich, ein Drittel weiblich. Die Altersspanne der HC-Szene liegt zwischen 15 und 30 Jahren, wobei die Altersklasse der 21-25-Jährigen sowohl bei den Männern als auch den Frauen die anteilsstärkste Gruppe ausmacht. Geschlecht und Alter hängen zusammen: In den jüngeren Altersklassen (16-20 und 21-25 Jahre) sind Frauen überrepräsentiert, in den älteren Altersgruppen (26-30 und über 30 Jahre) hingegen die Männer. Offensichtlich lässt bei Frauen das Interesse an HC (oder zumindest an HC-Konzerten) mit dem Alter nach. Geschlechts-unabhängig zeichnet sich das HC-Publikum durch einen hohen formalen Bildungsgrad aus. Geht man davon aus, dass die soziale Lage eng mit dem Bildungsniveau verknüpft ist (vg. Otte 2007; Bourdieu

1987; Müller/Pollak 2004), liegt der Schluss nahe, dass es sich bei den Hardcores nicht um sozial benachteiligte Jugendliche handelt.

Politische, religiöse und soziokulturelle Orientierung des HC-Publikums
Im Gegensatz zur Gesamtjugend, die sich politisch in der Tendenz zur Mitte orientiert (vgl. Schneekloth 2006), positioniert sich das HC-Publikum politisch eindeutig nach links. Der größte Teil des HC-Publikums ist zudem unreligiös. Die politische und religiöse Einstellung der Hardcores ist auch in deren Selbstpositionierung im soziokulturellen Raum erkennbar. Die *Antifa* (Antifaschistische Aktion) verzeichnet die höchsten Sympathiewerte aller Szenen, aber auch weitere politisch linke Szenen wie die Autonomen/Hausbesetzer und die Tierbefreier verzeichnen neben den einzelnen HC-Subszenen hohe Zustimmungsraten. Religiöse und politisch rechte Gruppierungen werden hingegen durchgehend eindeutig abgelehnt. Die Selbstverortung des HC-Publikums macht somit deutlich, dass das soziokulturelle Spektrum der Szene auch nicht-musikzentrierte (politische) Szenen umfasst, womit sich die „More-than-Music"-Einstellung auch in der soziokulturellen Orientierung der Hardcores widerspiegelt.

Aus der Untersuchung der Selbstpositionierung des HC-Publikums im jugendkulturellen Raum geht des Weiteren hervor, dass die Befragten entgegen individualisierungstheoretischer Annahmen (vgl. Sweetman 2004, Muggleton 1997, Polhemus 1997) weder an vielen Szenen gleichzeitig partizipieren noch frei zwischen verschiedenen Stilen wechseln. Ebenso wenig bestätigt die empirische Analyse die Annahme, dass Jugendkulturen ihre Bindungskraft eingebüßt haben (vgl. Vollbrecht 1997; Müller-Bachmann 2002a, 2002b): Zum einen zählt sich immerhin jeder zweite befragte Besucher von HC-Konzerten explizit („Ich gehöre dazu") zu einer Szene aus dem HC-Spektrum, zwei Drittel zählen sich generell zu einer Szene. Zum anderen stehen die Befragten seit durchschnittlich über sieben Jahren in Verbindung mit der Szene.

Politische, soziale und ökologische Sinnstiftung durch HC
Dass es bei HC um mehr als Musik geht, zeigt sich auch eindrucksvoll darin, dass ca. 60 % des HC-Publikums angibt, über die Szene auf politische und soziale Randthemen aufmerksam gemacht geworden zu sein. Ebenso bemerkenswert ist der Befund, dass das in der Szene erworbene Wissen um diese Randthemen offensichtlich zur Folge hat, dass man sich auch politisch/sozial engagiert. So geben über 80 % der Befragten, die durch HC auf politische und soziale Randthemen aufmerksam gemacht wurden, auch an, dass sie durch HC zu politischem/sozialem Engagement motiviert wurden. Insgesamt ließ sich ca. ein Drittel aller Befragten durch HC zu politischem/sozialem Handeln motivieren.

„More than Music" ist HC auch dahingehend, dass eine soziokulturelle Nähe zur HC-Szene offensichtlich die Wahl einer alternativen Er-

nährungsweise begünstigt. 36,6 % des HC-Publikums ernährt sich vegetarisch, 18,5 % sogar vegan. Mehrere Befunde lassen darauf schließen,
dass die Ernährungsumstellung auf die Szeneteilnahme zurückgeführt
werden kann. Beispielsweise sind Vegetarier und Veganer im Gegensatz
zu den Befragten, die sich nicht fleisch- bzw. tierproduktlos ernähren,
deutlich der Meinung, dass HC ihr Leben verändert hat. Es zeigt sich
auch, dass die Veganer und Vegetarier im HC-Publikum stärker um soziale Abgrenzung bemüht sind und folgerichtig HC auch deutlicher als alternative Lebenseinstellung sehen als die Befragten, die sich „normal"
ernähren.

Diese Befunde verdeutlichen, dass Jugendkulturen entgegen vieler
Vorurteile und Behauptungen nach wie vor nicht nur Impulse für politisches und soziales Engagement, sondern auch für Veränderungen persönlicher Denk- und Handlungsweisen bezüglich ökologischer Themen geben.

Intergenerationelle Abgrenzung

Während in älteren Jugendkulturstudien die Elterngeneration den
klassischen Bezugspunkt jugendkultureller Distinktion markierte (vgl.
Baacke 1999, Zinnecker 1987, Clarke et al. 1979a), geht aus jüngeren
Arbeiten verstärkt hervor, dass Abgrenzung weniger auf einer generatio-
nellen als vielmehr auf einer intra- und interjugendkulturellen Achse
stattfindet (vgl. Holert 2002, 27; Kemper et al. 2002, 10; Schmidt/Neu-
mann-Braun 2003, 253ff; Thornton 1996; Haenfler 2004). Auch für das
HC-Publikum konnte gezeigt werden, dass die Abgrenzung gegenüber
der Generation der Eltern so gut wie keine Rolle spielt.

Soziale Dimension von HC

Die Untersuchung der sozialen Bedeutung von HC auf Basis der Gesamtstichprobe zeigt, dass sozialintegrative Aspekte (z. B das Schließen
von Freundschaften und das Kennenlernen von Leuten auf der ganzen
Welt) sowie Aspekte der Selbstverwirklichung (z. B. DIY, Spaß haben)
von hoher Wichtigkeit sind. Aspekte der sozialen Ausgrenzung sind hingegen kaum von Bedeutung: Aus den Befunden geht beispielsweise klar
hervor, dass die Befragten ihren Freundeskreis nicht ausschließlich aus
der HC-Szene beziehen. HC wird entsprechend auch nicht als der Mittelpunkt des eigenen Lebens verstanden. Das befragte Publikum ist sich jedoch tendenziell einig, dass es HC als eine alternative Lebenseinstellung
ansieht.

Obwohl die vorliegende Studie mit Hardcore eine marginale Jugendkultur in den Blick genommen hat, lassen sich aus den Ausführungen zum
einen Anschlüsse zu gegenwärtigen jugendkulturellen Erscheinungen
herstellen und zum anderen gängige kultursoziologische Perspektiven auf
Jugendkulturen hinterfragen. So fügt sich die Untersuchung beispiels-

weise in die Reihe von Forschungen ein, die argumentieren, dass jugendkulturelle Distinktionsstrategien in der individualisierten Gesellschaft
eher auf inter- und insbesondere *intra*jugendkulturelle als auf intergenerationelle Abgrenzungen abzielen. Des Weiteren stimmt die Untersuchung mit Studien überein, die zeigen, dass Medien nicht per se als der
„natürliche Feind" von Jugendkulturen zu betrachten sind, sondern dass
ihnen eine zentrale Rolle bei der Reproduktion von Szenen zukommt.
Auch knüpft die Studie an den aktuellen jugendsoziologischen Diskurs
um Szenen als Orte des Erwerbs verschiedener Kompetenzen an. Anhand
der Ausführungen zu DIY konnte verdeutlicht werden, dass in postmodernen bzw. individualisierten Gesellschaften subversive jugendkulturelle Praxis keineswegs unmöglich ist. Der Individualisierungsthese zum
Trotz konnte herausgearbeitet werden, dass und wie neue Distinktionslinien durch jugendkulturelles Engagement entwickelt und mit dem Potenzial ausgestattet werden, dass Jugendliche sich darüber als authentisch
präsentieren können. Die Jugendkulturforschung steht bezüglich der genannten Aspekte – inter- und intrajugendkulturelle Distinktion, Rolle von
Medien bei der Reproduktion von Jugendkulturen, Kompetenzerwerb
und Aktivismus in Jugendkulturen – jedoch noch relativ am Anfang. Die
vorliegende Studie liefert hoffentlich Impulse für zukünftige Forschungen in diese Richtungen.

Insgesamt hat die Auseinandersetzung mit der Jugendkultur Hardcore entgegen kulturpessimistischen Annahmen vor allem eines gezeigt:
Es gibt sie noch, die widerspenstigen Jugendkulturen.

.

LITERATURVERZEICHNIS

Adler, Martin/Hepp, Andreas/Lorig, Philipp/Vogelgesang, Waldemar (2005): ‚Do-It-Yourself': Aneignungspraktiken in der Hardcore-Szene. In: Tully, Claus J. (Hg.): Lernen in flexibilisierten Welten. Wie sich das Lernen der Jugend verändert. Weinheim/ München: Juventa, S. 219-235.

Albert, Mathias/Hurrelmann, Klaus/Linssen, Ruth/Quellenberg, Holger (2004): Entgrenzung von Politik? Ein Resümee. In: Deutsche Shell (Hg.): Jugend 2002. Zwischen pragmatischem Idealismus und robustem Materialismus. Fünfte Aufl. Frankfurt. a. M.: Fischer, S. 213-220.

Albini, Steve (1995): The Problem with Music. In: Maximum Rock and Roll Nr. 133: a condensed reprint (Orig. 1994), ohne Seitenangabe.

Andersen, Mark/Jenkins, Mark (2003): Dance of Days. Two Decades of Punk in the Nation's Capital. New York: Akashic.

Andes, Linda (1998): Growing up Punk. Meaning and Commitment Careers in a Contemporary Youth Subculture. In: Epstein, Jonathon S. (Hg.): Youth Culture. Identity in a Postmodern World. Oxford: Blackwell, S. 212-231.

Angel, Jen/Kuscma, Jason (2004): Zine Yearbook: An Annual Collection of Excerpts from the Best Zines Publishing Today. Brooklyn: Soft Skull Press.

Arnold, Gina (1993): Route 666. On the Road to Nirvana. New York: St. Martin's Press.

Atkinson, Michael (2003): The Civilizing of Resistance: Straightedge Tattooing. In: Deviant Behaviour 24 (3), S. 197-220.

Atton, Chris (2002): Alternative Media. London: Sage.

Azerrad, Michael (2001): Our Band could be your Life. Scenes from the American Indie Underground 1981-1991. Boston/New York/London: Little, Brown & Company.

Baacke, Dieter (1999): Jugend und Jugendkulturen. Darstellung und Deutung. Dritte, überarb. Aufl.. Weinheim/München: Juventa.

Baacke, Dieter/Ferchhoff, Wilfried (1994): Soziologische Analysen und Erörterungen zum Subkulturkonzept. In: Handlung. Kultur. Interpretation. Bulletin für Psychologie und Nachbardisziplinen. 3. Jg., Heft 5/1994, S. 152-193.

Baacke, Dieter/Ferchhoff, Wilfried (1995): Von den Jugendsubkulturen zu den Jugendkulturen. Der Abschied vom traditionellen Jugendsubkulturkonzept. In: Forschungsjournal Neue Soziale Bewegungen. Heft 2, Juni 1995, S. 33-46.

Bailey, Andy (1998): The Righteous Brothers. In: The Face, September 1998. Online: http://www.poisonfree.com/index.php?id=207 (09.06.2006).

Baron, Stephen W. (1989): The Canadian West Coast Punk Subculture. A Field Study. In: Canadian Journal of Sociology/Cahier Canadiens de sociologie Nr. 14, S. 289-316.

Barthes, Roland (2003, Orig. 1964): Mythen des Alltags. Frankfurt a. M.: Suhrkamp.

Baudrillard, Jean (1983): Simulations. New York: Semiotext.

Baudrillard, Jean (1982): Der symbolische Tausch und der Tod. München: Matthes und Seitz.

Baumann, Zygmunt (1992): Survival as a Social Construct. In: Theory, Culture and Society 9 (1), S. 1-36.

Behrens, Roger (2006): Lasst es krachen! In: Jungle World Nr. 13 vom 29.03.2006, S. 22.

Behrens, Roger (1998): Ton Klang Gewalt. Texte zur Musik, Gesellschaft und Subkultur. Mainz: Ventil.

Belsito, Peter/Davis, Bob (2003): Hardcore California. A History of Punk and New Wave. Berkeley: The Last Gasp of San Francisco.

Benjamin, Walter (1966): Der Autor als Produzent. In: ders.: Versuche über Brecht. Frankfurt a. M.: Suhrkamp, S. 95-116.

Bennett, Andy (2003): The Use of ‚Insider' Knowledge in Ethnographic Research on Contemporary Youth Music Scenes. In: Bennett, Andy/Cieslik, Mark/Miles, Steven (Hg.) (2003): Researching Youth: Issues, Controversies and Dilemmas. London: Palgrave, S. 186-199.

Bennett, Andy (2002): Researching Youth Culture and Popular Music: A Methodological Critique. In: British Journal of Society, Vol. 53 (3), S. 451-466.

Bennett, Andy (2000): Popular Music and Youth Culture: Music, Identity and Place. London: Macmillan.

Bennett, Andy (1999): Subcultures or Neo-Tribes? Rethinking the Relationship between Youth, Style and Musical Taste. In: Sociology 33 (3), S. 599-617.

Bennett, Andy/Kahn-Harris, Keith (Hg.) (2004): After Subculture. Critical Studies in Contemporary Youth Culture. New York: Palgrave.

Berger, Peter A./Hradil, Stefan (1990) (Hg.): Lebenslagen. Lebensstile. Lebensläufe. Göttingen: Schwartz.

Biafra, Jello im Interview mit Büsser, Martin (1998): „Besser, du redest mit Half Japanese." Im Gespräch mit Jello Biafra. In: Büsser, Martin: Antipop. Mainz: Ventil, S. 118-144.

Bianchi, Paolo (1996): Subversion der Selbstbestimmung. In: Kunstforum International, Bd. 134, S. 56-75.

Blush, Steven (2001): American Hardcore. A Tribal History. Los Angeles: Feral House.

Böhm, Thomas (2000): „Give me some truth". Vorläufige Überlegungen zur Konstruktion von Authentizität in der Musik. In: Rösing, Helmut/Phleps, Thomas (Hg.): Beiträge zur Popularmusikforschung 25/26: Populäre Musik im kulturwissenschaftlichen Diskurs. Karben: Coda, S. 251-262.

Boeker, Alexander (1998): It's okay not to drink. In: Jetzt Nr. 14 (Süddeutsche Zeitung) vom 14.12.1998. Online: http://www.poisonfree.com/index.php?id=196 (09.06.2006)

Boëthius, Ulf (1995): Youth, Media and Moral Panics. In: Fornäs, Johan/ Bolin, Göran: Youth Culture in Late Modernity. London: Sage, S. 39-57.

Bogner, Alexander/Menz, Wolfgang (2002): Das theoriegenerierende Experteninterview. Erkenntnisinteresse, Wissensformen, Interaktion. In: Bogner, Alexander/Littig, Beate/Menz, Wolfgang (Hg.): Das Experteninterview. Theorie, Methode, Anwendung. Opladen: Leske + Budrich, S. 33-70.

Bourdieu, Pierre (1999): Die Regeln der Kunst. Frankfurt a. M.: Suhrkamp.

Bourdieu, Pierre (1993): The Field of Cultural Production. New York: Columbia University Press.

Bourdieu, Pierre (1992): Rede und Antwort. Frankfurt a. M.: Suhrkamp.

Bourdieu, Pierre (1987): Die feinen Unterschiede. Kritik der gesellschaftlichen Urteilskraft. Frankfurt a. M.: Suhrkamp.

Bourdieu, Pierre (1982): Die Wechselbeziehungen von eingeschränkter Produktion und Großproduktion. In: Bürger, Christa/Bürger, Peter/ Schulte-Sasse, Jochen (Hg.): Zur Dichotomisierung von hoher und niederer Literatur. Frankfurt a. M.: Suhrkamp, S. 40-61.

Brace, Eric (1993): Punk lives! In: Washington Post vom 01.08.1993, G1+.

Brass, Elaine/Poklewski Koziell, Sophie (1997): Gathering Force. DIY Culture – Radical Action for those tired of waiting. London: The Big Issue.

Brecht, Bertolt (1992): Der Rundfunk als Kommunikationsapparat. Rede über die Funktion des Rundfunks. In: Hecht, Werner/Knopf, Jan/Mittenzwei, Werner/Müller, Klaus-Detlef (Hg.): Bertolt Brecht Werke. Schriften I 1914-1933. Berlin und Weimar: Aufbau.

Brown, Andy R. (2004): Heavy Metal and Subcultural Theory: A Paradigmatic Case of Neglect? In: Muggleton, David/Weinzierl, Rupert (Hg.): The Post-Subcultures Reader. Oxford: Berg, S. 209-222.

Buchmann, Marlis (1989): Subkulturen und gesellschaftliche Individualisierungsprozesse. In: Haller, Max (Hg.): Kultur und Gesellschaft: Verhandlungen des 24. Deutschen Soziologentags und des 8. Kongresses der Schweizerischen Gesellschaft für Soziologie. Frankfurt und New York: Campus, S. 627-638.

Budde, Dirk (1997): Take three Chords. Punkrock und die Entwicklung zum American Hardcore. Hrsg. v. Rösing, Helmut in Zusammenarbeit mit dem Arbeitskreis Studium Populärer Musik (ASPM), Hamburg und dem Musikwissenschaftlichen Institut der Universität Hamburg. Karben: Coda.

Büsser, Martin (2000): If the Kids are united. Von Punk zu Hardcore und zurück. Fünfte, überarbeitete und erweiterte Aufl. Mainz: Ventil.

Büsser, Martin (1996): Musikmagazine und Fanzines. In: Testcard Nr. 2. Mainz: Testcard, S. 175-189.

Büsser, Martin (1997): Die verwaltete Jugend. Punk vs. Techno. In: SpOKK (Hg.): Kursbuch Jugendkultur. Mannheim: Bollmann, S. 80-88.

Büttner, Ulrike/Buchholz, Mechthild (2000): Straight Edger. Don't smoke, don't drink, don't fuck. In: ran – das junge Magazin der Gewerkschaften Mai 2000, S. 18-21. Online: http://www.poisonfree.com/index.php?id=201 (09.06.2006).

Burnett, Robert (1996): The Global Jukebox. The International Music Industry. London/New York: Routledge.

Burt, Richard (1998): Unspeakable Shaxxxspeares. London: Macmillan.

Cagle, Van M. (1995): Reconstructing Pop/Subculture. Art, Rock, and Andy Warhol. Thousand Oaks: Sage.

Calmbach, Marc/Rhein, Stefanie (2007): DIY or DIE! Überlegungen zur Aneignung und Vermittlung von Do-it-yourself-Kompetenzen in der Jugendkultur Hardcore. In: Göttlich, Udo/Müller, Renate/Rhein, Stefanie/Calmbach, Marc (Hg.): Arbeit, Politik und Religion in Jugendkulturen. Engagement und Vergnügen. Weinheim/München: Juventa, S. 69-86.

Chaney, David (1996): Lifestyle. London: Routledge.

Clark, Dylan (2004a): The Death and Life of Punk, the Last Subculture. In: Muggleton, David/Weinzierl, Rupert (Hg.): Post-Subcultures Reader. Oxford/New York: Berg, S. 223-236.

Clark, Dylan (2004b): The Raw and the Rotten: Punk Cuisine. In: Ethnology Vol. 43 (1), S. 19-31.

Clarke, Gary (1990, Orig. 1981): Defending Ski-Jumpers. A Critique of Theories of Youth Subcultures. In: Frith, Simon/Goodwin, Andrew (Hg.): On Record: Rock, Pop and the Written Word. London: Routledge, S. 81-96.

Clarke, John (1979): Stil. In: Clarke et al. (Hg.): Jugendkultur als Widerstand. Milieus, Rituale, Provokationen. Frankfurt a. M.: Syndikat, S. 133-157.

Clarke, John et al. (Hg.) (1979a): Jugendkultur als Widerstand. Milieus, Rituale, Provokationen. Frankfurt a. M.: Syndikat.

Clarke, John/Hall, Stuart/Jefferson, Tony/Roberts, Brian (1979b): Subkulturen, Kulturen und Klasse. In: dies. (Hg.): Jugendkultur als Widerstand. Milieus, Rituale, Provokationen. Frankfurt a. M.: Syndikat, S. 39-131.

Cohen, Phil (1997, Orig. 1972): Subcultural Conflict and Working-class Community. In: Gelder, Ken/Thornton, Sarah (Hg.): The Subcultures Reader. London: Routledge, S. 90-99.

Cohen, Stanley (2002, Orig. 1972): Folk Devils and Moral Panics: The Creation of Mods and Rockers. Dritte Aufl. London: Routledge.

Comstock, Michelle (2001): Grrrl Zine Networks: Recomposing Spaces of Authority, Gender and Culture. In: Journal of Advanced Composition 21(2), S. 383-409.

Connolly, Cynthia/Clague, Leslie/Cheslow, Sharon (1992): Banned in D.C. Photos and Anecdotes from the DC Punk Underground (79-85). Washington D.C: Sun Dog Propaganda.

Connor, Steven (1989): Postmodernist Culture. An Introduction to Theories of the Contemporary. Oxford: Basil Blackwell.

Davis, Fred (1992): Fashion, Culture and Identity. Chicago und London: University of Chicago Press.

Deutsche Shell (2004) (Hg.): Jugend 2002. Zwischen pragmatischem Idealismus und robustem Materialismus. Fünfte Aufl. Frankfurt. a. M.: Fischer.

Diederichsen, Diedrich (1994): Als die Kinder noch in Ordnung waren. In: Annas, Max/Christoph, Ralph (Hg.): Neue Soundtracks für den Volksempfänger. Nazirock, Jugendkultur und die neue Mitte. Dritte Aufl., Berlin: Edition ID-Archiv, S. 11-28.

Diederichsen, Diedrich (1993): Freiheit macht arm. Das Leben nach Rock 'n ' Roll 1990-1993. Köln: Kiepenheuer & Witsch.

Diederichsen; Diedrich (1992): The Kids are not alright. In: Spex Nr. 11/1992, S. 28-34.

Diekmann, Andreas (1997): Empirische Sozialforschung. Grundlagen Methoden Anwendung. Reinbek bei Hamburg: Rowohlt.

Dittmar, Norbert (2002): Transkription. Ein Leitfaden mit Aufgaben für Studenten, Forscher und Laien. Opladen: Leske+Budrich.

Dollase, Rainer/Rüsenberg, Michael/Stollenwerk, Hans J. (1986): Demoskopie im Konzertsaal. Mainz: Schott.

Dollase, Rainer/Rüsenberg, Michael/Stollenwerk, Hans J. (1978): Das Jazzpublikum. Zur Sozialpsychologie einer kulturellen Minderheit. Mainz/London/New York/Tokyo: Schott.

Dollase, Rainer/Rüsenberg, Michael/Stollenwerk, Hans J. (1974): Rock People oder Die befragte Szene. Frankfurt a. M.: Fischer.

Dowd, Timothy J./Liddle, Kathleen/Nelson, Jenna (2004): Music Festivals as Scenes: Examples from Serious Music, Womyn's Music and SkatePunk. In: Bennett, Andy/Peterson, Richard A. (Hg.): Music Scenes. Local, Translocal and Virtual. Nashville: Vanderbilt University Press, S. 149-167.

Duncombe, Stephen (2002): Vorwort zu Benjamin, Walter: The Author as Producer. In: Duncombe, Stephen (Hg.): The Cultural Resistance Reader. London und New York: Verso, S. 67-68.

Duncombe, Stephen (1997). Notes from Underground. Zines and the Politics of Alternative Culture. London: Verso.

Ebbecke, Klaus/Lüpscher, Pit (1987): Rockmusiker-Szene intern. Rieden am Forggensee: Bertold Marohl.

Eckert, Roland/Reis, Christa/Wetzstein, Thomas A. (2000): „Ich will halt anders sein wie die anderen!" Abgrenzung, Gewalt und Kreativität bei jugendlichen Gruppen am Ende der neunziger Jahre. Opladen: Leske+Budrich.

Engel, Uwe/Hurrelmann, Klaus (1989): Psychosoziale Belastung im Jugendalter. Empirische Befunde zum Einfluß von Familie, Schule und Gleichaltrigengruppe. Berlin und New York: De Gruyter.

Evans, Caroline (1997): Dreams that only money can buy ... Or, the shy tribe in flight from discourse. In: Fashion Theory, Vol. 1, Issue 2, S. 169-188.

Fairchild, Charles (1995): „Alternative" Music and the Politics of Cultural Autonomy: The Case of Fugazi and the D.C. Scene. In: Popular Music and Society 19 (1), S. 17-35.

Faurschou, Gail (1988): Fashion and the Cultural Logic of Postmodernity. In: Kroker, Arthur/Kroker, Marilouise (Hg.): Body Invaders: Sexuality and the Postmodern Condition. London: Palgrave Macmillan, S. 78-93.

Felder, Rachel (1993): Manic Pop Thrill. Hopewell: Ecco Press.

Ferchhoff, Wilfried (1995): Jugendkulturelle Individualisierungen und (Stil)differenzierungen in den 90er Jahren. In: ders. (Hg): Jugendkulturen – Faszination und Ambivalenz: Einblicke in jugendliche Lebenswelten. Festschrift für Dieter Baacke zum 60. Geburtstag. Weinheim/München: Juventa, S. 52-65.

Fiske, John (2001): Die populäre Ökonomie. In: Winter, Rainer/Mikos, Lothar (Hg.): Die Fabrikation des Populären. Der John Fiske-Reader. Bielefeld: Transcript, S. 111-138.

Fiske, John (1997): Die kulturelle Ökonomie des Fantums. In: SPoKK (Hg.): Kursbuch Jugendkultur. Stile, Szenen und Identitäten vor der Jahrtausendwende. Mannheim: Bollmann, S. 54-69.

Flick, Uwe (1999): Qualitative Forschung. Theorie, Methoden, Anwendung in Psychologie und Sozialwissenschaften. Reinbek bei Hamburg: Rowohlt.

Flick, Uwe (1995): Stationen des qualitativen Forschungsprozesses. In: Flick et al. (Hg.): Handbuch Qualitative Sozialforschung. Grundlagen, Konzepte, Methoden und Anwendungen. Zweite Aufl. Weinheim: Beltz, S. 148-173.

Fornäs, Johan (1995): Cultural Theory and Late Modernity. London: Sage.

Fox, Kathryn Joan (1987): Real Punks and Pretenders. The Social Organization of a Counterculture. In: Journal of Contemporary Ethnography Vol. 16, Nr. 3, October 1987, S. 344-370.

Frederking, Klaus (1983): CRASS. In: Frederking, Klaus/Humann, Klaus (Hg.): Rock Session 7. Das Magazin der populären Musik. Thema: Schwarze Musik. Reinbek bei Hamburg: Rowohlt, S. 261-278.

Friedrichs, Jürgen (1990): Methoden empirischer Sozialforschung. 14. Aufl. Opladen: Westdeutscher Verlag.

Frith, Simon (1981): Sound Effects. Youth, Leisure and the Politics of Rock ‚n' Roll. New York: Pantheon.

Fröhlich, Gerhard (1994): Kapital, Habitus, Feld, Symbol. Grundbegriff der Kulturtheorie bei Pierre Bourdieu. In: Mörth, Ingo/Fröhlich, Gerhard (Hg.): Das symbolische Kapital der Lebensstile. Zur Kultursoziologie der Moderne nach Pierre Bourdieu. Frankfurt a. M./New York: Campus, S. 31-54.

Fromme, Johannes/Nikolaus Vollmer (1999): Mediensozialisation oder Medienkultur? Lernprozesse im Umgang mit interaktiven Medien. In: Fromme, Johannes/Kommer, Sven/Mansel, Jürgen/Treumann, Klaus-Peter (Hg.): Selbstsozialisation, Kinderkultur und Mediennutzung. Opladen, S. 202-224.

Gaiser, Wolfgang/de Rijke, Johann (2000): Partizipation und politisches Engagement. In: Gille, Martina/Krüger, Winfried (Hg.): Unzufriedene Demokraten. Politische Orientierungen der 16- 29jährigen im vereinigten Deutschland. Opladen: Leske+Budrich, S. 267-324.

Ganz-Blättler, Ursula (2000): Knowledge Oblige. Genrewissen als Statussymbol und Shareware. In: Göttlich, Udo/Winter, Rainer (Hg.): Politik des Vergnügens. Zur Diskussion der Populärkultur in den Cultural Studies. Köln: Halem, S. 195-214.

Garofalo, Reebee (1994): Die Relativität der Autonomie. In: PopScriptum 2/94, S. 9-30.

Gille, Martina/Krüger, Winfried (2000) (Hg.): Unzufriedene Demokraten. Politische Orientierungen der 16-29jährigen im vereinigten Deutschland. Opladen: Leske+Budrich.

Girtler, Roland (1995): Forschung in Subkulturen. In: Flick et al. (Hg.): Handbuch Qualitative Sozialforschung. Grundlagen, Konzepte, Methoden und Anwendungen. Zweite Aufl. Weinheim: Beltz, S. 385-388.

Goldthorpe, Jeff (1992): Intoxicated Culture. Punk Symbolism and Punk Protest. In: Socialist Review 22 (2), S. 35-64.

Goshert, John Charles (2000): „Punk" after the Pistols: American Music, Economics, and Politics in the 1980s and 1990s. In: Popular Music and Society, Vol. 24, S. 85-106.

Gosling, Tim (2004): „Not For Sale": The Underground Network of Anarcho-Punk. In: Bennett, Andy/Peterson, Richard A. (Hg.): Music Scenes. Local, Translocal and Virtual. Nashville: Vanderbilt University Press, S. 168-183.

Graffé, Roland/Schubert, Gregor (2003): Underground Matters. Einblicke in die gegenwärtige Independent-Szene. In: Neuman-Braun, Klaus/Schmidt, Axel/Mai, Manfred (Hg.): Popvisionen. Links in die Zukunft. Frankfurt a. M.: Suhrkamp, S. 199-211.

Greenwald, Andy (2003): Nothing feels good. Punk Rock, Teenagers and Emo. New York: St. Martin's Griffin.

Griese, Hartmut M. (2000): ‚Jugend(sub)kultur(en)' – Facetten, Probleme und Diskurse. In: Roth, Roland/Rucht, Dieter (Hg.): Jugendkulturen, Politik und Protest. Vom Widerstand zum Kommerz? Opladen: Leske+Budrich, S. 37-47.

Haenfler, Ross (2004): Rethinking Subcultural Resistance. Core Values of the Straight Edge Movement. In: Journal of Contemporary Ethnography Vol. 33 Nr. 4, S. 406-436.

Haenfler, Ross (2003): Straight Edge: The Newest Face of Social Movements. Diss. University of Colorado at Bolder. Ann Arbor, Mich./USA.

Hall, Stuart (1999): Die zwei Paradigmen der Cultural Studies. In: Hörnig, Karl H./Winter, Rainer (Hg.): Widerspenstige Kulturen. Cultural Studies als Herausforderung. Frankfurt a. M.: Suhrkamp, 13-42.

Hall, Stuart/Jefferson, Tony (Hg.) (1976): Resistance Through Rituals: Youth Subcultures in Post-War Britain. London: Harper Collins.

Hanna, Kathleen (1998): Performance und Image. Ein Vortrag im Dia Center für the Arts, 1997. In: Baldauf, Anette/Weingartner, Katharina (Hg.): Lips. Tits. Hits. Power? Popkultur und Feminismus. Wien: Bozen, S. 136-139.

Harris, Keith (2000): ‚Roots'?: The Relationship Between the Global and the Local Within the Extreme Metal Scene. In: Popular Music 19 (1), S. 13-30.

Hebdige, Dick (1999): Wie Subkulturen vereinnahmt werden. In: Hörnig, Karl H./Winter, Rainer (Hg.): Widerspenstige Kulturen. Cultural Studies als Herausforderung. Frankfurt a. M.: Suhrkamp, S. 379-392.

Hebdige, Dick (1985): Versteckspiel im Rampenlicht. In: Lindner, Rolf/Wiebe, Hans-Hermann (Hg.): Verborgen im Licht. Neues zur Jugendfrage. Frankfurt a. M.: Syndikat, S. 186-205.

Hebdige, Dick (1983): Subculture. Die Bedeutung von Stil. In: Hebdige, Dick/Diederichsen, Diederich/Marx, Olaph-Dante: Schocker. Stile und Moden der Subkultur. Reinbek bei Hamburg: Rowohlt, S. 8-113.

Hebdige, Dick (1979): Die Bedeutung des Mod-Phänomens In: Clarke et al. (Hg.): Jugendkultur als Widerstand. Milieus, Rituale, Provokationen. Frankfurt a. M.: Syndikat, S. 158-170.

Helton, Jesse J./Staudenmeier Jr., William J. (2002): Re-Imagining being „straight" in straight edge. In: Contemporary Drug Problems 29, Summer 2002, S. 445-473.

Hennebach, Annika (1998): Drogenfrei, Spaß dabei. In: Zitty September 1998. Online: http://www.poisonfree.com/index.php?id=206 (07.06.2006).

Hesmondhalgh, David (1999): Indie: The Institutional Politics and Aesthetics of a Popular Music Genre. In: Cultural Studies 13 (1), S. 34-61.

Hesmondhalgh, David (1998): Post-punk's attempt to democratise the music industry: The success and failure of Rough Trace. In: Popular Music 16, Vol. 3, S. 255-274.

Hills, Matt (2002): Fan Cultures. London: Routledge.

Hinz, Ralf (1998): Cultural Studies und Pop. Zur Kritik der Urteilskraft wissenschaftlicher und journalistischer Rede über populäre Kultur. Wiesbaden: Westdeutscher Verlag.

Hitzler, Ronald/Pfadenhauer, Michaela (2005): Unsichtbare Bildungsprogramme? Zur Entwicklung und Aneignung praxisrelevanter Kompetenzen in Jugendszenen. Expertise zum 8. Kinder- und Jugendbericht der Landesregierung NRW, S. 35-52.

Hitzler, Ronald (1994): Sinnbasteln. Zur subjektiven Aneignung von Lebensstilen. In: Mörth, Ingo/Fröhlich, Gerhard (Hg.): Das symbolische Kapital der Lebensstile. Zur Kultursoziologie der Moderne nach Pierre Bourdieu. Frankfurt a. M./New York: Campus, S. 75-92.

Hitzler, Ronald/Bucher, Thomas/Niederbacher, Arne (2001): Leben in Szenen. Formen jugendlicher Vergemeinschaftung heute. Opladen: Leske+Budrich.

Hodkinson, Paul (2005): ‚Insider Research' in the Study of Youth Cultures. In: Journal of Youth Studies, Vol. 8, Nr. 2, S. 131-149.

Hodkinson, Paul (2004): The Goth Scene and (Sub)Cultural Substance. In: Bennett, Andy/Kahn-Harris, Keith (Hg.): After Subculture. Critical Studies in Contemporary Youth Culture. New York: Palgrave, S. 135-147.

Hodkinson, Paul (2002): Goth. Identity, Style and Subculture. Oxford: Berg.

Holert, Tom (2002): Abgrenzen und Durchkreuzen – Jugendkultur und Popmusik im Zeichen des Zeichens. In: Kemper, Peter/Langhoff, Thomas/Sonnenschein, Ulrich (Hg.): Alles so schön bunt hier. Die Geschichte der Popkultur von den Fünfzigern bis heute. Leipzig: Reclam, S. 23-37.

Holert, Tom/Terkessidis, Mark (1997): Einführung in den Mainstream der Minderheiten. In: Holert, Tom/Terkessidis, Mark (Hg.): Mainstream der Minderheiten. Pop in der Kontrollgesellschaft. Zweite Aufl. Berlin: Edition ID-Archiv, S. 5-19.

Hollands, Robert (2003): Double Exposure: Exploring the Social and Political Relations of Ethnographic Youth Research. In: Bennett, Andy/Cieslik, Mark/Miles, Steven (Hg.) (2003): Researching Youth: Issues, Controversies and Dilemmas. London: Palgrave, S. 157-169.

Hradil, Stefan (1996): Sozialstruktur und Kultur. Fragen und Antworten zu einem schwierigen Verhältnis. In: Schwenk, Otto G. (Hg.): Lebensstil zwischen Sozialstrukturanalyse und Kulturwissenschaft. Opladen: Leske+Budrich, S. 13-30.

Hradil, Stefan (1992): Alte Begriffe und neue Strukturen. Die Milieu-, Subkultur- und Lebensstilforschung der 80er Jahre. In: ders. (Hg.): Zwischen Bewußtsein und Sein. Die Vermittlung „objektiver" Lebensbedingungen und „subjektiver" Lebensweisen. Opladen: Leske+Budrich, S. 15-55.

Hradil, Stefan (1987): Sozialstrukturanalyse in einer fortgeschrittenen Gesellschaft. Von Klassen und Schichten zu Lagen und Milieus. Opladen: Leske+Budrich.

Hurchalla, George (2006): Going Underground. American Punk 1979-1992. Stuart: Zuo Press.

Hurley, Bri (1989): Making a Scene – New York Hardcore. Boston/New York: Faber and Faber.

Hurrelmann, Klaus (2004). Lebensphase Jugend. Eine Einführung in die sozialwissenschaftliche Jugendforschung. Siebte, vollständig überarb. Aufl. Weinheim/München: Juventa.

Hurrelmann, Klaus (2002): Einführung in die Sozialisationstheorie. Achte, vollständig überarb. Ausgabe. Weinheim/Basel: Beltz.

Hurrelmann, Klaus/Linssen, Ruth/Albert, Mathias/Quellenberg, Holger (2004): Eine Generation von Egotaktikern? Ergebnisse der bisherigen Jugendforschung. In: Deutsche Shell (Hg.): Jugend 2002. Zwischen pragmatischem Idealismus und robustem Materialismus. Fünfte Aufl. Frankfurt. a. M.: Fischer, S. 31-51.

Ingrisch, Michaela (2001): Jugend und jugendliche Subgruppen in der heutigen Gesellschaft. In: Lukesch, Helmut/Peez, Helmut (Hg.): Erziehung, Bildung und Sozialisation in Deutschland. Regensburg: Roderer, S. 324-334.

Inhetveen, Katharina (1997): Gesellige Gewalt. Ritual, Spiel und Vergemeinschaftung bei Hardcore-Konzerten. In: Trotha, Trutz v. (Hg.): Soziologie der Gewalt. Opladen: Leske+Budrich, S. 235-260.

Irwin, Daniel D. (1999): The Straight Edge Subculture: Examining the Youth's Drug-Free Way. In: Journal of Drug Issues Nr. 29 (2), S. 365-380.

Jacke, Christoph (2004): Medien(sub)kultur. Geschichten – Diskurse – Entwürfe. Bielfeld: Transcript.

Jacke, Christoph (1997): Nirvana – Der Anti-Star als Medienheld. In: Testcard Nr. 5: Kulturindustrie. Kompaktes Wissen für den Dancefloor. Mainz: Testcard, S. 150-160.

Jaegike, Jan (2000): Straight Edge. Don't smoke, don't drink, don't fuck (around)! In: Rock Hard 01/2000. Online: http://www.poisonfree.com/index.php?id=200 (09.06.2006).

Järisch, Burkhard (2001): Flex. U.S. Hardcore Discography Book #2. Berlin: Flex.

Järisch, Burkhard (1992): Flex. U.S. Hardcore Discography Book. Böblingen: Flex.

Jakob, Günther (1996): Kunst, die siegen hilft! Über die Akademisierung des Pop-Diskurses: Kritische Betrachtungen zwischen High & Low Culture. In: Kunstforum International, Bd. 134, S. 132-139.

Jameson, Frederic (2003): Postmodernism, or, The Cultural Logic of Late Capitalism. Durham: Duke University Press.

Jameson, Frederic (1989): Postmoderne – zur Logik der Kultur im Spätkapitalismus. In: Huyssen, Andreas/Scherpe, Klaus R. (Hg.): Postmoderne. Zeichen eines kulturellen Wandels. Reinbek bei Hamburg: Rowohlt, S. 45-102.

Jameson, Frederic (1985): Postmodernism and Consumer Society. In: Foster, Hal (Hg.): Postmodern Culture. London: Pluto, S. 111-125.

Jenß, Heike (2005): Original-Kopie. Selbstmodellierung in Serienkleidung. In: Neumann-Braun, Klaus und Richard, Birgit (Hg.): Coolhunters. Jugendkulturen zwischen Medien und Markt. Frankfurt a. M.: Suhrkamp, S. 21-34.

Johnson, Randal (1993): Editor's Introduction: Pierre Bourdieu on Art, Literature and Culture. In: Bourdieu, Pierre: The Field of Cultural Production. New York: Columbia University Press, S. 1-25.

Jugendwerk der Deutschen Shell (1984) (Hg.): Jugend vom Umtausch ausgeschlossen. Eine Generation stellt sich vor. Zusammengestellt von der AG Jugend 1983. Reinbek bei Hamburg: Rowohlt.

Kahn-Harris, Keith (2004): Unspectacular Subculture? Transgression and Mundanity in the Global Extreme Metal Scene. In: Bennett, Andy/Kahn-Harris, Keith (Hg.) (2004): After Subculture. Critical Studies in Contemporary Youth Culture. New York: Palgrave, S. 107-118.

Kaiser, Susan B./Nagasawa, Richard H./Hutton, Sandra S. (1991): Fashion, Postmodernity and Personal Appearance: A Symbolic Interactionist Perspective. In: Symbolic Interaction 14 (2), S. 165-185.

Kearney, Mary Celeste (1997): The Missing Links. Riot Grrrl – Feminism – Lesbian Culture. In: Whiteley, Sheila (Hg.): Sexing the Groove. Popular Music and Gender. London und New York: Routledge, S. 207-229.

Kellner, Douglas (1997): Jugend im Abenteuer Postmoderne. In: SpoKK (Hg.): Kursbuch Jugendkultur. Szenen und Identitäten vor der Jahrtausendwende. Mannheim: Bollmann, S. 70-78.

Kemper, Peter (2002): Jugend und Offizialkultur nach 1945. In: Kemper, Peter/Langhoff, Thomas und Sonnenschein, Ulrich (Hg.): Alles so schön bunt hier. Die Geschichte der Popkultur von den Fünfzigern bis heute. Leipzig: Reclam, S. 12-22.

Kemper, Peter/Langhoff, Thomas/Sonnenschein, Ulrich (2002: Vorwort. In: dies. (Hg.): Alles so schön bunt hier. Die Geschichte der Popkultur von den Fünfzigern bis heute. Stuttgart: Reclam, S. 9-11.

Klopotek, Felix (2006): Fuck! Shit! Gähn! In: Jungle World vom 05.04.2006, S. 7.

Knill, Bernd (1998): Straight Edge. Der cleane Kult. In: Bravo Nr. 45 vom 05.11.1998.
    Online: http://www.poisonfree.com/index.php?id=195 (09.06.2006).

Kratz, Charlotta/Reimer, Bo (1998): Fashion in the Face of Postmodernity. In: Berger, Arthur Asa (Hg.): The Postmodern Presence: Readings on Postmodernism in American Culture and Society. London: Altamira, S. 193-211.

Kromrey, Helmut (1998): Empirische Sozialforschung. Opladen: Leske+Budrich.

Kruse, Holly (2003): Site and Sound. Understanding Independent Music Scenes. New York: Lang.

Lahickey, Beth (Hg.) (1997): All Ages. Reflections on Straight Edge. Huntington Beach: Revelation Books.

Lamnek, Siegfried (1993a): Qualitative Sozialforschung. Band 1: Methodologie, Zweite, überarb. Aufl. Weinheim: Beltz/PVP.

Lamnek, Siegfried (1993b): Qualitative Sozialforschung. Band 2: Methoden und Techniken, Zweite, überarb. Aufl. Weinheim: Beltz/PVU.

Larsson, Christel L./Rönnlund, Ulla/Johannson, Gunnar/Dahlgren, Lars (2003): Veganism as status passage. The process of becoming a vegan among youths in Sweden. In: Appetite 41 (1), S. 61-67.

Lau, Thomas (1992): Die heiligen Narren. Punk 1976-1986. Berlin/New York: de Gruyter.

Leblanc, Lauraine (2002): Pretty in Punk. Girls' Gender Resistance in a Boys' Subculture. New Brunswick/New Jersey/London: Rutgers University Press.

Leonard, Marion (1997): ,Rebel Girl, You are the Queen of my World'. Feminism, ,Subculture' and Grrrl Power. In: Whiteley, Sheila (Hg.): Sexing the Groove. Popular Music and Gender. London/New York: Routledge, S. 230-255.

Lévi-Strauss, Claude (1968): Das wilde Denken. Frankfurt a. M.: Suhrkamp.

Lindner, Rolf (1979): Editorial. In Clarke et al. (Hg.): Jugendkultur als Widerstand. Milieus, Rituale, Provokationen. Frankfurt a. M.: Syndikat, S. 7-14.

Lindner, Rolf (Hg.) (1977): Punk Rock. Oder: Der vermarktete Aufruhr. Frankfurt a. M.: Verlag freie Gesellschaft.

MacKay, George (1998): DIY Culture. Notes towards an intro. In: MayKay, George (Hg.): DIY Culture. Party & Protest in Nineties Britain. London: Verso, S. 1-53.

MacKaye, Ian im Interview mit von Felbert, Oliver (1990): Fugazi is: A Band. In: Spex Nr. 11/1990, S. 20-24.

Mader, Matthias (2003): This Is Boston. Berlin: I. P.

Mader, Matthias (1999): New York City Hardcore. They Way It Was. Berlin: I. P.

Magerl, Sabine (2004): Der Pop der späten Jahre. Jugendkultur am Ende? Das Durchschnittsalter des Plattenkäufers hat die Vierzig überschritten. In: Frankfurter Allgemeine Sonntagszeitung Nr. 13 vom 28.03.2004, S. 29.

Malbon, Ben (1999): Clubbing, Dancing, Ecstasy. London: Routledge.

Mark, Karsten (1999): Straight Edge. Don't drink! Don't smoke! In: Ruhrnachrichten Nr. 122 vom 28.05.1999. Online: http://www.poisonfree.com/index.php?id=198 (07.06.2006).

Maybaum, Frederik (2003): „… and let me live poison free". Zum Verhältnis von Jugendkultur und Reinheitsvorstellungen am Beispiel der Werte des straight edge. In: Luig, Ute/Seebode, Jochen (Hg.): Ethnologie der Jugend. Soziale Praxis, moralische Diskurse und inszenierte Körperlichkeit. Münster: Lit, S. 295-325.

Mayer, Ruth (1997): Schmutzige Fakten. Wie sich Differenz verkauft. In: Holert, Tom/Terkessidis, Mark (Hg.): Mainstream der Minderheiten. Pop in der Kontrollgesellschaft. Berlin: Edition ID-Archiv, S. 153-168.

Mayring, Philipp (2002): Einführung in die Qualitative Sozialforschung. Fünfte, überarbeitete und neue ausgestattete Aufl. Weinheim/Basel: Beltz.

McNeil, Legs/McGain, Gillian (1996): Please kill Me. The uncensored oral History of Punk. New York, NY: Grove Press.

McRobbie, Angela (1994): Postmodernism and Popular Culture. London: Routledge.

McRobbie, Angela/Thornton, Sarah (1995): Rethinking ‚Moral Panic‘ for Multi-Mediated Social Worlds. In: British Journal of Sociology 46, 4/1995, S. 559-574.

Mergenthaler, Erhard (1992): Die Transkription von Gesprächen. Eine Zusammenstellung von Regeln mit einem Beispieltranskript. Ulm: Ulmer Textbank.

Meuser, Michael/Nagel, Ulrike (2002): ExpertInneninterviews – vielfach erprobt, wenig bedacht. Ein Beitrag zur qualitativen Methodendiskussion. In: Bogner, Alexander/Littig, Beate/Menz, Wolfgang (Hg.): Das Experteninterview. Theorie, Methode, Anwendung. Opladen: Leske+Budrich, S. 71-93.

Moabit, Johnny (1994): Unterm Ladentisch. Punk- und Hardcore-Fanzines. In: Die Beute. Politik und Verbrechen, Winter 1994/95, S. 127-129.

Moore, Karenza (2003): E-Heads versus Beer Monsters: Researching Young People's Music and Drug Consumption in Dance Club Settings. In: Bennett, Andy/Cieslik, Mark/Miles, Steven (Hg.) (2003): Researching Youth: Issues, Controversies and Dilemmas. London: Palgrave, S. 138-153.

Moore, Ryan (2004): Postmodernism and Punk Subculture: Cultures of Authenticity and Deconstruction. In: The Communication Review Nr. 7, S. 305-327.

Moser, Karin/Lunger, Alrun (2003): Rein pflanzlich... Veganismus und Tierrechte als Aspekte jugendkulturellen Lebens am Beispiel der Straight Edge-Bewegung und der Gruppe v-live aus Innsbruck. In: bricolage 1 – Innsbrucker Zeitschrift für Europäische Ethnologie, S. 62-68.

Müller, Renate (2002): Perspectives from the Sociology of Music. In: Colwell, Richard/Richardson, Carol (Hg.): The new Handbook of Research on Music Teaching and Learning. New York: Oxford University Press, S. 584-603.

Müller, Renate (1999): Musikalische Selbstsozialisation. In: Fromme, Johannes/Kommer, Sven/Mansel, Jürgen/Treumann, Klaus-Peter (Hg.): Selbstsozialisation, Kinderkultur und Mediennutzung. Opladen: Leske+Budrich, S. 113-125.

Müller, Renate (1995): Selbstsozialisation. Eine Theorie lebenslangen musikalischen Lernens. In: Jahrbuch Musikpsychologie, 11, S. 63-75.

Müller, Renate/Glogner, Patrick/Rhein, Stefanie/Heim, Jens (2002): Zum sozialen Gebrauch von Musik und Medien durch Jugendliche. Überlegungen im Lichte kultursoziologischer Theorien. In: dies. (Hg.): Wozu Jugendliche Musik und Medien gebrauchen. Jugendliche Identität und musikalische und mediale Geschmacksbildung. Weinheim/München: Juventa, S. 9-26.

Müller, Renate/Rhein, Stefanie/Glogner, Patrick (2004): Das Konzept musikalischer und medialer Selbstsozialisation – widersprüchlich, trivial, überflüssig? In: Hoffmann, Dagmar/Merkens, Hans (Hg.): Jugendsoziologische Sozialisationstheorien. Impulse für die Jugendforschung. Weinheim/München: Juventa, S. 233-248.

Müller, Renate/Calmbach, Marc/Rhein, Stefanie/Glogner, Patrick (2007): Identitätskonstruktion mit Musik und Medien im Lichte neuerer Identitäts- und Jugendkulturdiskurse. In: Mikos, Lothar/Hoffmann, Dagmar/Winter, Rainer (Hg.): Mediennutzung, Identität und Identifikationen. Die Sozialisationsrelevanz der Medien im Selbstfindungsprozess von Jugendlichen. Weinheim/München: Juventa, S. 135-147.

Müller, Walter/Pollak, Reinhard (2004): Social Mobility in West Germany: The Long Arms of History Discovered? In: Breen, Richard (Hg.): Social Mobility in Europe. Oxford: Oxford University Press, S. 77-113.

Müller-Bachmann, Eckart (2002a): Neues im jugendkulturellen Raum? Kulturelle Positionen Jugendlicher. In: Müller, Renate/Glogner, Patrick/Rhein, Stefanie/Heim, Jens (Hg.): Wozu Jugendliche Musik und Medien gebrauchen. Jugendliche Identität und musikalische und mediale Geschmacksbildung. Weinheim/München: Juventa, S. 126-139.

Müller-Bachmann, Eckart (2002b): Jugendkulturen Revisited. Musik- und stilbezogene Vergemeinschaftungsformen (Post-)Adoleszenter im Modernisierungskontext. Münster: Lit.

Münch, Thomas (2002): Musik, Medien und Entwicklung im Jugendalter. In: Müller, Renate/Glogner, Patrick/Rhein, Stefanie/Heim, Jens (Hg.): Wozu Jugendliche Musik und Medien gebrauchen. Jugendliche Identität und musikalische und mediale Geschmacksbildung. Weinheim/München: Juventa, S. 70-83.

Muggleton, David (2000): Inside Subculture. The Postmodern Meaning of Style. Oxford/New York: Berg.

Muggleton, David (1997): The Post-Subculturalist. In: Redhead, Steve/Wynne, Derek/O'Connor, Justin (Hg.): The Clubcultures Reader. Readings in Popular Cultural Studies. Oxford: Blackwell, S. 185-203.

Muggleton, David/Weinzierl, Rupert (2004): What is ‚Post-subcultural Studies' Anyway? In: dies. (Hg.): The Post-Subcultures Reader. Oxford: Berg, S. 3-23.

Mummendey, Hans Dieter (1987): Die Fragebogen-Methode. Grundlagen und Anwendung in Persönlichkeits-, Einstellungs- und Selbstkonzeptforschung. Göttingen/Toronto/Zürich: Verlag für Psychologie Dr. C. J. Hogrefe.

Mungham, Geoff/Pearson, Geoff (Hg.) (1976): Working Class Youth Culture. London: Routledge.

Negrin, Llewellyn (1999): The self as image: a critical appraisal of postmodern theorie of fashion. In: Theory , Culture and Society 16 (3), S. 99-118.

Negus, Keith (1992): Producing Pop: Culture and Conflict in the Popular Music Industry. London: Arnold.

Negus, Keith/Pickering, Michael (2004): Creativity, Communication and Cultural Value. London/Thousand Oaks, New Delhi: Sage.

Neumann, Jens (Hg.) (1999): Fanzines 2. Noch wissenschaftlichere Betrachtungen zum Medium der Subkulturen. Mainz: Ventil.

Neumann, Jens (Hg.) (1997): Fanzines. Wissenschaftliche Betrachtungen zum Thema. Mainz: Ventil.

Niesyto, Horst (2007): Kritik zu phänomenologisch und kulturalistisch verkürzten Auffassungen in Jugend- und Sozialisationstheorien. In: Göttlich, Udo/Müller, Renate/Rhein, Stefanie/Calmbach, Marc (Hg.): Arbeit, Politik und Religion in Jugendkulturen. Engagement und Vergnügen. Weinheim/München: Juventa, S. 41-55.

Niketta, Reiner/Volke, Eva (1994): Rock und Pop in Deutschland. Ein Handbuch für öffentliche Einrichtungen und andere Interessierte. Kulturhandbücher NRW, Band 5. Essen: Klartext.

O'Hara, Craig (2002): The Philosophy of Punk. Die Geschichte einer Kulturrevolte. Zweite Aufl. Mainz: Ventil.

Osgerby, Bill (2004): Youth Media. London: Routledge.

Otte, Gunnar (2007): Jugendkulturen zwischen Klassenästhetiken und freier Geschmackswahl – das Beispiel der Leipziger Clubszene. In: Göttlich, Udo/Müller, Renate/Rhein, Stefanie/Calmbach, Marc (Hg.): Arbeit, Politik und Religion in Jugendkulturen. Engagement und Vergnügen. Weinheim/München: Juventa, S. 161-177.

Otte, Gunnar (2006): Jugendkulturen in Clubs und Diskotheken. Empirische Publikumsanalysen aus Leipzig. In: Keuchel, Susanne/Wiesand, Andreas Johannes (Hg.): Das 1. Jugend-Kulturbarometer. ‚Zwischen Eminem und Picasso...' Bonn: ARCult Media, 2006, S. 222-229.

o. V. (1999): Straight Edge. ‚Don't smoke, don't drink.' In: Remscheider Generalanzeiger vom 09.01.1999.
Online: http://www.poisonfree.com/index.php?id=197 (09.07.2006).

Peterson, Richard A./Bennett, Andy (2004): Introducing Music Scenes. In: dies. (Hg.): Music Scenes. Local, Translocal and Virtual. Nashville: Vanderbilt University Press, S. 1-15.

Piano, Doreen (2004): Resisting Subjects: DIY Feminism and the Politics of Style in Subcultural Production. In: Weinzierl, Rupert und Muggleton, David (Hg.): Post-Subcultures Reader. Oxford/New York: Berg., S. 253-265.

Pillegi, M: S. (1998): No sex, no drugs, just hardcore rock: Using Bourdieu to understand straight-edge kids and their practices. Diss. Philadelphia, PA, USA: Temple University.

Pohl, Markus Maximilian (2001): „Don't smoke, don't drink, don't fuck": Straight-Edger haben feste Prinzipien. In: Depesche. Unabhängige Zeitung der Berliner Journalistenschule.
Online: http://www.poisonfree.com/index.php?id=203 (09.06.2006)

Polhemus, Ted (1997): In the Supermarket of Style. In: Redhead, Steve/Wynne, Derek/O'Connor, Justin (Hg.): The Clubcultures Reader. Readings in Popular Cultural Studies. Oxford: Blackwell, S. 148-151.

Polhemus, Ted (1995): Street Style: From Sidewalk to Catwalk. London: Thames & Hudson.

Redhead, Steve (1990): The-End-of-the-Century-Party: Youth and Pop towards 2000. London/New York: Routledge.

Reimer, Bo (1995): Youth and modern lifestyles. In: Fornäs, Johan/Bolin, Göran: Youth Culture in Late Modernity. London: Sage, S. 120-144.

Rhein, Stefanie (2002): Bedeutungszuschreibungen an das eigene Musik-Fantum im Kontext aktueller Problembelastungen. Ergebnisse einer Befragung Jugendlicher mit dem MultiMedia-Computer. In: Müller, Renate/Glogner, Patrick/Rhein, Stefanie/Heim, Jens (Hg.): Wozu Jugendliche Musik und Medien gebrauchen. Jugendliche Identität und musikalische und mediale Geschmacksbildung. Weinheim/München: Juventa, S. 43-56.

Rhein, Stefanie (2000): Teenie-Fans: Stiefkinder der Populärmusikforschung. In: Heinrichs, Werner/Klein, Armin (Hg.): Deutsches Jahrbuch für Kulturmanagement 1999. Baden-Baden: Nomos, S. 165-194.

Roberts, Ken (2003): Problems and Priorities for the Sociology of Youth. In: Bennett, Andy/Cieslik, Mark/Miles, Steven (Hg.): Researching Youth: Issues, Controversies and Dilemmas. London: Palgrave, S. 13-28.

Rosenbrock, Anja (2000): Frauen in Amateurbands – eine empirische Untersuchung. In: Rösing, Helmut/Phleps, Thomas (Hg.): Beiträge zur Popularmusikforschung 25/26: Populäre Musik im kulturwissenschaftlichen Diskurs. Karben: Coda, S. 91-106.

Sanders, Olaf (2001): Thug Life. Tattoos und Piercing in der Jugendkultur am Beispiel von Hip Hop. In: Ethik und Unterricht. Zeitschrift für die Fächergruppe Ethik/Werte und Normen/LER, Praktische Philosophie Nr. 2/01, S. 4.

Sardiello, Robert (1998): Identitiy and Status Stratification in Deadhead Subculture. In: Epstein, Jonathon S. (Hg.): Youth Culture. Identity in a Postmodern World. Oxford: Blackwell, S. 118-147.

Savage, Jon (2001): England's Dreaming. Anarchie, Sex Pistols, Punk Rock. Berlin: Edition Tiamat.

Scherr, Albert (1995): Soziale Identitäten Jugendlicher. Politische und berufsbiografische Orientierungen von Auszubildenden und Studenten. Opladen: Leske+Budrich.

Schmidt, Christian/Scholl, Dominik (2004): Fanzines. Do it yourself! Die Broschüre zur Ausstellung. Berlin: Universitätsbibliothek der Freien Universität Berlin.

Schmidt, Axel/Neumann-Braun, Klaus (2003): Keine Musik ohne Szene? Ethnografie der Musikrezeption Jugendlicher. In: Schmidt, Axel/Neumann-Braum, Klaus/Mai, Manfred (Hg.): Popvisionen. Links in die Zukunft. Frankfurt a. M.: Suhrkamp, S. 246-272.

Schneekloth, Ulrich (2006): Politik und Gesellschaft: Einstellungen, Engagement, Bewältigungsprobleme. In: Deutsche Shell (Hg.): Jugend 2006. Eine pragmatische Generation unter Druck. Frankfurt a. M.: Fischer, S. 103-144.

Schneekloth, Ulrich (2004): Demokratie, ja – Politik, nein? Einstellungen Jugendlicher zur Politik. In: Deutsche Shell (Hg.): Jugend 2002. Zwischen pragmatischem Idealismus und robustem Materialismus. Fünfte Aufl. Frankfurt. a. M.: Fischer, S. 91-137.

Schnell, Rainer/Hill, Paul B./Esser, Elke (1999): Methoden empirischer Sozialforschung. München/Wien: Oldenbourg.

Schütze, Frank (1996): Book your own fucking life. Quo vadis, Punk und Hardcore? In: Testcard Nr. 2. Mainz: Testcard, S. 149-153.

Schwarz, Thomas (2005): Veganismus und das Recht der Tiere. Historische und theoretische Grundlagen sowie ausgewählte Fallstudien mit Tierrechtlern bzw. Veganern aus musikorientierten Jugendszenen. In: Breyvogel, Wilfried (Hg.): Eine Einführung in Jugendkulturen. Veganismus und Tattoos. Wiesbaden: VS Verlag für Sozialwissenschaften, S. 69-163.

Schwendter, Rolf (1995): Gibt es noch Jugendsubkulturen? In: Ferchhoff, Wilfried (Hg): Jugendkulturen – Faszination und Ambivalenz: Einblicke in jugendliche Lebenswelten. Festschrift für Dieter Baacke zum 60. Geburtstag. Weinheim/München: Juventa, S. 11-37.

Simon, Bradford Scott (1997): Entering the Pit: Slam-Dancing and Modernity. In: Journal of Popular Culture 31, S. 149-176.

Sinker, Dan (Hg.) (2001a): We owe you nothing. Punk Planet: the collected interviews. New York: Akashic.

Sinker, Dan (2001b): Intro. In: Sinker, Dan (Hg.): We owe you nothing. Punk Planet: the collected interviews. New York: Akashic, S. 9-12.

Smith, Richard J./Maughan, Tim (1998): Youth Culture and the Making of the Post-Fordist Economy: Dance Music in Contemporary Britain. In: Journal of Youth Studies 1 (2), S. 211-227.

Spencer, Amy (2005): DIY: The Rise of Lo-Fi Culture. London: Marion Boyars.

Sprouse, Martin (1990) (Hg.): Threat by Example. A documentation of inspiration. San Francisco: Pressure Drop Press.

Steinert, Heinz (2002): Kulturindustrie. Zweite Aufl. Münster: Westfälisches Dampfboot.

Sterneck, Wolfgang (1995): Der Kampf um die Träume. Musik, Gesellschaft und Veränderung. Hanau: KomistA.

Straw, Will (1991): Systems of Articulation, Logics of Change: Communities and Scenes in Popular Music. In: Cultural. Studies Vol. 5 (3), S. 368-388.

Strinati, Dominic (2004): An Introduction to Theories of Popular Culture. 2nd Edition. London: Routledge.

Strzoda, Christiane/Zinnecker, Jürgen/Pfeffer, Christine (1996): Szenen, Gruppen, Stile. Kulturelle Orientierungen im Jugendraum. In: Silbereisen, Rainer K./Vaskovics, Lazlo/Zinnecker, Jürgen (Hg.): Jungsein in Deutschland. Jugendliche und junge Erwachsene 1991 und 1996. Opladen: Leske+Budrich, S. 57-83.

Sundermeier, Jörg (2006): Provo-Maschine im Leerlauf. In: Jungle World Nr. 14 vom 05.04.2006, S. 26.

Sutton, Laurel (1999): All Media are created equal: Do-it-yourself Identity in Alternative Publishing. In: Bucholtz, Mary/Liang, A. C./Sutton, Laurel (Hg.): Reinventing Identities: The Gendered Self in Discourse. Boston, MA: Oxford University Press, S. 163-180.

Sweetman, Paul (2004): Tourists and Travellers? ‚Subcultures‘, Reflexive Identities and Neo-Tribal Sociality. In: Bennett, Andy/Kahn-Harris, Keith (Hg.) (2004): After Subculture. Critical Studies in Contemporary Youth Culture. New York: Palgrave, S. 79-93.

Temple, Johnny (1999): Notes from Underground. In: The Nation October 18, 1999. Online:
www.thenation.com/doc.mhtml?i=19991018&s=temple (10.07.2005)

Thompson, Mayo (1989): Was ist eigentlich ... Indie-Musik? In: Spex Nr. 3/1989, S. 44-45.

Thompson, Stacy (2004): Punk Productions. Unfinished Business. New York: State University of New York Press.

Thornton, Sarah (1996): Club Cultures. Music, Media and Subcultural Capital. Hannover/London: Wesleyan University Press.

Thornton, Sarah (1994). Moral Panic, the Media and British Rave Culture. In: Ross, Andrew/Tricia Rose (Hg.): Microphone Fiends. Youth Music and Youth Culture. London: Routledge, S. 176-192.

Toomey, Jenny/Thomson, Kristin (2000): Introductory Mechanics Guide to Putting out Records. Online: http://www.indiecentre.com (23.11.2005).

Tretjakow, Sergej (1985): Kunst in der Revolution und Revolution in der Kunst. Ästhetische Konsumption und Produktion. In: Tretjakow, Sergej: Gesichter der Avantgarde. Porträts – Essays – Briefe. Berlin/Weimar: Aufbau-Verlag, S. 88-97.

Tseëlon, Efrat (2001): From Fashion to Masquerade: Towards an Ungendered Paradigm. In: Entwistle, Joanne/Wilson, Elisabeth (Hg.): Body Dressing. Oxford; New York: Berg, S. 103-117.

Tsitsos, William (2006): Rules of Rebellion. Slamdancing, Moshing and the American Alternative Scene. In: Bennett, Andy/Shank, Barry (Hg.): The Popular Music Studies Reader. London: Routledge, S. 121-127.

Turner, Scott M. X. (1995): Maximizing Rock and Roll: An Interview with Tim Yohannon. In: Sakolsky, Ron/Wei-han Ho, Fred (Hg.): Sounding Off! Music as Subversion/Resistance/Revolution. New York: Autonomedia, S. 181-194.

Ullmaier, Johannes (1997): What's so funny about L'age Polyd'or. Zur Independent/Major-Konstellation. In: Testcard 5: Kulturindustrie. Kompaktes Wissen für den Dancefloor. Mainz: Testcard, S. 94-104.

Ullrich, Anne/Hollis, Lee (2003): Got to land somewhere. Punk and Hardcore Live Photos. Mainz: Ventil.

Vaskovics, Laszlo A. (1995): Subkulturen und Subkulturkonzepte. In: Forschungsjournal Neue Soziale Bewegungen. Heft 2, Juni 1995, S. 11-23.

Vaskovics, Laszlo A. (1989): Subkulturen – ein überholtes analytisches Konzept? In: Haller, Max (Hg.): Kultur und Gesellschaft: Verhandlungen des 24. Deutschen Soziologentags und des 8. Kongresses der Schweizerischen Gesellschaft für Soziologie. Frankfurt/New York: Campus, S. 587-599.

Vogelgesang, Waldemar (1997): Stilvolles Medienhandeln in Jugendszenen. In: Hepp, Andreas/Winter, Rainer (Hg.): Kultur – Medien – Macht. Cultural Studies und Medienanalyse. Opladen: Westdeutscher Verlag, S. 271-285.

Vollbrecht, Ralf (1995): Die Bedeutung von Stil. Jugendkulturen und Jugendszenen im Licht der neueren Lebensstildiskussion. In: Ferchhoff, Wilfried (Hg.): Jugendkulturen – Faszination und Ambivalenz: Einblicke in jugendliche Lebenswelten. Festschrift für Dieter Baacke zum 60. Geburtstag. Weinheim/München: Juventa, S. 23-37.

Wetzstein, Thomas A./Reis, Christa/Eckert, Roland (2000). Fame & Style, Poser & Reals. ‚Lesarten' des HipHop bei Jugendlichen. Drei Fallbeispiele. In: Göttlich, Udo/Winter, Rainer (Hg.): Politik des Vergnügens. Zur Diskussion der Populärkultur in den Cultural Studies. Köln: Halem, S. 124-145.

Widdicombe, Sue/Wooffitt, Robin (1995): The Language of Youth Subcultures. Social Identity in Action. Hemel Hempstead: Harvester Wheatsheaf.

Williams, J. P. (2003): The straightedge subculture on the internet: A case study. Diss. The University of Tennessee, Knoxville. Ann Arbor, Mich./USA.

Williams, Raymond (1961): The Long Revolution. London: Pelican Books (dt. Teilübersetzung, in: Klaus, Gustav H. (Hg.) (1977): Innovationen. Über den Prozeßcharakter von Literatur und Kultur. Frankfurt a. M.: Syndikat, S. 74-81).

Willis, Paul (1991). Jugend-Stile. Zur Ästhetik der gemeinsamen Kultur. Hamburg: Argument.

Willis, Paul (1981): Profane Culture. Rockers, Hippies: Subversive Stile der Jugendkultur. Frankfurt a. M.: Syndikat.

Wilson, Elizabeth (1990). These New Components of the Spectacle: Fashion and Postmodernity. In: Boyne, Roy/Rattansi, Ali (Hg.): Postmodernism and Society. London: Macmillan, S. 209-236.

Wilson, Elizabeth (1985): Adorned in Dreams: Fashion and Modernity. London: Virago Press.

Winter, Rainer (1999): Die Zentralität von Kultur. Zum Verhältnis von Kultursoziologie und Cultural Studies. In: Hörnig, Karl H./Winter, Rainer (Hg.) (1999): Widerspenstige Kulturen. Cultural Studies als Herausforderung. Frankfurt a. M.: Suhrkamp, S. 146-195.

Winter, Rainer (1997a): Vom Widerstand zur kulturellen Reflexivität. Die Jugendstudien der British Cultural Studies. In: Schneider, Sylvia/Charlton, Michael (Hg.): Rezeptionsforschung: Theorien und Untersuchungen zum Umgang mit Massenmedien. Opladen: Westdeutscher Verlag, S. 59-72.

Winter, Rainer (1997b): Medien und Fans. zur Konstitution von Fan-Kulturen. In: SPoKK (Hg.): Kursbuch Jugendkultur. Szenen und

Identitäten vor der Jahrtausendwende. Mannheim: Bollmann, S. 40-53.

Winter, Rainer/Eckert, Roland (1990): Mediengeschichte und kulturelle Differenzierung. Opladen: Leske+Budrich.

Wood, Robert T. (1999): ‚Nailed to the X‘: A Lyrical History of the Straightedge Youth Subculture. In: Journal of Youth Studies, Vol. 2. Nr. 2, S. 133-151.

Wrekk, Alex (2005): Stolen Sharpie Revolution. A DIY Zine Resource. Portland: Microcosm Publishing.

Young, Kevin/Craig, Laura (1997): Beyond White Pride: Identity, Meaning and Contradiction in the Canadian Skinhead Subculture. In: The Canadian Review of Sociology and Anthropology Nr. 34, S. 175-206.

Zellner, William W. (1995). Counter Cultures: A Sociologist Analysis. New York: St. Martin's Press.

Ziegenrücker, Wieland/Wicke, Peter (1989): Sachlexikon Popularmusik. Zweite Aufl. Mainz: Schott.

Zink, Gabriela (1998): „Ich bin Rapper, immer schon gewesen…" Straßenkinder und ihre Anschlüsse an Jugendkulturen. In: Deutsches Jugendinstitut: Jahresbericht, S. 240-245.

Zinnecker, Jürgen (1987): Jugendkulturen 1940-1985. Opladen: Leske+Budrich.

Zinnecker, Jürgen (1981): Die Gesellschaft der Altersgleichen. In Jugendwerk der Deutschen Shell (Hg.): Jugend 81. Lebensentwürfe. Alltagskulturen. Zukunftsbilder. Bd. 1. Opladen: Leske+Budrich, S. 422-673.

Zweig, Ferdynand (1961): The Worker in an Affluent Society. London: Heinemann.

Zylka, Jenni (2004): Für immer Punk. In: tazzwei vom 13.09.2004, S. 18.

INTERVIEWLEITFADEN EXPERTENBEFRAGUNG

Name:
Alter:
Geschlecht:
Dauer Szenezugehörigkeit:
Szenefunktion:

Szeneeinstieg
- Wie bist Du zu HC gekommen bzw. wodurch wurdest Du auf HC aufmerksam gemacht? Was denkst Du, wie stoßen Jugendliche zur Szene?
- Werden Leute, die länger in der Szene sind, stärker respektiert?

Szeneaktivismus
- Welche Formen von Aktivismus kennzeichnen die Szene?
- Von welcher Bedeutung ist der DIY-Gedanke in der HC-Szene?

Mainstreamverständnis
- Was verstehst Du unter dem Begriff „Mainstream"?
- Wie äußert sich der Widerstand gegenüber dem Mainstream in der HC-Szene?

Einfluss von HC auf die soziale und politische Einstellung der Befragten
- Welchen Einfluss hat die Mitgliedschaft in der Hardcore-Szene auf die politische und soziale Einstellung ihrer Anhänger?
- Macht HC auf politische und soziale Randthemen aufmerksam?

Medienverständnis
- Durch welche Medien siehst Du Hardcore am besten repräsentiert?
- Welchen Medien steht HC Deiner Meinung nach kritisch gegenüber?

szeneinterner Konsum
- Ist es für Hardcore-Anhänger von Bedeutung, wo bzw. bei wem Platten, Fanzines etc. gekauft werden? Beispiele.
- Ist es für Hardcore-Anhänger von Bedeutung, auf welchen Labels Bands ihre Platten veröffentlichen und wie diese vertrieben werden?

Konzerte
- Was unterscheidet ein HC-Konzert von „anderen" Konzerten?

inter- und intrajugendkulturelle Distinktion
- Was unterscheidet Hardcore Deiner Meinung nach im Wesentlichen von anderen Jugendkulturen?
- Welcher/welchen Jugendkultur(en) steht Hardcore nahe bzw. mit welchen sympathisiert Hardcore Deiner Meinung nach?
- Welcher/welchen Jugendkultur(en) steht Hardcore Deiner Einschätzung nach kritisch gegenüber?
- Nenne bitte Dir bekannte Subszenen von Hardcore (z.B. Straight Edge, Emo etc.).

Persönliches Verständnis von Hardcore und Relevanz von HC im Leben der Befragten
- Wie definierst du Hardcore?
- Wie lässt sich Deiner Meinung nach das Verhältnis von Musik zu Inhalt im Hardcore beschreiben? (Ist z.B. für Hardcores die Musik oder die Inhalte wichtiger?)
- Gegen wen oder was richtet sich Hardcore Deiner Meinung nach?
- Wen oder was unterstützt Hardcore Deiner Meinung nach?
- Vervollständige bitte den folgenden Satz: „Bei Hardcore geht es für mich persönlich in erster Linie um ..."
- Vervollständige bitte folgenden Satz: „Hardcore hat *für mich* am ehesten nichts zu tun mit ..."

Ästhetik/Stil
- In welchem Maß definiert sich Hardcore über Mode/Style?
- Sind Hardcore-Anhänger aufgrund ihrer Kleidung/ihres Styles erkennbar? Wenn ja, kannst Du diesen (Kleidungs-)Stil beschreiben?

Die Königsfrage
- Gibt es einen Unterschied zwischen Hardcore und Punk?

Einstellung zum wissenschaftlichen Interesse des Forschers am Feld

- Was hältst Du davon, dass man jetzt auch beginnt, sich wissenschaftlich mit Hardcore auseinander zu setzen?
- Würdest Du jedem ein Interview geben oder hängt die Bereitschaft damit zusammen, dass der Interviewer auch was mit der Szene zu tun hat?

FRAGEBOGEN[1]

 Pädagogische Hochschule Ludwigsburg   Postfach 220, 71602 Ludwigsburg,
Musiksoziologische Forschungsstelle / Marc Calmbach   Germany
Wissenschaftliche Befragung

Liebe Konzertbesucherinnen, liebe Konzertbesucher,

im Rahmen einer musiksoziologischen Studie der Pädagogischen Hochschule in Ludwigsburg findet
heute bei diesem Konzert eine Befragung über Hardcore (HC) statt. Wir bitten dich, uns dabei zu
unterstützen und den vorliegenden Fragebogen möglichst genau auszufüllen. *Diese Befragung dient
ausschließlich wissenschaftlichen und keinerlei kommerziellen Zwecken und erfolgt anonym, d.h. du
musst weder deinen Namen noch deine Anschrift angeben.*
Bitte beachte, dass die ersten beiden Blätter des Fragebogens doppelseitig bedruckt sind.

1. Wie bist du zu Hardcore gekommen? Was war dabei wichtig für dich?
  (1 = unwichtig ?   ... ?   5 = sehr wichtig)

		1	2	3	4	5			1	2	3	4	5
v1	Freunde, die bereits in der Szene waren	☐	☐	☐	☐	☐	v7	Musik entdecken, die nur von wenigen gehört wird	☐	☐	☐	☐	☐
v2	Kennenlernen von Leuten aus der Szene	☐	☐	☐	☐	☐	v8	Radio	☐	☐	☐	☐	☐
v3	Fanzines	☐	☐	☐	☐	☐	v9	Konzerte	☐	☐	☐	☐	☐
v4	Musikmagazine (*Visions*, *Intro* etc.)	☐	☐	☐	☐	☐	v10	Politisches Engagement (z.B. *Antifa*, *Food not Bombs*)	☐	☐	☐	☐	☐
v5	Skateboard fahren	☐	☐	☐	☐	☐	v11	Musikfernsehen	☐	☐	☐	☐	☐
v6	Internet (E-Zines, Foren, Chats etc.)	☐	☐	☐	☐	☐	v12	Punk/Metal	☐	☐	☐	☐	☐

v13 **Haben wir etwas vergessen, das wichtig für dich war?** _____

v14 **2. Wie alt warst du, als du zu Hardcore gekommen bist?** _____

3. Wie gefallen dir die folgenden Musikstile?
  (1 = überhaupt nicht ?   ... ?   5 = sehr)

		kenne ich nicht	1	2	3	4	5			kenne ich nicht	1	2	3	4	5
v15	Emo	☐	☐	☐	☐	☐	☐	v27	Melody-Core	☐	☐	☐	☐	☐	☐
v16	Screamo	☐	☐	☐	☐	☐	☐	v28	No Wave/Now Wave/ Neo Wave	☐	☐	☐	☐	☐	☐
v17	80er Jahre Old School Hardcore (kein Straight Edge)	☐	☐	☐	☐	☐	☐	v29	Power Violence	☐	☐	☐	☐	☐	☐
v18	Straight Edge	☐	☐	☐	☐	☐	☐	v30	Crust/Anarcho- Punk	☐	☐	☐	☐	☐	☐
v19	New York HC/ Metalcore	☐	☐	☐	☐	☐	☐	v31	Riot Grrrls	☐	☐	☐	☐	☐	☐
v20	Electro-Punk/ Disco-Punk/Electro- Clash	☐	☐	☐	☐	☐	☐	v32	Art-Core/ Art-Punk	☐	☐	☐	☐	☐	☐
v21	Deutschpunk	☐	☐	☐	☐	☐	☐	v33	77er Punk	☐	☐	☐	☐	☐	☐
v22	Noise Core/Noise Rock	☐	☐	☐	☐	☐	☐	v34	Garage/ Sixties Punk/Mod	☐	☐	☐	☐	☐	☐
v23	Retropunk/Glampunk/ Punk ‚n' Roll	☐	☐	☐	☐	☐	☐	v35	Skatepunk/ Skatehardcore	☐	☐	☐	☐	☐	☐
v24	Post Hardcore/Post Punk	☐	☐	☐	☐	☐	☐	v36	Oi	☐	☐	☐	☐	☐	☐
v25	Jazzcore	☐	☐	☐	☐	☐	☐	v37	Queercore	☐	☐	☐	☐	☐	☐
v26	Skacore/Skapunk	☐	☐	☐	☐	☐	☐								

v38 **Haben wir eine Spielart von HC/Punk vergessen, die dir besonders gut gefällt?** _____

v39 **Haben wir eine Spielart von HC/Punk vergessen, die dir überhaupt nicht gefällt?** _____

---

1   Es ist hier nur der Fragebogen in deutscher Sprache abgedruckt. Den Befrag-
     ten lag eine Version ohne Variablennummerierung vor.

4. Was hältst du von den folgenden Gruppierungen und Szenen?
Bitte mache nur ein Kreuz pro Zeile.

		kenne ich nicht	ich gehöre dazu	ich habe früher dazugehört		ich gehöre nicht dazu			
				... halte jetzt aber nichts mehr davon	... finde ich immer noch okay	... finde ich aber ganz gut	... sind mir egal/ ich toleriere sie	... und kann ich nicht so gut leiden	... und lehne ich total ab
v40	Punks	□	□	□	□	□	□	□	□
v41	Emos	□	□	□	□	□	□	□	□
v42	Screamos	□	□	□	□	□	□	□	□
v43	Hardline Straight Edger	□	□	□	□	□	□	□	□
v44	Vegan Straight Edger	□	□	□	□	□	□	□	□
v45	Straight Edger	□	□	□	□	□	□	□	□
v46	New York Hardcores	□	□	□	□	□	□	□	□
v47	Riot Grrrls	□	□	□	□	□	□	□	□
v48	Crust/Anarchopunks	□	□	□	□	□	□	□	□
v49	Autonome/Hausbesetzer	□	□	□	□	□	□	□	□
v50	Veganer	□	□	□	□	□	□	□	□
v51	Vegetarier	□	□	□	□	□	□	□	□
v52	Tierbefreier	□	□	□	□	□	□	□	□
v53	Antifa	□	□	□	□	□	□	□	□
v54	Skater	□	□	□	□	□	□	□	□
v55	Hare Krishnas	□	□	□	□	□	□	□	□
v56	Jesus Freaks	□	□	□	□	□	□	□	□
v57	Raver	□	□	□	□	□	□	□	□
v58	HipHopper	□	□	□	□	□	□	□	□
v59	Hippies	□	□	□	□	□	□	□	□
v60	Heavy Metals	□	□	□	□	□	□	□	□
v61	Fascho-Skinheads/ Neonazis	□	□	□	□	□	□	□	□
v62	Mods	□	□	□	□	□	□	□	□
v63	Oi-Skins/SHARP-Skins	□	□	□	□	□	□	□	□
v64	Waver/Goths	□	□	□	□	□	□	□	□

v65 **Haben wir eine Szene/Gruppierung vergessen, der du dich zugehörig fühlst?** _____

5. Hier geht es um deine persönliche Sichtweise von Hardcore.

Für mich persönlich ist Hardcore

v66	politisch links	□ □ □ □ □	politisch rechts		v71	Mainstream	□ □ □ □ □	Underground
v67	ästhetisch auffällig	□ □ □ □ □	ästhetisch unauffällig		v72	radikal	□ □ □ □ □	harmlos
v68	einheitlich	□ □ □ □ □	verschieden-artig		v73	Lärm	□ □ □ □ □	Musik
v69	selbstkritisch	□ □ □ □ □	selbstgefällig		v74	angepasst	□ □ □ □ □	widerspenstig
v70	festgefahren	□ □ □ □ □	fortschrittlich		v75	aktiv	□ □ □ □ □	passiv

6. Welche Sichtweise von Hardcore hat der „typische" Hardcore-Anhänger?

Nach meiner Einschätzung ist Hardcore für den „typischen" Hardcore-Anhänger

v76	politisch links	□ □ □ □ □	politisch rechts	v81 Mainstream □ □ □ □ □ Underground
v77	ästhetisch auffällig	□ □ □ □ □	ästhetisch unauffällig	v82 radikal □ □ □ □ □ harmlos
v78	einheitlich	□ □ □ □ □	verschieden-artig	v83 Lärm □ □ □ □ □ Musik
v79	selbstkritisch	□ □ □ □ □	selbstgefällig	v84 angepasst □ □ □ □ □ widerspenstig
v80	festgefahren	□ □ □ □ □	fortschrittlich	v85 aktiv □ □ □ □ □ passiv

7. Wie beurteilst du die folgenden allgemeinen Aussagen zur Bewertung von Musik?
(1 = stimmt überhaupt nicht ? ... ? 5 = stimmt absolut)

		1	2	3	4	5
v86	Es gibt Musik, die ist so schlecht, dass man sie eigentlich verbieten sollte! Falls ja, welche Musik meinst du?_____	□	□	□	□	□
v87	Jede Musik hat ihre eigenen Kriterien, nach denen man beurteilen kann, ob sie gut oder schlecht ist.	□	□	□	□	□
v88	Ob eine Musik gut oder schlecht ist, ist reine Geschmacksfrage.	□	□	□	□	□
v89	Es kommt auf die Wirkungen der Musik an, ob sie als gut oder schlecht zu beurteilen ist.	□	□	□	□	□
v90	In musikalischen Fragen gibt es keinen guten und schlechten Geschmack.	□	□	□	□	□
v91	Es gibt einen allgemein gültigen Maßstab zu Bewertung von Musik.	□	□	□	□	□
v92	Bei der Bewertung von Musik müssen vor allem die Texte berücksichtigt werden.	□	□	□	□	□
v93	Bei der Bewertung von Musik spielt vor allem die Glaubwürdigkeit der Musiker eine wichtige Rolle.	□	□	□	□	□
v94	Ob Musik gut oder schlecht ist, entscheidet sich vor allem bei Live-Konzerten.	□	□	□	□	□

8. Welche musikalischen Bereiche interessieren dich neben Hardcore?
(1 = überhaupt nicht ? ... ? 5 = sehr)

		kenne ich nicht	1	2	3	4	5			kenne ich nicht	1	2	3	4	5
v95	Punk	□	□	□	□	□	□	v103	80er Rock/ Pop	□	□	□	□	□	□
v96	Techno/Electro	□	□	□	□	□	□	v014	Rock	□	□	□	□	□	□
v97	Drum ‚n' Bass/ Jungle/Big Beat	□	□	□	□	□	□	v105	Charts	□	□	□	□	□	□
v98	House/Disco	□	□	□	□	□	□	v106	Country	□	□	□	□	□	□
v99	Hip Hop/R&B	□	□	□	□	□	□	v107	Jazz	□	□	□	□	□	□
v100	Funk/Soul	□	□	□	□	□	□	v108	Sixties	□	□	□	□	□	□
v101	Independent/ Alternative/ Britpop	□	□	□	□	□	□	v109	Klassik	□	□	□	□	□	□
v102	Metal	□	□	□	□	□	□	v110	Andere:						

9. Inwieweit treffen die folgenden Aussagen auf dich zu?
(1 = trifft überhaupt nicht zu ? ...? 5 = trifft voll zu)

		1	2	3	4	5
v111	Durch HC habe ich viele Freunde gefunden.	☐	☐	☐	☐	☐
v112	Durch HC lerne ich Leute auf der ganzen Welt kennen.	☐	☐	☐	☐	☐
v113	Durch HC mache ich mich unbeliebt.	☐	☐	☐	☐	☐
v114	Ich verbringe meine Zeit am liebsten mit Leuten aus der HC-Szene.	☐	☐	☐	☐	☐
v115	Mit Leuten außerhalb der HC-Szene habe ich nicht viel zu tun.	☐	☐	☐	☐	☐
v116	HC hat mein Leben verändert.	☐	☐	☐	☐	☐
v117	HC ist Mittelpunkt meines Lebens.	☐	☐	☐	☐	☐
v118	HC gibt mir die Möglichkeit, mich selbst zu verwirklichen.	☐	☐	☐	☐	☐
v119	Bei HC geht es für mich um *do-it-yourself* (*DIY*).	☐	☐	☐	☐	☐
v120	Bei HC geht es für mich um Spaß.	☐	☐	☐	☐	☐
v121	Durch HC grenze ich mich ab.	☐	☐	☐	☐	☐
v122	HC hat mich auf spezielle gesellschaftliche/politische Themen aufmerksam gemacht, die nicht im Zentrum des öffentlichen Interesses stehen.	☐	☐	☐	☐	☐
v123	HC hat mich zu politischem/sozialem Engagement bewegt.	☐	☐	☐	☐	☐
v124	Mit Musik, die im Radio und TV läuft, fange ich nichts an.	☐	☐	☐	☐	☐
v125	Musik, die mir gefällt, kann man nicht überall kaufen.	☐	☐	☐	☐	☐
v126	Kleidung/Style sind für mich wichtig.	☐	☐	☐	☐	☐
v127	Ich erkenne einen Hardcore-Anhänger aufgrund der Kleidung/des Styles.	☐	☐	☐	☐	☐
v128	Es ist mir wichtig, von anderen Hardcore-Anhängern als Hardcore erkannt zu werden.	☐	☐	☐	☐	☐
v129	Außenstehende können mich aufgrund meiner Kleidung/meines Styles als Hardcore erkennen.	☐	☐	☐	☐	☐
v130	Bei Hardcore geht es mir darum, die Welt zu verändern.	☐	☐	☐	☐	☐
v131	Bei Hardcore geht es mir darum, die Welt für mich erträglicher zu machen.	☐	☐	☐	☐	☐
v132	Ich halte nicht viel von der Generation meiner Eltern.	☐	☐	☐	☐	☐
v133	Bei den HC-Shows, auf die ich bevorzugt gehe, wird aufeinander Rücksicht genommen.	☐	☐	☐	☐	☐
v134	HC-Shows, auf die ich bevorzugt gehe, wirken auf Außenstehende gewalttätig.	☐	☐	☐	☐	☐
v135	Bei HC geht es um Individualität.	☐	☐	☐	☐	☐
v136	Bei HC geht es um Gemeinschaft.	☐	☐	☐	☐	☐
v137	HC bedeutet Widerstand gegen den Mainstream.	☐	☐	☐	☐	☐
v138	HC ist Teil des Mainstream.	☐	☐	☐	☐	☐
v139	HC ist eine Lebenseinstellung.	☐	☐	☐	☐	☐
v140	HC ist nur eine Musikrichtung.	☐	☐	☐	☐	☐
v141	Es ist schwierig, in die HC-Szene aufgenommen zu werden.	☐	☐	☐	☐	☐
v142	Je länger man in der Szene aktiv ist, desto mehr wird man in ihr respektiert.	☐	☐	☐	☐	☐
v143	HC-Musik erkennt man sofort.	☐	☐	☐	☐	☐
v144	Kleidung & Style spielen bei HC keine Rolle.	☐	☐	☐	☐	☐
v145	HC und Punk sind ein und dasselbe.	☐	☐	☐	☐	☐

10. Bitte gib an, inwiefern die folgenden Aussagen auf dich zutreffen.
(1 = trifft überhaupt nicht zu ? ...? 5 = trifft voll zu)

		1	2	3	4	5
v146	In meinem Freundeskreis haben alle etwa den gleichen musikalischen Geschmack.	☐	☐	☐	☐	☐
v147	Ich habe meinen musikalischen Geschmack schon mal geändert, nachdem mich jemand überzeugt hat.	☐	☐	☐	☐	☐
v148	Wenn eine Bekannte oder ein Bekannter meinen Musikgeschmack heftig kritisiert, kann mich das verunsichern.	☐	☐	☐	☐	☐
v149	Es fällt mir schwer, andere Leute zu akzeptieren, die einen total anderen musikalischen Geschmack haben als ich.	☐	☐	☐	☐	☐
v150	Ich fände es gut, wenn ich andere Leute von meinem Musikgeschmack überzeugen könnte.	☐	☐	☐	☐	☐

11. Ich nutze die folgenden Möglichkeiten, um mich über das HC-Szenegeschehen auf dem Laufenden zu halten.
(1 = trifft überhaupt nicht zu ? ...? 5 = trifft voll zu)

		1	2	3	4	5			1	2	3	4	5
v151	Fanzines	☐	☐	☐	☐	☐	v155	Flyer	☐	☐	☐	☐	☐
v152	Musikzeitschriften	☐	☐	☐	☐	☐	v156	Plattenladen/ Mailorder	☐	☐	☐	☐	☐
v153	Musikfernsehen	☐	☐	☐	☐	☐	v157	Freunde	☐	☐	☐	☐	☐
v154	Internet (E-Zines, Foren etc.)	☐	☐	☐	☐	☐	v158	Konzerte	☐	☐	☐	☐	☐

v159   Haben wir eine Möglichkeit vergessen? _____

12. Wo ist dein politischer Standort?   **13. Wie religiös bist du?**

v160   links ☐ ☐ ☐ ☐ ☐ rechts   v161   überhaupt nicht ☐ ☐ ☐ ☐ ☐ sehr

v162 **14. Wie alt bist du?** _____   v163 **15. Nationalität** _____   v164 **16. Geschlecht**   männl. ☐
                                                                              weibl. ☐

v165 **17. Was ist dein Schulabschluss/ Hochschulabschluss bzw. dein nächster angestrebter Abschluss?** _____

v166 **18. Was machst du zur Zeit?**   **19. Bist oder warst Du in der in der HC-Szene aktiv? (Mehrfachnennungen möglich)**

☐ Schule/Schulart: _____   v167   Ich spiele in einer Band.   ☐

☐ Ausbildung: _____   v168   Ich organisiere Konzerte.   ☐

☐ Studium: _____   v169   Ich mache ein Label/einen Vertrieb.   ☐

☐ berufstätig: _____   v170   Ich mache/schreibe für ein Fanzine/ E-Zine.   ☐

☐ arbeitslos   v171   andere: _____

20. Inwieweit wurde deine Studiums-, Ausbildungs- oder Berufswahl durch Hardcore beeinflusst? Diese Frage ist von Schülern nicht auszufüllen.

v172   überhaupt nicht ☐ ☐ ☐ ☐ ☐ sehr

VIELEN DANK FÜR DEINE MITARBEIT!!!

PH Ludwigsburg – Musiksoziologische Forschungsstelle / M. Calmbach – Postfach 220 – 71602 Ludwigsburg, Germany

Cultural Studies

Rainer Winter,
Sonja Kutschera-Groinig
Widerstand im Netz?
Zur Herausbildung einer
transnationalen Öffentlichkeit
durch netzbasierte
Kommunikation

Juni 2007, ca. 150 Seiten,
kart., ca. 14,80 €,
ISBN: 978-3-89942-555-0

Claudia C. Ebner
Kleidung verändert
Mode im Zeichen der
Cultural Studies

Mai 2007, ca. 240 Seiten,
kart., ca. 24,80 €,
ISBN: 978-3-89942-618-2

Rainer Winter,
Peter V. Zima (Hg.)
Kritische Theorie heute

Mai 2007, 322 Seiten,
kart., 28,80 €,
ISBN: 978-3-89942-530-7

Eva Kimminich, Michael Rappe,
Heinz Geuen,
Stefan Pfänder (Hg.)
Express yourself!
Europas kulturelle Kreativität
zwischen Markt und
Underground

April 2007, 254 Seiten,
kart., 25,80 €,
ISBN: 978-3-89942-673-1

Karin Bruns,
Ramón Reichert (Hg.)
Reader Neue Medien
Texte zur digitalen Kultur und
Kommunikation

April 2007, 542 Seiten,
kart., 39,80 €,
ISBN: 978-3-89942-339-6

Moritz Ege
Schwarz werden
»Afroamerikanophilie« in den
1960er und 1970er Jahren

März 2007, 180 Seiten,
kart., 18,80 €,
ISBN: 978-3-89942-597-0

Marcus S. Kleiner
Medien-Heterotopien
Diskursräume einer
gesellschaftskritischen
Medientheorie

2006, 460 Seiten,
kart., 35,80 €,
ISBN: 978-3-89942-578-9

Christoph Jacke,
Eva Kimminich,
Siegfried J. Schmidt (Hg.)
Kulturschutt
Über das Recycling von
Theorien und Kulturen

2006, 364 Seiten,
kart., 29,80 €,
ISBN: 978-3-89942-394-5

Marian Adolf
Die unverstandene Kultur
Perspektiven einer Kritischen
Theorie der Mediengesellschaft

2006, 290 Seiten,
kart., 27,80 €,
ISBN: 978-3-89942-525-3

Tanja Thomas,
Fabian Virchow (Hg.)
Banal Militarism
Zur Veralltäglichung des
Militärischen im Zivilen

2006, 434 Seiten,
kart., 28,80 €,
ISBN: 978-3-89942-356-3

Leseproben und weitere Informationen finden Sie unter:
www.transcript-verlag.de

Cultural Studies

Karin Lenzhofer
Chicks Rule!
Die schönen neuen Heldinnen
in US-amerikanischen
Fernsehserien

2006, 322 Seiten,
kart., 28,80 €,
ISBN: 978-3-89942-433-1

Johanna Mutzl
»Die Macht von dreien ...«
Medienhexen und moderne
Fangemeinschaften.
Bedeutungskonstruktionen
im Internet

2005, 192 Seiten,
kart., 25,80 €,
ISBN: 978-3-89942-374-7

Ruth Mayer
Diaspora
Eine kritische Begriffs-
bestimmung

2005, 196 Seiten,
kart., 19,80 €,
ISBN: 978-3-89942-311-2

Kien Nghi Ha
Hype um Hybridität
Kultureller Differenzkonsum
und postmoderne Verwertungs-
techniken im Spät-
kapitalismus

2005, 132 Seiten,
kart., 15,80 €,
ISBN: 978-3-89942-309-9

María do Mar Castro Varela,
Nikita Dhawan
Postkoloniale Theorie
Eine kritische Einführung

2005, 162 Seiten,
kart., 16,80 €,
ISBN: 978-3-89942-337-2

Gerhard Schweppenhäuser
**»Naddel« gegen ihre
Liebhaber verteidigt**
Ästhetik und Kommunikation
in der Massenkultur

2004, 192 Seiten,
kart., 23,80 €,
ISBN: 978-3-89942-250-4

Christoph Jacke
Medien(sub)kultur
Geschichten – Diskurse –
Entwürfe

2004, 354 Seiten,
kart., 26,80 €,
ISBN: 978-3-89942-275-7

Brigitte Hipfl, Elisabeth Klaus,
Uta Scheer (Hg.)
Identitätsräume
Nation, Körper und Geschlecht
in den Medien.
Eine Topografie

2004, 372 Seiten,
kart., 26,80 €,
ISBN: 978-3-89942-194-1

Birgit Richard
Sheroes
Genderspiele im
virtuellen Raum

2004, 124 Seiten,
kart., 15,00 €,
ISBN: 978-3-89942-231-3

Kerstin Goldbeck
**Gute Unterhaltung,
schlechte Unterhaltung**
Die Fernsehkritik und
das Populäre

2004, 362 Seiten,
kart., 26,80 €,
ISBN: 978-3-89942-233-7

**Leseproben und weitere Informationen finden Sie unter:
www.transcript-verlag.de**

Cultural Studies

Ruth Mayer,
Brigitte Weingart (Hg.)
VIRUS!
Mutationen einer Metapher
2004, 318 Seiten,
kart., 26,00 €,
ISBN: 978-3-89942-193-4

Ulrich Beck, Natan Sznaider,
Rainer Winter (Hg.)
Globales Amerika?
Die kulturellen Folgen der
Globalisierung
2003, 344 Seiten,
kart., 25,80 €,
ISBN: 978-3-89942-172-9

Jannis Androutsopoulos (Hg.)
HipHop
Globale Kultur –
lokale Praktiken
2003, 338 Seiten,
kart., 26,80 €,
ISBN: 978-3-89942-114-9

Rainer Winter,
Lothar Mikos (Hg.)
**Die Fabrikation des
Populären**
Der John Fiske-Reader
2002, 374 Seiten,
kart., 25,80 €,
ISBN: 978-3-933127-65-5

Udo Göttlich, Lothar Mikos,
Rainer Winter (Hg.)
**Die Werkzeugkiste der
Cultural Studies**
Perspektiven, Anschlüsse und
Interventionen
2002, 348 Seiten,
kart., 25,80 €,
ISBN: 978-3-933127-66-2

Nachwort

Nun sind Laura und Herr Honig wieder glücklich vereint! Ich kann sie ihr Glück genießen lassen und ein bisschen mit euch, meinen Lesern, plaudern.

Die Idee zu der Geschichte kam mir im Sommerurlaub 2019, als wir in einer Stadt im Burgund eine Kiste mit aussortierten Gebrauchsgegenständen neben einer Haustür stehen sahen. Obenauf saß ein alter, reichlich ramponierter Teddybär. Auch wenn er optisch überhaupt keine Gemeinsamkeit mit Herrn Honig hatte, war die grundsätzliche Idee im Laufe von ein paar Sekunden entstanden.

In einem ersten Schritt war die Geschichte überhaupt nicht für die Veröffentlichung gedacht und es waren keinerlei Illustrationen vorgesehen. Als in mir der Wunsch aufkam, die Erzählung mit euch zu teilen, waren zahlreiche Umarbeitungen notwendig: Es kamen nur Fotos als Bildmaterial in Frage und so musste ein Herr Honig gefunden werden, der niedlich und elegant gleichzeitig war. Aus einem schwarzen Bären mir einem goldenen Zylinder und einer glitzernden Weste wurde Herr Honig, wie ihr ihn jetzt kennt. Und auch für mich fühlt es sich so an, als sei er nie ein anderer gewesen.

Im Laufe des Schreibprozesses kam mir dann der Gedanke, meine Protagonistin Laura nach Vietnam reisen zu lassen. Wir hatten dort unseren Osterurlaub 2018 verbracht und ich konnte so ohne aufwendige Recherchearbeiten ein bisschen Exotik in den Roman integrieren. Die verwendeten Bilder sind unsere Urlaubsbilder... Ich gebe ganz ehrlich zu, an ein paar Stellen ziemlich dreist geschummelt zu haben: Den „Tanz der Einhörner" habe ich tatsächlich in Begleitung eines Reiseleiters erlebt, aber in Ho-Chi-Minh-Stadt (Saigon) und nicht in Hanoi. Die lachenden Kinder und der Betonmischer stammen ebenfalls aus dem Süden.... Für meine Geschichte hätte es sich nicht gelohnt, Laura nur deswegen dorthin fliegen zu lassen. Schließlich sollte es eine emotionale Erzählung von Abschied und Neuanfang werden und kein Reiseführer über Vietnam. Auf einem Foto ist Chris zu sehen: Er war unser Reiseleiter während unseres Ausflugs in die Halong-Bucht und seine fröhliche, freundliche Art haben ihm den Weg in meine Geschichte geebnet.

EIN RIESENGROSSES DANKESCHÖN...

... an meinen lieben Mann, der mit Engelsgeduld mein Verlagswesen vor dem Untergang in meinem kreativen Chaos bewahrt und immer ein verlässlicher Zuhörer und Ratgeber ist.

... an meinen Bruder, der sich in rekordverdächtigem Tempo und mit gewohnter Professionalität dem Layout und Coverdesign widmete.

... an Steffi Färber, die für das hübsche neue Outfit für Herrn Honig sorgte. Er sieht wunderbar aus und mein persönlicher Oscar für Kostüme geht an dich!

... an Lina und Hans-Peter Muell für das spontane Fotoshooting mit „Ruby" und Herrn Honig. So wurde aus dem dunkelbraunen, kniehohen Schnauzermischling eben ein deutlich hellerer, größerer Hund. Frau Samyczek nahm es widerspruchslos hin.

... an Smilla, eine hübsche, weiße Dogo Argentino – Hündin, die leider zu lieb war, um Herrn Honig in ihr Maul zu nehmen. Vielleicht stellte sich auch einfach Frau Samyczek unserem Fotoshooting in den Weg, weil sie wusste, dass sie dir, du großes Kraftpaket, nicht gewachsen gewesen wäre!

... an alle lieben Menschen in meinem Umfeld, die mich in meinem jungen Schriftstellerdasein unterstützen, Interesse zeigen, meine Bücher kaufen, unsere Homepage besuchen und mich in meinen Schaffensprozessen begleiten.

...Elke Wörnzhofer für das unglaublich gründliche und phänomenal schnelle Lektorat.